■2025年度高等学校受験用

昌平高等学校

収録内容一覧

★この問題集は以下の収録内容となっています。また、編集の都合上、解説、解答用紙を省略させていただいている場合もございますのでご了承ください。

（○印は収録、ー印は未収録）

入試問題の収録内容			解説・解答	解答用紙
2024年度	全コース共通問題	英語・数学・国語	○	○
	特別進学	社会・理科　（英・数・国は、共通問題）	○	○
	IB	作文　（英・数・国は、共通問題）	ー	○
2023年度	全コース共通問題	英語・数学・国語	○	○
	特別進学	社会・理科　（英・数・国は、共通問題）	○	○
	IB	作文　（英・数・国は、共通問題）	ー	○
2022年度	全コース共通問題	英語・数学・国語	○	○
	特別進学	社会・理科　（英・数・国は、共通問題）	○	○
	IB	作文　（英・数・国は、共通問題）	ー	○

★当問題集のバックナンバーは在庫がございません。あらかじめご了承ください。

●凡例●

【英語】

≪解答≫

〔　〕　①別解

②置き換え可能な語句（なお下線は置き換える箇所が２語以上の場合）

（例）I am〔I'm〕glad〔happy〕to～

（　）　省略可能な言葉

≪解説≫

1，2…　本文の段落（ただし本文が会話文の場合は話者の１つの発言）

〔　〕　置き換え可能な語句（なお〔　〕の前の下線は置き換える箇所が２語以上の場合）

（　）　①省略が可能な言葉

（例）「（数が）いくつかの」

②単語・代名詞の意味

（例）「彼（＝警察官）が叫んだ」

③言い換え可能な言葉

（例）「いやなにおいがするなべにはふたをするべきだ（＝くさいものにはふたをしろ）」

//　訳文と解説の区切り

cf.　比較・参照

≒　ほぼ同じ意味

【数学】

≪解答≫

〔　〕　別解

≪解説≫

（　）　補足的指示

（例）（右図１参照）など

〔　〕　①公式の文字部分

（例）〔長方形の面積〕＝〔縦〕×〔横〕

②面積・体積を表す場合

（例）〔立方体ABCDEFGH〕

∴　ゆえに

≒　約、およそ

【社会】

≪解答≫

〔　〕　別解

（　）　省略可能な語

＿＿＿　使用を指示された語句

≪解説≫

〔　〕　別称・略称

（例）政府開発援助〔ODA〕

（　）　①年号

（例）壬申の乱が起きた（672年）。

②意味・補足的説明

（例）資本収支（海外への投資など）

【理科】

≪解答≫

〔　〕　別解

（　）　省略可能な語

＿＿＿　使用を指示された語句

≪解説≫

〔　〕　公式の文字部分

（　）　①単位

②補足的説明

③同義・言い換え可能な言葉

（例）カエルの子（オタマジャクシ）

≒　約、およそ

【国語】

≪解答≫

〔　〕　別解

（　）　省略してもよい言葉

＿＿＿　使用を指示された語句

≪解説≫

〈　〉　課題文中の空所部分（現代語訳・通釈・書き下し文）

（　）　①引用文の指示語の内容

（例）「それ（＝過去の経験）が　～」

②選択肢の正誤を示す場合

（例）（ア，ウ…×）

③現代語訳で主語などを補った部分

（例）（女は）出てきた。

／　漢詩の書き下し文・現代語訳の改行部分

昌平高等学校

所在地	〒345-0044 埼玉県北葛飾郡杉戸町下野851
電　話	0480-34-3381
ホームページ	https://www.shohei.sugito.saitama.jp/contents/hs/
交通案内	東武日光線 杉戸高野台駅より徒歩15分・直通バス5分 JR宇都宮線・東武伊勢崎線 久喜駅より直通バス10分・自転車15分

普通科

男女共学

くわしい情報はホームページへ

応募状況

年度	募集数			受験数	合格数	倍率
2024	単願	ＩＢ	15名	9名	8名	1.1倍
		特進	190名	106名	92名	1.2倍
		選抜	185名	155名	160名	—
	併願	ＩＢ	単願に含む	9名	8名	1.1倍
		特進		545名	504名	1.1倍
		選抜		122名	151名	—
2023	単願	ＩＢ	15名	27名	18名	1.5倍
		特進	190名	145名	127名	1.1倍
		選抜	185名	146名	150名	—
	併願	ＩＢ	単願に含む	11名	10名	1.1倍
		特進		613名	543名	1.1倍
		選抜		164名	215名	—
2022	単願	ＩＢ	15名	11名	11名	1.0倍
		特進	160名	116名	89名	1.3倍
		選抜	200名	204名	217名	—
	併願	ＩＢ	単願に含む	12名	12名	1.0倍
		特進		559名	463名	1.2倍
		選抜		209名	275名	—

＊数値は，推薦，一般の合計。スライド合格含む。

試験科目　（参考用：2024年度入試）

〔推薦〕

○特別進学コース（Ｔ特選･特選･特進アスリート）
　国語・数学・英語・理科・社会（マーク式）
　＊単願はグループ面接あり

○選抜進学コース（選抜アスリート・選抜）
　国語・数学・英語（マーク式）
　＊単願はグループ面接あり

○ＩＢコース
　国語・数学・英語（マーク式），作文，個人面接

※英語は全てリスニングを含む

〔一般〕
　国語・数学・英語（記述式）
　＊特別進学・選抜進学の単願はグループ面接あり
　　ＩＢは他に，作文・個人面接あり

教育目標

生徒一人ひとりの進路希望を実現するとともに，他者を思いやる優しさ，困難に立ち向かうたくましさ，自ら知を求める積極さをあわせ持ち，広く社会に貢献・奉仕しようとする人材の育成を図る。

昌平スカラシップ制度

成績優秀な生徒に対する本校からの奨学金制度。

1．昌平スカラシップＡ
　単願：入学金・施設設備費・授業料・維持管理費の全額。
　併願：施設設備費・授業料・維持管理費の全額。

2．昌平スカラシップＢ
　単願：入学金全額，及び授業料・維持管理費の半額。
　併願：授業料・維持管理費の半額。

3．昌平スカラシップＣ
　単願・併願：入学金全額。

※就学支援金，埼玉県父母負担軽減補助金を減額して支給。

近年の主な合格大学

東京大・一橋大・東京工業大・東北大・北海道大・名古屋大・九州大・東京外国語大・お茶の水女子大・筑波大・千葉大・横浜国立大・埼玉大・東京学芸大・東京都立大・埼玉県立大・早稲田大・慶應義塾大・上智大・東京理科大・明治大ほか

編集部注ー本書の内容は2024年6月現在のものであり，変更されている場合があります。正確な情報は，学校のホームページ等で必ずご確認ください。

出題傾向と今後への対策 英語

出題内容

	2024	2023	2022
大問数	4	4	4
小問数	34	34	34
リスニング	○	○	○

◎大問４題，小問数は35問前後である。出題構成は，放送問題，長文読解２題，整序結合となっている。

2024年度の出題状況

1 放送問題

2 長文読解総合―会話文

3 長文読解総合―説明文

4 整序結合

解答形式

2024年度	記　述／マーク／併　用

出題傾向

長文の課題文はさまざまだが，比較的容易に内容を理解できる文章が多い。設問には，空所補充・書き換え・和訳など文法力を試すもの，また指示語，心情理解，内容真偽，要約文完成などの文章読解力を試すものがある。英作文の問題は，空所補充・整序結合などがある。放送問題は埼玉県公立高校入試に準じた形になっている。

今後への対策

長い英文にも恐れを感じないようにするため，教科書を繰り返し音読することがとても大切である。何度も読んでいるうちに自然と読解力が身についてくる。文法や作文は，１冊の問題集を繰り返しやるとよい。放送問題は，毎日英語を聞き，耳を慣らそう。対策としては，埼玉県の過去問を解くことが非常に有効だろう。

◇◇◆◆◆ 英語出題分野一覧表 ◆◆◆◇◇

分野		年度	2022	2023	2024	2025予想※
音声	放送問題		★	★	★	◎
	単語の発音・アクセント					
	文の区切り・強勢・抑揚					
語彙・文法	単語の意味・綴り・関連知識					
	適語(句)選択・補充					
	書き換え・同意文完成					
	語形変化					
	用法選択					
	正誤問題・誤文訂正					
	その他					
作文	整序結合		●	●	●	◎
	日本語英訳	適語(句)・適文選択				
		部分・完全記述				
	条件作文					
	テーマ作文					
会話文	適文選択					
	適語(句)選択・補充					
	その他					
長文読解	内容把握	主題・表題				
		内容真偽	●	●	●	◎
		内容一致・要約文完成	●	●	●	◎
		文脈・要旨把握	●	●	●	◎
		英問英答	●	●	●	◎
	適語(句)選択・補充		●	●	●	◎
	適文選択・補充		●	●	●	◎
	文(章)整序					
	英文・語句解釈(指示語など)		●	●	●	◎
	その他(適所選択)					

●印：１～５問出題，■印：６～10問出題，★印：11問以上出題。
※予想欄　◎印：出題されると思われるもの。　△印：出題されるかもしれないもの。

出題傾向と今後への対策 数学

出題内容

2024年度

大問４題，20問の出題。[1]は小問集合で10問。数と式，関数，図形などから出題。数・式や方程式の計算に関する問題が７問ある。[2]は小問集合で，数の性質，方程式の応用，データの活用，確率の４問。[3]は関数で，放物線と直線に関するもの。平行四辺形の性質など，図形の知識も要する。[4]は空間図形の計量題３問。正四角錐とその内部にできる三角錐を利用した問題。

2023年度

大問４題，20問の出題。[1]は小問集合で10問。数と式，関数，図形などから出題。数・式や方程式の計算に関する問題が７問ある。[2]は小問集合で，数の性質，方程式の応用，データの活用，確率の４問。[3]は関数で，放物線と直線に関するもの。図形の合同や相似など，図形の知識も要する。[4]は平面図形の計量題３問。２つの正三角形を利用した問題。

作…作図問題　証…証明問題　グ…グラフ作成問題

解答形式

2024年度	記　述／マーク／併　用

出題傾向

大問は４題，総設問数は20問前後。数と式，方程式からは計算を主とする問題がメインとなっている。関数からは放物線と直線に関する問題が必出。図形は平面図形，空間図形とも毎年のように顔を見せている。多少難度が高い問題はあるが，教科書中心の出題である。

今後への対策

教科書の徹底的な理解，これに尽きる。最低限，教科書にある公式，定理などは完全にマスターし，練習問題，章末問題は確実に解けるようにしておこう。教科書だけでは問題が少ないので，教科書をマスターしたら，基本問題集などを使って経験を積むこと。余裕があれば，公式や定理の証明ができるようにしておくとよい。

◇◆◆◆◆ 数学出題分野一覧表 ◆◆◆◆◇

分野	年度	2022	2023	2024	2025 予想※
数と式	計算，因数分解	★	★	★	◎
	数の性質，数の表し方	●	●	●	◎
	文字式の利用，等式変形				
	方程式の解法，解の利用	■	■	■	◎
	方程式の応用	●	●	●	◎
関数	比例・反比例，一次関数				
	関数$y=ax^2$とその他の関数	★	★	★	◎
	関数の利用，図形の移動と関数				
図形	（平面）計量	★	★	●	◎
	（平面）証明，作図				
	（平面）その他				
	（空間）計量	■	●	★	◎
	（空間）頂点・辺・面，展開図				
	（空間）その他				
データの活用	場合の数，確率	●	●	●	◎
	データの分析・活用，標本調査	●	●	●	◎
その他	不等式				
	特殊・新傾向問題など				
	融合問題				

●印：１問出題，■印：２問出題，★印：３問以上出題。
※予想欄　◎印：出題されると思われるもの。　△印：出題されるかもしれないもの。

出題傾向と今後への対策　社会

出題内容

2024年度

地理・世界の地形，気候，産業や，日本の地形，農業，環境に関する問題。
・地形図の読み取り問題。

歴史・古代から近世までの日本の政治・外交史や，近現代の年表に基づく問題。

公民・日本国憲法，政治，経済，国際等に関する問題。

総合・キーワードに関連した三分野の総合問題。

2023年度

地理・世界の地形，気候，産業や，日本の地形，産業，環境に関する問題。
・地形図の読み取り問題。

歴史・古代から近世までの日本の政治・外交史や，近現代の年表に基づく問題。

公民・日本国憲法，政治，経済，国際等に関する問題。

総合・キーワードに関連した三分野の総合問題。

2022年度

地理・世界の地形，気候，産業や，日本の農業，近畿地方に関する問題。
・地形図の読み取り問題。

歴史・古代から近世までの日本の外交史や，近現代の年表に基づく問題。

公民・基本的人権，政治，経済等に関する問題。

総合・キーワードに関連した地理・歴史分野の総合問題。

解答形式

2024年度	記　述／マーク／併　用

出題傾向

大問６題，小問35問前後の出題である。解答形式が，22年度より記述式からマークシート式に変更。地理は，地形や気候，資料の読み取りの問題が頻出で，地形図の問題が必出である。歴史は，古代から近世は文化・社会，近現代は国際関係に関する問題が多く見られる。公民は，憲法，政治，経済，国際社会等からの出題が多い。

今後への対策

難問はほとんど出題されておらず，教科書の基礎的な事項についての問題が中心である。

地理は，地図帳や教科書のグラフ，表を見直しておく。歴史は，年表を見ながら世界と日本の大まかな歴史の流れを把握しておく。公民は，教科書の基本事項をテーマごとにまとめていくとよい。

◆◆◆◆◆　社会出題分野一覧表　◆◆◆◆◆

分野		2022	2023	2024	2025 予想※
地理的分野	地形図	●	●	●	◎
	アジア	地	人		◎
	アフリカ			産	△
	オセアニア	人			△
	ヨーロッパ・ロシア		地	地	△
	北アメリカ				△
	中・南アメリカ			地	△
	世界全般	産　総	地産　総	地産　総	◎
	九州・四国	地	総	地	◎
	中国・近畿	人	産	産	◎
	中部・関東	産		産	△
	東北・北海道	総	地	地	◎
	日本全般	産	地産	産	◎
歴史的分野	旧石器～平安	●	●	●	◎
	鎌倉	●	●	●	◎
	室町～安土桃山	●	●	●	◎
	江戸	●	●	●	◎
	明治	●	●	●	◎
	大正～第二次世界大戦終結		●	●	◎
	第二次世界大戦後	●	●	●	◎
公民的分野	生活と文化			●	◎
	人権と憲法	●	●	●	◎
	政治	●	●	●	◎
	経済	●	●	●	◎
	労働と福祉				△
	国際社会と環境問題	●	●	●	◎
時事問題					

※予想欄　◎印：出題されると思われるもの。　△印：出題されるかもしれないもの。
地理的分野については，各地域ごとに出題内容を以下の記号で分類しました。
地…地形・気候・時差，　産…産業・貿易・交通，　人…人口・文化・歴史・環境，　総…総合

出題傾向と今後への対策 理科

出題内容

2024年度

1小問集合題。さまざまな分野から，基礎的な知識を確認する小問８問。　2地球と宇宙から１日の星の動きに関する問題。星座やそれぞれの空の星の動きなどについて問われた。　3植物の光合成や呼吸に関する問題。出入りする気体などについて問われた。　4化学変化と物質の質量に関する問題。うすい塩酸と石灰石の反応について問われた。　5フックの法則に関する問題。ばねの伸びや力の大きさについて問われた。

	2024	2023	2022
大問数	5	5	5
作図問題	0	0	0

2023年度

1小問集合題。さまざまな分野から，基礎的な知識を確認する小問８問。　2地球と宇宙から太陽系の天体の見え方に関する問題。月や金星について問われた。　3消化と吸収に関する問題。だ液のはたらきや養分の吸収について問われた。　4中和に関する問題。うすい硫酸と水酸化バリウム水溶液の中和について問われた。　5電流と磁界に関する問題。電流が磁界から受ける力や直列回路・並列回路の合成抵抗について問われた。

作…作図・グラフ作成問題　記…文章記述問題

解答形式

2024年度	記　述／マーク／併　用

出題傾向

大問５題，小問30問程度の出題である。解答形式が，22年度より記述式からマークシート式に変更。大問５題のうち，１題が小問集合題で，物理，化学，生物，地学の４つの分野から１題ずつ出題された。教科書に載っている実験・観察を題材とし，基礎を確認する問題が中心ではあるが，応用力・考察力を問う問題も出されている。

今後への対策

はじめに，教科書の実験・観察の手順や結果・考察についてまとめよう。その後，基礎的な問題集を１冊解き，正確な知識が身についているか，確認すること。できない問題がなくなるまでやろう。

次に，本校や公立高校の過去問題を解き，実践的な練習をして，総合問題に慣れるとともに，応用力や考察力も身につけたい。

◆◆◆◆◆ 理科出題分野一覧表 ◆◆◆◆◆

分野 ＼ 年度		2022	2023	2024	2025予想※
身近な物理現象	光と音	●	●		◎
	力のはたらき(力のつり合い)			●	△
物質のすがた	気体の発生と性質				△
	物質の性質と状態変化				△
	水溶液	●			◎
電流とその利用	電流と回路		●		◎
	電流と磁界(電流の正体)	●	●	●	◎
化学変化と原子・分子	いろいろな化学変化(化学反応式)	●	●	●	◎
	化学変化と物質の質量	●		●	◎
運動とエネルギー	力の合成と分解(浮力・水圧)	●		●	◎
	物体の運動				◎
	仕事とエネルギー		●		◎
化学変化とイオン	水溶液とイオン(電池)	●	●	●	◎
	酸・アルカリとイオン		●		◎
生物の世界	植物のなかま		●	●	◎
	動物のなかま				◎
大地の変化	火山・地震			●	◎
	地層・大地の変動(自然の恵み)	●	●		◎
生物の体のつくりとはたらき	生物をつくる細胞				
	植物の体のつくりとはたらき	●		●	◎
	動物の体のつくりとはたらき	●	●		◎
気象と天気の変化	気象観察・気圧と風(圧力)		●		◎
	天気の変化・日本の気象	●		●	◎
生命・自然界のつながり	生物の成長とふえ方				◎
	遺伝の規則性と遺伝子(進化)	●			◎
	生物どうしのつながり		●	●	△
地球と宇宙	天体の動き	●	●	●	◎
	宇宙の中の地球				
自然環境・科学技術と人間					
総合	実験の操作と実験器具の使い方	●	●	●	◎

※予想欄　◎印：出題されると思われるもの。　△印：出題されるかもしれないもの。
分野のカッコ内は主な小項目

出題傾向と今後への対策 国語

出題内容

2024年度

一 小説　二 漢字　三 国語の知識　四 論説文　五 古文

課題文
一小手鞠るい『夏子の秘密』
四吉永明弘『はじめて学ぶ環境倫理』
五『宇治拾遺物語』

2023年度

一 小説　二 漢字　三 国語の知識　四 論説文　五 古文

課題文
一森　浩美『荷物の順番』
四内田　樹『ためらいの倫理学』
五『落窪物語』

2022年度

一 小説　二 漢字　三 国語の知識　四 説明文　五 古文

課題文
一佐藤多佳子『ダブルヘッダー』
四更科　功『若い読者に贈る美しい生物学講義』
五兼好法師『徒然草』

解答形式

2024年度	記　述／マーク／併　用（マークに○）

出題傾向

毎年出題の傾向はほぼ一定である。設問数は，25～30問前後となっている。課題文については，小説は，新しい作家の作品が好まれているようである。論説文・説明文は，著名な学者や評論家の作品が多い。古文も，平安・鎌倉時代の著名な作品からの出題が目立つ。

今後への対策

本校の国語入試は，出題範囲が広いため，幅広い勉強が必要である。読解問題に関しては，日頃の読書に加え，基本的なものでよいから問題集をやっておくこと。古文についても同様であるが，古典の知識については，文法などと一緒に，知識の整理をしておくこと。

◆◆◆◆◆ 国語出題分野一覧表 ◆◆◆◆◆

分野		年度	2022	2023	2024	2025予想※
現代文	論説文・説明文	主題・要旨				
		文脈・接続語・指示語・段落関係	●	●	●	◎
		文章内容	●	●	●	◎
		表現	●	●		◎
	随筆・日記・手紙	主題・要旨				
		文脈・接続語・指示語・段落関係				
		文章内容				
		表現				
		心情				
	小説	主題・要旨				
		文脈・接続語・指示語・段落関係	●	●	●	◎
		文章内容	●	●	●	◎
		表現	●	●	●	◎
		心情	●	●	●	◎
		状況・情景				
韻文	詩	内容理解				
		形式・技法				
	俳句・和歌・短歌	内容理解				
		技法				
古典	古文	古語・内容理解・現代語訳	●	●	●	◎
		古典の知識・古典文法	●	●	●	◎
	漢文	（漢詩を含む）				
国語の知識	漢字・語句	漢字	●	●	●	◎
		語句・四字熟語	●	●		◎
		慣用句・ことわざ・故事成語	●	●	●	◎
		熟語の構成・漢字の知識	●	●	●	◎
	文法	品詞	●	●	●	◎
		ことばの単位・文の組み立て			●	△
		敬語・表現技法				
		文学史				
作文・文章の構成・資料						
その他						

※予想欄　◎印：出題されると思われるもの。　△印：出題されるかもしれないもの。

2024年度　昌平高等学校

【英　語】（50分）〈満点：100点〉

1　放送を聞いて答える問題

問題は，No. 1～No. 7の全部で7題あり，放送はすべて英語で行われます。放送される内容についての質問にそれぞれ答えなさい。No. 1～No. 5及びNo. 7は，質問に対する答えとして最も適切なものを，①～④の中から1つずつ選びなさい。No. 6は，それぞれの質問の答えになるように，[6]～[8]の中に入る英語として最も適切なものを1つずつ選びなさい。放送中メモを取ってもかまいません。各問題について英語は2回ずつ放送されます。

【No. 1～No. 3】

Listen to each talk, and choose the best answer for each question.

No. 1 [1]

①

②

③

④

No. 2 [2]

①
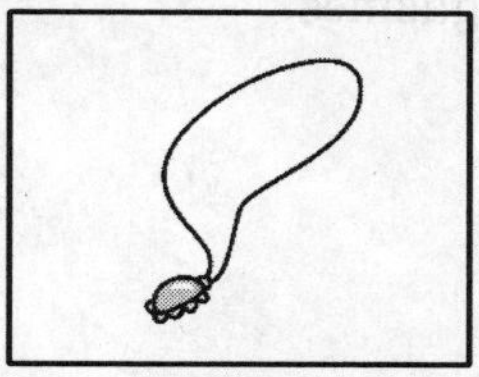
②

③

④

No. 3 [3]

【No. 4, No. 5】

Listen to each situation, and choose the best answer for each question.

No. 4 [4]

① Here you are.
② No, thank you.
③ I'll have them.
④ They are delicious.

No. 5 [5]

① Where is the movie theater?
② When did you take the train?
③ Which train should we take?
④ How can we go to the station?

【No. 6】

Listen to the talk between Andy and Kana, and read the questions. Then choose the best answer for questions 1, 2 and 3.

(1) Question 1 : How many magazines did Kana buy today?

Answer : She bought [6] .

① one magazine
② two magazines
③ three magazines
④ four magazines

(2) Question 2 : What does Kana do every Sunday?

Answer : She [7] for her family.

① cooks Japanese food
② makes some food
③ buys a few magazines
④ picks up cooking magazines

(3) Question 3 : When will Andy visit Kana?

Answer : He will visit her [8] .

① this afternoon
② tomorrow morning
③ tomorrow afternoon
④ in two days

【No. 7】

Listen to the speech of a junior high school student, Ken, and choose the best answer for questions 1, 2 and 3.

(1) Question 1 [9]

① For a day.

② For two days.

③ For six days.

④ For seven days.

(2) Question 2 [10]

① How to find books that look interesting.

② How to check books visitors gave back.

③ How to help visitors who are looking for books.

④ How to put each book back in its right place.

(3) Question 3 [11]

① Because he remembered many things about the job.

② Because a little girl came and helped him.

③ Because he saw the library staff's smiles.

④ Because a child he helped smiled at him.

※放送を聞いて答える問題の放送文は，英語の問題の終わりに付けてあります。

2 次は，Eita, Sayaka, Ms. White の会話です。これを読んで，問1～問8に答えなさい。＊印のついている語句には，本文のあとに〔注〕があります。

Ms. White: Hi, Eita, Sayaka. What are you doing?

Eita: Hello, Ms. White. I'm teaching science to Sayaka.

Sayaka: We will have a science exam next week. Our science teacher said, "I will give you questions about plants in the exam." So, I'm learning about them with Eita's help.

Ms. White: Oh, are you good at science, Eita?

Eita: Well, not really. I am only good at the *unit about plants.

Sayaka: Eita knows a lot about plants. So, I asked him to teach me about them.

Ms. White: How did you get so much *knowledge about them?

Eita: When I was five years old, I lived with my grandparents. They grew many kinds of plants in their garden and I sometimes helped them. I learned about plants [A] that time.

Sayaka: You are fifteen years old now. You remember things from ten years ago very well.

Eita: Yes, but I don't know why. It's often difficult for me to *memorize things in school subjects. Before exams, I try to memorize things like the years of events in history, the names of animal body parts, how to *spell some English words, and so on. But soon I forget many of those things. In the exams, I can't remember them well.

Sayaka: I have the same trouble. I can easily memorize the names of characters in my favorite comic books. But I can't when it is about the names of important people in history.

Ms. White: These things happen not only to students but also to many other people. Last week I read a book about our memories. The〔 ① be / ② may / ③ in / ④ things / ⑤ written / ⑥ it 〕useful for you. Would you like to hear more about them?

Eita: Oh, yes. Please tell us.

Ms. White: All right. We can keep some memories for a long time. Such memories are called "*long-term memories." On the other hand, we forget other things easily. Those are called "*short-term memories." Have you ever heard those words?

Sayaka: Maybe. But I don't know about them well.

Ms. White: All the information we see or hear is *organized in a part of the brain. After that, it is sent to another part of the brain. There, it is kept as a short-term memory.

Eita: Wait. Does that mean [B]

Ms. White: That's right. Then, only some of the memories become long-term memories.

Sayaka: What *turns our short-term memories into long-term ones?

Ms. White: That's a good question. Our brain decides which information is important and should be kept for a long time. Something that is called "the *emotional filter" works there. Eita, do you remember? Ten years ago, when you were growing the plants with your grandparents, did you feel anything?

Eita: Well, yes. When the plants were growing well, I felt very happy. When my dog ate some of the plants, I felt angry and sad.

Ms. White: That's it, Eita. When we feel strong *emotions like that, our brain decides the information is important. Then, it keeps the information for a long time.

Eita: I see. I felt some strong emotions when I was taking care of the plants. So, I have long-term memories about plants.

Sayaka: If we want to keep our memories for a long time, we should try to have some emotions about them.

Ms. White: Yes, that can be a good way. Sometimes it is not easy to do that, but it can be helpful in your studies. For example, Sayaka, there are some comic books that *are based on real events in history. Characters in those comic books are often real people. Read those comic books and try to feel happy, angry, or sad with the characters. Then, you may be able to memorize the names of them easily.

Sayaka: That is a good idea. I'll try it.

Eita: But what can we do about other things? For example, I want to memorize how to spell English words.

Ms. White: The point is to have some emotions when we try to memorize something. How about making some card games of English words and playing them with your friends? When you [C], you will feel happy.

Eita: Great. Well, thank you for your useful *advice, Ms. White.

Sayaka: Yes, thank you so much.

〔注〕unit……単元　knowledge……知識　memorize……記憶する
spell……つづる　long-term……長期間の　short-term……短期間の
organize……整理する　turn ～ into …………～を…に変える
emotional filter……情意フィルター　emotion……感情
be based on ～……～に基づいている　advice……助言

問１　空欄 [A] にあてはまる最も適切な１語を，次の①～④の中から１つ選びなさい。[12]

① during　② for　③ since　④ while

問２　文中の〔　　　〕内のすべての語を，正しい順序に並べかえたとき，〔　　　〕内で**２番目**と**５番目**にくるものの番号を答えなさい。

２番目 [13]　**５番目** [14]

問３　空欄 [B] にあてはまる最も適切なものを，次の①～④の中から１つ選びなさい。[15]

① short-term memories are easily forgotten?
② long-term memories become short-term memories?
③ that part of the brain sometimes doesn't work well?
④ all our memories are short-term memories at first?

問４　空欄 [C] にあてはまる最も適切なものを，次の①～④の中から１つ選びなさい。[16]

① collect the cards　② win the games
③ make some words　④ find the problems

問５　会話の内容に関する次の質問の答えとして最も適切なものを，次の①～④の中から１つ選びなさい。 17

Why does Eita have long-term memories of plants?

① Because his grandparents have told him about them for ten years.

② Because he felt happy, angry, and so on while he was growing some.

③ Because he had some strong emotions in his science classes.

④ Because he has been taking care of plants since he was five.

問６　会話の中で，Ms. White は Sayaka にどのような助言をしていますか。答えとして適切なものを，次の①～④の中から１つ選びなさい。 18

① 自分が喜びや悲しみを感じた歴史上の出来事について調べてみるとよい。

② 自分が感情を動かされた歴史漫画の登場人物名を書き出すとよい。

③ 歴史漫画を読むことで，歴史上の出来事をくわしく学ぶとよい。

④ 登場人物たちに対して，自分の感情を持って歴史漫画を読むとよい。

問７　会話の内容と合うものを，次の①～④の中から１つ選びなさい。 19

① Eita and Sayaka's science teacher is going to ask them about plants in the exam next week.

② Sayaka doesn't have as much knowledge about plants as Eita, but Ms. White does.

③ Eita is good at memorizing things such as the names of animal body parts.

④ Ms. White played some card games to memorize things when she was a student.

問８　次は，Eita が書いた日記の一部です。本文をふまえた内容になるように， 20 ～ 22 にあてはまる適切な英語を次の①～⑥の中から１つ選びなさい。

Today, after school, I helped Sayaka with her 20 in the classroom. Then, Ms. White came to us. She told us something interesting. It was about our memories. According to her, there are 21 types of memories, and we have "the emotional filter" in our brain. It works when our brain 22 information to remember for a long time. She also gave us some advice. It will be useful when we try to memorize things.

① shares	② three	③ study
④ two	⑤ chooses	⑥ homework

3 次の英文を読んで，問１～問７に答えなさい。＊印のついている語句には，本文のあとに〔注〕があります。

In the bathrooms of many hotels around the world, we can find things like a *toothbrush, *shampoo, and a small *bar of *soap. These things are usually *disposable. They are thrown away after our stay. [25] However, many people leave used soap bars in the hotel bathrooms.

Hotels never give those used soap bars to the next *guests because of some *hygiene problems. *As a result, they have been throwing away a lot of soap for many years.

Shawn Seipler is the man who started working to solve this problem. One day in 2008, he was staying at a hotel in the U.S. There he got a question. It was "What happens to the used soap bars at hotels?" So, he asked the hotel staff. Then, the staff answered, "We just throw them away as trash." Seipler did some math about that. He found out that more than a million soap bars became trash at hotels in the U.S. alone every day. Those soap bars could [A] be used, but they were thrown away.

From that day, Seipler began thinking about this problem. He wanted to do something with the used soap bars. A few weeks later, in his hometown, he visited a small hotel. There, he asked the staff to give him the used soap bars. The staff said OK. So, Seipler got the used soap bars, put them in a big bag, and left there with it. On the same day, he visited six other hotels and did <u>the same thing</u>.

Seipler had his own company. He asked some of his workers to get used soap bars when they stayed at hotels. [26]

After getting thousands of soap bars, he started to work with his friends. First, they *cut off the dirty parts of each soap bar. Second, they *broke the clean parts of the soap into very small pieces. Then, they put the pieces together into some water and *heated the *mixture. By *cooling it down, they got a very big bar of soap. Finally, they cut the bar and got a lot of new and clean soap bars.

Seipler was happy about that. [27] Then, he found some studies. According to them, a lot of children in the world died every day because of some *diseases. The studies also told him that those diseases often came from some hygiene problems. Seipler thought, "If those children have soap and wash their hands with it, many of them will not die." Then, he got an idea.

Seipler started an *organization. It was called "Clean the World." His plan was to collect used soap bars from hotels, make new soap bars from them, and give them to children in some poor countries. He thought that by doing this, people could reduce trash and also save children's lives.

Seipler told this idea to some hotels, and they liked it. They started giving their used soap bars to Clean the World. With other members of the organization, Seipler started sending the soap bars they made to different countries. Later, many other hotels agreed with his idea. Some of the most famous hotels in the world were among them.

Now more than 8,000 hotels around the world work with Seipler. Since the start of the organization in 2009, it has made about 70 million soap bars and sent them to 127 countries. The organization has also taught children how to wash their hands well.

One day, Seipler saw some mothers. They were crying with *joy. They 〔 ① got / ② were / ③ that / ④ the soap bars / ⑤ they / ⑥ happy 〕 to save their children's lives.

Seipler says, "I know it sounds funny, but that little bar of soap on the *counter in your hotel room — that thing can *literally save a life."

Today, Clean the World is an important organization. They are not only working for the environment but also saving children. Seipler has shown that we can make something useful from trash, and it can even save someone's life.

〔注〕 toothbrush……歯ブラシ　shampoo……シャンプー　bar……棒状のもの
soap……石けん　disposable……使い捨ての　guest……客
hygiene……衛生　as a result……結果として
cut off ～……～を切り取る　break ～ into …………～を砕いて…にする
heat……熱する　mixture……混合物　cool ～ down……～を冷ます
disease……病気　organization……組織　joy……喜び
counter……台　literally……文字通り

問1　本文の内容に合うように，次の(1)，(2)の英文に続けるのに最も適切なものを，次の①～④の中から1つずつ選びなさい。

(1)　Seipler realized the problem about used soap bars when he was [23]

① spending some time at a hotel.
② given a soap bar by the hotel staff.
③ looking at some trash from a hotel.
④ taking a bath at home.

(2)　When Seipler and his friends tried to make new soap bars, [24]

① they broke some parts of them into very small pieces.
② they didn't use the dirty parts of the used ones.
③ they cut off a very big bar of soap while it was heated.
④ they cooled the used ones down and heated them later.

問2　空欄 [25] ～ [27] にあてはまる最も適切な文を，次の①～⑥の中から1つずつ選びなさい。なお，同じ番号を2度以上使うことはありません。

① Those workers decided to buy new soap bars at the store.
② This was another way to collect used soap bars.
③ In the world, there are some hotels that need them.
④ Soon he gave the new soap bars to the children around the world.
⑤ However, he didn't know what to do with the new soap bars.
⑥ Some people may take the toothbrushes home and use them again.

問3　空欄 [A] にあてはまる最も適切な1語を，次の①～④の中から1つ選びなさい。[28]

① almost　　② quickly　　③ still　　④ always

問4　下線部 the same thing がさすものを，次の①～④の中から1つ選びなさい。

[29]

① giving his soap bars to the hotels that wanted them
② telling his own idea about soap bars
③ collecting used soap bars and carrying them in his bag
④ asking the staff to put used soap bars in a big bag

問5　文中の〔　　〕内のすべての語句を，正しい順序に並べかえたとき，〔　　〕内で**3番目**と**5番目**にくるものの番号を答えなさい。

3番目 30　　**5番目** 31

問6　本文の内容に関する次の質問の答えとして最も適切なものを，次の①～④の中から1つ選びなさい。 32

Which has Clean the World done?

① It has taught children how to make clean soap bars.

② It has shown children a right way to wash their hands.

③ It has sent soap bars to 8,000 hotels around the world.

④ It has told mothers why their children should use soap bars.

問7　本文の内容と合うものを，次の①～⑤の中から1つ選びなさい。 33

① Seipler started the organization "Clean the World" before learning about children who died because of hygiene problems.

② All the workers at Seipler's company didn't want him to start a new organization, but they finally agreed with his idea.

③ When Seipler told some hotels about his idea of Clean the World, the hotel staff asked him to work at their hotels.

④ In 2009, Clean the World got 70 million used soap bars, made new ones from them, and sent them to 127 countries.

⑤ Seipler's work shows that we can use trash to make helpful things, and those things can even save people's lives.

4

次の日本語に合うように，［　］内の語句を並べかえて英文を完成させるとき，［34］～［39］に入る適切なものをそれぞれ選び，番号で答えなさい。

問１　私にあなたのコンピュータを使わせてください。

Please (　　　) (34) (　　　) (35) (　　　).

［ ①　your　　②　me　　③　use　　④　computer　　⑤　let ］

問２　彼女はとても親切なので，皆が彼女を尊敬しています。

She (　　　) (36) (　　　) (37) (　　　) respects her.

［ ①　kind　　②　is　　③　that　　④　so　　⑤　everyone ］

問３　その本がいくらだったか教えてもらえませんか。

Could you tell (　　　) (38) (　　　) (39) (　　　)?

［ ①　me　　②　much　　③　was　　④　the book　　⑤　how ］

＜放送を聞いて答える問題放送文＞

これから「放送を聞いて答える問題」を始めます。

問題用紙の第1ページから第3ページを見てください。問題は，No. 1～No. 7の全部で7題あり，放送はすべて英語で行われます。放送される内容についての質問にそれぞれ答えなさい。No. 1～No. 5及びNo. 7は，質問に対する答えとして最も適切なものを，①～④の中から1つずつ選びなさい。No. 6は，それぞれの質問の答えになるように，解答番号 6 ～ 8 の中に入る英語として最も適切なものを1つずつ選びなさい。放送中メモを取ってもかまいません。各問題について英語は2回ずつ放送されます。

では，始めます。

Look at No. (numbers) 1 to 3 on page 1.
Listen to each talk, and choose the best answer for each question.
Let's start.

No. 1

A(W) : Shota, do you have any pets?
B(M) : Yes, Clare. I have a bird now, and next month a rabbit will join my family. How about you?
A(W) : I had a cat and a dog, but now just the dog. The cat died last year.
B(M) : That's too bad.

Question : Which pet does Shota have now?

（会話と質問を繰り返します。）

No. 2

A(M) : Ellen, this is a Christmas present for you.
B(W) : Thank you, Ryota. Oh, nice gloves! I like them. Then I'll give you this present. I hope you try it on now.
A(M) : Thank you. Wow, my neck is very warm.
B(W) : I'm happy to hear that.

Question : What did Ryota get from Ellen?
（会話と質問を繰り返します。）

No. 3

A(M) : I want to visit Mike's Cafe, but I don't know where it is. I've only heard that there is a post office near it.

B(W) : I know the place. We went to Green Park last week, right? There is a flower shop in front of it. The cafe is between the shop and a restaurant.

A(M) : I see. Thank you.

Question : Where is Mike's Cafe?

(会話と質問を繰り返します。)

Look at No. 4 and No. 5 on page 2.
Listen to each situation, and choose the best answer for each question.
Let's start.

No. 4

Haruki made lunch for Sarah, and she ate it.
Then he asked her to have some cookies and tea.
But she is full now and can't eat any more.

Question : What will Sarah say to Haruki?

(英文と質問を繰り返します。)

No. 5

Amy and Masaki are at a station.
They want to go to the movie theater by train.
But there are many trains at the station, and Amy doesn't know which one to take.

Question : What will Amy say to Masaki?

(英文と質問を繰り返します。)

Look at No. 6.

Listen to the talk between Andy and Kana, and read the questions. Then choose the best answer for questions 1, 2 and 3.

Let's start.

No. 6

Andy： Hi, Kana. Where are you going?

Kana： Oh, hello, Andy. I've just bought some magazines, and now I'm going home.

Andy： What kinds of magazines did you buy?

Kana： I bought one about cooking and two about sports.

Andy： I know you like cooking, but I didn't know you are also interested in sports.

Kana： Well, I'm not. The cooking magazine is for myself, and the sports magazines are for my brother. He asked me to buy them.

Andy： I see. Do you often buy cooking magazines?

Kana: Yes, I buy one every month. And every Sunday, I choose three or four kinds of food from the magazine and cook them for my family.

Andy： That's great. Today is Saturday. What are you going to cook tomorrow?

Kana： I haven't decided yet, but the cooking magazine I bought today is about Japanese food. I am going to pick some of it from that magazine.

Andy： Oh, I like Japanese food, so I want to learn how to cook it. Can I go to your house and cook with you tomorrow?

Kana： Of course. Can you come to my house at two p.m.?

Andy： OK. I'm looking forward to it.

（英文を繰り返します。）

Look at No. 7 on page 3.

Listen to the speech of a junior high school student, Ken, and choose the best answer for questions 1, 2 and 3.

Let's start.

No. 7

Hello, everyone.　I'm Ken.　I'm going to talk about my job experience.

I go to the city library on Saturdays.　Every time, I read some magazines there, and then I find four or five books that look interesting.　Sometimes I also do my homework there.　The library is one of my favorite places.

I had a job experience at the city library on November sixth and seventh.　I learned the job of the library staff, and it was interesting.　The staff there all looked busy, but they taught me a lot of things in a kind way.　First, I learned how to check books that visitors returned. Then I learned how to help visitors find the books they want.　After that, I learned how to put each book back in its right place.　There were many things to remember, but I enjoyed the experience.

The next day, I worked as a staff member.　When I was walking around to put some books back, I saw a little girl.　She was looking for a book, so I helped her.　When I found it and gave it to her, she smiled and said thank you.　I was very happy to see her smile.

（間２秒）

Question 1：　How long was Ken's job experience at the city library?

Question 2：　What was the second thing Ken learned during his job experience?

Question 3：　Why was Ken happy on the last day of his job experience?

以上で「放送を聞いて答える問題」を終わります。では，ほかの問題を始めてください。

【数　学】 (50分) 〈満点：100点〉

1

次の(1)〜(10)の [ア] から [ニ] に当てはまる数字や符号を1つずつマークしなさい。

(1) $(7-11)\times(-3)+48\div(-2^3)$ を計算すると，[ア] です。

(2) $\sqrt{2}\,(3+\sqrt{6})+\sqrt{3}\,(3-\sqrt{6})-\dfrac{18}{\sqrt{3}}$ を計算すると，[イ] $\sqrt{[ウ]}$ です。

(3) $(4x-1)^2-(2x+1)(6x-5)$ を計算すると，[エ] x^2- [オ] $x+$ [カ] です。

(4) $2-\dfrac{3a-1}{3}+\dfrac{a-5}{2}$ を計算すると，$-\dfrac{[キ]\,a+[ク]}{[ケ]}$ です。

(5) $x^2-4x+4-9y^2$ を因数分解すると，
$(x+$ [コ] $y-$ [サ] $)(x-$ [シ] $y-$ [ス] $)$ です。

(6) 2組の x，y についての連立方程式 $\begin{cases} x-3y=7 \\ 2ax-3by=7 \end{cases}$ と $\begin{cases} ax+2by=14 \\ 2x+5y=3 \end{cases}$ が同じ解をもつとき，$a=$ [セ]，$b=$ [ソタ] です。

(7)　2次方程式 $(x-1)^2-6(x-1)-7=0$ を解くと，$x=$ ［チ］，［ツ］ です。
ただし，［チ］＜［ツ］ とします。

(8)　関数 $y=2x^2$ において，x の値が a から $a+2$ まで増加するときの変化の割合が 12 になるとき，a の値は ［テ］ です。

(9)　**図1** のように，半径が 6 cm の円 O の周上に 3 点 A，B，C があります。このとき，点 A をふくまない $\overset{\frown}{BC}$ の長さは ［ト］ π cm です。
ただし，円周率は π とします。

図1

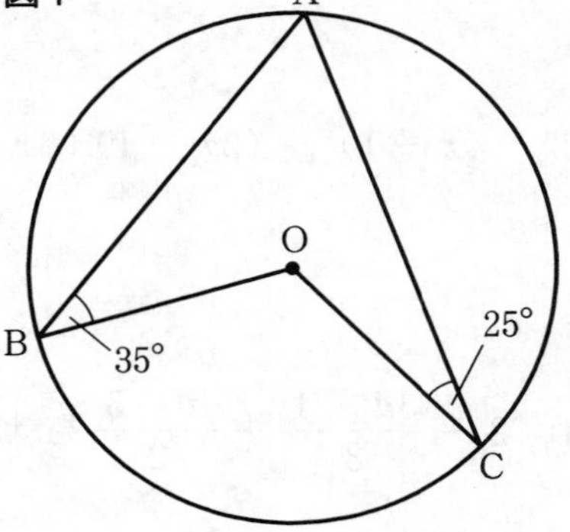

(10)　**図2** のように，底面の半径が 3 cm の円すいを水平な平面上に置きました。この円すいを頂点 O を中心としてすべらないように転がしたところ，ちょうど 2 回転してもとの位置にもどりました。この円すいの側面積は ［ナニ］ $\pi\,\text{cm}^2$ です。ただし，円周率は π とします。

図2

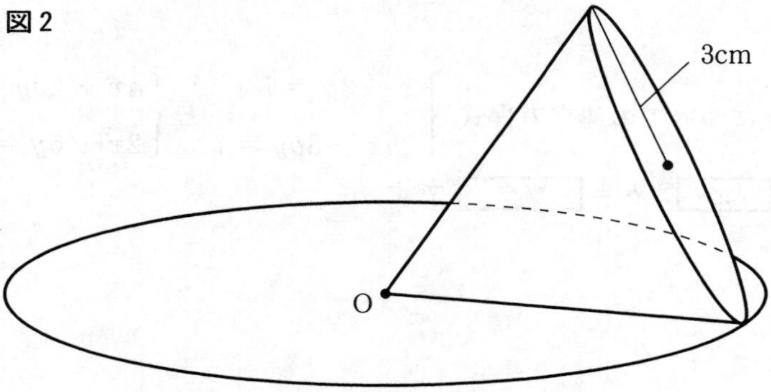

2 次の(1)〜(4)の ア から コ に当てはまる数字や記号を1つずつマークしなさい。

(1) 100より小さい自然数aがあります。$\sqrt{90a}$が整数になるとき，これを満たす自然数aは全部で何個ありますか。下のⓐ〜ⓓの中から1つ選ぶと，答えは ア です。

ⓐ 1個　　ⓑ 2個　　ⓒ 3個　　ⓓ 4個

(2) Aさんの家から駅までは1.4 kmあり，Aさんは分速40 mの速さで家から駅に歩いて向かいました。途中から分速90 mの速さで走って駅へ向かったところ，家を出てから駅に着くまでに25分かかりました。このとき，Aさんが分速40 mで歩いた道のりは イウエ mです。

(3) 次のデータは，あるクラスの生徒10人について，ある日の家庭学習の時間を調べて小さい方から順に並べたものです。この10人の平均値が1.3時間で，四分位範囲が1.1時間であったとき，$a=$ オ . カ ，$b=$ キ . ク です。

0.5	0.6	a	1.0	1.1	1.4	1.5	b	2.0	2.4	（時間）

(4) 袋の中に，赤玉が2個と白玉が4個入っています。この袋から同時に2個の玉を取り出すとき，少なくとも1個が赤玉である確率は $\frac{ケ}{コ}$ です。

3　右の図のように，放物線 $y = ax^2$ 上に2点A，Bがあります。点Aの座標は(8, 32)，点Bの x 座標は -4 です。また，放物線上の点Aから点Bまで動く点をPとし，線分ABが対角線になるように，平行四辺形AQBPをつくります。このとき，次の(1)～(3)の［ア］から［ケ］に当てはまる数字を1つずつマークしなさい。

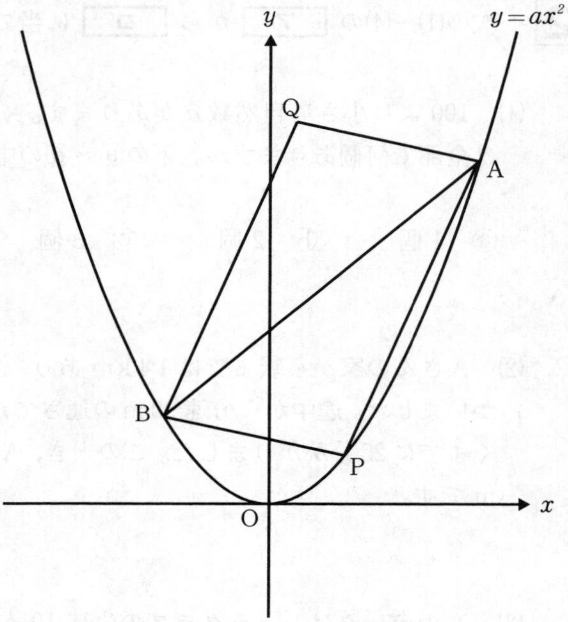

(1)　点Pの x 座標が2のとき，点Qの座標は(［ア］，［イウ］)です。

(2)　点Pの x 座標が6のとき，2点P，Qを通る直線の式は，

$y = -\dfrac{\boxed{エ}}{\boxed{オ}}x + \boxed{カキ}$ です。

(3)　点Pの x 座標が -2 のとき，△OABの面積と平行四辺形AQBPの面積の比を最も簡単な整数の比で表すと，［ク］：［ケ］です。

4 右の図のように，底面が1辺6 cmの正方形で，AB＝AC＝AD＝AE＝9 cmである正四角すいA－BCDEがあります。辺AC上に，AC⊥BP，AC⊥DPとなるような点Pをとり，4点P，B，C，Dを頂点とする三角すいP－BCDを作ります。このとき，次の(1)～(3)の［ア］から［ク］に当てはまる数字を1つずつマークしなさい。

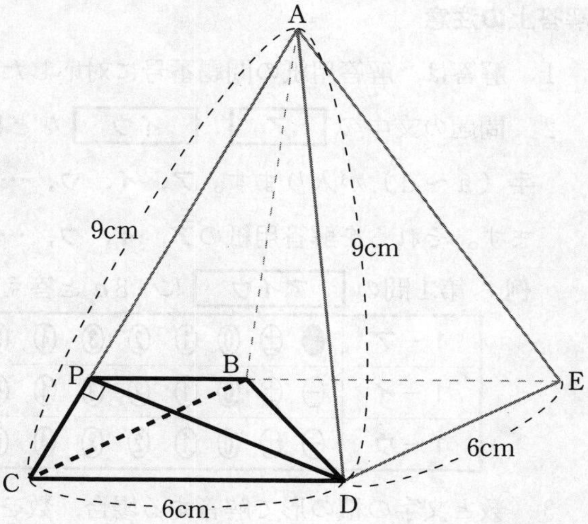

(1) △ACDの面積は［アイ］$\sqrt{［ウ］}$ cm^2です。

(2) 線分DPの長さは［エ］$\sqrt{［オ］}$ cmで，線分PCの長さは［カ］cmです。

(3) 三角すいP－BCDの体積は［キ］$\sqrt{［ク］}$ cm^3です。

解答上の注意

1　解答は，解答用紙の問題番号に対応した解答欄にマークしなさい。

2　問題の文中の [ア] ，[イウ] などには，符号（−，±），数字（0〜9），又は文字（a〜d）が入ります。**ア，イ，ウ**，…の一つ一つは，これらのいずれか一つに対応します。それらを解答用紙の**ア，イ，ウ**，…で示された解答欄にマークして答えなさい。

例　第1問の [アイウ] に$-8a$と答えたいとき

1−ア	●	±	0	1	2	3	4	5	6	7	8	9	a	b	c	d
1−イ	−	±	0	1	2	3	4	5	6	7	●	9	a	b	c	d
1−ウ	−	±	0	1	2	3	4	5	6	7	8	9	●	b	c	d

3　数と文字の積の形で解答する場合，数を文字の前にして答えなさい。

例えば，$3a$と答えるところを，$a3$と答えてはいけません。

4　分数形で解答する場合，分数の符号は分子につけ，分母につけてはいけません。

例えば，$\dfrac{\boxed{エオ}}{\boxed{カ}}$に$-\dfrac{4}{5}$と答えたいときは，$\dfrac{-4}{5}$として答えなさい。

また，それ以上約分できない形で答えなさい。

例えば，$\dfrac{3}{4}$，$\dfrac{2a+1}{3}$と答えるところを，$\dfrac{6}{8}$，$\dfrac{4a+2}{6}$のように答えてはいけません。

5　小数の形で解答する場合，指定された桁数の一つ下の桁を四捨五入して答えなさい。また，必要に応じて，指定された桁まで ⓪ にマークしなさい。

例えば，[キ] . [クケ] に2.5と答えたいときは，2.50として答えなさい。

6　根号を含む形で解答する場合，根号の中に現れる自然数が最小となる形で答えなさい。

例えば，$4\sqrt{2}$，$\dfrac{\sqrt{13}}{2}$，$6\sqrt{2a}$と答えるところを，$2\sqrt{8}$，$\dfrac{\sqrt{52}}{4}$，$3\sqrt{8a}$のように答えてはいけません。

7　同一の問題文章に [サシ] ，[ス] などが2度以上現れる場合，原則として，2度目以降は，[サシ] ，[ス] のように細字で表記します。

問2　Bといふ　で受ける「……咎めおろすべし」までの部分は会話文ですが、その会話文の始まる部分として最も適切なものを次の①〜④の中から一つ選び、その番号をマークしなさい。解答番号は 33 。

①　路の傍らなる……　②　国司の郎等ども……　③　この翁、など……　④　奇怪なり……

問3　C立てやうなり　を現代仮名遣いに直したものとして最も適切なものを次の①〜④の中から一つ選び、その番号をマークしなさい。解答番号は 34 。

①　立てやふなり　②　立てようなり　③　立てよふなり　④　立てよおなり

問4　Dただにはあらぬ人　が指す人物として最も適切なものを次の①〜④の中から一つ選び、その番号をマークしなさい。解答番号は 35 。

①　丹後守保昌　②　大矢の左衛門尉致経　③　数多の兵　④　平五大夫

問5　本文の内容の説明として最も適切なものを次の①〜④の中から一つ選び、その番号をマークしなさい。解答番号は 36 。

①　丹後守保昌は国に戻る途中、白髪の武士が馬からおりないことに腹を立ててとがめた。
②　白髪の武士は丹後守保昌よりも身分が高かったので、馬からかたくなにおりなかった。
③　大矢の左衛門尉致経は、父が無礼な態度をとったのではないかと丹後守保昌にわびた。
④　平五大夫は子に田舎者だと馬鹿にされないように、早々に馬を走らせ目的地に着いた。

五 次の文章を読んで、後の問いに答えなさい。

これも今は昔、※丹後守保昌《たんごのかみやすまさ》、国へ下りける時、※与佐《よさ》の山にA白髪の武士一騎あひたり。路《みち》の傍《かたは》らなる木の下にうち入りて立てたりけるを、※国司の郎等ども、この翁《おきな》、など馬よりおりざるぞ。奇怪なり。咎《とが》めおろすべし（けしからんことだ。とがめて下馬させるべきだ）Bといふ。ここに国司の曰《いは》く、「一人当千の馬のC立てやうなり。Dただにはあらぬ人ぞ。咎むべからず（とがめてはいけない）」と制してうち過ぐる程に、三町ばかり行きて、※大矢の左《さ》衛《ゑ》門尉《もんのじょう》致経《むねつね》、数多《あまた》の兵を具してあへり（ひきつれてくるのに出会った）。国司会釈《ゑしゃく》する間、致経が曰く、「ここに老者一人あひ奉《たてまつ》りて候《さぶら》ひつらん（お会い申したことでしょう）。致経が父※平五大夫に候ふ。堅固の田舎《いなか》人にて子細を知らず。無礼《むらい》を現し候ひつらん」といふ。致経過ぎて後、「さればこそ（やはり言ったとおりであろう）」とぞいひけるとか。

（『宇治拾遺物語』による。）

（注）※丹後守保昌 …… 藤原致忠《ふじわらのむねただ》の子。　※与佐の山 …… 京都府宮津市の普甲山《ふこうさん》。
※国司 …… 諸国を統括する地方官。　※大矢の左衛門尉致経 …… 平致頼《たいらのむねより》の子。
※平五大夫 …… 平致頼。「平五」は平氏の五男、「大夫」は五位の称。

問1 A白髪の武士一騎あひたり とありますが、Ⅰ誰が、Ⅱ誰にあったのですか。最も適切なものを次の①～④の中からそれぞれ一つずつ選び、その番号をマークしなさい。解答番号はⅠ 31 、Ⅱ 32 。

Ⅰ ① 丹後守保昌　② 大矢の左衛門尉致経　③ 数多の兵　④ 平五大夫

Ⅱ ① 丹後守保昌　② 大矢の左衛門尉致経　③ 数多の兵　④ 平五大夫

問4　本文中の空欄 [Ⅱ] にあてはまる言葉を、次の①〜④の中から一つ選び、その番号をマークしなさい。解答番号は [27]。

① マイカップの持参を勧める　② 給茶器の使用を禁じる
③ 紙コップを備え付けない　④ アルミなどのコップを置く

問5　B似たような例　とありますが、何と似たような例ですか。その内容として最も適切なものを次の①〜④の中から一つ選び、その番号をマークしなさい。解答番号は [28]。

① 紙コップを使わないことよりもっと大きな無駄を省く必要があること。
② 紙コップを二重にしている人を注意することが「エコ」であること。
③ マイカップを持つことよりも給茶器の使用を禁じることが解決になること。
④ マイカップを持つことは紙コップを使うことより大きな節約であること。

問6　C環境倫理　とありますが、その性質や特徴として**適切ではない**ものを次の①〜④の中から一つ選び、その番号をマークしなさい。解答番号は [29]。

① 個人の節約よりも、社会全体の浪費に関心が向けられている。
② 個人倫理よりも法や経済など社会制度の改善を目指している。
③ 社会的欲望を社会の倫理によって解決するのは不可能である。
④ 『環境倫理学のすすめ』の出版によってその言葉が広まった。

問7　本文中の空欄 [X] 〜 [Z] にあてはまる言葉の組み合わせとして最も適切なものを次の①〜④の中から一つ選び、その番号をマークしなさい。解答番号は [30]。

① X 環境　Y 個人　Z 社会　② X 環境　Y 社会　Z 個人
③ X 社会　Y 個人　Z 環境　④ X 社会　Y 環境　Z 個人

カから日本に「環境倫理学」という学問分野を導入した、哲学者・倫理学者の加藤尚武《かとうひさたけ》は、一九九一年に出した『環境倫理学のすすめ』以来、このことを繰り返し示唆しています。ちなみにこの本の出版によって、日本のなかで環境倫理という言葉が一般化しました。逆に言えば、一九九一年まで、日本に環境倫理という言葉はほとんど流通していなかったのです。

それから加藤はたくさんの本を書き、環境倫理学の議論を広めましたが、そのなかで加藤は環境倫理学を、「個人の心がけの改善」をめざすものではなく、「システム論の領域に属するもので、環境問題を解決するための法律や制度などすべての取り決めの基礎的前提を明らかにする」ものと位置づけました。つまり環境倫理学とは、法律や制度を下支えする環境倫理の中身を探究する学問分野だということになります。

（吉永明弘《よしながあきひろ》『はじめて学ぶ環境倫理　未来のために「しくみ」を問う』による。）

問1　本文中の空欄 a ～ c にあてはまる言葉を、次の①～⑤の中からそれぞれ一つずつ選び、その番号をマークしなさい。解答番号は a **22** 、b **23** 、c **24** 。

①　では　②　また　③　たとえば　④　そのうえ　⑤　しかし

問2　A環境問題といえば地球温暖化がイメージされるという現象は一九八八年から始まった　とありますが、どういうことですか。その説明として最も適切なものを次の①～④の中から一つ選び、その番号をマークしなさい。解答番号は **25** 。

①　地球温暖化問題は国際会議のテーマになり、マスコミでも大きく報道されたということ。
②　地球温暖化が話題になったのは、一九八八年の科学者の証言がきっかけであるということ。
③　地球温暖化問題の広まりにより、リサイクルなどの「環境ブーム」が起こったということ。
④　地球温暖化は科学者のでっちあげではなく、研究によって判明した問題だということ。

問3　本文中の空欄 I にあてはまる言葉を、次の①～④の中から一つ選び、その番号をマークしなさい。解答番号は **26** 。

①　水の泡　②　寝耳に水　③　立て板に水　④　焼け石に水

[b]、ここで疑問が生じます。私たちはどれくらいこういった比較をし続けなければいけないのか。環境保護に気を遣って生活するのは苦しくないか。そして、自分だけが努力しても無駄ではないか。

[c] こんな話があります。最近ではマイボトルをもつ習慣が広まり、またエコバッグも普及しつつありますが、以前には、給茶器から紙コップを使わずにマイカップに飲み物を注ぐ、ということが「エコ」だと言われました。確かに給茶器の近くには大量の紙コップが使い捨てられていて、もったいない気がします。それで毎回マイカップを持って来てお茶を注いでいた人がいましたが、ふと次の人を見たら、次の人は備え付けの紙コップを二つ取り、二重にして使っていたという話です（熱いからでしょう）。それではマイカップを使っている人の努力が [Ⅰ] です。

しかし、紙コップを二重にして使っている人に向かって「君の行為はエコではない」とお説教するのは面倒ですし、息苦しさを感じます。この問題を解決するにはどうすればよいでしょうか。有力な解答は、「[Ⅱ]」ということです。なければ使わない（みんなマイカップを持って来ざるを得ない）からです。しかし次の疑問がわきます。紙コップの節約分なんて些細《ささい》なものではないか、もっと大きなところの無駄を省かないといけないのではないか。

B似たような例でいえば、個人住宅で電気を節約するのも大切ですが、もっと大きなところでたくさんの電力が浪費されている可能性があります。浪費をやめるのであれば、それらを止めるよう要求するほうが「エコ」になるでしょう。こういう疑問を持つようになることを、社会とつながった、社会が意識された、と言います。この例では、社会全体の電力の浪費に関心をもつことが実は環境倫理の目指す方向性なのです。

C環境倫理という言葉には、無駄な買い物をやめなさい、商品に対する欲望をおさえなさい、と個人の意識改革を求めるイメージがあるかもしれません。

これに対して、物理学者の槌《つち》田《だ》敦《あつし》は、「自動車に乗りたい」という欲望は、自動車でないと通勤できないという状況が生み出しているという例を挙げて、欲望には社会性があると主張し、そのような社会的欲望を個人の努力で抑えるのは不可能であると述べています。そして社会的欲望によって引き起こされた問題は社会の倫理によって解決する（毒物に税をかけるなど）しかないと主張します。ここでは個人の倫理と社会の倫理が区別されています。そして環境倫理は禁欲や自己犠牲といった個人倫理よりも、法や経済といった社会制度の改善に目を向けるものなのです。

「[X] 倫理は [Y] 倫理ではなく [Z] 倫理である」という認識は、日本の倫理学界では正統な認識です。一九九〇年前後にアメリ

四 次の文章を読んで、後の問いに答えなさい。

みなさんは、「地球温暖化」という言葉を当たり前のように聞いていることでしょう。以前、大学生に「関心のある環境問題」についてレポートを書いてもらったところ、一番多かったのが地球温暖化でした（気候変動問題の方が適切ですが、この本では地球温暖化で通します）。環境問題といえば地球温暖化だ、という認識が多くの人にあるのでしょう。

しかし、このようにA環境問題といえば地球温暖化がイメージされるという現象は一九八八年から始まったものです。それ以前は、今のように地球温暖化が話題にのぼってはいませんでした（新聞記事を検索すると分かりますが、一九八七年以前は新聞紙上にほとんど登場していません）。これには理由があります。実は「地球は温暖化しており、それは人間活動に由来する温室効果ガス（CO_2など）が原因だ」という話が広まったのは、一九八八年六月二三日のアメリカ上院の公聴会で、ジェームス・ハンセンという科学者がそう証言したことがきっかけなのです。それ以来、地球温暖化問題は、国際会議のテーマになり、一九九二年にはブラジルのリオデジャネイロで「地球サミット」が開かれ、マスコミでも大きく報道されました。「地球にやさしい」「エコな暮らし」「リサイクル」といった言葉が広まったのはこの時期からです。その当時のことを「環境ブーム」と呼ぶ人もいます。私は当時中学生・高校生でした。それ以前、私が小学生のころは、地球温暖化について話している人は周りに一人もいませんでした。このように言うからといって、地球温暖化は科学者によるでっちあげだ、と言いたいわけではありません。そうではなくて、地球温暖化はある時期に科学研究によって判明した問題だ、ということが言いたいのです。

[a]、「地球にやさしい」「エコな暮らし」「リサイクル」という言葉が普及していなかったからといって、そのような活動をしていた人がいなかったわけでもありません。質素な暮らしをしていた人や、自然を守る活動をしていた人は昔から存在します。それを昔は「地球にやさしい」「エコな暮らし」「リサイクル」といった言葉で表現していなかっただけです。

これまで、地球環境を守るためにさまざまな政策が立案されてきました。そのなかで、政府や企業が努力するだけでなく、一人一人が地球環境のために努力しなければならないという話が普通になされるようになりました。

一九九〇年代から近年の「エシカル消費」に至るまで、地球環境に配慮した生活が求められ、エコな商品を選ぶことが推奨されていますが、たとえばジュースを飲むときに、缶、ビン、ペットボトル、紙パックのうちのどの容器の商品がエコなのかを判断するのは至難のワザです。ネット検索をしていたら、それぞれの容器の環境負荷を比較している「ロカボラボ」というウェブサイトを見つけました。大変参考になるサイトです。またそのサイトでは、どんな乗り物に乗るのがエコなのかを、飛行機、電車、自家用車、バスの環境負荷を比較して明らかにしています。

問１　A保育士　と熟語の組み立て（構成）が同じものを、次の①～④の中から一つ選び、その番号をマークしなさい。解答番号は 16 。

① 新幹線　② 未成年　③ 非常口　④ 衣食住

問２　B取り上げられることが増えてきました　について、Ⅰ文節の数、Ⅱ単語の数は、それぞれいくつですか。次の①～④の中からそれぞれ一つずつ選び、その番号をマークしなさい。解答番号はⅠ 17 、Ⅱ 18 。

Ⅰ　① 三文節　② 四文節　③ 五文節　④ 六文節

Ⅱ　① 七単語　② 八単語　③ 九単語　④ 十単語

問３　══部(ア)～(エ)の語について説明した次の文の空欄 Ⅰ ～ Ⅲ にあてはまる言葉を、あとの①～④の中からそれぞれ一つずつ選び、その番号をマークしなさい。解答番号はⅠ 19 、Ⅱ 20 、Ⅲ 21 。

四つのうち、 Ⅰ だけが Ⅱ で活用はなく、それ以外の三つは Ⅲ で活用がある。

Ⅰ　① (ア)　② (イ)　③ (ウ)　④ (エ)

Ⅱ　① 形容詞　② 副詞　③ 連体詞　④ 助動詞

Ⅲ　① 動詞　② 形容詞　③ 助動詞　④ 形容動詞

三　次の文章を読んで、後の問いに答えなさい。

私はここ数年、SDGsを保育の現場に持ち込み、どのように取り組んでいくことができるのかをA保育士のみなさんと共に考えています。SDGsに私が惹《ひ》かれた理由は、二一世紀的な問題を解決するためにはマインドセットを変える必要がある、という要素が入っているからです。

SDGsとは二〇一五年の国連サミットで採択された「持続可能な開発のための2030アジェンダ」です。これは二〇三〇年までに全ての国連加盟国が達成を目指す国際目標で、全部で一七の項目（目標）があります。この数年で認知が広がり、学校の授業や一部の企業でもB取り上げられることが増えてきました。

たとえばその一つ目は、「(ア)あらゆる場所であらゆる形態の貧困をなくす」です。貧困にもいろいろな形態があります。日本でも相対的貧困や子どもの貧困などが注目されていますが、生活費がないという意味だけに留めず、憲法の第二五条第一項で規定された「すべて国民は、健康で文化的な最低限度の生活を営む権利を有する」という条件が奪われていることまでを貧困と定義してはどうかと私は提案しています。「健康で文化的な最低限度の生活」には(イ)さまざまな要素が含まれます。病気になったとき医者にかかることができることももちろんそうですし、子どもが人間として(ウ)豊かに育つためには、たとえば家庭の中の会話が豊かであることも必要です。父親や母親にゆとりがなく子どもに共感することが減り、結果として子どもの自尊感情を育むことができないことも、大きな貧困問題だと考えられます。SDGsの精神に従えば、そのように子どもに関わることのできない親や養育者たちを、もっと深いところで応援する必要があります。

貧困やジェンダーの問題は、日本でも深刻です。このような現実をただの数字として見るのではなく、エージェンシー、当事者性を発揮して、知っている人がもしそうなったら、家族がもしそうなったら、自分がもしそうなったらと考えることが必要です。当事者として考えるのです。そう考えることのできる子どもたちが育っていくことが必要です。

自分が属している社会をみんなが(エ)上手に幸せを追求できる社会に変えていくことで、私たちは安心して生きていくことができる。SDGsを考えることは、子どもたち一人ひとりの幸せを考えることでもあると言えます。

（汐《しお》見《み》稔幸《としゆき》『教えから学びへ　教育にとって一番大切なこと』による。）

(エ) 文中の修ショク語を探す。 13

① テスト期間はショク員室には入れない。
② 下描きをしたあとに着ショクする。
③ この会社は紡ショクで成長したそうだ。
④ 美しい装ショク品を身につけている。

(オ) キョク地的に大雨が降る予報だ。 14

① キョク力不要なものは買わない。
② 美しいキョク線が描かれていた作品。
③ 事態は重要なキョク面を迎えている。
④ 合唱コンクールに向け選キョクする。

(カ) あなたは私にアヤマる必要はない。 15

① 土シャ降りの雨が降る。
② 基礎代シャを上げるための運動をする。
③ 自然の情景を描シャする。
④ 反シャ的に体が動く。

二　次の(ア)〜(カ)の文の――部と同じ漢字を使うものを、あとの①〜④の中からそれぞれ一つずつ選び、その番号をマークしなさい。解答番号は 10 〜 15 。

(ア)　成功のためには忍耐が不可ケツだ。　10

①　来週の日曜日は親戚のケッ婚式だ。
②　一位のチームと二位のチームが直接対ケツする。
③　風邪《かぜ》気味なのでケッ席することにした。
④　健康診断ではまず採ケツをした。

(イ)　本物とほとんどソン色のない出来だ。　11

①　物事をソン得だけで考えてはいけない。
②　彼の謙ソンする姿勢を見習いたい。
③　山ソン留学でさまざまな体験をする。
④　彼は有名な武士の子ソンらしい。

(ウ)　作品の運搬を丁チョウに行う。　12

①　彼女はみんなにチョウ宝がられている。
②　英語のチョウ文を読むのは得意だ。
③　私の考えをチョウ越する発想だった。
④　このところとてもチョウ子がよい。

問6　Eコーヒーでも飲みながら、夏子が出てくるのを待とうと思った　とありますが、その理由として最も適切なものを次の①～④の中から一つ選び、その番号をマークしなさい。解答番号は 7 。

① 歯医者に入る前の夏子の様子を話し、からかおうと思ったから。
② 痛い思いをしたであろう夏子をなぐさめてやろうと思ったから。
③ 物語を投稿した夏子の勇気を、ほめてやりたいと思ったから。
④ 投稿した物語の評価を心配する夏子を励まそうと思ったから。

問7　F突然、大きな声で笑いだした　とありますが、その理由として最も適切なものを次の①～④の中から一つ選び、その番号をマークしなさい。解答番号は 8 。

① 自分がビルに入る様子を世良に見られていたと知り、その無遠慮さにあきれたから。
② 何本投稿したのかを、歯を抜くたとえで尋ねた世良の冗談がおもしろかったから。
③ 自分が物語を投稿してきた事実を、世良が勘違いしていることに気がついたから。
④ 歯を抜いたくらいの痛みを本気で心配している世良の表情やその幼さに驚いたから。

問8　この文章を大きく四つの場面に分けると、第二・第三・第四段落はどこから始まりますか。それぞれの初めの五字を抜き出した組み合わせとして最も適切なものを次の①～④の中から一つ選び、その番号をマークしなさい。解答番号は 9 。

① 第二…「できた！　第三…三十分後、　第四…およそ二十
② 第二…「これでよ　第三…世良亮司。　第四…今は午後二
③ 第二…「できた！　第三…三十分後、　第四…今は午後二
④ 第二…「これでよ　第三…世良亮司。　第四…およそ二十

問2　本文中の空欄 a ・ b にあてはまる言葉を、次の①～⑤の中からそれぞれ一つずつ選び、その番号をマークしなさい。解答番号は a 2 、b 3 。

①　ごろごろ　②　ずばんと　③　ぽーんと　④　ずるずると　⑤　ころころ

問3　 B にあてはまる言葉として最も適切なものを次の①～④の中から一つ選び、その番号をマークしなさい。解答番号は 4 。

①　勇気と運命　②　熱意と愛情　③　希望と覚悟　④　物語と思い出

問4　Cとうてい踏みこえることのできない城壁のように見えている　とありますが、その理由として最も適切なものを次の①～④の中から一つ選び、その番号をマークしなさい。解答番号は 5 。

①　これまでの努力が認められ、夢に近づくことができるかどうかが決まると思い緊張したから。
②　覚悟を決めてきたはずだったが、階段にはおそろしいことが待っていると感じたから。
③　長い時間をかけて書いた原稿が採用された未来を想像すると、勇気が出なかったから。
④　物語が完成し、はやる気持ちでビルまで来たが、作品を手放すという喪失感が生まれたから。

問5　D夏子の不可解な行動　とありますが、世良は夏子の行動をどのように理解しましたか。その説明として最も適切なものを次の①～④の中から一つ選び、その番号をマークしなさい。解答番号は 6 。

①　夏子は物語を投稿するのに胸を躍らせている。
②　夏子は歯の治療を楽しみにしている。
③　夏子は物語を投稿するのをためらっている。
④　夏子は歯を抜くことをためらっている。

ほっとしていたような顔つきは、今は何かについて悩んでいるような顔つきに変わっている。
待ちぶせなんかしてしまって、悪かったかな。
それとも、歯を抜かれたあとが痛むのかな。
世良は心配そうに、夏子の顔をのぞきこんだ。
「痛むの？　歯は何本、抜いたの？」
「……は？」
夏子は「わけがわからない」というような表情になった。
それからF突然、大きな声で笑いだした。
「おかしくてたまらない」と言いたげに。
笑いをこらえながら、夏子は言った。
「二本、抜いたの。うまく抜けたかどうか、一週間後に、わかることになってます。運命の二本です」
今度は、世良が「は？」という顔をする番だった。
首をかしげたまま、
「よかったら、いっしょに歩いて帰ろうか」
世良は夏子をさそった。

（小手鞠《こでまり》るい「夏子の秘密」〈『放課後の読書クラブ』所収〉による。出題の都合により表記を一部変えている。）

問1　Aひとつ、大きなため息をついてから、夏子は窓の外に目を向けた　とありますが、このときの夏子の心情として最も適切なものを次の①〜④の中から一つ選び、その番号をマークしなさい。解答番号は **1** 。

① 毎日物語を書き続けてきたのに、なかなか書き上がらなかったという疲労感。
② 二、三年かけて書いてきた物語を、あと一枚で完成させられるという安堵《あんど》感。
③ 作品は完成するが、書きそんじや筆記具などの無駄も多かったという罪悪感。
④ 五百枚ほどにもなる物語を、自分ひとりの力で完成させられたという達成感。

夏子は、三度もこれをくり返した。

この、D夏子の不可解な行動を、道路の向かいにあるビルの三階の窓辺から、見おろしている人物がいた。

世良《せら》亮司《りょうじ》。末の妹の冬子の担任の先生で、今年の春から教師になった新米。彼は、夏子の卒業した高校の先輩でもあり、ふたりは同じ文芸クラブに属していた友人同士でもあった。

三度めに夏子がビルに入り、ついに階段をのぼっていくすがたを目にして、世良は思った。

やっと、決心がついたようだな。

世良は頬《ほお》に苦笑いを浮かべた。

歯の治療は痛い。だれだって、いやに決まっている。

夏子の入っていったビルの入り口には、いくつかの看板にまじって、歯医者さんの看板もかかっていた。

ちょうど用事をすませたところだった世良は、下へおりていき、道路をわたって、向かいのビルの前まで歩いていった。案の定、歯医者さんの看板には「抜歯手術・午後二時から四時まで」という説明書きがある。

今は午後二時半。

かわいそうに、きっと、痛い思いをしていることだろう。

よし、なぐさめてやろうと、世良は考えた。きょうはもう学校へは、もどらなくてもいいことになっている。ビルのとなりにあった喫茶店に入った。Eコーヒーでも飲みながら、夏子が出てくるのを待とうと思った。

およそ二十分後、まっ赤な顔をした夏子がビルから出てきた。

世良もあわてて店を出た。

夏子は、ああ、終わってよかった、というような顔つきをしている。

やっぱり歯を抜いたんだな。

しかし、ずいぶん早く終わったな。

「夏ちゃん、大変だったろう」

「あ、世良さん、びっくりした！　なぜ、こんなところに」

「いや、たまたま向かいのビルで用事があってさ」

「そうだったの……」

夏子はそれきり口をつぐんでしまった。

作家を気どってそう書くと、[a]えんぴつを放りなげた。なぜか、放りなげたいような気分だった。

短くなっているえんぴつは、床の上を[b]転がって、ドアの前でぴたりと止まった。

ベストはつくした。この原稿が採用されたら、ワープロを買おう。そうすれば、もっと速いペースで書ける。

そんな希望を抱いている。

採用されなかったら、作家になる夢はいったんあきらめて、もっと上手に書けるようになるまで、修行に修行を重ねるしかない。

そんな覚悟も決めている。

机の前から離れると、夏子はソファーに寝そべって、書きあげたばかりの原稿を最初から最後まで、目を光らせて読みなおした。

とちゅうで何か所か、誤字を直したり、「！」を付けたり、読点を加えたりしてから、ていねいに原稿用紙をそろえて、封筒に入れた。

[B]も同時に入れた。

「これでよし！」

立ちあがって、机のそばに置いてある行李《こうり》のふたをあけた。ひいおばあちゃんがその昔、着物や帯などをおさめるために使っていた箱だ。

なかには、夏子のたいせつにしている本、妹の秋子の宝物であるオルゴールや楽譜、ほかには、夏子がこれまでに書いた原稿の束などが入っている。

夏子は箱のなかから、ぶあつい封筒を取りだすと、さっきの封筒といっしょに、ショルダーバッグにしまった。しまいながら、おまじないをとなえた。

「うまくいきますように」

それから家を出て、走って、バス停に向かった。

このときもなぜか、走らないではいられない気分だった。

三十分後、バスを降りた夏子は、町角にあるビルのエントランスホールに入って、そこから、二階に上がる階段を見上げた。どこにでもあるようなありふれた階段なのに、夏子の目には、Cとうてい踏みこえることのできない城壁のように見えている。

何か、とんでもなくおそろしいことがその上で自分を待ちかまえている——そんな顔つきで、しばらく見上げていた。けれども階段は上がらないまま、夏子はビルの外へ飛びだした。

しばらくのあいだ、通りに立って、今度はビルを見上げている。勇気を出して。勇気を出して。と、自分に声をかけながら。意を決して、ふたたび、ビルのなかへ足を踏みいれて、ふたたび階段を見上げる。

外へ飛びだす。またビルのなかへ。階段を見上げる。

二〇二四年度 昌平高等学校

【国 語】（五〇分）〈満点：一〇〇点〉

一 次の文章を読んで、後の問いに答えなさい。

カレンダーを一枚めくって、十月が始まったとたん、朝夕がぐんと冷えこむようになった。

表通りのいちょう並木は、日ごとに太陽の色に染めあげられ、庭の片すみでは菊のつぼみがふくらみ、裏手にある林のなかでは、しまりすたちがどんぐりを集めながら、走りまわっている。

きょうは月曜だから、図書館の仕事は休み。

夏子は、妹の秋子といっしょに使っている部屋で、ばねのこわれている古い椅子に腰かけて、背中を丸めて一心に、原稿用紙に向かっている。

秋子は中学校へ、末の妹の冬子は小学校へ、姉の春子は買い物に出かけていて留守だ。

朝から清書を始めて、今はお昼過ぎ。

きょうのランチは抜きでいい。

机のまわりには書きそんじた原稿用紙が、机の上にはちびた鉛筆と消しゴムのかすが散らばっている。

「ふーっ」

Aひとつ、大きなため息をついてから、夏子は窓の外に目を向けた。秋の空は、やさしい水色をしている。遠くにひつじ雲が浮かんでいる。網戸から、風がきんもくせいのかおりを運んでくる。

残りはあと一枚だ。あと一枚で、完成させられる。

二作を合計すると、五百枚ほどになるだろうか。

図書館で働くかたわら、二、三年をかけて書きつづってきた物語である。

「できた！」

ついに最後まで書きおえた夏子は、最初のページに記してあったタイトルのそばに小さく、自分で考えたペンネームを書いた。

――星空なつこ

英語解答

1
No.1 ④　No.2 ②　No.3 ①
No.4 ②　No.5 ③
No.6 (1)…③　(2)…②　(3)…③
No.7 (1)…②　(2)…③　(3)…④

2
問1 ①
問2 ２番目…⑤　５番目…②
問3 ④　問4 ②　問5 ②
問6 ④　問7 ①
問8 20…③　21…④　22…⑤

3
問1 (1)…①　(2)…②
問2 25…⑥　26…②　27…⑤
問3 ③　問4 ③
問5 ３番目…③　５番目…①
問6 ②　問7 ⑤

4
問1 34…②　35…①
問2 36…④　37…③
問3 38…⑤　39…④

1〔放送問題〕解説省略

2〔長文読解総合―会話文〕

≪全訳≫❶ホワイト先生(W)：こんにちは，エイタ，サヤカ。何をしているの？❷エイタ(E)：こんにちは，ホワイト先生。僕はサヤカに理科を教えているところです。❸サヤカ(S)：私たちは来週理科の試験があるんです。理科の先生が「試験では植物に関する問題を出します」と言いました。だから，私はエイタの助けを借りて植物について学んでいるんです。❹W：まあ，あなたは理科が得意なの，エイタ？❺E：えっと，それほどでもありません。僕は植物に関する単元が得意なだけなんです。❻S：エイタは植物のことをたくさん知っているんです。だから，私はそれについて教えてくれるように彼に頼んだんです。❼W：どうやって植物に関する知識をそんなにたくさん得たの？❽E：５歳のとき，僕は祖父母と暮らしていました。彼らは庭でたくさんの種類の植物を育てていて，僕はときどき彼らを手伝いました。僕はそのときに植物について学んだんです。❾S：あなたは今15歳よね。10年前のことをとてもよく覚えているのね。❿E：うん，でも理由はわからない。学校の教科に関することを記憶するのが，僕にとって難しいことがよくあるよ。試験の前には，歴史上の出来事の年とか動物の体の部分の名前，いくつかの英単語のつづり方なんかを記憶しようとしている。でも，僕はそんなことの多くをすぐに忘れてしまうんだ。試験では，そういうことをうまく思い出せなくてね。⓫S：私も同じ問題を抱えているわ。私はお気に入りの漫画の登場人物の名前は簡単に記憶できるの。でも，それが歴史上の重要人物の名前になるとできないのよ。⓬W：そういうことは生徒だけじゃなくてほかの多くの人にも起こることね。先週，私は人間の記憶に関する本を読んだの。それに書かれていたことがあなたたちに役立つかもしれないわ。それについてもっと聞きたい？⓭E：あっ，はい。教えてください。⓮W：いいわ。私たちは，一部の記憶を長期間保っておけるの。そういう記憶は「長期記憶」と呼ばれているわ。一方で，私たちはほかのことは簡単に忘れてしまう。それらは「短期記憶」と呼ばれているの。これらの言葉を聞いたことはある？⓯S：たぶんあります。でも，それらについてあまり知らないんです。⓰W：私たちが見たり聞いたりする情報は全部，脳の一部で整理されるの。その後，それは脳の別の場所に送られる。そこで，それは短期記憶として保存されるのよ。⓱E：待ってください。それは B僕たちの記憶は全て，はじめは短期記憶だという意味ですか？⓲W：そのとおりよ。それで，その記憶のうちの一部だけが長期記憶になるの。19 S：何が短期記憶を長期記憶に変えるんですか？ 20 W：いい質問ね。私たちの脳がどの情報が重要で，長期間保存されるべきかを決定するの。「情意フィルター」と呼ばれているものがそこで機能しているのよ。エイタ，覚えている？　10年前におじいちゃんやおばあちゃんと植物を育てていたとき，何かを感じていた？ 21 E：えっと，はい。植物がよく育つと，とてもうれしかったです。僕のイヌがその植物を少し食べてしまったときは，怒りや悲しみを感じました。22 W：それよ，エイタ。私たちがそういう強い感情を抱くと，脳はその情報が重要だと決定するの。そうすると，脳はその情報を長期間保存するのよ。23 E：なるほど。僕は植物の世話をしていたときに何かしらの強い感情を抱いた。だから，僕は植物についての長期記憶を持っているんですね。24 S：もし記憶を長期間保ちたいなら，私たちはそれらについて何かしらの感情を抱こうと試みるべきなんですね。25 W：そう，それがいい方法かもしれないわね。そうするのが簡単じゃないときもあるけど，自分の勉強に役立つ可能性があるわ。例えば，サヤカ，漫画の中には，歴史上の事実に基づいているものもあるわよね。そういう漫画の登場人物は実在の人であることが多いわ。そういう漫画を読んで，登場人物にうれしさや怒り，悲しみを感じてごらんなさい。そうすれば，その人たちの名前を簡単に記憶できるかもしれないわよ。26 S：それはいい考えですね。やってみます。27 E：でも，ほかのことについてはどうしたらいいですか？　例えば，僕は英単語のつづり方を記憶したいんです。28 W：重要なのは，何かを記憶しようとするときに何らかの感情を抱くことよ。英単語のカードゲームをつくって，友達と遊んでみるのはどう？　そのゲームに勝てば，うれしくなるでしょう。29 E：いいですね。有益な助言をありがとうございます，ホワイト先生。30 S：はい，本当にありがとうございます。

問１＜適語選択＞後に‘期間’を表す名詞(句)を伴って「〜の間」を表すduringが適する。forとwhileも「〜の間」を表せるが，原則としてforの後には‘期間の長さ’を表す数字などが，whileの後には‘主語＋動詞...’がくる。　since「〜以来，〜から」

問２＜整序結合＞Theの後に名詞のthingsを置く。その直後にwritten in itを続けて‘過去分詞＋語句’が直前のthingsを修飾する形にする(過去分詞の形容詞的用法)。助動詞mayの後に動詞の原形beを置き，形容詞のusefulにつなげる。　The things written in it may be useful for you.

問３＜適文選択＞ホワイト先生の説明に対し，エイタがその内容を確認している。したがって，直前の第16段落の内容をまとめたものとなっている④が適切。その内容が正しかったので，直後の第18段落でホワイト先生はThat's right.「そのとおり」と答えたのである。　at first「はじめは，はじめに」

問４＜適語句選択＞エイタがうれしくなるようなことが当てはまる。直前でカードゲームをつくって遊んでみることについて述べているのだから，そのゲームに勝てばうれしくなると考えられる。

問５＜英問英答＞「なぜエイタは植物の長期記憶を持っているのか」―②「なぜなら彼は，植物を育てている間にうれしさや怒りなどを感じたから」　第21〜23段落参照。

問６＜要旨把握＞第25段落参照。第３〜６文でホワイト先生は具体的な助言として，歴史漫画を読み，登場人物にうれしさなどを感じることを挙げている。

問７＜内容真偽＞①「エイタとサヤカの理科の先生は来週の試験で植物について彼らに尋ねるつもりだ」…○　第３段落の内容に一致する。　②「サヤカは植物についてエイタほど多くの知識を持っていないが，ホワイト先生は持っている」…×　このような記述はない。　③「エイタは動物の体の部分の名前のようなものを記憶するのが得意だ」…×　第10段落参照。すぐ忘れてしまうと述べている。　④「ホワイト先生は学生の頃に物事を記憶するためにカードゲームをしていた」…×　このような記述はない。

問８＜内容一致＞≪全訳≫今日の放課後，僕は教室でサヤカの$_{20}$勉強を手伝った。そのとき，ホワイト先生が僕たちの所へ来た。彼女は僕たちに興味深いことを教えてくれた。それは僕たちの記憶に関することだった。彼女によると，記憶には$_{21}$２つのタイプがあり，僕たちは脳の中に「情意フィルター」を持っている。それは僕たちの脳が長期間覚えておくべき情報を$_{22}$選択するときに機能する。彼女は僕たちにいくらかの助言もくれた。それは僕たちが物事を記憶しようとするときに役立つだろう。

＜解説＞20．第２，３段落参照。エイタはサヤカの勉強を手伝っていた。　21．第14段落参照。「長期記憶」と「短期記憶」の２種類がある。　22．第20段落参照。脳が保存されるべき情報を決定している，つまり選んでいるのである。

3〔長文読解総合―説明文〕

≪全訳≫❶世界中の多くのホテルの浴室で，私たちは歯ブラシやシャンプー，小さな固形石けんといった物を見つけることができる。こうした物は普通は使い捨てだ。それらは私たちが宿泊した後に捨てられる。$_{25}$歯ブラシは，家に持って帰ってまた使う人もいるかもしれない。しかし，使用済みの固形石けんは，多くの人がホテルの浴室に置いていく。❷衛生上の問題から，ホテルがそうした使用済みの固形石けんを次の客に使わせることは決してない。結果として，彼らは大量の石けんを何年間もずっと捨て続けている。❸ショーン・セイプラーはこの問題を解決することに取り組み始めた人物だ。2008年のある日，彼はアメリカのあるホテルに滞在していた。そこで彼は疑問を持った。それは「ホテルの使用済みの固形石けんはどうなるのか」というものだった。そこで，彼はホテルの従業員に尋ねてみた。すると，従業員は「私たちはそれらをごみとして捨てるだけです」と答えた。セイプラーはそれについてちょっとした計算をしてみた。彼は，アメリカのホテルだけで毎日100万個を超える固形石けんがごみになっていることを探り出した。それらの固形石けんはまだ使えるのに，捨てられていたのだ。❹その日から，セイプラーはこの問題について考え始めた。彼は使用済みの固形石けんで何かをしたいと考えた。数週間後，彼の故郷の町で，彼は小さなホテルを訪れた。そこで彼は従業員に使用済みの固形石けんをくれるように頼んだ。従業員はOKと言った。それで，セイプラーは使用済みの固形石けんを手に入れ，それを大きな袋に入れて持つと，そこを去った。同じ日に，彼は別の６軒のホテルを訪れ，同じことをした。❺セイプラーは自分の会社を持っていた。彼は何人かの従業員に，ホテルに宿泊するときに使用済みの固形石けんをもらってくるように頼んだ。$_{26}$これは使用済みの固形石けんを集めるもう１つの方法だった。❻数千個の固形石けんを手に入れた後，彼は友人たちと作業を始めた。まず彼らは，それぞれの固形石けんの汚れた部分を切り取った。次に，石けんのきれいな部分を砕いて，とても小さなかけらにした。それから，そのかけらをまとめて水の中に入れ，その混合物を熱した。それを冷ますことによって，彼らはとても大きな固形石けんを手に入れた。最後に，その塊を切り，大量の新しいきれいな固形石けんを手に入れた。❼セイプラーはそれがうれしかった。$_{27}$しかし，彼はその新しい固形石けんをどうすればいいかわからなかった。その後，彼はいくつかの研究を見つけた。それらによると，世界では多くの子どもたちが毎日，何らかの病気が原因で死んでいた。その研究のおかげで彼はまた，それらの病気が衛生上の問題から発生することが多いこともわかった。セイプラーは考えた。「もしそういう子どもたちが石けんを持っていて，それで手を洗ったら，多くの子が死なずに済むだろう」　それで彼は，1つアイデアを思いついた。❽セイプラーはある組織を立ち上げた。それは「クリーン・ザ・ワールド」と呼ばれた。彼の計画は，ホテルから使用済みの固形石けんを集め，それから新しい固形石けんをつくり，それをいくつかの貧しい国の子どもたちに与えることだった。こうすることで人々はごみを減らすことができるし，子どもたちの命を救うこともできると彼は考えたのだ。❾セイプラーがこの考えを数軒のホテルに伝えると，彼らはそれを気に入った。彼らはクリーン・ザ・ワールドに使用済みの固形石けんを渡すようになった。この組織のほかのメンバーとともに，セイプラーは製作した固形石けんをさまざまな国に送り始めた。その後，ほかの多くのホテルが彼の考えに賛同した。その中には世界で最も有名なホテルもいくつかあった。❿現在，世界中の8000軒を超えるホテルがセイプラーとともに活動している。2009年にこの組織が始まって以来，約7000万個の固形石けんがつくられ，127か国に送られた。この組織はまた，子どもたちに上手な手の洗い方を教えている。⓫ある日，セイプラーは数人の母親に会った。彼女たちは喜んで泣いていた。彼女たちは固形石けんが手に入り，子どもたちの命を救えるのがうれしかったのだ。⓬セイプラーは言う。「これがおかしく聞こえるとわかっていますが，あなたのホテルの部屋の台に載っているあの小さな固形石けん――あれがまさしく命を救えるのです」⓭今日では，クリーン・ザ・ワールドは重要な組織である。彼らは環境のために働いているだけでなく，子どもたちを救ってもいる。私たちはごみから何か役立つものをつくることができ，それが誰かの命を救うことさえできるということを，セイプラーは示しているのだ。

問1＜内容一致＞⑴「セイプラーは(　　)ときに，使用済みの固形石けんに関する問題に気づいた」―①「ホテルで時間を過ごしていた」　第3段落第2～4文参照。　⑵「セイプラーと友人たちが新しい固形石けんをつくろうとしたとき，(　　)」―②「彼らは使用済みの固形石けんの汚れた部分は使わなかった」　第6段落第2文参照。最初に汚れた部分を切り取った。

問2＜適文選択＞25. 空所の後に‘逆接’のHowever「しかし」があり，続けて多くの人が使い終わった固形石けんを部屋に置いていくと述べられている。したがって，その前には部屋に置いていかずに持ち帰る物についての記述があるとわかる。　26. 第4段落で，セイプラーは自ら使用済みの固形石けんを集め，第5段落では自分の会社の社員にもホテルでそれを集めるように頼んでいる。つまり，第5段落では使用済みの固形石けんを集めるもう1つの方法が示されているのである。②のThisは，空欄の直前の第5段落第2文の内容全体を指している。　27. 第6段落から第7段落第1文までは，セイプラーが使用済みの固形石けんから新しい固形石けんをつくり出し，それを喜んだという内容になっている。その後，彼はいくつかの研究資料を調べているが，これはその新しい固形石けんをどうすればよいかわからなかったからだと推測できる。

問3＜適語選択＞後ろに‘逆接’のbut「しかし」があり，その後には固形石けんが捨てられたと述べられている。したがって，「捨てられた」と対比して「まだ使えた」という内容になるstill「まだ，いまだに」が適切。

問4＜語句解釈＞the same thing「同じこと」の内容は，直前の第4段落終わりから2文目の内容に当たる。セイプラーはあるホテルで使用済みの固形石けんをもらい，ほかの6軒のホテルでも同じことをしたのである。③「使用済みの固形石けんを集めて袋で運ぶこと」が，この内容をまとめている。

問５＜整序結合＞直前で母親たちが喜んで泣いていたことが述べられているので，They were happy と始める。その後は that they got the soap bars と続けて，喜んでいる理由を表す。 They were happy that they got the soap bars to save their children's lives.

問６＜英問英答＞「クリーン・ザ・ワールドがしてきたことはどれか」―②「それは子どもたちに正しい手の洗い方を教えてきた」 第10段落最終文参照。

問７＜内容真偽＞①「セイプラーは衛生上の問題が理由で死んだ子どもたちについて知る前に「クリーン・ザ・ワールド」という組織を立ち上げた」…× 第７段落第３文～第８段落第２文参照。組織を立ち上げたのは子どもたちについて知った後。 ②「セイプラーの会社の従業員は全員，彼に新しい組織を始めてほしくなかったが，最終的には彼の考えに同意した」…× このような記述はない。 ③「セイプラーがクリーン・ザ・ワールドのアイデアについて数軒のホテルに話したとき，ホテルの従業員は彼に自分たちのホテルで働くように頼んだ」…× このような記述はない。 ④「2009年，クリーン・ザ・ワールドは7000万個の使用済みの固形石けんを手に入れ，それらから新しい固形石けんをつくり，それらを127か国に送った」…× 第10段落第２文参照。示された数値は2009年から現在までの総数で，7000万個というのはつくり出した石けんの数である。 ⑤「セイプラーの仕事は，私たちは役に立つものをつくるためにごみを利用することができ，そのようなものが人々の命を救うことさえできるということを示している」…○ 第13段落最終文の内容に一致する。

4〔整序結合〕

問１．'let＋人＋動詞の原形'「〈人〉に～させる〔～することを許す，許可する〕」の形を用いる。ていねいな命令文なので，Please の直後に動詞の原形 let を続ければよい。 Please let me use your computer.

問２．'so ～ that …'「とても～なので…」 She is so kind that everyone respects her.

問３．'tell＋人＋物事'「〈人〉に〈物事〉を伝える，教える」の形を用いる。'物事' に当たる「その本がいくらだったか」は'疑問詞＋主語＋動詞...'の語順の間接疑問で表す。ここでは how much を１つの疑問詞として扱う。 Could you tell me how much the book was？

数学解答

1 (1) 6　(2) イ…－　ウ…3
(3) エ…4　オ…4　カ…6
(4) キ…3　ク…1　ケ…6
(5) コ…3　サ…2　シ…3　ス…2
(6) セ…2　ソ…－　タ…3
(7) チ…0　ツ…8　(8) 2
(9) 4　(10) ナ…1　ニ…8

2 (1) ⓒ　(2) イ…6　ウ…8　エ…0
(3) オ…0　カ…7　キ…1　ク…8
(4) ケ…3　コ…5

3 (1) ア…2　イ…3　ウ…8
(2) エ…1　オ…2　カ…2　キ…1
(3) ク…4　ケ…5

4 (1) ア…1　イ…8　ウ…2
(2) エ…4　オ…2　カ…2
(3) キ…4　ク…7

1〔独立小問集合題〕

(1)＜数の計算＞与式$=(-4)\times(-3)+48\div(-8)=12+(-6)=12-6=6$

(2)＜数の計算＞与式$=3\sqrt{2}+\sqrt{12}+3\sqrt{3}-\sqrt{18}-\dfrac{18\times\sqrt{3}}{\sqrt{3}\times\sqrt{3}}=3\sqrt{2}+\sqrt{2^2\times3}+3\sqrt{3}-\sqrt{2\times3^2}-\dfrac{18\sqrt{3}}{3}=3\sqrt{2}+2\sqrt{3}+3\sqrt{3}-3\sqrt{2}-6\sqrt{3}=-\sqrt{3}$

(3)＜式の計算＞与式$=16x^2-8x+1-(12x^2-10x+6x-5)=16x^2-8x+1-12x^2+10x-6x+5=4x^2-4x+6$

(4)＜式の計算＞与式$=\dfrac{12-2(3a-1)+3(a-5)}{6}=\dfrac{12-6a+2+3a-15}{6}=\dfrac{-3a-1}{6}=-\dfrac{3a+1}{6}$

(5)＜式の計算―因数分解＞与式$=(x^2-4x+4)-9y^2=(x-2)^2-(3y)^2=(x-2+3y)(x-2-3y)=(x+3y-2)(x-3y-2)$

(6)＜連立方程式―解の利用＞$x-3y=7$……①，$2ax-3by=7$……②，$ax+2by=14$……③，$2x+5y=3$……④とする。①と②の連立方程式と，③と④の連立方程式が同じ解を持つことから，①と④を連立方程式として解いたときの解も同じになる。よって，①，④を連立方程式として解くと，④－①×2より，$5y-(-6y)=3-14$，$11y=-11$　$\therefore y=-1$　これを①に代入して，$x-3\times(-1)=7$，$x+3=7$　$\therefore x=4$　②，③にそれぞれ$x=4$，$y=-1$を代入すると，$2a\times4-3b\times(-1)=7$，$8a+3b=7$……⑤，$a\times4+2b\times(-1)=14$，$4a-2b=14$……⑥　⑤，⑥を連立方程式として解くと，⑤－⑥×2より，$3b-(-4b)=7-28$，$7b=-21$　$\therefore b=-3$　これを⑥に代入して，$4a-2\times(-3)=14$，$4a=8$　$\therefore a=2$

(7)＜二次方程式＞$x^2-2x+1-6x+6-7=0$，$x^2-8x=0$，$x(x-8)=0$　$\therefore x=0,\ 8$
≪別解≫$x-1=A$とおくと，$A^2-6A-7=0$，$(A+1)(A-7)=0$　Aをもとに戻して，$(x-1+1)(x-1-7)=0$，$x(x-8)=0$　$\therefore x=0,\ 8$

(8)＜関数―$\boldsymbol{a}$の値＞関数$y=2x^2$において，$x=a$のとき，$y=2a^2$となり，$x=a+2$のとき，$y=2(a+2)^2$となる。したがって，xの値がaから$a+2$まで増加するときの変化の割合は$\dfrac{2(a+2)^2-2a^2}{(a+2)-a}=\dfrac{2(a^2+4a+4)-2a^2}{2}=4a+4$となる。これが12となるとき，$4a+4=12$が成り立つから，これを解くと，$4a=8$より，$a=2$である。

図1

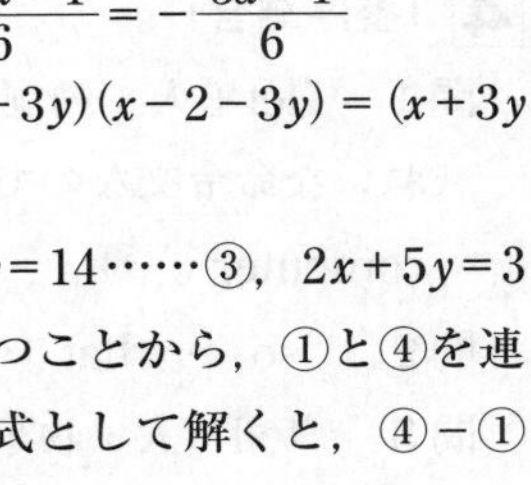

(9)＜平面図形―長さ＞右図1のように，2点O，Aを結ぶと，△OAB,

△OAC は二等辺三角形だから，∠OAB＝∠OBA＝35°，∠OAC＝∠OCA＝25°である。これより，∠BAC＝∠OAB＋∠OAC＝35°＋25°＝60°となるから，$\overset{\frown}{\mathrm{BC}}$ に対する円周角と中心角の関係より，∠BOC＝2∠BAC＝2×60°＝120°である。よって，円 O の半径が 6cm より，求める点 A を含まない $\overset{\frown}{\mathrm{BC}}$ の長さは，$2\pi\times6\times\dfrac{120^\circ}{360^\circ}=4\pi$(cm)となる。

⑽＜空間図形―面積＞右図 2 のように，底面の半径が 3cm の円錐を頂点 O を中心としてすべらないように転がすと，ちょうど 2 回転してもとの位置に戻ったことから，この円錐の側面積は，頂点 O を中心とし，円錐の母線の長さを半径とする円 O の面積の $\dfrac{1}{2}$ である。また，円 O の周の長さは，円錐の底面の円の周の長さの 2 倍で，$2\pi\times3\times2=12\pi$ である。よって，円 O の半径は，$12\pi\div2\pi=6$ となるから，求める円錐の側面積は，$\pi\times6^2\times\dfrac{1}{2}=18\pi$(cm²)である。

図 2

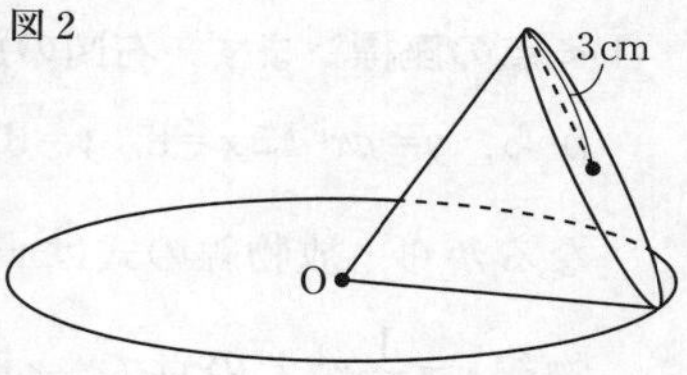

2〔独立小問集合題〕

⑴＜数の性質＞$\sqrt{90a}=\sqrt{2\times3^2\times5\times a}=3\sqrt{2\times5\times a}=3\sqrt{10a}$ より，$\sqrt{90a}$ が整数になるのは，$10a$ が自然数の 2 乗の数になる場合で，k を自然数とすると，$a=10\times k^2$ となるときである。よって，$k=1$ のとき，$a=10\times1^2=10$，$k=2$ のとき，$a=10\times2^2=40$，$k=3$ のとき，$a=10\times3^2=90$，$k=4$ のとき，$a=10\times4^2=160$ となるから，$k\geqq4$ のとき，a は 100 より大きくなり，適さない。したがって，$\sqrt{90a}$ が整数になるとき，100 より小さい自然数 a は，$a=10$，40，90 の 3 個ある。

⑵＜一次方程式の応用＞A さんが分速 40m で歩いた道のりを xm とすると，歩いた時間は $\dfrac{x}{40}$ 分と表せる。また，家から駅まで 1.4km，つまり，1400m あることから，分速 90m で走った道のりは $1400-x$m となり，走った時間は $\dfrac{1400-x}{90}$ 分と表せる。よって，家を出てから駅に着くまでに 25 分かかったことより，$\dfrac{x}{40}+\dfrac{1400-x}{90}=25$ が成り立つ。両辺を 360 倍してこれを解くと，$9x+4(1400-x)=9000$，$9x+5600-4x=9000$，$5x=3400$　$\therefore x=680$　よって，A さんが歩いた道のりは 680m である。

⑶＜データの活用―$\boldsymbol{a}$，$\boldsymbol{b}$ の値＞あるクラスの生徒 10 人の家庭学習の時間の平均が 1.3 時間より，10 人の家庭学習の時間の合計は，1.3×10＝13(時間)である。これより，$0.5+0.6+a+1.0+1.1+1.4+1.5+b+2.0+2.4=13$，$a+b=2.5$……①が成り立つ。また，四分位範囲は，第 1 四分位数から第 3 四分位数までの範囲で，〔四分位範囲〕＝〔第 3 四分位数〕－〔第 1 四分位数〕で求められる。生徒 10 人のデータで，第 1 四分位数は，10÷2＝5 より，小さい方から 5 番目までのデータの中央値だから a であり，第 3 四分位数は大きい方から 5 番目までのデータの中央値だから b である。よって，四分位範囲が 1.1 時間より，$b-a=1.1$……②が成り立つ。①，②を連立方程式として解くと，①＋②より，$b+b=2.5+1.1$，$2b=3.6$，$b=1.8$(時間)となり，これを①に代入して，$a+1.8=2.5$，$a=0.7$(時間)である。

⑷＜確率―色玉＞同じ色の玉を区別するため，2 個の赤玉を赤$_1$，赤$_2$，4 個の白玉を白$_1$，白$_2$，白$_3$，白$_4$ とする。これらの 6 個の玉が入った袋から，同時に 2 個の玉を取り出すときの取り出し方は，(赤$_1$，赤$_2$)，(赤$_1$，白$_1$)，(赤$_1$，白$_2$)，(赤$_1$，白$_3$)，(赤$_1$，白$_4$)，(赤$_2$，白$_1$)，(赤$_2$，白$_2$)，(赤$_2$，白$_3$)，(赤$_2$，白$_4$)，(白$_1$，白$_2$)，(白$_1$，白$_3$)，(白$_1$，白$_4$)，(白$_2$，白$_3$)，(白$_2$，白$_4$)，(白$_3$，白$_4$)の 15 通り

ある。このうち，少なくとも1個が赤玉なのは，下線を引いた9通りだから，求める確率は$\frac{9}{15}=\frac{3}{5}$となる。

3 〔関数—関数 $\boldsymbol{y=ax^2}$ と一次関数のグラフ〕

≪基本方針の決定≫(1)　平行四辺形の対角線が互いの中点で交わることを利用する。

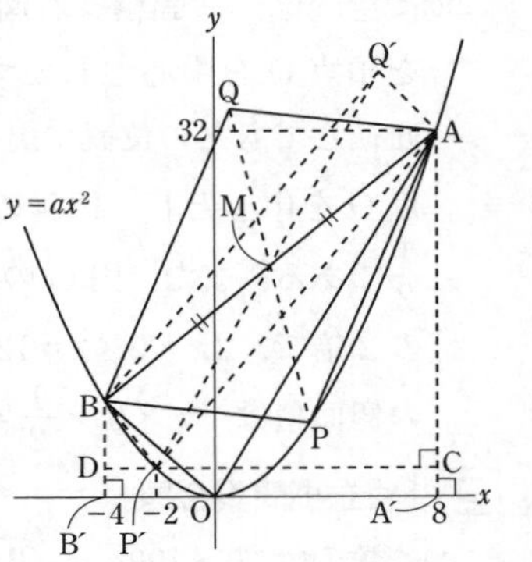

(1)<点の座標>まず，右図の放物線 $y=ax^2$ 上に，A(8，32)があることから，$y=ax^2$ に $x=8$，$y=32$ を代入して，$32=a\times8^2$ より，$a=\frac{1}{2}$ となるから，放物線の式は $y=\frac{1}{2}x^2$ となる。これより，点B，Pは放物線 $y=\frac{1}{2}x^2$ 上の点で，x 座標がそれぞれ−4，2だから，$y=\frac{1}{2}\times(-4)^2=8$，$y=\frac{1}{2}\times2^2=2$ となり，B(−4，8)，P(2，2)である。次に，平行四辺形の対角線は互いの中点で交わるから，右図で，▱AQBPの対角線AB，PQの交点をMとすると，点Mは対角線ABの中点だから，2点A，Bの座標より，x 座標は $\frac{8+(-4)}{2}=2$，y 座標は $\frac{32+8}{2}=20$ となり，M(2，20)である。ここで，点Qの座標を$(q_x,\ q_y)$とおくと，点Mは対角線PQの中点でもあるから，2点P，Qの座標より，x 座標について，$\frac{2+q_x}{2}=2$ が成り立ち，$q_x=2$ となり，y 座標について，$\frac{2+q_y}{2}=20$ が成り立ち，$q_y=38$ となる。よって，Q(2，38)である。

(2)<直線の式>(1)より，放物線の式は $y=\frac{1}{2}x^2$ だから，右上図で，点Pの x 座標が6のとき，$y=\frac{1}{2}\times6^2=18$ より，P(6，18)となる。(1)より，M(2，20)は直線PQ上にあるから，2点P，Mの座標より，直線PQの傾きは $\frac{18-20}{6-2}=-\frac{1}{2}$ である。よって，直線PQの式を $y=-\frac{1}{2}x+b$ とおくと，点Pを通ることから，この式に $x=6$，$y=18$ を代入して，$18=-\frac{1}{2}\times6+b$ より，$b=21$ となる。したがって，求める直線PQの式は $y=-\frac{1}{2}x+21$ である。

(3)<面積比>右上図で，x 座標が−2である点PをP′とし，このときの点QをQ′とする。点P′は放物線 $y=\frac{1}{2}x^2$ 上にあるから，$y=\frac{1}{2}\times(-2)^2=2$ より，P′(−2，2)である。ここで，▱AQ′BP′の面積は，対角線ABによって2等分され，▱AQ′BP′＝2△P′ABとなるから，△P′ABの面積を求める。図のように，点A，Bから x 軸に垂線AA′，BB′を引き，これらの垂線と，点P′を通り x 軸に平行な直線との交点をそれぞれC，Dとする。このとき，△P′AB＝〔台形ABDC〕−△AP′C−△BP′D＝$\frac{1}{2}\times(\mathrm{AC}+\mathrm{BD})\times\mathrm{CD}-\frac{1}{2}\times\mathrm{P'C}\times\mathrm{AC}-\frac{1}{2}\times\mathrm{P'D}\times\mathrm{BD}$ となる。点Aの x 座標が8，点Bの x 座標が−4であり，点P′の y 座標が2であるから，C(8，2)，D(−4，2)となる。よって，AC＝32−2＝30，BD＝8−2＝6，CD＝8−(−4)＝12，P′C＝8−(−2)＝10，P′D＝−2−(−4)＝2より，△P′AB＝$\frac{1}{2}\times(30+6)\times12-\frac{1}{2}\times10\times30-\frac{1}{2}\times2\times6=216-150-6=60$ となるから，▱AQ′BP′＝2×60＝120である。また，△OAB＝〔台形ABB′A′〕−△OAA′−△OBB′とすると，△OAB＝$\frac{1}{2}\times(\mathrm{AA'}+\mathrm{BB'})\times\mathrm{A'B'}-\frac{1}{2}\times\mathrm{OA'}\times\mathrm{AA'}-\frac{1}{2}\times\mathrm{OB'}\times\mathrm{BB'}=\frac{1}{2}\times(32+8)\times12-\frac{1}{2}\times8\times32-\frac{1}{2}\times4\times8=240-128-16=$

96となる。したがって，$\triangle OAB : \square AQ'BP' = 96 : 120 = 4 : 5$ である。

4〔空間図形―四角錐〕

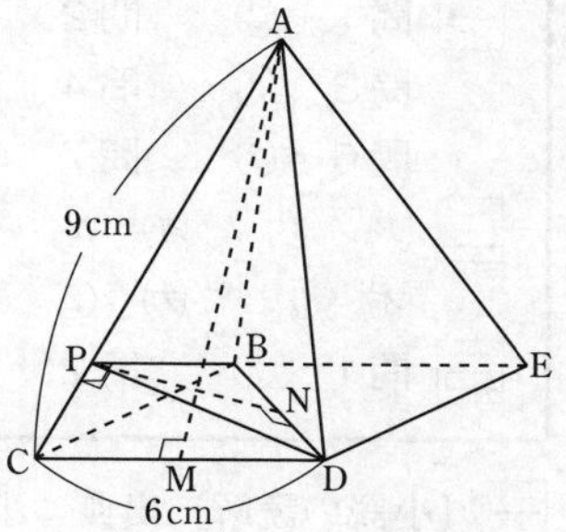

(1)＜面積＞右図のように，頂点Aから辺CDに垂線AMを引くと，$\triangle ACD$ が $AC = AD$ の二等辺三角形より，点Mは辺CDの中点となるから，$CM = \frac{1}{2}CD = \frac{1}{2} \times 6 = 3$ である。よって，$\triangle ACM$ で三平方の定理より，$AM = \sqrt{AC^2 - CM^2} = \sqrt{9^2 - 3^2} = \sqrt{72} = 6\sqrt{2}$ である。これより，$\triangle ACD = \frac{1}{2} \times CD \times AM = \frac{1}{2} \times 6 \times 6\sqrt{2} = 18\sqrt{2}\,(\mathrm{cm}^2)$ となる。

(2)＜長さ＞右図で，$DP \perp AC$ より，$\triangle ACD$ の底辺をACと見ると，DPは高さを表す。よって，$\triangle ACD = \frac{1}{2} \times AC \times DP$ となり，(1)より $\triangle ACD = 18\sqrt{2}$ だから，$18\sqrt{2} = \frac{1}{2} \times 9 \times DP$ が成り立つ。これより，$DP = 4\sqrt{2}\,(\mathrm{cm})$ である。また，$\triangle PCD$ で三平方の定理より，$PC = \sqrt{CD^2 - DP^2} = \sqrt{6^2 - (4\sqrt{2})^2} = \sqrt{4} = 2\,(\mathrm{cm})$ となる。

(3)＜体積＞右上図で，$CP \perp BP$，$CP \perp DP$ より，$CP \perp$〔面PBD〕となるから，三角錐P-BCDの底面を $\triangle PBD$ と見ると，高さはCPとなる。図形の対称性より，$\triangle PBD$ は $BP = DP$ の二等辺三角形だから，図のように，頂点Pから辺BDに垂線PNを引くと，点Nは辺BDの中点になる。$\triangle CBD$ が直角二等辺三角形より，$BD = \sqrt{2}\,CB = \sqrt{2} \times 6 = 6\sqrt{2}$ だから，$DN = \frac{1}{2}BD = \frac{1}{2} \times 6\sqrt{2} = 3\sqrt{2}$ である。よって，$\triangle PDN$ で三平方の定理より，$PN = \sqrt{DP^2 - DN^2} = \sqrt{(4\sqrt{2})^2 - (3\sqrt{2})^2} = \sqrt{14}$ となるから，$\triangle PBD = \frac{1}{2} \times BD \times PN = \frac{1}{2} \times 6\sqrt{2} \times \sqrt{14} = 6\sqrt{7}$ である。したがって，〔三角錐P-BCD〕$= \frac{1}{3} \times \triangle PBD \times PC = \frac{1}{3} \times 6\sqrt{7} \times 2 = 4\sqrt{7}\,(\mathrm{cm}^3)$ となる。

2024年度／昌平高等学校

国語解答

一　問1　②　　問2　a…③　b…⑤
　　問3　③　　問4　①　　問5　④
　　問6　②　　問7　③　　問8　①

二　(ア)　③　　(イ)　②　　(ウ)　①　　(エ)　④
　　(オ)　③　　(カ)　②

三　問1　③　　問2　Ⅰ…②　Ⅱ…③
　　問3　Ⅰ…①　Ⅱ…③　Ⅲ…④

四　問1　a…②　b…⑤　c…③
　　問2　②　　問3　①　　問4　③
　　問5　①　　問6　③　　問7　①

五　問1　Ⅰ…①　Ⅱ…④　　問2　③
　　問3　②　　問4　④　　問5　③

一〔小説の読解〕出典：小手鞠るい『夏子の秘密』（『放課後の読書クラブ』所収）。

問1＜心情＞「図書館で働くかたわら，二，三年をかけて書きつづってきた物語」が，「あと一枚で，完成させられる」状態になったため，ほっとした夏子の目に，「やさしい水色」をした秋の空が映っていた。

問2＜表現＞a．夏子は，原稿を最後まで書き終えると，手から「短くなっているえんぴつ」を軽々と「放りなげ」た。　b．「短くなっているえんぴつ」は，「転がって」いった。

問3＜心情＞作品を書き上げた夏子は，「この原稿が採用されたら，ワープロを買おう」という「希望」と，「採用されなかったら，作家になる夢はいったんあきらめて，もっと上手に書けるようになるまで，修行に修行を重ねるしかない」という「覚悟」を持って，原稿を封筒に入れた。

問4＜心情＞夏子は，書き上げた原稿を投稿し，採用されるかどうかの判断を受けるために「二階に上がる階段」の先に行かなければならないが，夏子は「勇気」が持てず，階段が越えられない「城壁」のように見えていた。

問5＜文章内容＞夏子が入ろうとしているビルの入り口には，「歯医者さんの看板」も掛かっていた。そのため，ためらった末にビルに入っていく夏子を見て，世良は，「歯の治療は痛い。だれだって，いやに決まっている」と誤解した。

問6＜文章内容＞世良は，夏子が「歯の治療」のためにビルに入っていったと考え，夏子が「きっと，痛い思いをしていることだろう」と思った。そこで，世良は，治療を終えて出てきた夏子を「なぐさめてやろう」と考えたのである。

問7＜文章内容＞原稿を投稿した夏子は，「まっ赤な顔」をして出てきた。夏子の様子を見た世良は，夏子に「痛むの？　歯は何本，抜いたの？」と尋ねた。夏子は，「わけがわからない」表情になったが，世良が，夏子が歯医者に行ったと勘違いしていることに気づいたので，「おかしくてたまらな」くなった。

問8＜段落関係＞初めの場面では，夏子は「原稿用紙に向かって」原稿を清書している。次に，原稿を書き上げた夏子が持つ「希望」や「覚悟」，「うまくいきますように」という願いが描かれる。そして「三十分後」，投稿先にたどり着いた夏子が「勇気」を持てずにビルに入るのをためらう様子と，それを見つめる世良の様子が描かれる。最後に「およそ二十分後」，投稿を終えた夏子が世良と会話する場面が描かれる。

二〔漢字〕

(ア)「不可欠」と書く。①は「結婚」，②は「対決」，④は「採血」。　(イ)「遜色」と書く。①は「損得」，③は「山村」，④は「子孫」。　(ウ)「丁重」と書く。②は「長文」，③は「超越」，④は「調子」。(エ)「修飾」と書く。①は「職員」，②は「着色」，③は「紡織」。　(オ)「局地」と書く。①は「極力」，②は「曲線」，④は「選曲」。　(カ)「謝(る)」と書く。①は「土砂」，③は「描写」，④は「反射」。

三〔国語の知識〕出典：汐見稔幸『教えから学びへ　教育にとって一番大切なこと』。

問１＜熟語の構成＞「保育士」と「非常口」は，前の二字熟語が後ろの一字を修飾している熟語。「新幹線」は，前の一字が後ろの二字熟語を修飾している熟語。「未成年」は，前の一字が後ろの二字熟語を打ち消している熟語。「衣食住」は，一字の語を三つ連ねた熟語。

問２＜ことばの単位＞Ⅰ．文節に分けると，「取り上げられる／ことが／増えて／きました」となる。
Ⅱ．単語に分けると，「取り上げ／られる／こと／が／増え／て／き／まし／た」となる。

問３＜品詞＞「あらゆる」は，体言を修飾する連体詞で，活用しない。「さまざまな」「豊かに」「上手に」は，様子や状態を表す形容動詞で，終止形は，〜だ，となる。

四〔論説文の読解—自然科学的分野—環境〕出典：吉永明弘『はじめて学ぶ環境倫理　未来のために「しくみ」を問う』。

≪本文の概要≫地球温暖化は，科学研究の結果判明した問題であり，一九八八年にアメリカ上院で，科学者ジェームズ・ハンセンが証言して以来世界中に広まるようになった。地球環境を守るためにさまざまな政策が立案される中で，政府や企業だけでなく，一人ひとりが地球環境のために努力しなければならないという話が普通にされるようになった。しかし，自分だけではなく，社会全体で関心を持って節約したり浪費を抑えたりする方が「エコ」につながるであろう。これが環境倫理の目指す方向性である。欲望には社会性があり，社会的欲望は個人の努力で抑えることは不可能だという指摘がある。環境倫理は，禁欲や自己犠牲といった個人倫理よりも，法や経済といった社会制度の改善に目を向けるものである。そして，環境倫理学とは，法律や制度を下支えする環境倫理の中身を探究する学問分野である。

問１＜接続語＞ａ．「私」が小学生の頃は「地球温暖化について話している人」は周りに一人もいなかったからといって，「地球温暖化は科学者によるでっちあげだ」と言いたいわけでもなければ，そのうえ，それまで「地球にやさしい」などの言葉が普及していなかったからといって，「自然を守る活動」をしていた人がいなかったわけでもない。　ｂ．「地球環境に配慮した生活」を送ることができるように，「容器」や「乗り物」の環境負荷を比較して，どれを利用するのがエコなのかという情報が出るようになったが，「私たちはどれくらいこういった比較をし続けなければいけないのか」といった疑問がここで生じる。　ｃ．環境保護のために「自分だけが努力しても無駄ではないか」という疑問が生じることの例として，毎回マイカップを利用してお茶を注いでいる人がいても，次の人が「備え付けの紙コップを二つ取り，二重にして使っていた」という話が挙げられる。

問２＜文章内容＞「地球は温暖化しており，それは人間活動に由来する温室効果ガス（CO_2など）が原因だ」という話は，「一九八八年六月二三日のアメリカ上院の公聴会で，ジェームズ・ハンセンという科学者がそう証言した」ことがきっかけとなって，話題となった。

問３＜慣用句＞「毎回マイカップを持って来てお茶を注いでいた人」がいても，次の人が「備え付けの紙コップを二つ取り，二重にして使って」いたら，マイカップを使っていた人の環境保護に気を遣った行動は，意味がなくなってしまう。「水の泡」は，努力などが無駄になること。「寝耳に水」は，全く思いがけない突然の出来事のこと。「立て板に水」は，よどみなく，すらすら話すこと。「焼け石に水」は，努力や援助が少なくて，何の成果も出ずに物事が終わること。

問４＜文章内容＞「紙コップを二重にして使っている人」は，マイカップを使っている人の環境保護に向けた努力を無駄にしている。しかし，その人に向かって「君の行為はエコではない」とお説教するのは息苦しい。そこで，そもそも紙コップが「なければ使わない」ので，紙コップを置かないでおくことが，有力な対応策になる。

問５＜文章内容＞「個人住宅で電気を節約する」よりも，「もっと大きなところ」での電力の浪費を止めるように要求する方がエコになるという考え方は，「紙コップの節約分なんて些細なものではないか，もっと大きなところの無駄を省かないといけないのではないか」という考え方に似ている。

問６＜文章内容＞個人の節電よりも，「もっと大きなところ」の電力の浪費を止める方がエコではないかと考えるように，「社会全体」の浪費に関心を持つことが，環境倫理の目指す方向性である(①…○)。物理学者の槌田敦は，「社会的欲望を個人の努力で抑えるのは不可能」で，「社会的欲望によって引き起こされた問題は社会の倫理によって解決する」しかないと主張する(③…×)。環境倫理は社会の倫理であり，「法や経済といった社会制度の改善」に意識を向けるものである(②…○)。『環境倫理学のすすめ』の出版によって，日本の中で「環境倫理」という言葉が一般化したのである(④…○)。

問７＜文章内容＞「環境倫理は禁欲や自己犠牲といった個人倫理よりも，法や経済といった社会制度の改善に目を向けるもの」であり，社会倫理である。こうした認識が，日本の倫理学界での正統な認識である。

五〔古文の読解―説話〕出典：『宇治拾遺物語』巻第十一ノ十一。

≪現代語訳≫これも今となっては昔のことだが，丹後守保昌が，(京から)丹後国へ下向したとき，普甲山で(馬に乗った)白髪の武士一騎に出会った。(白髪の武士が)道のそばにある木の下に入って(馬を)立てていたが，国司の家来たちが，「この老人は，なぜ馬から降りないのだ。けしからんことだ。とがめて下馬させるべきだ」と言う。このとき国司(＝保昌)が言うことには，「(この老人の馬の立て方は)一騎当千の馬の立てようである。ただ者ではない人だ。とがめてはいけない」と制して通り過ぎるうちに，三町ほど行って，大矢の左衛門尉致経が，たくさんの兵を引き連れてくるのに出会った。国司が会釈する間，致経が言うことには，「ここで老人一人にお会い申したことでしょう。(その老人は)致経の父，平五大夫でございます。頑固な田舎者でしきたりを知りません。無礼をはたらきましたでしょう」と言う。致経が通過した後，(国司は)「やはり言ったとおりであろう」と言ったとかいう。

問１＜古文の内容理解＞Ⅰ．「丹後守保昌」が，丹後国へ下向するときに，普甲山で白髪の武士一騎に出会った。　Ⅱ．白髪の武士のもとを通過した後出会った致経の話によって，保昌は，白髪の武士の正体が致経の父の「平五大夫」だと知った。

問２＜古文の内容理解＞白髪の武士は，国司である保昌を目の前にして，木の下に入って馬を立てたままにしていた。その様子を見て，国司の家来たちは，この老武士が馬から降りないでいるのはけしからぬことであり，とがめて下馬させるべきであると発言した。

問３＜歴史的仮名遣い＞歴史的仮名遣いの「au」は，原則として現代仮名遣いでは「ou」になる。

問４＜古文の内容理解＞保昌は，馬から降りずに馬を立てている白髪の武士を，その馬の立て方から「ただにはあらぬ人」だと評した。白髪の武士のもとを離れた後，致経に出会った保昌は，その老人が致経の父の平五大夫であることを知らされた。

問５＜古文の内容理解＞家来たちが馬から降りなかった白髪の武士に対して，「咎めおろすべし」と言ったが，保昌は「咎むべからず」と取り合わなかった(①…×)。致経は，父である「白髪の武士」は，頑固な「田舎人」であるため，しきたりを知らないと述べている。そのため，白髪の武士は，国司である保昌を見ても，馬から降りなかったのである(②…×)。致経は，父である平五大夫が無礼をはたらいたことだろうと保昌にわびた(③…○)。致経の父である平五大夫が何を考えていたか，どこに向かっていたのかなどは書かれていない(④…×)。

2024年度　昌平高等学校（特別進学）

※特別進学コースの英語・数学・国語は共通問題です。

【社　会】（40分）〈満点：100点〉

1　次の**地図**を見て，あとの**問１**～**問５**に答えなさい。

地図

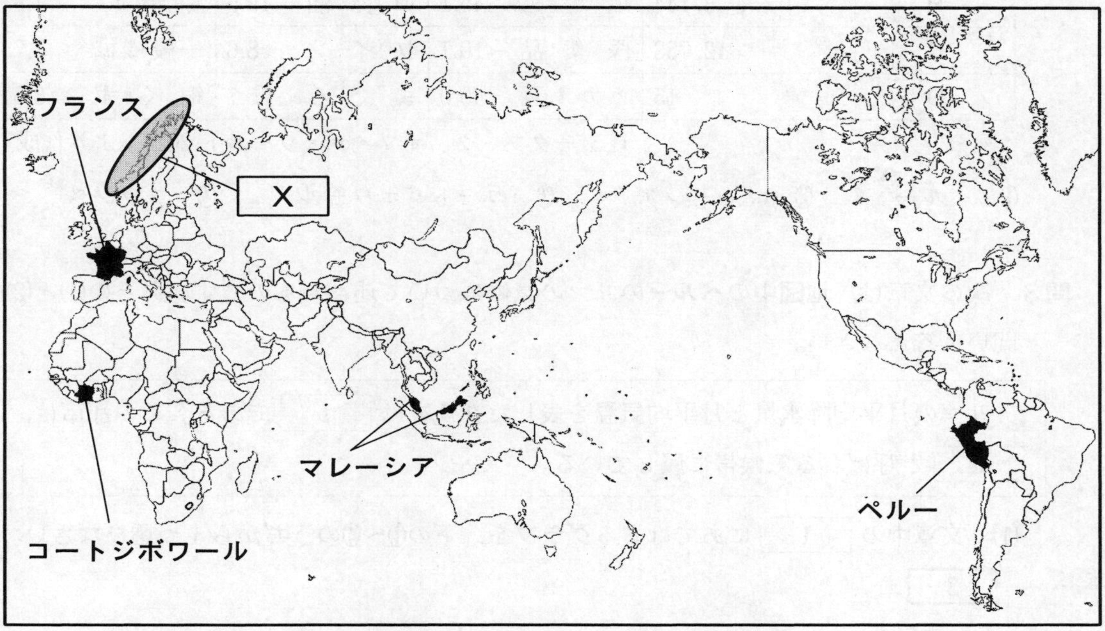

問１　**地図**中の［　X　］の地域の海岸には，氷河によって削られた谷に海水が深く入り込んでできた地形が見られます。このような地形の名称として正しいものを，下の①～④のうちから１つ選びなさい。［　1　］

①　パンパ　　②　フォッサマグナ　　③　リアス海岸　　④　フィヨルド

問2　次の**表1**は，**地図**中に示した4か国の，2021年における日本への輸出額，輸出品目上位3品目と輸出額に占める割合をまとめたものです。**表1**中の［A］にあてはまる国として正しいものを，あとの①～④のうちから1つ選びなさい。［2］

表1

	日本への輸出額（億円）	輸出品目上位3品目と輸出額に占める割合（%）		
A	21,646	電気機器　28.0	液化天然ガス　24.7	衣　類　4.8
B	3,144	銅　鉱　45.1	揮発油　19.5	液化天然ガス　7.8
C	12,753	医薬品　10.1	ワイン　8.6	一般機械　7.7
D	15	カカオ豆　40.0	まぐろ　5.7	銅くず　3.5

（『データブック　オブ・ザ・ワールド2023』より作成）

①　ペルー　　②　マレーシア　　③　コートジボワール　　④　フランス

問3　次の文章は，**地図**中の**ペルー**のリマの気候について述べたものです。あとの(1)と(2)の問いに答えなさい。

> リマの月平均降水量と月平均気温を表したグラフは［Ⅰ］である。この都市は，［Ⅱ］と呼ばれる気候帯に属している。

(1)　文章中の［Ⅰ］にあてはまる**グラフ**を，下の①～④のうちから1つ選びなさい。
［3］

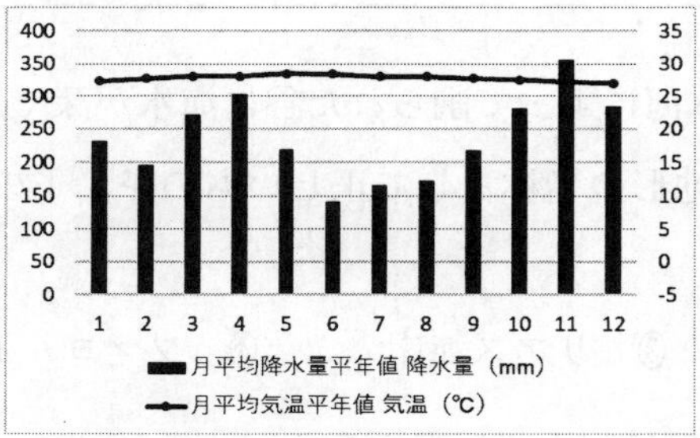

①

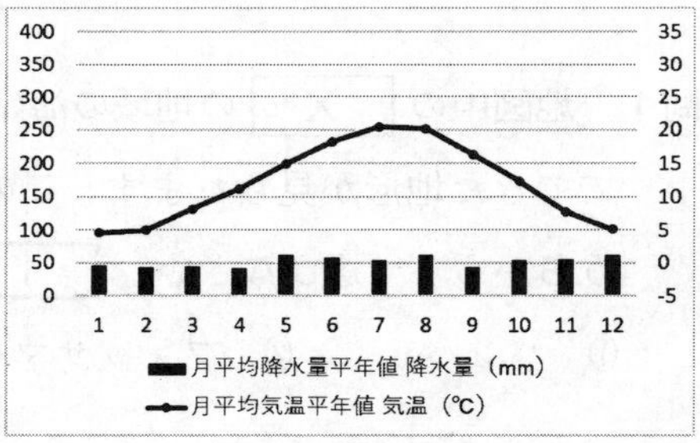

②

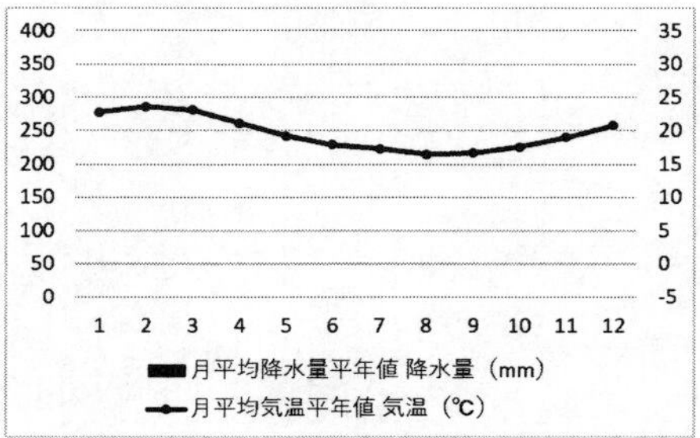

③

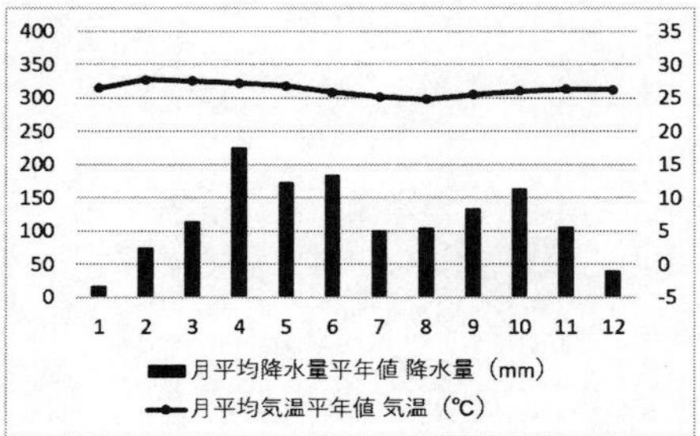

④

（気象庁ＨＰより作成）

(2) 文章中の [Ⅱ] にあてはまる気候帯を，下の①～④のうちから１つ選びなさい。

[4]

① サバナ気候　② ステップ気候　③ 熱帯雨林気候　④ 砂漠気候

問４ 次の文章は，アフリカの農業の様子についてまとめたものです。[　　] にあてはまる言葉として正しいものを，あとの①～④のうちから１つ選びなさい。 [5]

> コートジボワールをはじめとする多くのアフリカの国では，植民地時代にヨーロッパ人が [　　] を行い，綿花などの特定の作物を栽培してヨーロッパなどに輸出していた。こうした農作物の栽培は現在も続けられ，重要な輸出品になっている。

① プランテーション農業　② 酪農　③ 適地適作　④ 焼畑農業

問５ 次の**表２**は，**地図**中に示した４か国の，識字率，国民総所得，観光客数，日系現地法人数，在留邦人数についてまとめたものです。**表２**から読み取れる内容を述べた文として正しいものを，あとの①～④のうちから１つ選びなさい。 [6]

表２

	識字率（%）	国民総所得（億ドル）	観光客数（万人）	日系現地法人数（社）	在留邦人数（人）
ペルー	94.4	1,963	90	41	3,182
マレーシア	94.9	3,302	433	1,051	27,256
コートジボワール	47.2	595	67	3	156
フランス	99.0	26,718	4,168	433	36,347

（『データブック　オブ・ザ・ワールド 2022』ほかより作成）

① 国民総所得が多い国ほど，日系現地法人数も在留邦人数も多い。

② 日系現地法人数の順位と在留邦人数の順位は同じである。

③ 観光客数の順位と日系現地法人数の順位は同じである。

④ 国民総所得が多い国ほど，識字率も高い。

2 あおいさんは，社会の授業で地域の特徴を調べました。次の**地図1**を見て，あとの**問1**～**問5**に答えなさい。

地図1

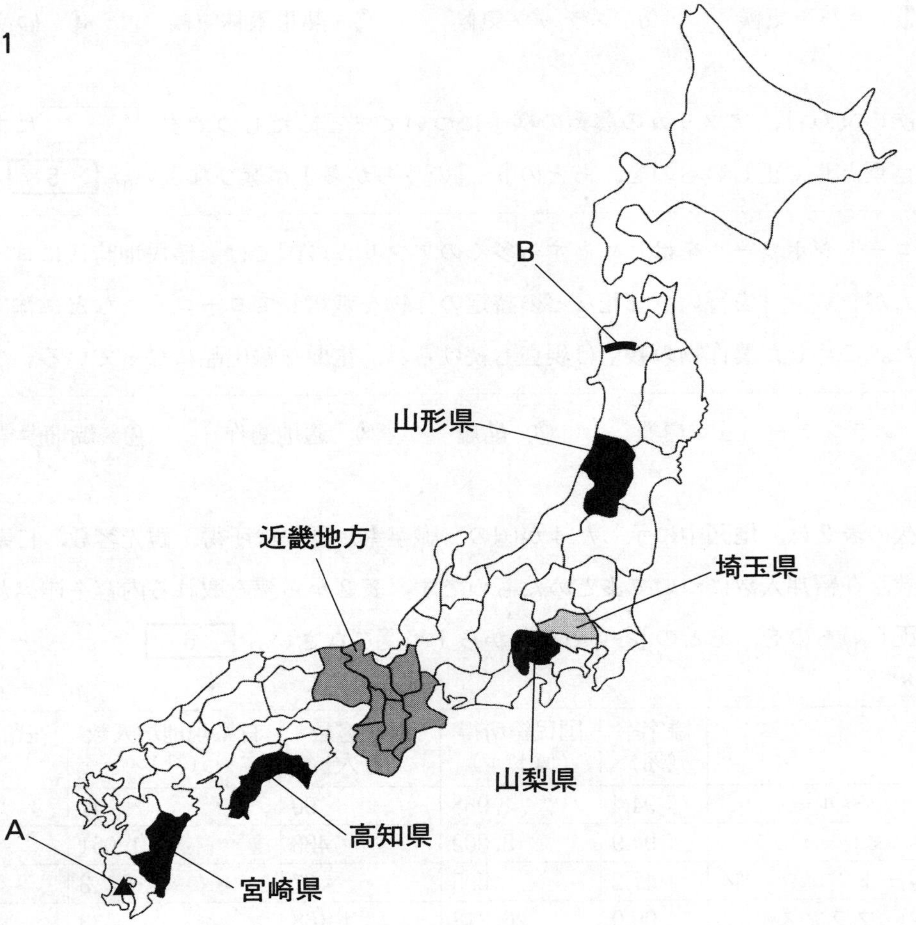

問1　次の**表**は，**地図1**中の**山形県**，**山梨県**，**高知県**，**宮崎県**の，農業産出額および米，野菜，果実，畜産の産出割合をまとめたものです。**表**中の［Ⅰ］～［Ⅳ］にあてはまる県の組み合わせとして正しいものを，次ページの①～⑥のうちから1つ選びなさい。［7］

表

	農業産出額（億円）	米の産出割合（%）	野菜の産出割合（%）	果実の産出割合（%）	畜産の産出割合（%）
Ⅰ	974	6.0	12.0	66.7	8.0
Ⅱ	1,113	10.2	63.9	10.0	7.4
Ⅲ	2,508	33.4	18.5	29.1	15.0
Ⅳ	3,348	5.2	20.3	3.9	64.4

（『データでみる県勢 2023』より作成）

① Ⅰ 山形県 Ⅱ 山梨県 Ⅲ 高知県 Ⅳ 宮崎県
② Ⅰ 山形県 Ⅱ 山梨県 Ⅲ 宮崎県 Ⅳ 高知県
③ Ⅰ 山形県 Ⅱ 高知県 Ⅲ 宮崎県 Ⅳ 山梨県
④ Ⅰ 山梨県 Ⅱ 山形県 Ⅲ 高知県 Ⅳ 宮崎県
⑤ Ⅰ 山梨県 Ⅱ 高知県 Ⅲ 山形県 Ⅳ 宮崎県
⑥ Ⅰ 山梨県 Ⅱ 宮崎県 Ⅲ 山形県 Ⅳ 高知県

問２ **地図１**中の**Ａ**は，鹿児島県にある［　　］という活火山です。［　　］にあてはまる火山の名称として正しいものを，下の①～④のうちから１つ選びなさい。 [8]

① 阿蘇《あそ》山 ② 桜島 ③ 雲仙《うんぜん》岳 ④ 霧島山

問３ 次の文章は，**地図１**中の**Ｂ**について述べたものです。［　　］にあてはまる地名として正しいものを，あとの①～④のうちから１つ選びなさい。 [9]

> **Ｂ**は世界最大級の広大なブナの原生林が残されている［　　］で，屋久《やく》島，知床《しれとこ》などとともに世界自然遺産に登録されている。

① 出羽《でわ》山地 ② 阿武隈《あぶくま》高地 ③ 北上高地 ④ 白神山地

問４ **地図１**中の**近畿地方**の特徴について述べた文として**誤っているもの**を，下の①～④のうちから１つ選びなさい。 [10]

① 1960年代には人口増加に伴い，大阪府の千里や泉北などにニュータウンが建設された。
② 京都市では伝統的な町並みと調和させるため，条例により建築物の規制を行っている。
③ 和歌山県ではみかんの生産が盛んで，その生産量は愛媛県に次いで全国第２位である。
④ 紀伊《きい》半島では林業が盛んで，奈良県の吉野すぎなどが高級木材として知られている。

問5　次の**地図2**は，**地図1**中の**埼玉県**羽生《はにゅう》市付近の２万５千分の１の地形図です。**地図2**から読み取れる内容を述べた文として下線部が正しいものを，あとの①～④のうちから１つ選びなさい。［11］

地図2

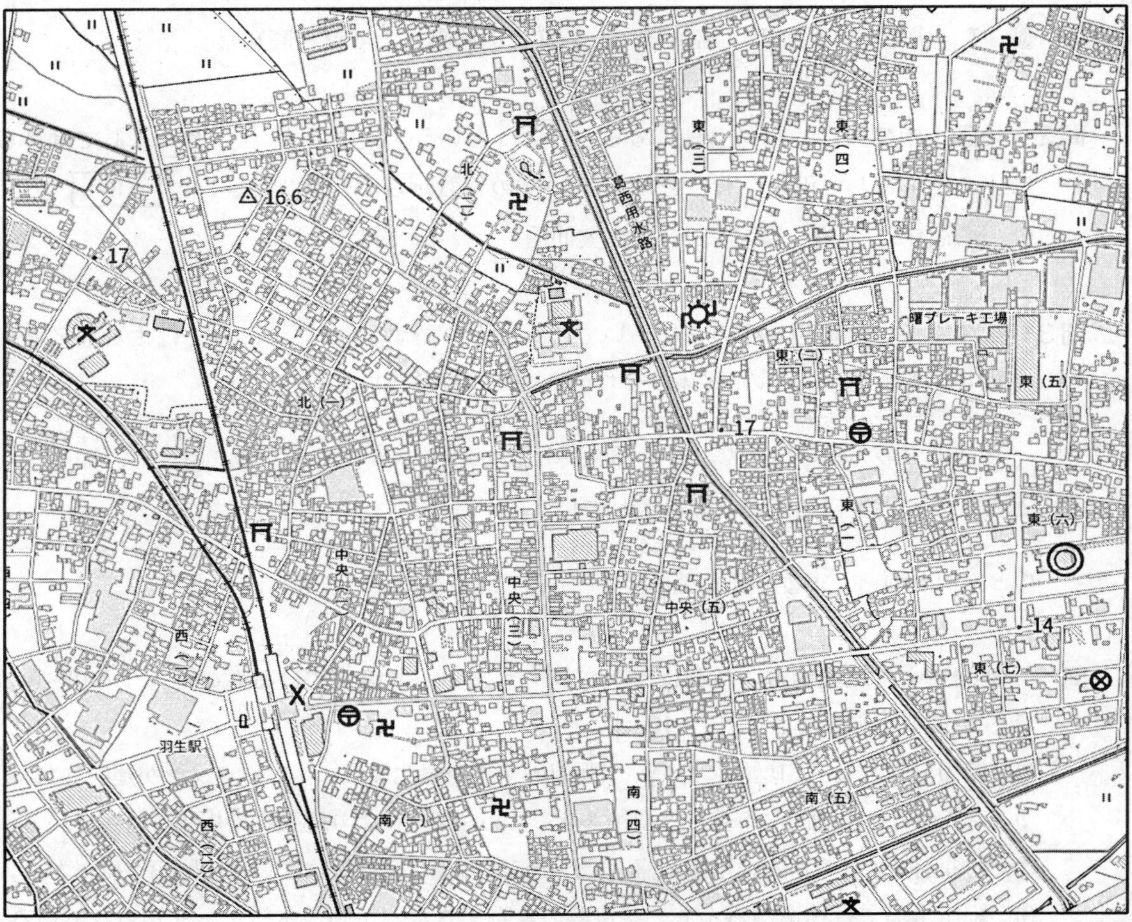

（国土地理院　電子国土Ｗｅｂより作成）

①　羽生駅から向かって右側の線路を走る電車に乗り北に向かうと，左手に中学校を見ることができ，その先には水田が広がっている。

②　羽生駅から市役所までの地図上の長さは約5.2 cmであり，実際の直線距離は約1,600 mである。

③　羽生駅から見て，北東の方角に灯台がある。

④　葛西《かさい》用水路周辺には，神社は見当たらない。

3　はるきさんは，古代から近世までの歴史について調べ，次の**表**にまとめました。これを見て，あとの**問１～問５**に答えなさい。

表

邪馬台国《やまたいこく》は，もともと男性の王が治めていたが，国が乱れたため，女性の**ア**卑弥呼《ひみこ》を王とし，その弟が国政を補佐した。
強大な力を持つ王と有力な豪族から成る大和《やまと》政権が成立し，王や豪族の墓として前方後円墳などの**イ**古墳が各地につくられるようになった。
貴族や僧の間で勢力争いが激しくなった時期に即位した**ウ**桓武《かんむ》天皇は，混乱した政治を立て直すため，様々な政策を実行した。
南北朝の対立の中で成立した**エ**室町幕府であったが，その後もたびたび争乱が起こるなど，不安定な政権運営が続いた。
江戸時代中期以降，財政状態が厳しくなった幕府は**オ**様々な改革を行い，政治の立て直しを図った。

問１　下線部**ア**の人物の説明として正しいものを，下の①～④のうちから１つ選びなさい。 12

①　宋《そう》へ使者を送り，朝鮮半島における地位を認めてもらおうとした。

②　隋《ずい》へ使者を送り，国家として対等な関係を築こうとした。

③　漢へ使者を送り，「漢委奴国王《かんのわのなのこくおう》」と刻まれた金印を授けられた。

④　魏《ぎ》へ使者を送り，「親魏倭王《わおう》」の称号や金印などを授けられた。

問２　下線部**イ**について，この時代に朝鮮半島から，高温で焼いた黒っぽく固い土器である［　　］を作る技術が伝わりました。［　　］にあてはまる土器の名称として正しいものを，下の①～④のうちから１つ選びなさい。 13

①　縄文土器　②　須恵器　③　弥生《やよい》土器　④　土師器《はじき》

問３　下線部**ウ**について，この人物が行ったこととして**誤っているもの**を，下の①～④のうちから１つ選びなさい。 14

①　都を奈良から長岡京，次いで平安京へ移した。

②　坂上田村麻呂《さかのうえのたむらまろ》を征夷《せいい》大将軍に任命し，東北地方まで勢力範囲を広げた。

③　宇治に平等院鳳凰堂《ほうおうどう》という阿弥陀《あみだ》堂をつくらせた。

④　最澄《さいちょう》が唐へ渡ることを支援した。

問4　下線部**エ**について，次の**A**～**D**は，室町幕府が成立していた時代に起こったできごとです。年代の古い順に並べかえた時，正しい順番を表しているものを，あとの①～⑧のうちから１つ選びなさい。 **15**

A　近江《おうみ》国の馬借が中心となり，幕府に徳政令を要求する土一揆《どいっき》を起こした。

B　足利義満《あしかがよしみつ》は，南北朝を統一して内乱を終わらせ，朝廷の内部にも勢力を広げた。

C　種子島《たねがしま》に漂着した船に乗っていたポルトガル人によって鉄砲が伝えられた。

D　将軍の跡継ぎ問題をきっかけに応仁《おうにん》の乱が起こり，その後戦国時代に入った。

① A → C → B → D　　② A → C → D → B
③ B → A → C → D　　④ B → A → D → C
⑤ C → B → A → D　　⑥ C → A → D → B
⑦ D → C → B → A　　⑧ D → C → A → B

問5　下線部**オ**について，次の(1)と(2)の問いに答えなさい。

(1)　将軍として，次の文章の政策を行った人物として正しいものを，あとの①～④のうちから１つ選びなさい。 **16**

> 大名たちの参勤交代において，江戸に滞在する期間を軽減する代わりに米を幕府に献上させる，上米の制を実施した。

①　徳川家光《とくがわいえみつ》　②　徳川秀忠《ひでただ》　③　徳川吉宗《よしむね》　④　徳川綱吉《つなよし》

(2)　寛政の改革に関連があるできごととして正しいものを，下の①～⑤のうちから１つ選びなさい。 **17**

①　物価上昇の原因であるとして，株仲間を解散させた。

②　幕臣などに朱子学を学ばせ，有能な人材を取り立てようとした。

③　印旛沼《いんばぬま》の干拓を行い，年貢《ねんぐ》を増やそうとした。

④　庶民の意見を聞くための目安箱を設置し，町火消しを組織させた。

⑤　江戸や大阪周辺の土地を幕領にして，海防の強化を図ろうとした。

4 次の年表を見て，あとの**問１～問５**に答えなさい。

年代	できごと	
1871	・岩倉具視《いわくらともみ》を代表とする使節団を欧米に派遣する………	**ア**
1890	・第一回帝国議会が開催され，議会政治が始まる………	**イ**
1912	・中華民国が成立し，孫文が臨時大総統に就任する……	↕ **ウ**
1925	・ラジオ放送が始まる………………………………………	
1964	・アジアで初となる東京オリンピックが開催される……	**エ**
1973	・第四次中東戦争の影響で石油危機が起こる……………	↕ **オ**
1998	・長野県で冬季オリンピックが開催される………………	

問１　年表中の**ア**について，次の文章はこの使節団の主な目的について述べたものです。［　　　］にあてはまる条約名を，あとの①～④のうちから１つ選びなさい。［18］

> 幕末に江戸幕府が結んだ［　　　］などの不平等条約の改正を目的としていたが，日本の近代化が遅れていることなどを理由に交渉は難航した。

①　下関条約　　　②　日米修好通商条約
③　ポーツマス条約　　　④　日米和親条約

問２　年表中の**イ**について，帝国議会は二院制により成り立っていました。この二院として正しいものを，下の①～④のうちから１つ選びなさい。［19］

①　衆議院・参議院　　　②　衆議院・貴族院
③　参議院・貴族院　　　④　参議院・枢密院

問３　年表中の**ウ**の時期における次の**A**～**D**のできごとを年代の古い順に並べかえた時，正しい順番を表しているものを，あとの①～⑧のうちから１つ選びなさい。［20］

A　中国に対して二十一か条の要求を出し，その多くを認めさせた。
B　新たに創設された国際連盟に，日本は常任理事国として加盟した。
C　第一次世界大戦が起こり，日本は連合国側として参戦した。
D　米騒動により辞職した首相に代わり，原敬《はらたかし》が内閣を組織した。

①　A → C → B → D　　　②　A → C → D → B
③　B → A → C → D　　　④　B → A → D → C
⑤　C → B → A → D　　　⑥　C → A → D → B
⑦　D → C → B → A　　　⑧　D → C → A → B

問4　年表中の**エ**について，1964年の東京オリンピック開催までに起こったできごとについて述べた文として**誤っているもの**を，下の①～④のうちから1つ選びなさい。 21

① 東海道新幹線が開通し，東京－新大阪間が高速鉄道で結ばれた。

② ソ連との国交が回復し，日本は国際連合への加盟を認められた。

③ 第二次世界大戦後，アメリカの占領下にあった沖縄が日本へ返還された。

④ インドネシアのバンドンでアジア・アフリカ会議が開かれた。

問5　年表中の**オ**の時期におけるできごととして**誤っているもの**を，下の①～④のうちから1つ選びなさい。 22

① 非自民党による連立政権が成立し，「55年体制」が終わった。

② バブル経済が崩壊した。

③ 自衛隊がイラクに派遣された。

④ 日中平和友好条約が結ばれた。

5

りょうさんのクラスでは，公民的分野の学習のまとめとして，わたしたちの暮らしと政治や経済の結びつきについて，次の**表**にまとめました。これを見て，あとの**問1～問5**に答えなさい。

表

キーワード	学習から得た学び
情報化社会	情報化が進み生活が便利になる一方で，ア情報を安全かつ適切に活用する能力が求められるようになってきている。
行政	国会が制定した法律に基づいて国民の生活を支えるのが行政であり，各行政機関の頂点に立つのがイ内閣である。
経済活動	経済活動は，家計（ウ消費者），企業，政府の三者によって行われ，この三者間で商品（サービス）とお金が交換され，循環している。
国家運営予算	国は毎年予算を作成して歳出と歳入を管理しており，その歳入の多くはエ税金収入である。
持続可能な社会	環境問題や世界のオ経済格差などの課題に一人ひとりが向き合い，すべての人々が質の高い生活を維持できるよう努力する必要がある。

問1 下線部**ア**について，このような能力を表す言葉として正しいものを，下の①～④のうちから1つ選びなさい。［23］

① バリアフリー　② ユニバーサルデザイン

③ インフォームド・コンセント　④ 情報リテラシー

問2 下線部**イ**について，次の文章は日本の内閣について述べたものです。あとの(1)と(2)の問いに答えなさい。

> 衆議院で内閣不信任案が可決された場合，内閣は［Ⅰ］日以内に衆議院を解散して総選挙を行うか，総辞職しなければならない。内閣の主な役割としては，［Ⅱ］などがある。

(1) ［Ⅰ］にあてはまる数字を，下の①～④のうちから1つ選びなさい。［24］

① 5　② 10　③ 30　④ 40

(2) ［Ⅱ］にあてはまる言葉を，下の①～⑥のうちから1つ選びなさい。［25］

① 法律案の議決　② 弾劾裁判所の設置　③ 国政調査権

④ 予算案の作成　⑤ 条約の承認　⑥ 最高裁判所長官の任命

問3　下線部**ウ**について，消費者を保護するための制度や法律について述べた文として**誤っているもの**を，下の①～④のうちから１つ選びなさい。 26

① クーリング・オフ制度では，訪問販売などで消費者が契約した場合，一定期間内であれば無条件で契約を解除できる。

② 製造物責任法（ＰＬ法）では，製造物の欠陥により消費者が被害を受けた場合，製造者がその欠陥を認識していたことを証明できれば，賠償の請求を行うことができる。

③ 消費者契約法では，事業者の不適切な勧誘で消費者が契約した場合，一定期間内であれば契約を取り消すことができる。

④ 2004年に改正された消費者基本法では，消費者の権利を明確に規定し，自立した消費生活を送れるよう支援することが定められた。

問4　下線部**エ**について，税金のうち直接税として正しいものを，下の①～④のうちから１つ選びなさい。 27

① 消費税　② 法人税　③ 関税　④ 酒税

問5　下線部**オ**について，経済的な弱者を支援する方法として注目されるもののうち，貧しい人々が事業を始めるために少額のお金を貸し出すことを表す言葉として正しいものを，下の①～④のうちから１つ選びなさい。 28

① セーフティネット　② クラウドファンディング

③ フェアトレード　④ マイクロクレジット

6 ひかるさんは，社会科の学習の総まとめとして，興味を持った二つのキーワードについて調べ，次の**資料１**，**資料２**にまとめました。これを見て，あとの**問１〜問４**に答えなさい。

資料１　日本の農業

日本の耕地の半分以上は水田である。雪解け水が豊富な東北地方の日本海側や**ア**北陸地方の平野部で特に稲作が盛んであり，それぞれの地域で質の良い米を生産している。

資料２　日本と国際社会

第二次世界大戦後，大日本帝国憲法に代わり制定された日本国憲法には三つの原則が定められており，特に国際社会においては**イ**平和主義の原則が重要である。

現代では**ウ**地域ごとの国どうしの結びつきを強めるための様々な会議体や組織がある。また，世界の平和や安全を維持する機関として**エ**国際連合があり，紛争の予防などを図っている。

問１　下線部**ア**について，次の(1)と(2)の問いに答えなさい。

(1)　北陸地方の産業について述べた文として**誤っているもの**を，下の①〜④のうちから１つ選びなさい。 **29**

①　富山県輪島市では，伝統的工芸品である輪島塗という漆器の生産が盛んである。

②　新潟県燕《つばめ》市では，金属加工技術を生かした様々な金属製品の生産が盛んである。

③　福井県鯖江《さばえ》市や近隣の都市では，眼鏡《めがね》のフレームづくりが盛んである。

④　新潟県小千谷《おぢや》市では，江戸時代から続く織物の伝統産業が盛んである。

(2)　北陸地方の石川県では，室町時代に一向宗の信仰で結びついた農民や武士たちが一向一揆《いっき》を起こし，守護大名を倒して約100年にわたり自治を行いました。この一向宗を開いた僧として正しいものを，下の①〜④のうちから１つ選びなさい。 **30**

①　道元　　②　栄西　　③　親鸞《しんらん》　　④　法然

問２　下線部**イ**について，平和主義の原則は，日本国憲法第□条で定められています。□にあてはまる数字として正しいものを，下の①〜④のうちから１つ選びなさい。

31

①　1　　②　9　　③　25　　④　96

問3　下線部**ウ**について，日本も加盟するアジア太平洋経済協力の略称として正しいものを，下の①～④のうちから１つ選びなさい。 32

①　ＮＩＥＳ　　②　ＯＰＥＣ　　③　ＡＳＥＡＮ　　④　ＡＰＥＣ

問4　下線部**エ**について，国際連合について述べた文として**誤っているもの**を，下の①～④のうちから１つ選びなさい。 33

①　国際連合の本部はスイスのジュネーブに置かれ，安全保障理事会は５か国の常任理事国と10か国の非常任理事国で構成されている。

②　国際連合は，総会，安全保障理事会，経済社会理事会，国際司法裁判所などに加え，ＷＨＯやＵＮＥＳＣＯなどの専門機関を持つ。

③　常任理事国は拒否権を持ち，重要な議題は常任理事国のうち１か国でも反対すると決定できない。

④　安全保障理事会の決定により，紛争の収束を図るために国連加盟国から派遣された兵力から成る，平和維持活動が実施されることがある。

【理　科】（40分）〈満点：100点〉

1　次の各問いに答えなさい。

問１　天気のよい日の海岸の近くで，昼間や夜間に吹く海陸風について述べている文として最も適切なものを，次の①～④の中から一つ選びなさい。［1］

① 昼は海から陸に向かってふき，夜は陸から海に向かって吹く。

② 昼は陸から海に向かってふき，夜は海から陸に向かって吹く。

③ 昼も夜も，海から陸に向かって吹く。

④ 昼も夜も，陸から海に向かって吹く。

問２　**図１**は，イヌワラビのからだの様子をスケッチしたものです。また，Ａ～Ｄはつくりを示しています。イヌワラビの葉・茎・根を示している記号の組み合わせとして最も適切なものを，次の①～⑥の中から一つ選びなさい。［2］

	葉	茎	根
①	A	B	C
②	A	B	D
③	A	C	D
④	A	B	C，D
⑤	A	B，C	D
⑥	A，B	C	D

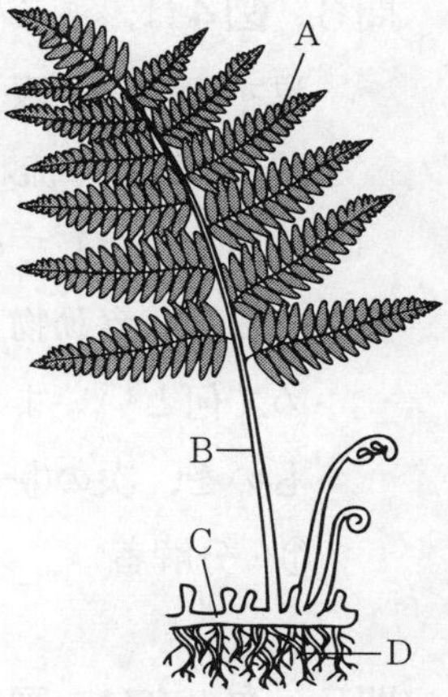

図１

問３　物質を構成するいろいろな原子について，酸素原子の原子核の中にある粒子の種類として最も適切なものを，次の①～⑥の中から一つ選びなさい。［3］

① 陽子のみ　② 電子のみ　③ 中性子のみ

④ 陽子と電子　⑤ 陽子と中性子　⑥ 電子と中性子

問４　**図２**のように，重さ4.0 Nの直方体の形をした物体を，その体積の半分だけ水中に入れたところ，糸をつり下げているばねばかりは2.6 Nを示しました。この物体をすべて水中に入れた場合にばねばかりが示すと考えられる値として最も適切なものを，次の①～⑥の中から一つ選びなさい。

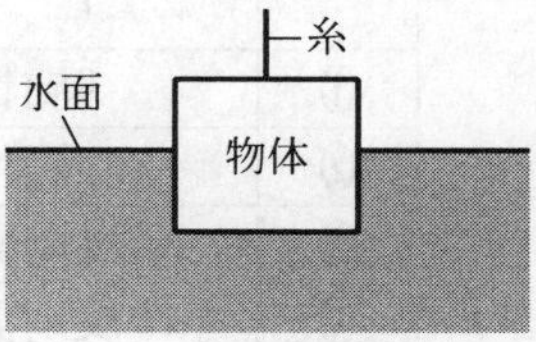

図２

ただし，物体は水底には触れておらず，糸の体積や重さは考えないものとします。

［4］N

① 1.0　② 1.2　③ 1.4　④ 2.6　⑤ 2.8　⑥ 3.0

問５　**図３**は，アメリカのハワイ州にあるマウナロアという火山の断面を模式的に表したものです。このような形状の火山における，地下のマグマの粘りけと溶岩の色合いについて述べている文として最も適切なものを，次の①～④の中から一つ選びなさい。 5

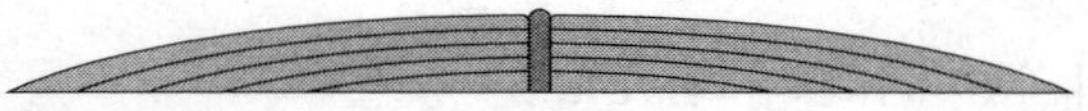

図３

①　マグマの粘りけは強く，溶岩は白っぽい色になる。

②　マグマの粘りけは強く，溶岩は黒っぽい色になる。

③　マグマの粘りけは弱く，溶岩は白っぽい色になる。

④　マグマの粘りけは弱く，溶岩は黒っぽい色になる。

問６　**図４**は，ある生態系に生育・生息する生物を表した模式図で，矢印は有機物の流れを表しています。有機物に対しての生態系での役割から，草食動物と肉食動物をまとめて何といいますか。最も適切なものを，次の①～④の中から一つ選びなさい。 6

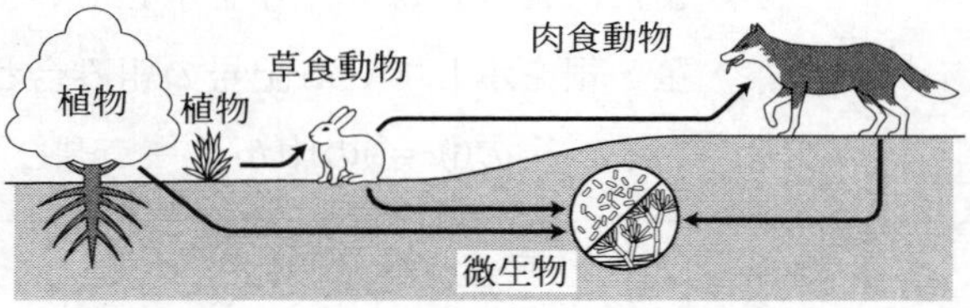

図４

①　分解者　　②　運搬者　　③　消費者　　④　生産者

問７　次の文は，**図５**のガスバーナーに点火して炎の大きさを調節したあと，炎の色を調節する方法について説明したものです。文中の（　Ⅰ　），（　Ⅱ　）にあてはまる語の組み合わせとして最も適切なものを，あとの①～④の中から一つ選びなさい。 7

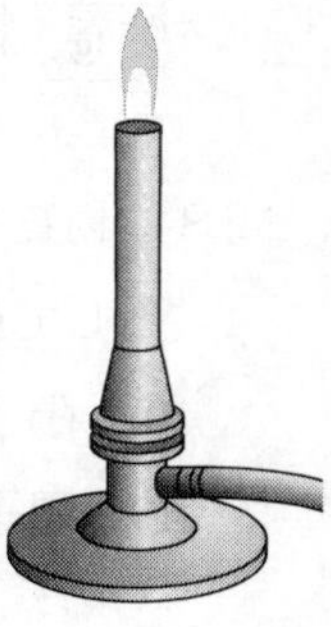

図５

上側から見た場合に（　Ⅰ　）になるように（　Ⅱ　）を回してゆるめ，ガスの炎の適正な色である青色になるように調節する。

	（　Ⅰ　）	（　Ⅱ　）
①	時計回り	ガス調節ねじ
②	時計回り	空気調節ねじ
③	反時計回り	ガス調節ねじ
④	反時計回り	空気調節ねじ

問８　放射線であるＸ線，α線，β線，γ線のうち，最も透過性が小さいものはどれですか。最も適切なものを，次の①～④の中から一つ選びなさい。 8

①　Ｘ線　　②　α線　　③　β線　　④　γ線

2 星の１日の動きについて調べるために，日本国内の地点Ｘで次のような**観測**を行いました。問１～問６に答えなさい。

観測

(1)　ある日の20時に北の空を観察したところ，星座Ｐと北極星を見つけることができたので，これらを**図１**のようにスケッチした。

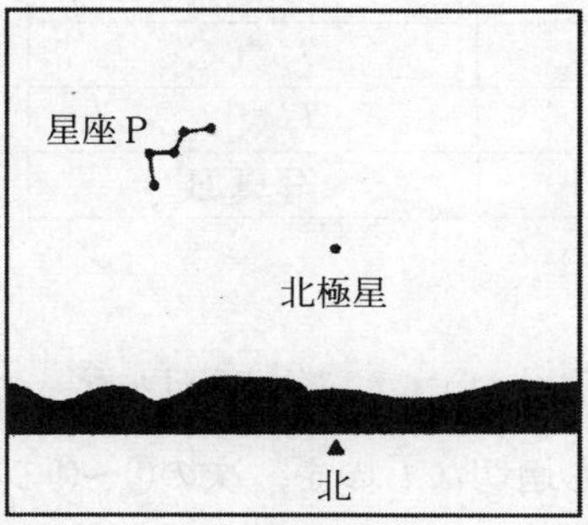

図１

(2)　次に，東，西，南の空に１台ずつのカメラを向け，しばらくシャッターを開けたままにしておいた。この操作によって撮影した３枚の写真（**図２**の写真Ａ～Ｃ）から，東，西，南の空の星は時間の経過とともにその位置を変えていることがわかった。ただし，**図２**の写真Ａ～Ｃについては，どれがどのカメラで撮影したものかがわからなくなってしまった。

図２

問１　**図１**の星座Ｐの名称として最も適切なものを，次の①～④の中から一つ選びなさい。 9

① こぐま座　② カシオペヤ座
③ ペガスス座　④ おおぐま座

問２　夜空の星は，観察者を中心とした大きな球形の天井に散りばめられたように見えます。このような見かけ上の球形の天井の名称として最も適切なものを，次の①～④の中から一つ選びなさい。 10

① 天球　② 光球　③ 透明半球　④ プラネタリウム

問3　**図2**の東の空と南の空を撮影した写真の組み合わせとして最も適切なものを，次の①～⑥の中から一つ選びなさい。 11

	東の空	南の空
①	写真 A	写真 B
②	写真 A	写真 C
③	写真 B	写真 A
④	写真 B	写真 C
⑤	写真 C	写真 A
⑥	写真 C	写真 B

問4　**観測**の（2）の下線部について，その原因となっている地球の回転運動について述べているものとして最も適切なものを，次の①～④の中から一つ選びなさい。 12

① 東から西の向きに，1日に1回自転している。

② 西から東の向きに，1日に1回自転している。

③ 東から西の向きに，1年に1回公転している。

④ 西から東の向きに，1年に1回公転している。

問5　**観測**の（2）の下線部について，北の空の星についても同様ですが，北極星だけはその位置をほとんど変えません。その理由として最も適切なものを，次の①～④の中から一つ選びなさい。 13

① 北極星までの距離が遠すぎるから。

② 北極星は天頂付近に位置しているから。

③ 北極星は地球と同じ速さで回転しているから。

④ 北極星は地軸のほぼ延長上にあるから。

問6　地点Xで見える北極星に比べると，地点Xよりも北東の方角に200 kmほど離れた地点Yからは，北極星はどのような見え方をすると考えられるか。最も適切なものを，次の①～④の中から一つ選びなさい。 14

① 地点Xで見える北極星よりも西の方向に見える。

② 地点Xで見える北極星よりも東の方向に見える。

③ 地点Xで見える北極星よりも低い高度に見える。

④ 地点Xで見える北極星よりも高い高度に見える。

3 植物が行っている光合成や呼吸について調べるために，次のような**実験**を行いました。問１～問６に答えなさい。

実験

(1)　ペットボトルA～Dに青色のBTB液を入れたあと，ストローで十分に息を吹き込んで液の色を緑色にした。次に，ほぼ同じ大きさのオオカナダモを，ペットボトルB～Dに入れた。

(2)　ペットボトルA～Dの上部に空気のすき間を少しだけ残した状態にしてから，**図**のように，ペットボトルA～Dにキャップをして密閉した。また，ペットボトルCの表面全体をアルミニウムはくで，ペットボトルDの表面全体をところどころに小さな穴を開けたアルミニウムはくでおおった。

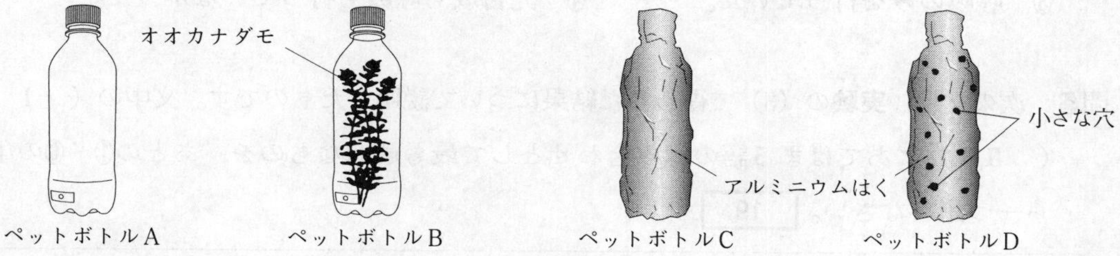

図

(3)　ペットボトルA～Dにしばらく日光を当てたのち，ペットボトルの中を観察したところ，ペットボトルB，CではBTB液の色が緑色から別の色に変化していたが，ペットボトルA，DではBTB液の色は緑色のままであった。

問１　光合成を行っている細胞内のつくりとして最も適切なものを，次の①～④の中から一つ選びなさい。 15

①　細胞膜　　②　液胞　　③　葉緑体　　④　核

問２　ペットボトルBに対してペットボトルAを用意したのは，**実験**の（3）で見られたBTB液の色の変化が，オオカナダモが行ったはたらきによることを確かめるためです。このように，確かめたいこと以外の条件をすべて同じにして行う実験の名称として最も適切なものを，次の①～④の中から一つ選びなさい。 16

①　比較実験　　②　臨床実験　　③　相対実験　　④　対照実験

問３　**実験**の（3）で日光を当てていたとき，ペットボトルＢに入れたオオカナダモの表面からは盛んに気泡が発生していました。この気泡の中に，最も高い割合で含まれている気体として最も適切なものを，次の①～⑥の中から一つ選びなさい。 17

①　水素　　②　酸素　　③　窒素

④　二酸化炭素　　⑤　アルゴン　　⑥　水蒸気

問４　**実験**の（3）で日光を当てていたとき，ペットボトルＢに入れたオオカナダモはどのようなはたらきを行っていたと考えられますか。最も適切なものを，次の①～④の中から一つ選びなさい。 18

①　光合成のみを行っていた。　　②　光合成と呼吸の両方を行っていた。

③　呼吸のみを行っていた。　　④　光合成も呼吸も行っていなかった。

問５　次の文は，**実験**の（3）で得られた結果について説明したものです。文中の（　Ⅰ　），（　Ⅱ　）にあてはまる語の組み合わせとして最も適切なものを，あとの①～⑥の中から一つ選びなさい。 19

実験の（3）では，ペットボトルＢのBTB液の色は（　Ⅰ　）に，ペットボトルＣのBTB液の色は（　Ⅱ　）に変化していた。

	（　Ⅰ　）	（　Ⅱ　）
①	黄色	青色
②	黄色	無色
③	青色	無色
④	青色	黄色
⑤	無色	黄色
⑥	無色	青色

問６　光合成を行うのに必要な気体を気体Ｘ，呼吸を行うのに必要な気体を気体Ｙとします。**実験**の（3）において，ペットボトルＤのBTB液の色が緑色のままであった理由として最も適切なものを，次の①～④の中から一つ選びなさい。 20

①　オオカナダモが吸収した気体Ｘと放出した気体Ｘの量が等しかったから。

②　オオカナダモが吸収した気体Ｘと放出した気体Ｙの量が等しかったから。

③　オオカナダモが吸収した気体Ｙと放出した気体Ｘの量が等しかったから。

④　オオカナダモが吸収した気体Ｙと放出した気体Ｙの量が等しかったから。

4 うすい塩酸と石灰石の反応において，反応の前後で質量がどのように変化するかについて調べるために，次のような**実験**を行いました。問１～問５に答えなさい。

実験

(1)　1.0 g の石灰石（粉末状）を容器 A の底に入れ，うすい塩酸 20 mL が入った容器 B を容器 A のふたに固定してつり下げた。次に，**図**のように，電子てんびんで容器 A 全体の質量をはかった。なお，容器 A は，ふたによって完全に密閉されている。

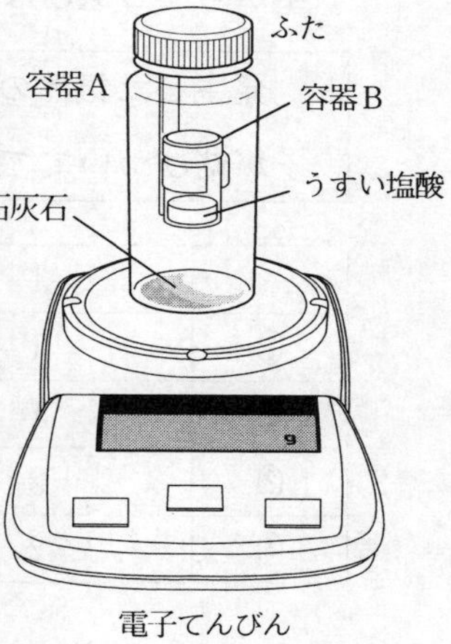

図

(2)　容器 A を傾け，うすい塩酸をすべて石灰石と反応させたところ，容器 A の内部で気体が発生するのが確認できた。

(3)　気体の発生が止まるまで待ってから，容器 A のふたをゆるめ，しばらくしてから再び容器 A 全体の質量をはかった。

(4)　容器 A に入れる石灰石の質量を 2.0 g，3.0 g，4.0 g，5.0 g に変更し，(1)～(3) と同じ操作を行った。**表**は，以上の結果をまとめたものである。

表

容器 A に入れた石灰石の質量〔g〕	1.0	2.0	3.0	4.0	5.0
(1) ではかった容器 A 全体の質量〔g〕	56.0	57.0	58.0	59.0	60.0
(3) ではかった容器 A 全体の質量〔g〕	55.6	56.2	56.8	57.6	58.6

問１　うすい塩酸の溶質として最も適切なものを，次の①～④の中から一つ選びなさい。 **21**

①　塩素　　②　塩化銅　　③　塩化水素　　④　塩化窒素

問２　この**実験**も含めて，いろいろな化学変化において質量保存の法則が成り立つのは，原子の種類，原子の数，原子の結びつき方のうち，どれが変化しないからですか。最も適切なものを，次の①～⑥の中から一つ選びなさい。 **22**

①　種類のみ　　②　数のみ　　③　結びつき方のみ

④　種類と数　　⑤　種類と結びつき方　　⑥　数と結びつき方

問３　**実験**の（2）で発生した気体について，次の（1），（2）に答えなさい。

（1）　次の文は，発生した気体の分子について説明したものです。文中の（　Ⅰ　），（　Ⅱ　）にあてはまる語の組み合わせとして最も適切なものを，あとの①～④の中から一つ選びなさい。**23**

> 発生した気体の分子は，（　Ⅰ　）個の炭素原子と（　Ⅱ　）個の酸素原子が結びついてできている。

	（　Ⅰ　）	（　Ⅱ　）
①	1	1
②	1	2
③	2	1
④	2	2

（2）　石灰石を1.0 g加えたとき，発生した気体の体積は何Lか。最も適切なものを，次の①～⑥の中から一つ選びなさい。ただし，発生した気体は1 Lあたり1.96 gとする。**24** L

①　0.01　　②　0.02　　③　0.04

④　0.1　　⑤　0.2　　⑥　0.4

問４　**表**より，**実験**に用いたうすい塩酸20 mLは，何gの石灰石と過不足なく反応すると考えられますか。最も適切なものを，次の①～⑥の中から一つ選びなさい。

25 g

①　2.5　　②　3.0　　③　3.5

④　4.0　　⑤　4.5　　⑥　5.0

問５　**実験**に用いたうすい塩酸60 mLと石灰石10.0 gを，**実験**と同様の方法によって反応させた場合に発生すると考えられる気体の質量として最も適切なものを，次の①～⑥の中から一つ選びなさい。**26** g

①　4.0　　②　4.2　　③　4.4

④　4.6　　⑤　4.8　　⑥　5.0

5 ばねに加える力の大きさとばねの伸びとの関係について調べるために，次のような**実験**を行いました。問１～問５に答えなさい。ただし，質量 100 g の物体にはたらく重力の大きさを１N とします。また，ばねが伸びきってしまうことはないものとします。

実験

(1)　何もつり下げていないときの長さが 5 cm のばねを用意し，**図１**のように，スタンドにばねとものさしをとりつけ，ばねの下端をものさしの 0 cm の位置に合わせた。

(2)　**図２**のように，ばねに質量 60 g のおもりを１個つり下げ，そのときのばねの伸びを調べた。

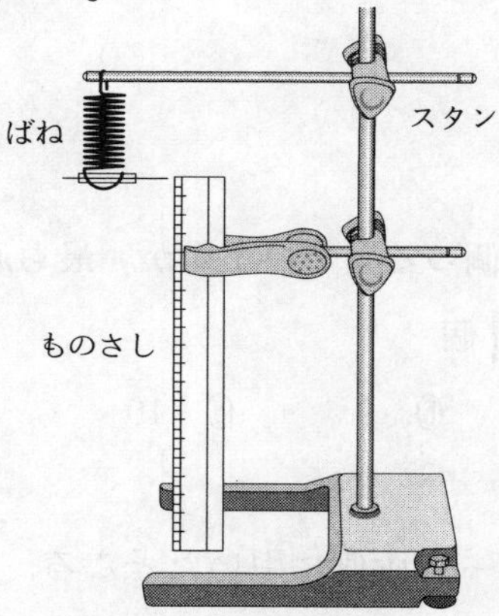

図１

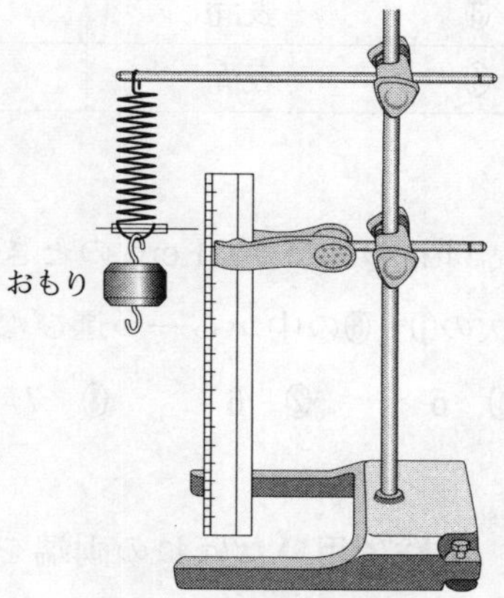

図２

(3)　ばねにつり下げるおもりの個数を２個，３個，４個，…に変更して，(2) と同様に，そのつどばねの伸びを調べた。**表**は，(2)，(3) で得られた結果の一部をまとめたものである。

表

おもりの個数〔個〕	1	2	3	4
ばねの伸び〔cm〕	3.0	6.0	9.0	12.0

問１　おもりをつり下げているばねの下端のように，力がはたらいている点を何といいますか。最も適切なものを，次の①～④の中から一つ選びなさい。 27

①　力点　　②　支点　　③　焦点　　④　作用点

問２　次の文は，重力とばねの力について説明したものです。文中の（　Ⅰ　），（　Ⅱ　）にあてはまる語の組み合わせとして最も適切なものを，あとの①～④の中から一つ選びなさい。 28

> 重力とは，地球がその（　Ⅰ　）に向かって物体を引く力のことで，（　Ⅱ　）とは，ばねがもとの状態に戻ろうとする力である。

	（　Ⅰ　）	（　Ⅱ　）
①	中心	弾性力
②	中心	抗力
③	表面	弾性力
④	表面	抗力

問３　ばねの伸びが 21 cm のとき，おもりは何個つるしていますか。最も適切なものを，次の①～⑥の中から一つ選びなさい。 29 個

①　5　　②　6　　③　7　　④　8　　⑤　9　　⑥　10

問４　**実験**に用いたばねの両端を左右の手でもって両側に引いたところ，ばねの長さが 23 cm になりました。このとき，右手がばねを引いていた力の大きさとして最も適切なものを，次の①～⑥の中から一つ選びなさい。 30 N

①　1.2　　②　1.8　　③　2.4　　④　3.0　　⑤　3.6　　⑥　4.2

問５　**実験**で用いたばねを長さが半分になるように切り，そのうちの１つの先を手で支え，手で支えた反対側の先におもりを３個つるしました。このとき，ばね全体の長さは何 cm になりますか。最も適切なものを，次の①～⑥の中から一つ選びなさい。

31 cm

①　5.0　　②　6.0　　③　7.0　　④　8.0　　⑤　9.0　　⑥　10.0

2024年度／昌平高等学校（特別進学）

社会解答

1 問1 ④　問2 ②
問3 (1)…③　(2)…④　問4 ①
問5 ④

2 問1 ⑤　問2 ②　問3 ④
問4 ③　問5 ①

3 問1 ④　問2 ②　問3 ③
問4 ④　問5 (1)…③　(2)…②

4 問1 ②　問2 ②　問3 ⑥
問4 ③　問5 ③

5 問1 ④　問2 (1)…②　(2)…④
問3 ②　問4 ②　問5 ④

6 問1 (1)…①　(2)…③　問2 ②
問3 ④　問4 ①

1〔世界地理―世界の姿と諸地域〕

問1＜フィヨルド＞Xが示すスカンディナビア半島の西岸は，氷河によって削られた谷(U字谷)に海水が深く入り込んだ地形が広がっており，フィヨルドと呼ばれている。なお，①のパンパはアルゼンチンとウルグアイにまたがって広がる草原地帯，②のフォッサマグナは日本列島の本州中央部を南北に横断している，東日本と西日本を分ける大地溝帯，③のリアス海岸は，山地の谷が地盤の沈降や海面の上昇により海面下に沈んでできた海岸で，日本では三陸海岸や若狭湾などで見られる。

問2＜日本への輸出＞表中のAは，4か国の中で最も日本への輸出額が大きく，輸出品目上位に電気機器および液化天然ガスが含まれていることから，マレーシアであることがわかる。なお，Bは輸出額に占める銅鉱の割合が約45％と高いことから，ペルーが当てはまる。Cは，4か国の中で日本への輸出額が2番目に大きいこと，輸出品目上位にワインが含まれていることから，フランスが該当する。Dは，輸出額に占めるカカオ豆の割合が40％であることから，カカオ豆の生産量が世界第1位のコートジボワールを選ぶ(2021年)。

問3＜リマの気候＞(1)ペルーのリマは，南半球に位置しているため，北半球に位置している日本とは季節が逆になる。また，夏と冬の気温差は小さく，沿岸を流れる海流などの影響でほとんど雨が降らないという特徴がある。したがって7月～9月に気温が下がっており，降水がほとんど見られない③のグラフが該当する。　(2)(1)で述べたとおり，リマは年間を通してきわめて降水量が少ないため，砂漠気候に属している。

問4＜アフリカの農業＞コートジボワールなどの多くのアフリカの国々は，19～20世紀にかけて，ヨーロッパ諸国の植民地となった。ヨーロッパ人たちは植民地支配の中で，アフリカの人々を労働力とした大規模な農園をつくり，本国に輸出することを目的に，綿花などの商品作物を大量に生産した。このような大規模農園をプランテーションと呼ぶ。

問5＜資料の読み取り＞表2の4か国を国民総所得の多い順に並べると，フランス，マレーシア，ペルー，コートジボワールの順になり，識字率の高さもこれと同じ順位になる(④…○)。なお，日系現地法人数はマレーシア，フランス，ペルー，コートジボワールの順になり，国民総所得の順位とは異なる(①…×)。在留邦人数の順位および観光客数の順位はともにフランス，マレーシア，ペルー，コートジボワールの順となり，日系現地法人数の順位とは異なる(②…×，③…×)。

2〔日本地理―総合〕

問1＜各県の農業の特徴＞Ⅰは果実の産出割合が高いことから，甲府盆地の扇状地を利用したぶどう，ももなどの果樹栽培が盛んな山梨県が当てはまる。Ⅱは野菜の産出割合が高いことから，温暖な気候を生かし，ビニールハウスを利用した，ナスやピーマンなどの促成栽培が盛んな高知県を示している。Ⅲは米の産出割合が高いことから，豊富な雪解け水を用いた庄内平野での米づくりが盛んな山形県が該当する。Ⅳは農業産出額が最も多く，畜産の産出割合が高いことから，県南部に広がるシラス台地での畜産が盛んな宮崎県である。

問２＜九州地方の火山＞Ａが示すのは鹿児島県の桜島で，現在も噴火を繰り返している活火山である。なお，①の阿蘇山は熊本県，③の雲仙岳は長崎県，④の霧島山は宮崎県と鹿児島県の県境に位置する活火山である。

問３＜東北地方の山地＞Ｂが示すのは，青森県と秋田県にまたがる白神山地である。白神山地に広がる世界最大級の広大なブナの原生林とその生態系は，1993年に日本で最初の世界自然遺産に登録された。なお，①の出羽山地は青森，秋田，山形の３県にまたがり南北に連なる山地，②の阿武隈高地は福島県を中心に，宮城県南部から茨城県北部にかけて南北に連なる山地，③の北上高地は岩手県を中心に，青森県南東部から宮城県北東部にかけて南北に連なる山地である。

問４＜近畿地方の特徴＞2004年以降，都道府県別のみかんの生産量は和歌山県が全国第１位，愛媛県が第２位となっている(2022年)(③…×)。

問５＜地形図の読み取り＞地形図上では，特にことわりがないかぎり上が北を表すことから，羽生駅から向かって右側の線路を走る電車に乗り北，すなわち上へ向かうと左手に小中学校を表す文の地図記号，その北側には水田(田)を表す॥の地図記号が見られる(①…○)。なお，羽生駅から見て北東の方角に灯台を表す☼の地図記号は見られない(③…×)。また，地形図上の長さの実際の距離は，(地形図上の長さ)×(縮尺の分母)で求められる。問題の地形図の縮尺は２万５千分の１であることから，羽生駅から市役所までの実際の直線距離は，5.2cm×25000＝130000cmより，約1300mである(②…×)。地形図上を南北に通る葛西用水路の周辺には，神社を示す⛩の地図記号が複数見られる(④…×)。

３〔歴史―古代から近世の日本〕

問１＜卑弥呼＞中国の歴史書，「魏志」倭人伝によると，239年に邪馬台国の女王，卑弥呼が魏に使者を送り「親魏倭王」の称号や金印，銅鏡などを受け取ったと記されている(④…○)。なお，①は５世紀に活躍した倭の五王，②は７世紀初めに遣隋使を派遣した聖徳太子〔厩戸皇子〕，③は１世紀半ばに漢へ使者を送った奴国の王について述べたものである。

問２＜土器の種類＞イの古墳時代には，登り窯を使って高温で焼く，新たな土器づくりの技術が朝鮮半島から伝えられた。この土器は，黒っぽく固いという特徴があり，須恵器と呼ばれる。なお，①の縄文土器は縄文時代，③の弥生土器は弥生時代に用いられた土器で，④の土師器は古墳時代から用いられた土器であるが，弥生土器と同様に，窯を使わず素焼きでつくられる赤褐色の土器で，須恵器ほどの固さはない。

問３＜桓武天皇＞宇治に平等院鳳凰堂という阿弥陀堂をつくらせたのは桓武天皇ではなく，藤原頼通である(③…×)。平等院鳳凰堂は，平安時代の後期，阿弥陀仏にすがって死後に極楽浄土へ生まれ変わることを願う浄土信仰が広まる中，極楽浄土での往生を願ってつくられたものである。

問４＜年代整序＞年代の古い順に，Ｂ(南北朝の統一―1392年)，Ａ(正長の土一揆―1428年)，Ｄ(応仁の乱―1467年)，Ｃ(鉄砲の伝来―1543年)となる。

問５＜徳川吉宗，寛政の改革＞⑴大名たちの参勤交代の負担を軽減する代わりに，米を幕府に献上させる上米の制は，第８代将軍徳川吉宗が行った享保の改革の一環として行われた政策で，当時財政難に苦しんでいた幕府の立て直しをはかったものである。　⑵老中松平定信によって行われた寛政の改革では，上下関係の秩序を重視する朱子学を正統な学問とし，幕府の学問所である昌平坂学問所では朱子学以外の講義が禁止され，役人登用試験も朱子学だけとなった(②…○)。なお，①の株仲間の解散，⑤の江戸や大阪周辺の土地を幕領にし，海防の強化をはかる政策は，ともに老中水野忠邦による天保の改革の内容である。また，③の印旛沼の干拓は，寛政の改革が行われる前の老中であった田沼意次の政策，④の目安箱の設置や町火消しの組織化は，第８代将軍徳川吉宗による享保の改革の内容である。

4〔歴史―近代以降の歴史〕

問１＜岩倉使節団＞明治時代，欧米に派遣された岩倉具視を代表とする使節団の目的は，幕末に江戸幕府が欧米各国と結んだ日米修好通商条約などの不平等条約の改正であった。1858年に結ばれた日米修好通商条約は，アメリカの領事裁判権を認め，日本に関税自主権がないなど，不平等な条約であった(②…○)。なお，①の下関条約は，1895年に結ばれた日清戦争の講和条約，③のポーツマス条約は，1905年に結ばれた日露戦争の講和条約，④の日米和親条約は1854年に結ばれた水や燃料の補給地として日本の２港を開港することなどを決めた条約である。

問２＜帝国議会＞帝国議会は，国民から選挙で選ばれた議員で構成される衆議院と，皇族，華族などで構成される貴族院の二院制により成り立っていた。その後，貴族院は1947年の日本国憲法施行によって廃止され，代わって参議院が設置された。

問３＜年代整序＞年代の古い順に，C(日本の第一次世界大戦参戦―1914年)，A(二十一か条の要求の提出―1915年)，D(原敬内閣の発足―1918年)，B(国際連盟の発足―1920年)となる。

問４＜1964年までの出来事＞第二次世界大戦後，アメリカの占領下にあった沖縄が日本へ返還されたのは，1972年の出来事であり，1964年の東京オリンピック開催よりも後のことである(③…×)。なお，①の東海道新幹線の開通は1964年の東京オリンピック開催直前，②の日本の国際連合への加盟は1956年，④のアジア・アフリカ会議の開催は1955年の出来事である。

問５＜1973～98年までの出来事＞自衛隊が初めてイラクに派遣されたのは，2003年のイラク戦争勃発後の同年12月のことであり，年表中のオの時期には当てはまらない(③…×)。なお，①の非自民連立政権の成立は1993年，②のバブル経済の崩壊は1990年代の初頭，④の日中平和友好条約の締結は1978年のことである。

5〔公民―総合〕

問１＜情報リテラシー＞情報化社会の進展により，情報が私たちの生活に与える影響は大きくなっている。そのため情報を安全かつ適切に活用する能力が求められるようになってきており，この能力は情報リテラシーと呼ばれる。なお，①のバリアフリーは，道路の段差など，お年寄りや体の不自由な人が社会生活を送るうえで障壁となるものを取り除くだけでなく，あらゆる人の社会生活を困難にしている障壁を取り除くことを指し，②のユニバーサルデザインは，年齢や障がいの有無にかかわらず，全ての人にとって利用しやすいことを目指した設計やデザインを指す言葉である。③のインフォームド・コンセントは「十分な説明を受け納得したうえでの同意」を表す言葉で，具体的には医療の場面で，医師などが診断や治療に関して患者に十分な説明を行い，患者側がそれを理解し，納得したうえで治療に参加することを指す。

問２⑴＜内閣不信任決議，内閣の仕事＞日本国憲法第69条は，「内閣は，衆議院で不信任の決議案を可決し，又は信任の決議案を否決したときは，10日以内に衆議院が解散されない限り，総辞職をしなければならない」と定めている。　⑵内閣の主な仕事としては，法律の執行，外交関係の処理，条約の締結，予算案の作成，政令の制定，天皇の国事行為に関する助言と承認，最高裁判所長官の指名などがある。なお，①の法律案の議決，②の弾劾裁判所の設置，③の国政調査権，⑤の条約の承認はいずれも国会の仕事や権限であり，⑥の最高裁判所長官の任命については，天皇が行う。

問３＜製造物責任法＞1994年に制定された製造物責任法〔PL 法〕は，製造物の欠陥により消費者が被害を受けた場合，消費者が製造業者の過失(欠陥の認識など)を証明しなくても，製造物に欠陥があったことを証明できれば，製造業者に賠償を請求できることを定めている(②…×)。

問４＜法人税＞直接税とは，税を納める人と税を負担する人が同一となる種類の税を指し，所得税，法人税，相続税などが該当する。一方で間接税とは，税を納める人と税を負担する人が異なる種類の税であり，消費税，酒税，揮発油税，関税などが当てはまる。

問５＜マイクロクレジット＞貧困層や低所得者，失業者など，一般に銀行から融資を受けることが困難である経済的な弱者に対して，事業を始めるために少額のお金を貸し出す金融サービスをマイクロクレジットと呼ぶ。マイクロクレジットは1970年代にバングラデシュで始まり，その後発展途上国に広がりを見せている。なお，①のセーフティネットは，困難な状況に陥った人々に最低限度の生活を保障する，社会保障のしくみなどを指す。②のクラウドファンディングは，個人や企業に対し，不特定多数の人が，インターネットなどを介して購入や寄付といった形で資金を供与するしくみである。③のフェアトレードは，発展途上国の生産者が経済的に自立できるように，先進国の消費者が適正な価格で継続的に商品を購入する運動を指す。

6〔三分野総合〕

問１＜北陸地方の産業，一向宗＞⑴伝統工芸品の輪島塗を生産している輪島市は，富山県ではなく石川県の都市である(①…×)。　⑵一向宗は浄土真宗とも呼ばれる，阿弥陀如来を本尊とする仏教の宗派で，鎌倉時代の僧，親鸞によって始められた。なお，①の道元は曹洞宗，②の栄西は臨済宗，④の法然は浄土宗を開いた僧である。

問２＜平和主義＞日本国憲法の平和主義の原則は，戦争の放棄，戦力の不保持，交戦権の否認をうたった，憲法第９条で定められている。なお，①の第１条は天皇の地位，③の第25条は生存権，④の第96条は憲法改正について定めている。

問３＜APEC＞アジア太平洋経済協力の略称は，Asia Pacific Economic Cooperation の頭文字から APEC と呼ばれる。APEC は太平洋を取り囲む国や地域の経済協力の枠組みであり，2023年現在21の国や地域が参加している。なお，①の NIES は新興工業経済地域の略称，②の OPEC は石油輸出国機構の略称，③の ASEAN は東南アジア諸国連合の略称である。

問４＜国際連合＞第二次世界大戦後に発足した国際連合の本部は，アメリカ合衆国のニューヨークに置かれている。本部がスイスのジュネーブに置かれたのは，第一次世界大戦後に発足した国際連盟である(①…×)。

2024年度／昌平高等学校(特別進学)

理科解答

1 問1 ①　問2 ⑥　問3 ⑤
問4 ②　問5 ④　問6 ③
問7 ④　問8 ②

2 問1 ②　問2 ①　問3 ④
問4 ②　問5 ④　問6 ④

3 問1 ③　問2 ④　問3 ②
問4 ②　問5 ④　問6 ①

4 問1 ③　問2 ④
問3 (1)…②　(2)…⑤
問4 ③　問5 ①

5 問1 ④　問2 ①　問3 ③
問4 ⑤　問5 ③

1〔小問集合〕

問1＜海陸風＞陸は海よりもあたたまりやすく，冷めやすい。そのため，晴れた日中は陸の地表付近の空気があたためられて膨張して軽くなり，上昇気流が生じる。これにより，海上の空気が陸に移動することで，海から陸へ向かって海風が吹く。夜になると，逆に陸より海の温度の方が高くなるため，海上で上昇気流が生じ，陸から海に向かって陸風が吹く。

問2＜シダ植物のからだ＞図1のイヌワラビの茎は地下にあり，これを地下茎という。よって，葉はAとB，茎(地下茎)がC，根がDである。

問3＜原子のしくみ＞酸素原子の中心には原子核があり，原子核には＋の電気を持つ陽子と，電気を持たない中性子がある。そして，原子核の周りを－の電気を持つ電子が運動している。なお，陽子1個と電子1個が持つ電気の量は等しく，原子は陽子と電子の数が等しいため，原子全体では電気を帯びていない。

問4＜浮力＞物体にはたらく浮力の大きさは，物体の重さと，水中で測定したときのばねばかりの値の差から求めることができる。また，浮力の大きさは，物体の水に沈んだ部分の体積に比例する。図2のように，重さ4.0Nの直方体の物体を半分の体積だけ水中に沈めたとき，ばねばかりが2.6Nを示したので，このとき，物体にはたらいた浮力の大きさは，$4.0-2.6=1.4$(N)である。次に，物体を全て水中に入れたとき，水中にある物体の体積は，半分の体積だけ水中に沈めたときの2倍になる。よって，物体にはたらく浮力の大きさも2倍の，$1.4\times2=2.8$(N)になる。したがって，ばねばかりが示す値は，$4.0-2.8=1.2$(N)である。

問5＜火山とマグマ＞図3のような，緩やかな傾斜をした火山は，粘りけが弱く，流れやすいマグマが噴出して冷え固まってできる。このような粘りけが弱いマグマが冷え固まってできる溶岩は，黒っぽい色になる。なお，粘りけの強いマグマが冷え固まってできた火山は，おわんをふせたような形になり，溶岩は白っぽい色をしている。

問6＜食物連鎖＞食物連鎖において，植物などの有機物をつくる生物を生産者，動物などの生産者のつくった有機物を食べる生物を消費者，生産者や消費者の死がいや排出物に含まれる有機物を無機物に分解する生物を分解者という。

問7＜ガスバーナーの操作＞図5のガスバーナーは，まず，ガス調節ねじと空気調節ねじが閉じていることを確認し，元栓とコックを開く。次に，マッチに火をつけ，ガス調節ねじを開いて点火し，炎の大きさを調節する。最後に，空気調節ねじを反時計回りに回して炎を青色にする。

問8＜放射線＞放射線は放射性物質から放出される高いエネルギーを持つ粒子や電磁波の流れで，物質の中を通過できる性質(透過性)や原子をイオンにする性質(電離性)がある。Ｘ線，α線，β線，γ線を，透過性が小さい順に並べると，α線＜β線＜γ線・Ｘ線となる。

2〔地球と宇宙〕

問１＜星座＞図１の星座Ｐをカシオペヤ座という。

問２＜天球＞観測者を中心とした，見かけ上の球形の天井を天球という。

問３＜星の年周運動＞日本では，東の空の星は，写真Ｂのように右斜め上向きに，南の空の星は，写真Ｃのように東から西に，西の空の星は，写真Ａのように右斜め下向きに，北の空の星は，北極星を中心に反時計回りに回転するように見える。

問４＜日周運動＞地球は，地軸を軸として１日で１回，西から東へ自転している。そのため，地球から観測すると，太陽や星などの天体は東から西へ動いていくように見える。このような天体の１日の動きを日周運動という。

問５＜北極星＞北極星がほとんど動かないように見えるのは，北極星が地球の地軸の延長方向にあるためである。

問６＜北極星の高度＞北極星は，緯度が０°の赤道上ではほぼ水平線上に観察され，高度は０°であり，緯度が90°の北極点ではほぼ真上に観察され，高度は90°である。このように，北極星の高度は，観察する地点の緯度に等しい。よって，地点Ｘよりも北東に200km離れた地点の緯度は，地点Ｘの緯度より高いから，北極星は，地点Ｘより高い高度に見える。

3〔生物の体のつくりとはたらき〕

問１＜葉緑体＞光合成を行っている細胞内のつくりは，葉緑体である。なお，細胞膜は細胞を覆う膜，液胞は不要物を貯蔵する袋状のつくりで，成長した細胞では大きくなる。また，核は，普通，１個の細胞に１個あり，遺伝子を含む。

問２＜対照実験＞確かめたいこと以外の条件を全て同じにして行う実験を対照実験という。実験のペットボトルＡ，Ｂで，ペットボトルＢだけにオオカナダモを入れ，他の条件を同じにしたとき，BTB液の色がペットボトルＢだけ変化したことから，BTB液の色の変化がオオカナダモによるものであることが確かめられる。

問３＜光合成と気体の出入り＞日光を当てたペットボトルＢでは，オオカナダモが光合成を盛んに行っている。光合成では酸素がつくられるため，オオカナダモの表面から発生した気泡には，光合成でつくられた酸素が多く含まれている。

問４＜植物のはたらき＞オオカナダモは常に呼吸を行い，日光が当たると，光合成を行う。なお，呼吸では，酸素を吸収し，二酸化炭素を放出する。一方，光合成では，二酸化炭素を吸収し，酸素を放出する。

問５＜BTB液の色の変化＞BTB液は，酸性で黄色，中性で緑色，アルカリ性で青色を示す。また，二酸化炭素が溶けた水溶液(炭酸水)は酸性を示す。はく息には二酸化炭素が多く含まれるため，実験の(1)で，青色のBTB液に息を吹き込むと，液中に二酸化炭素が溶けて酸性に傾き，BTB液の色は緑色に変化する。実験の(3)で，日光が当たったペットボトルＢでは，オオカナダモは呼吸より光合成を盛んに行って二酸化炭素を吸収するので，液中に溶けていた二酸化炭素が減少し，BTB液の色は青色に変化した。一方，日光が当たらなかったペットボトルＣでは，光合成は行われず，呼吸のみが行われて二酸化炭素を放出するので，液中に溶ける二酸化炭素が増加し，BTB

液の色は黄色に変化した。

問６＜光合成と呼吸＞光合成を行うのに必要な気体Ｘは二酸化炭素，呼吸を行うのに必要な気体Ｙは酸素である。実験の(3)で，ペットボトルＤではBTB液の色が緑色のまま変化しなかったのは，日光が当たった量が少なく，光合成で吸収した二酸化炭素と呼吸で放出した二酸化炭素の量が等しかったためである。

4〔化学変化と原子・分子〕

問１＜塩酸の溶質＞うすい塩酸の溶質は，気体の塩化水素である。

問２＜質量保存の法則＞化学変化が起きても，反応の前後で物質全体の質量は変化しないことを，質量保存の法則という。質量保存の法則が成り立つのは，化学変化では物質を構成する原子の結びつき方は変わるが，原子の種類と数は変わらないためである。

問３＜二酸化炭素＞(1)実験の(2)で，石灰石にうすい塩酸を加えたときに発生した気体は二酸化炭素である。二酸化炭素(CO_2)は，１個の炭素原子(C)と２個の酸素原子(O)が結びついてできている。
(2)表の(1)ではかった容器Ａ全体の質量と，(3)ではかった容器Ａ全体の質量の差が，発生した二酸化炭素の質量となる。よって，表より，石灰石を1.0g加えたときに発生した二酸化炭素の質量は，$56.0-55.6=0.40$(g)である。二酸化炭素１Ｌの質量が1.96gで，気体の体積と質量は比例するから，二酸化炭素0.40gの体積は，$0.40\div1.96\times1=0.20\cdots$より，約0.2Lとなる。

問４＜反応する量＞表より，発生した二酸化炭素の質量は，容器Ａに入れた石灰石の質量が1.0gのとき0.40gであり，2.0gのとき，$57.0-56.2=0.80$(g)，3.0gのとき，$58.0-56.8=1.20$(g)，4.0gのとき，$59.0-57.6=1.40$(g)，5.0gのとき，$60.0-58.6=1.40$(g)である。これより，うすい塩酸20mLが全て石灰石と反応するとき，発生する二酸化炭素の質量は1.40gである。よって，石灰石1.0gが反応したときに発生した二酸化炭素の質量が0.40gで，反応する石灰石の質量と発生する気体の質量は比例することより，うすい塩酸20mLと過不足なく反応した石灰石の質量をxgとすると，$x:1.40=1.0:0.40$が成り立つ。これを解くと，$x\times0.40=1.40\times1.0$より，$x=3.5$(g)である。

問５＜発生する気体の質量＞問４より，石灰石1.0gが全て反応したとき，二酸化炭素が0.40g発生する。よって，このうすい塩酸60mLと過不足なく反応する石灰石の質量は，$3.5\times\frac{60}{20}=10.5$(g)である。これより，うすい塩酸60mLと石灰石10.0gを反応させると，石灰石10.0gは全て反応するが，うすい塩酸は一部反応せずに残る。したがって，石灰石10.0gが全て反応したときに発生する二酸化炭素の質量をygとすると，$10.0:y=1.0:0.40$が成り立つ。これを解くと，$y\times1.0=10.0\times0.40$より，$y=4.0$(g)となる。

5〔身近な物理現象〕

問１＜作用点＞物体に力がはたらくとき，力がはたらいている点を作用点という。

問２＜重力と弾性力＞重力は，地球がその中心に向かって物体を引く力である。また，変形したばねがもとに戻ろうとする性質を弾性といい，弾性によって生じる力を弾性力という。

問３＜フックの法則＞フックの法則より，ばねの伸びは加える力の大きさに比例するから，ばねの伸びはおもりの個数に比例する。表より，つるしたおもりが１個のとき，ばねは3.0cm伸びているから，ばねの伸びが21cmのとき，つるしたおもりの個数は，$21\div3.0\times1=7$(個)である。

問４＜ばねにはたらく力＞ばねの両端を左右の手で持って両側に引いたとき，ばねの長さが23cmになる場合に，右手がばねを引いていた力の大きさは，ばねの１つの先を壁に固定し，反対側の先をばねの長さが23cmになるように引いたときの，ばねを引く力の大きさに等しい。ばねは，何もつるしていないときの長さが5 cmだから，ばねの長さが23cmのときのばねの伸びは，$23-5=18$ (cm)である。また，おもり1個の質量は60gより，おもり1個にはたらく重力の大きさは，$60\div100\times1=0.6$(N)となる。つまり，ばねに0.6Nの力を加えたときのばねの伸びは3.0cmである。よって，ばねが18cm伸びたとき，ばねに加えた力をx Nとすると，$18:x=3.0:0.6$が成り立つ。これを解くと，$x\times3.0=18\times0.6$より，$x=3.6$(N)となるから，右手がばねを引いていた力の大きさは3.6Nである。

問5＜ばねの長さ＞ばねの伸びは，ばねの1つの先を手で支え，手で支えた反対側の先におもりをつるした場合も，図2のように，スタンドに取りつけたばねにおもりをつるした場合と変わらない。また，ばねを長さが半分になるように切ると，同じ大きさの力を加えたとき，長さが半分になったばねの伸びは，もとのばねの伸びの$\frac{1}{2}$になる。つまり，ばねの長さは，$5\times\frac{1}{2}=2.5$(cm)であり，おもりを3個つるしたときのばねの伸びは，表より，もとのばねでは9.0cmだから，長さが半分になったばねでは，$9.0\times\frac{1}{2}=4.5$(cm)である。よって，このときのばね全体の長さは，$2.5+4.5=7.0$ (cm)となる。

2024年度 昌平高等学校（ＩＢ）

【作文問題】　(40分)　〈満点：100点〉

グローバル化がもたらしている課題を一つ取り上げ，説明しなさい。その上で，あなたは将来どのようにグローバル社会の中で活躍したいか述べなさい。（日本語で800字以内で書いてください。）

Memo

2023年度　昌平高等学校

【英　語】（50分）〈満点：100点〉

1　放送を聞いて答える問題

問題は，No. 1～No. 7の全部で7題あり，放送はすべて英語で行われます。放送される内容についての質問にそれぞれ答えなさい。No. 1～No. 5及びNo. 7は，質問に対する答えとして最も適切なものを，①～④の中から1つずつ選びなさい。No. 6は，それぞれの質問の答えになるように，[6]～[8]の中に入る英語として最も適切なものを1つずつ選びなさい。放送中メモを取ってもかまいません。各問題について英語は2回ずつ放送されます。

【No. 1～No. 3】

Listen to each talk, and choose the best answer for each question.

No. 1 [1]

No. 2 [2]

No. 3 [3]

2F	① Room A	② The science room	③ The art room	
1F				④ The teachers' room

【No. 4, No. 5】

Listen to each situation, and choose the best answer for each question.

No. 4 [4]

① Do you want some?

② Would you like to make cookies?

③ Can you buy some?

④ How about going out with me?

No. 5 [5]

① Stay here until you catch fish.

② You didn't do your best.

③ I'm sure you will catch fish next time.

④ This lake is near our city.

【No. 6】

Listen to the talk between Eric and Sae, and read the questions. Then choose the best answer for questions 1, 2 and 3.

(1) Question 1 : How old is Sae?

Answer : She is [6] years old.

① nine ② thirteen

③ fifteen ④ seventeen

(2) Question 2 : In the story of the book, what did Yuriko say to Takako?

Answer : She said [7].

① she would move from Canada ② they would be always together

③ they would be friends forever ④ she would give Takako a book

(3) Question 3 : Where will Sae give the book to Eric?

Answer : She will give it [8].

① at the library ② at their school

③ at Eric's house ④ at her house

【No. 7】

Listen to the speech of a junior high school student, Genki, and choose the best answer for questions 1, 2 and 3.

(1) Question 1 [9]

① For a month.

② For three weeks.

③ For twenty-five days.

④ For two years.

(2) Question 2 [10]

① Because Genki wanted to buy something for Roy and Fred.

② Because Genki had to give something to Mr. Jordan.

③ Because the birthday party for Mr. Jordan would be held.

④ Because Fred would start crying at the birthday party.

(3) Question 3 [11]

① When he showed the toys to Mr. Jordan.

② When a lot of people came to Mr. Jordan's house.

③ After they said thank you to him.

④ After he finished having cake.

※放送を聞いて答える問題の放送文は，英語の問題の終わりに付けてあります。

2 次は，Junko, Kazuki, Ms. Harris の会話です。これを読んで，問１～問８に答えなさい。＊印のついている語句には，本文のあとに〔注〕があります。

Junko: Hi, Kazuki. Oh, are you doing your homework? I didn't know you were studying. Please keep on studying.

Kazuki: It's all right. Actually, I need someone's advice. Can you help me?

Junko: Sure! What is it about?

Kazuki: Um… It's about my speech. I have to decide my speech topic [A] next week.

Junko: Your speech? Will you join a speech contest?

Kazuki: Yeah, Ms. Harris told me about it yesterday. She said [B]

Junko: Wait a minute! Ms. Harris is our English teacher. So, you mean you are going to join an English speech contest, right? Will you make a speech in English? Wow, that's a nice challenge.

Kazuki: Uh… Actually, I'm still not sure I can do it. I can't even decide what I will talk about. Junko, have you ever spoken English in front of many people?

Junko: Well, yes, *kind of.

Kazuki: Kind of? What do you mean?

Junko: I'm a member of English *Debating Club. It's one of our school club activities. Have you ever heard of it?

Kazuki: No, I haven't. Tell me more about it.

Junko: Every week, we get together and practice *debates in English. We learn how to speak clearly and how to listen to other people's opinions. *Eye contact and gestures are important, too. Through practice, I learned about a lot of things by using English. Also, I'm not afraid of communicating in English any more. That is〔 ① biggest / ② after / ③ joined / ④ the / ⑤ change / ⑥ I 〕the club.

Kazuki: Wow, debating in English has given you a lot of courage! I wish I were more *confident… Imagine I will speak English in front of many people! Oh, I haven't started to write my speech yet, but I've already felt nervous.

Junko: Kazuki, everything will be all right. Why don't you come to our club? Having your own opinion is important, and it is fun to share opinions with others. You'll understand what I want to say after you come to our club.

Kazuki: You think so? Should I go to your club?

Junko: Of course! There is nothing to lose if you try. You may find some ideas for your speech there. Oh, look! Ms. Harris is coming!

Ms. Harris: Hi, Kazuki and Junko. I hear you are talking about English.

Junko: I told Kazuki to come to the club I [C] to.

Ms. Harris: That's good. I have been to that club several times. I was moved when I found the students were doing their best to improve their debate skills. I would like to see them again. When will you have the club activity next time?

Junko: After school tomorrow. Thank you, Ms. Harris. I'm happy to hear that.

Ms. Harris: And what topic are you *working on now? When I visited last time, you were *focusing on the SDGs.

Junko: We're still on the SDGs. There are a lot of things we need to know and talk about.

Kazuki: The SDGs? I've just learned about that in my social studies class. This is the *Sustainable Development Goals, right?

Junko: Exactly. It is known as international goals and shows 17 *categories of actions we must take to *end *poverty, to protect the earth and to make peace.

Ms. Harris: They were chosen by *the United Nations in 2015, and many countries have been trying hard.

Kazuki: I see. My social studies teacher taught us the words, "*Leave no one behind." I remember it well because I think everyone in the world must have a *right to have a happy life.

Junko: You are thinking about these things very *seriously. Oh, I've got an idea. How about choosing the SDGs as your speech topic? You look very interested in these goals.

Ms. Harris: That's a good idea. I feel the same way. What do you think,

Kazuki?

Kazuki: Hmm... I see. Maybe that's the best. OK, shall we go to the library? I want to find out more about the SDGs. And can I join your debate tomorrow?

Junko: Of course! I've been waiting to hear that.

Ms. Harris: *Give it a try, Kazuki. Every experience helps you grow!

〔注〕kind of……多少は　Debating Club……ディベート部　debate……討論
eye contact and gestures……アイコンタクトとジェスチャー
confident……自信がある　work on ～……～に取り組む
focus on ～……～に重点を置く
Sustainable Development Goals……持続可能な開発目標
category……分野　end……終わらせる　poverty……貧困
the United Nations……国際連合　leave ～ behind……～を取り残す
right……権利　seriously……真剣に
give it a try……試しにやってみる

問１　空欄 [A] にあてはまる最も適切なものを，次の①～④の中から１つ選びなさい。[12]

① on　② by　③ until　④ to

問２　空欄 [B] にあてはまる最も適切なものを，次の①～④の中から１つ選びなさい。[13]

① my English was good and I should join a contest.
② I had to study English hard to make a great speech.
③ you and I were going to join a speech contest together.
④ our English was very good because of the club activity.

問３　文中の〔　　〕内のすべての語を，正しい順序に並べかえたとき，〔　　〕内で**３番目**と**５番目**にくるものの番号を答えなさい。

３番目 [14]　**５番目** [15]

問４　空欄 [C] にあてはまる最も適切なものを，次の①～④の中から１つ選びなさい。[16]

① hold　② happen　③ belong　④ influence

問5　会話の内容に関する次の質問の答えとして最も適切なものを，次の①～④の中から1つ選びなさい。 17

Why did Junko invite Kazuki to English Debating Club?

① Because she didn't think he could find a place to practice English.

② Because she wanted him to understand that debating is more important than making a speech.

③ Because she was asked by Ms. Harris to give him some advice about English.

④ Because she found he was worried about a speech and thought the club would be helpful for him.

問6　会話の中で，ディベート部についてどのようなことが述べられていますか。答えとして最も適切なものを，次の①～④の中から1つ選びなさい。 18

① 毎日放課後に部員たちが集合し，アイコンタクトやジェスチャーを練習する。

② Ms. Harris はディベートの練習を見たことがあり，また参加したいと思っている。

③ ディベートの技術を学ぶことで，部員たちは人前で堂々と英語を話せるようになる。

④ クラブ活動を通じて Junko は英語が上達し，国連に関する意見も持つようになった。

問7　会話の内容と合うものを，次の①～④の中から1つ選びなさい。 19

① Kazuki hopes to win a speech contest because his English teacher told him to do so.

② Ms. Harris thinks it's too difficult for Kazuki to choose the SDGs as a speech topic.

③ Junko believes the club activity made her confident in communicating in English.

④ Kazuki has decided what to talk about for a contest during a social studies class.

問８　次は，Kazuki が書いたスピーチ原稿の一部です。本文をふまえた内容になるように，[20]～[22] にあてはまる適切なものを，次の①～⑥の中から１つ選びなさい。

Today, I'm here to talk to you about the SDGs. I've learned the word "SDGs" in [20]. The SDGs are [21] goals and show 17 categories of actions. For example, we have to act to end poverty, to protect the earth and to make peace. The United Nations chose these goals and many [22] are working hard for them. Also, one of the most important promises of the SDGs is "Leave no one behind." We should help people all over the world to make everyone happy.

① companies	② countries	③ class
④ debate	⑤ international	⑥ foreign

3 次の英文を読んで，問１～問７に答えなさい。＊印のついている語句には，本文のあとに〔注〕があります。

High levels of CO_2 in the *atmosphere have a bad *effect on our oceans. Across the world, oceans are becoming more *acidic. [25] At that time, many kinds of animals became *extinct.

About 30％ of the CO_2 in the atmosphere goes into the oceans. Because of this, too much CO_2 will not stay in the atmosphere, and the temperature on the Earth will not become too high. However, this also makes the water of the oceans more acidic. Scientists are beginning to understand the effects on the animals in the ocean. Many of the very small animals in the ocean, like *corals, are really important for other ocean animals and people. For example, people eat a lot of fish, and those fish eat smaller fish and other small animals in the ocean. If many of these smaller animals die because they are killed by acidic water, the number of bigger fish will [A] become smaller. This will then be a big problem for all of the animals in the ocean, *including fish that people eat.

[26] If many fish and other sea animals die, it will be very difficult for people to catch and sell them as food. The food that comes from the sea will be more expensive, so it will be difficult to buy.

Acidic oceans and warmer water are very bad for corals, and many corals are dying in oceans across the world. Bad weather, dirty water and other ocean animals also damage *coral reefs. People are now very worried about the future of the oceans' beautiful coral reefs.

When the Earth gets warmer, more dangerous and larger changes may happen. In the future, we 〔 ① go / ② be / ③ not / ④ may / ⑤ to / ⑥ able 〕 back to the climate we have today. Even small *increases in temperature can have a big effect on the ice over *Greenland and West *Antarctica. If this ice *melts, it will make *sea level higher. This would have a huge effect on land next to the sea all around the world.

[27] Some of them also show that the ice in West Antarctica is melting

and the damage to the ice is very large. Some scientists think there is no way to stop melting it.

Over the last few *decades, we have seen the effects of climate change all over the world—in all places and all oceans. Climate change has had effects on the natural world (plants and animals) and people. Today, the Earth's temperature is about 1 ℃ warmer than it was 150 years ago. If the world becomes warmer and warmer, the effects will be much worse for <u>both</u>. Many people live on small islands around the world, and they are very worried about the effects of climate change. Some islands are only a few *meters above sea level. So, *floods are a huge problem for them if sea level becomes higher.

Studies show that 400,000 years ago the Earth was warmer, and a large part of Greenland had no ice over it for a long time. The melting ice made sea level higher, and it became more than 6 meters higher than it is today. Scientists think that the temperature at that time was only a little warmer than the temperature today. So, it is very important to stop the increase in the Earth's temperature. A small increase in temperature may have a huge effect on ice in Greenland and Antarctica.

〔注〕 atmosphere……大気　effect on ～……～に対する影響
acidic……酸性の　extinct……絶滅した　coral……サンゴ
including ～……～を含めて　coral reef……サンゴ礁
increase……増加　Greenland……グリーンランド
Antarctica……南極大陸　melt……溶ける　sea level……海面水位
decade……10年　meter……メートル　flood……洪水

問1　本文の内容に合うように，次の(1)，(2)の英文に続けるのに最も適切なものを，次の①～④の中から1つずつ選びなさい。

(1) The acidic water is bad for animals in the ocean because [23]

① it keeps a lot of CO_2 when the animals eat fish.

② the animals also become acidic.

③ people eat a lot of fish, and those fish eat smaller fish.

④ it kills smaller animals in the ocean.

(2) Studies show that 400,000 years ago [24]

① sea level was higher than today because Greenland did not have ice.

② there was a lot of ice on Greenland and West Antarctica.

③ the temperature was not as warm as today and the ice was not melting.

④ the Earth was cooler, and sea level was lower than today.

問2 空欄 [25] ～ [27] にあてはまる最も適切なものを，次の①～⑥の中から1つずつ選びなさい。なお，同じ番号を2度以上使うことはありません。

① Acidic oceans may cause a big problem for people, too.

② The oceans on the Earth were very acidic about 250 million years ago.

③ Lemon is an example of acidic things.

④ The oceans are an important home for many living things.

⑤ However, most water has a lot of other things in it, too.

⑥ Studies show that the ice in Greenland is melting more every summer.

問3 空欄 [A] にあてはまる最も適切なものを，次の①～④の中から1つ選びなさい。[28]

① still ② often ③ also ④ never

問4 文中の〔　　〕内のすべての語を，正しい順序に並べかえたとき，〔　　〕内で**3番目**と**5番目**にくるものの番号を答えなさい。

3番目 [29] **5番目** [30]

問5 下線部 both がさすものを，次の①～④の中から1つ選びなさい。[31]

① plants and animals

② the natural world and people

③ the Earth's today's temperature and past temperature

④ all places and all oceans

問６　本文の内容に関する次の質問の答えとして最も適切なものを，次の①～④の中から１つ選びなさい。 32

How was the Earth's temperature 150 years ago?

① Not as cool as it is today.

② It was 1 ℃ cooler than today.

③ It was 1 ℃ warmer than today.

④ Almost the same as today.

問７　本文の内容と合うものを，次の①～⑤の中から１つ選びなさい。 33

① The oceans are getting more acidic because more and more fish and animals live there and the oceans keep more CO_2.

② The food from the sea will be expensive because the fish from the acidic oceans are not safe for the human body.

③ Many coral reefs are dying because of acidic oceans, bad weather, and bad tourists who break and steal them.

④ When the world gets just a little warmer, the effect on the ice over Greenland and West Antarctica can be very big.

⑤ People living on small islands are worried about climate change because they will have no way to catch and sell fish.

4 次の日本語に合うように，［　　　］内の語句を並べかえて英文を完成させるとき，

34 ～ 39 に入る適切なものをそれぞれ選び，番号で答えなさい。

問1　何かワクワクするような読み物はありますか。

Is (　　)(34)(　　)(35)(　　)?

［ ① read　② there　③ exciting

④ to　⑤ anything ］

問2　宿題を手伝ってくれてありがとうございます。

Thank (　　)(36)(　　)(37)(　　) homework.

［ ① for　② with　③ you

④ my　⑤ helping me ］

問3　私のおじは日本製の時計を私に買ってくれました。

My uncle (　　)(38)(　　)(39)(　　).

［ ① a watch　② me　③ in Japan

④ made　⑤ bought ］

＜放送を聞いて答える問題放送文＞

これから「放送を聞いて答える問題」を始めます。

問題用紙の第1ページから第3ページを見てください。問題は，No. 1～No. 7の全部で7題あり，放送はすべて英語で行われます。放送される内容についての質問にそれぞれ答えなさい。No. 1～No. 5及びNo. 7は，質問に対する答えとして最も適切なものを，①～④の中から1つずつ選びなさい。No. 6は，それぞれの質問の答えになるように，解答番号 6 ～ 8 の中に入る英語として最も適切なものを1つずつ選びなさい。放送中メモを取ってもかまいません。各問題について英語は2回ずつ放送されます。

では，始めます。

Look at No. (numbers) 1 to 3 on page 1.
Listen to each talk, and choose the best answer for each question.
Let's start.

No. 1

A(W) : Hello. May I help you?
B(M) : Yes. I'll have a hamburger and a cup of hot coffee.
A(W) : Sure. Anything else?
B(M) : No, nothing else. Oh, sorry. I'll have orange juice instead of hot coffee.

Question : What will the man have?

(会話と質問を繰り返します。)

No. 2

A(W) : I hear you like to play sports, Kenta.
B(M) : Yes. I like playing tennis, baseball, soccer, and basketball.
A(W) : Wow, so many! Which sport do you play most often?
B(M) : It's tennis. But I will play soccer today.

Question : What sport does Kenta play most often?

(会話と質問を繰り返します。)

No. 3

A(M) : Excuse me. Where is the science room? I want to join the science club.

B(W) : It's on the second floor, between Room A and the art room. But if you want to join a club, you should go to the teachers' room first.

A(M) : Oh, thank you. I will.

Question : Where will the boy go after that?

(会話と質問を繰り返します。)

Look at No. 4 and No. 5 on page 2.
Listen to each situation, and choose the best answer for each question.
Let's start.

No. 4

Mike has just made cookies at home.
His mother has just come home, too, and she finds the cookies.
He wants her to eat some of them.

Question : What will Mike say to his mother?

(英文と質問を繰り返します。)

No. 5

Annie went fishing at the lake with Midori.
Annie caught a lot of fish, but Midori couldn't catch any.
Midori looks sad, so Annie wants to encourage her.

Question : What will Annie say to Midori?

(英文と質問を繰り返します。)

Look at No. 6.

Listen to the talk between Eric and Sae, and read the questions. Then choose the best answer for questions 1, 2 and 3.

Let's start.

No. 6

Eric : Hi, Sae. Do you often come here to the library?

Sae : Hi, Eric. Yes. I come here every weekend.

Eric : Wow, you like reading books!

Sae : Yes. But actually, I didn't like it very much at first. I started to enjoy reading books when I was nine years old.

Eric : Oh, really? Was there anything special at that time?

Sae : Yes. I moved from Osaka to Saitama with my family six years ago. Then my best friend gave me a book as a present.

Eric : What kind of book did your friend give you?

Sae : It's the story of two girls, Takako and Yuriko. They were best friends, but Takako had to move from Japan to Canada. On her last day in Japan, Yuriko said to her, "We will not be together, but we will always be best friends." It is the best book I've ever read, and since then, I've enjoyed reading books. That book made me interested in reading books.

Eric : Sounds nice! Well, I want to read the book. Can I borrow it?

Sae : Of course, yes. If you come to my house now, I'll lend it to you.

Eric : Actually, I have to go home now.

Sae : OK. Then, I'll bring it to school tomorrow.

Eric : Thank you.

（英文を繰り返します。）

Look at No. 7 on page 3.

Listen to the speech of a junior high school student, Genki, and choose the best answer for questions 1, 2 and 3.

Let's start.

No. 7

Hello, friends. I'm going to talk about my stay in the U.S. I stayed with Mr. Jordan's family from August 2 to August 26. One day, Mr. Jordan told me that his family was going to have a birthday party for his sons, Roy and Fred. Roy became seven and Fred became five. I wanted to give something to them at the party, so I went shopping with Mr. Jordan. At the store, I chose two different toys. When I showed them to Mr. Jordan, he said, "Thank you, Genki, but it is better to buy the same ones. If Fred gets one that is different from Roy's, he will say he wants the same one as his brother's and start crying." I said to him, "Oh, I see. Then I'll buy the same toy for each of them."

On the day of the party, a lot of people came to Mr. Jordan's house. After eating cake, I gave the toys to Roy and Fred. They said thank you to me and began to play with the toys. I felt very happy. I had a wonderful experience with Mr. Jordan's family. If I go to the U.S. again, I'll visit them. Thank you.

Question 1 : How long did Genki stay with Mr. Jordan's family?

Question 2 : Why did Genki go shopping with Mr. Jordan?

Question 3 : When did Genki give the toys to Roy and Fred?

以上で「放送を聞いて答える問題」を終わります。では，ほかの問題を始めてください。

【数　学】 (50分) 〈満点：100点〉

1 次の(1)〜(10)の $\boxed{\text{ア}}$ から $\boxed{\text{ノ}}$ に当てはまる数字や符号を1つずつマークしなさい。

(1) $13-36\div(-3^2)+6\times(-4)$ を計算すると, $\boxed{\text{アイ}}$ です。

(2) $\sqrt{54}-\sqrt{3}\,(\sqrt{24}+2\sqrt{2})+\dfrac{20}{\sqrt{8}}$ を計算すると, $\sqrt{\boxed{\text{ウ}}}-\sqrt{\boxed{\text{エ}}}$ です。

(3) $(3x-2)^2-(x-4)(2x-1)$ を計算すると, $\boxed{\text{オ}}\,x^2-\boxed{\text{カ}}\,x$ です。

(4) $\dfrac{a-2b}{4}+a-\dfrac{2a-b}{3}$ を計算すると, $\dfrac{\boxed{\text{キ}}\,a-\boxed{\text{ク}}\,b}{\boxed{\text{ケコ}}}$ です。

(5) $(2x-3)^2-3(2x-3)-18$ を因数分解すると, $\boxed{\text{サ}}\,x(\boxed{\text{シ}}\,x-\boxed{\text{ス}})$ です。

(6) x, y についての連立方程式 $\begin{cases}(a-1)x+by=12\\(b+1)x-(a+3)y=-9\end{cases}$ の解が $x=-2$, $y=3$ のとき, a の値は $\boxed{\text{セソ}}$, b の値は $\boxed{\text{タ}}$ です。

(7)　2次方程式 $2x(x-5)-(x-2)(3x+1)=-4$ を解くと，$x=-$ [チ]，[ツ] です。

(8)　2つの関数 $y=ax^2$ と $y=-3x+7$ において，x の値が1から5まで変化するときの変化の割合が等しいとき，a の値は $-\frac{[テ]}{[ト]}$ です。

(9)　右の図のように，1辺が4 cmの正方形の4つの頂点が中心をOとする円の周上にあります。このとき，[　　] 部分の面積は，
([ナ] $\pi-$ [ニヌ]) cm^2 です。
ただし，円周率は π とします。

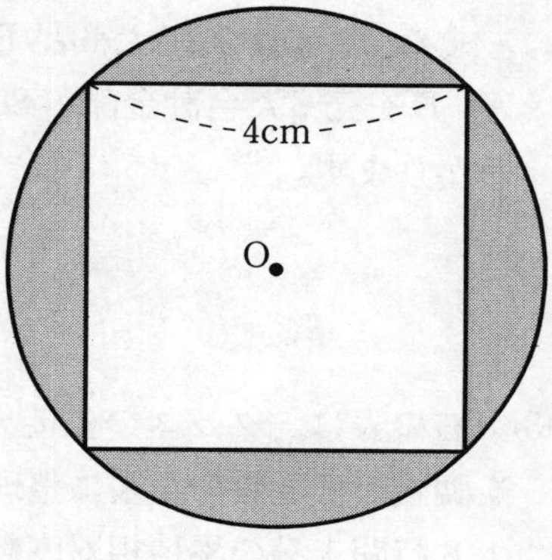

(10)　右の図のように，1辺が6 cmの立方体ABCD−EFGHがあり，辺BC，CDの中点をそれぞれI，Jとします。この立方体を，4点I，F，H，Jを通る平面で切ったとき，頂点Cをふくむ立体の体積は [ネノ] cm^3 です。

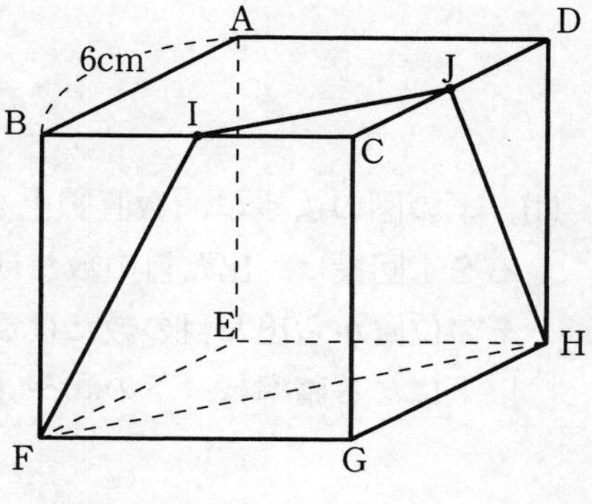

2 次の(1)〜(4)の [ア] から [コ] に当てはまる数字や記号を1つずつマークしなさい。

(1) 連続する2けたの自然数 a，b $(a < b)$ があり，$\sqrt{a+b}$ が最も大きい1けたの整数となるとき，$a =$ [アイ]，$b =$ [ウエ] です。

(2) ある店の，商品Aを1個300円，商品Bを1個500円で，合わせて200個仕入れました。商品A，Bとも，仕入れ値の20％の利益を見込んで定価をつけて売ったところ，商品Aはすべて売れ，商品Bは仕入れた個数の半分が売れ残りました。

そこで，売れ残った商品Bを定価の80円引きにしたところ，すべて売れました。商品A，Bを売った合計金額が88000円であったとき，商品Bを [オカ] 個仕入れたことがわかります。

(3) 右の表は，クラスの生徒40人について，睡眠時間を調査して度数分布表に整理したものです。6時間以上8時間未満の累積相対度数が0.6以上で，最頻値が8時間以上10時間未満の階級であったとき，$a =$ [キ]，$b =$ [クケ] です。

階級（時間）	度数（人）
以上 〜 未満	
2 〜 4	a
4 〜 6	9
6 〜 8	13
8 〜 10	b
10 〜 12	2
計	40

(4) 下の図のように，数直線上を動く点Pがあります。点Pは最初，原点にあり，さいころを1回投げ，出た目の数だけ正の方向に移動します。続けてさいころをもう1回投げ，その位置から出た目の数だけ負の方向に移動します。このとき，点Pと原点との距離が4以上になる確率は，下のⓐ〜ⓓの中から1つ選ぶと，[コ] です。

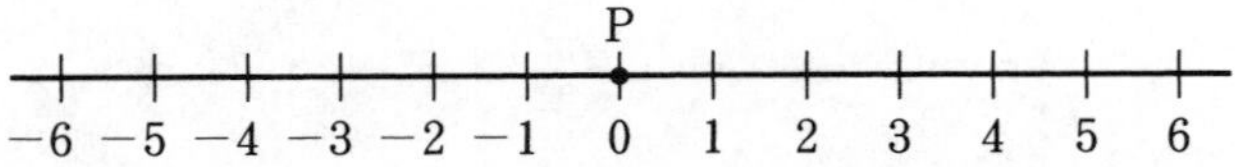

ⓐ $\frac{1}{9}$　　ⓑ $\frac{1}{6}$　　ⓒ $\frac{1}{4}$　　ⓓ $\frac{1}{3}$

3

図1のように，放物線 $y=ax^2$ …①と放物線 $y=\frac{1}{2}x^2$ …②があります。2点A，Bは①上の点で，点Aの座標は（－4，2），点Bの x 座標は4です。点Bを通り y 軸に平行な直線と②との交点をC，点Cを通り x 軸に平行な直線と①との交点のうち x 座標が正であるものを Dとするとき，次の(1)～(3)の【ア】から【ク】に当てはまる数字を1つずつマークしなさい。ただし，座標軸の単位の長さは1cmとします。

図1

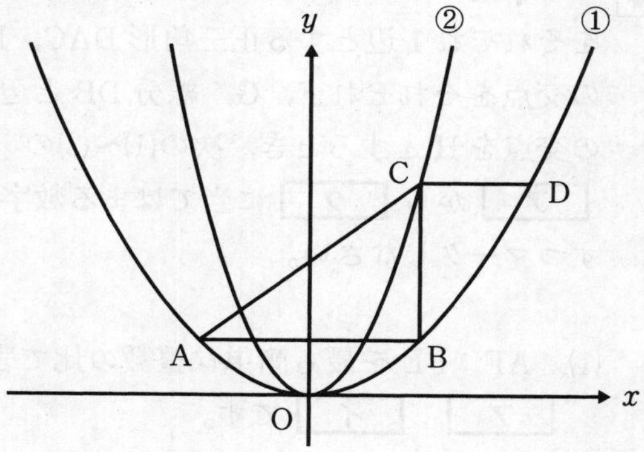

(1)　点Dの座標は(【ア】，【イ】)です。

図2のように，線分AB上に点Pをとり，直線DPと線分BCとの交点をQとします。

図2

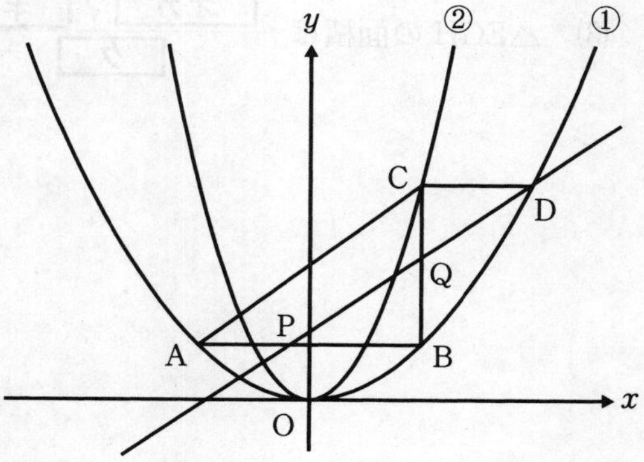

(2)　△QDCの面積と△QPBの面積が等しくなるとき，直線DPの式は，

$y=\frac{【ウ】}{【エ】}x+【オ】$ です。

(3)　**図2**で，△QDCの面積と△QPBの面積の比が25：1になるとき，△QPBの面積と四角形APQCの面積の比を最も簡単な整数の比で表すと，【カ】：【キク】です。

4 下の図のように，線分 AB 上に，AC＝6 cm，BC＝12 cm となる点 C をとり，AC，CB をそれぞれ 1 辺とする正三角形 DAC，ECB をつくります。線分 AE と辺 DC，線分 DB との交点をそれぞれ F，G，線分 DB と辺 EC との交点を H とするとき，次の(1)～(3)の $\boxed{ア}$ から $\boxed{ク}$ に当てはまる数字を 1 つずつマークしなさい。

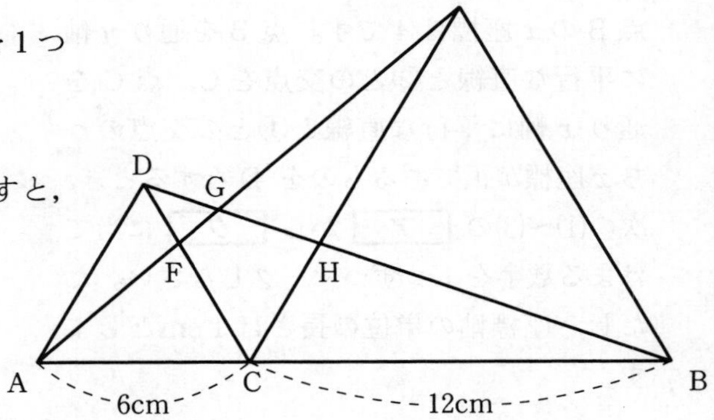

(1)　AF：FE を最も簡単な整数の比で表すと，$\boxed{ア}$：$\boxed{イ}$ です。

(2)　線分 HB の長さは $\boxed{ウ}\sqrt{\boxed{エ}}$ cm です。

(3)　△EGH の面積は $\dfrac{\boxed{オカ}\sqrt{\boxed{キ}}}{\boxed{ク}}$ cm^2 です。

解答上の注意

1　解答は，解答用紙の問題番号に対応した解答欄にマークしなさい。

2　問題の文中の $\boxed{\text{ア}}$ ，$\boxed{\text{イウ}}$ などには，符号（－，±），数字（0～9），又は文字（a～d）が入ります。ア，イ，ウ，…の一つ一つは，これらのいずれか一つに対応します。それらを解答用紙のア，イ，ウ，…で示された解答欄にマークして答えなさい。

例　第1問の $\boxed{\text{アイウ}}$ に $-8a$ と答えたいとき

1－ア	●	±	0	1	2	3	4	5	6	7	8	9	a	b	c	d
1－イ	⊖	±	0	1	2	3	4	5	6	7	●	9	a	b	c	d
1－ウ	⊖	±	0	1	2	3	4	5	6	7	8	9	●	b	c	d

3　数と文字の積の形で解答する場合，数を文字の前にして答えなさい。

例えば，$3a$ と答えるところを，$a3$ と答えてはいけません。

4　分数形で解答する場合，分数の符号は分子につけ，分母につけてはいけません。

例えば，$\dfrac{\boxed{\text{エオ}}}{\boxed{\text{カ}}}$ に $-\dfrac{4}{5}$ と答えたいときは，$\dfrac{-4}{5}$ として答えなさい。

また，それ以上約分できない形で答えなさい。

例えば，$\dfrac{3}{4}$，$\dfrac{2a+1}{3}$ と答えるところを，$\dfrac{6}{8}$，$\dfrac{4a+2}{6}$ のように答えてはいけません。

5　小数の形で解答する場合，指定された桁数の一つ下の桁を四捨五入して答えなさい。また，必要に応じて，指定された桁まで⓪にマークしなさい。

例えば，$\boxed{\text{キ}}.\boxed{\text{クケ}}$ に2.5と答えたいときは，2.50として答えなさい。

6　根号を含む形で解答する場合，根号の中に現れる自然数が最小となる形で答えなさい。

例えば，$4\sqrt{2}$，$\dfrac{\sqrt{13}}{2}$，$6\sqrt{2a}$ と答えるところを，$2\sqrt{8}$，$\dfrac{\sqrt{52}}{4}$，$3\sqrt{8a}$ のように答えてはいけません。

7　同一の問題文章に $\boxed{\text{サシ}}$ ，$\boxed{\boxed{\text{ス}}}$ などが2度以上現れる場合，原則として，2度目以降は，$\boxed{\text{サシ}}$ ，$\boxed{\boxed{\text{ス}}}$ のように細字で表記します。

① 中納言光国卿の狩りの様子を見物しているところ。
② 自分の母親である老女を背負っているところ。
③ 身分は低いが、孝行者として有名であるところ。
④ 狩り場近くの道端で母と休憩しているところ。

問5 F囁きければ とありますが、このときの従者の心情の説明として最も適切なものを、次の①～④の中から一つ選び、その番号をマークしなさい。解答番号は 38 。

① 光国卿から親孝行のほうびとして米や銭をたくさんもらった者と同じことをして、自分もほうびをもらおうとたくらむずる賢いやつだと非難している。
② 孝行息子の行いに感激した光国卿からたっぷりとほうびをもらった男のことが羨ましく、自分も何とかしてあやかりたいものだと頭をひねっている。
③ 光国卿が孝行者へのほうびとして米や銭を与えたことが知れ渡り、このあと大勢の人びとが同じことを求めて押し寄せるのではないかと困っている。
④ これ以上ずる賢い連中にだまされないように主人の光国卿を心配しているにもかかわらず、当の光国卿に一笑に付されてしまい、腹を立てている。

問6 G先の度にかはらず米銭を賜りける とありますが、光国卿がそのようにしたのはなぜだと考えられますか。最も適切なものを、次の①～④の中から一つ選び、その番号をマークしなさい。解答番号は 39 。

① 人の真似をするのはほめられたことではないが、善行を罰すると道徳が乱れてしまうことになると心配したから。
② たとえ真似にすぎないとしても、結果として親孝行をしたことになり、それが良いことに変わりはないと考えたから。
③ どのような形であれ、親孝行が良いことは事実なので、ほうびを出せば効果的に親孝行を広められると考えたから。
④ ほめられた者の行為をそっくり真似れば、自分もほめられるはずだというのはもっともな理屈だと感心したから。

問１　Aゐたる・E問はせたまへば　を現代仮名遣いに直したものとして正しい組み合わせを、次の①〜④の中から一つ選び、その番号をマークしなさい。解答番号は 34 。

① A　いたる ― E　とはせたまえば　② A　えたる ― E　とわせたまえば

③ A　いたる ― E　とわせたまえば　④ A　いたる ― E　とわせたまへば

問２　Bいかなる者ぞ　とは、どのような意味ですか。最も適切なものを、次の①〜④の中から一つ選び、その番号をマークしなさい。解答番号は 35 。

① その女は何をしているのか。

② その女はどのような者か。

③ あの男はどこに住んでいる者か。

④ あの男はどのような者か。

問３　C云ふ　とありますが、誰が言ったのですか。最も適切なものを、次の①〜④の中から一つ選び、その番号をマークしなさい。解答番号は 36 。

① あやしの男　② 年老いたる女　③ 知れる者　④ 孝行の者

問４　D同じ様なる者　とありますが、どのようなところが同じなのですか。最も適切なものを、次の①〜④の中から一つ選び、その番号をマークしなさい。解答番号は 37 。

五　次の文章を読んで、後の問いに答えなさい。

※水戸《みと》中納言《ちゅうなごん》光国卿《みつくにきやう》、狩《かり》に出《いで》たまひしに、あやしの（粗末な身なりの）男、年老いたる女を負ひて、道の辺《あたり》に休みAゐたるを、「Bいかなる者ぞ」と問はせたまひければ、知れる者有《あり》て、「彼は人に知られたる孝行の者にて、母を負ひて御狩の体を拝し候《さうら》ふなり（光国殿が狩りをなさるお姿を拝見しております）」とC云《い》ふ。中納言殿大《おほ》き（大いに）に感じたまひ、米銭なんあまた賜《たまは》りけり（〈男に〉米銭をたくさんくださった）。其《そ》の後又ある所にて、D同じ様なる者に行き逢《あ》ひてE問はせたまへば、母を負ひて物へ行く由《よし》（どこかへ行くことを）を申す。従者ども「彼は先の事聞き羨《うらや》み、それに似せて物賜らんとするめり」とF囁《ささや》きければ、彼《か》の卿打ち笑ひて、「狂人（おろか者）を真似《まね》るは狂人のたぐひ、孝子（親孝行な子）を真似るは孝子のたぐひなり。よき事の真似する奴《やつ》かな。それそれ物取らせよ（物を与えよ）」とて、G先の度にかはらず（前回の折と同じように）米銭を賜りける。

（『落栗《おちぐり》物語』による。出題の都合により表記を一部変えている。）

（注）　※水戸中納言光国卿　……　江戸時代前期の水戸藩主。

問6 Eおそらくはそのようにして「無純」と書く大学生は誕生したのであると私は思う とありますが、筆者がこのように考える理由として最も適切なものを、次の①～④の中から一つ選び、その番号をマークしなさい。解答番号は 31 。

① 現代の若い人たちは幼いころから意味不明の言葉が散りばめられた虫食い算のような文章を見慣れており、文脈をたどって適当に意味を推測しながら読むうちに、従来の意味にとらわれない文字のセンスを身につけたから。

② 現代の若い人たちにとって、日本語の文章は意味不明の言葉が次々に現れる虫食い算のようなものであり、読み手には単語一つ一つの意味を理解して読むことではなく、文章のノリに合わせることが求められているから。

③ 現代の若い人たちは、たとえ意味の分からない言葉が出てきても、いちいち問いただすのはみっともないという感覚があり、その事情を理解した書き手が、前後の文脈から正しい意味を推測できるように工夫しているから。

④ 現代の若い人たちに提供される文章はノリの良さが最優先で、一つ一つの言葉の意味や用法の正しさを考えるより、たとえ誤字があったり読み飛ばされたりしても、おおよその意味が推測できる文章が書かれているから。

問7 本文中の空欄 F ・ G にあてはまる言葉を、次の①～④の中からそれぞれ一つずつ選び、その番号をマークしなさい。解答番号はF 32 、G 33 。

F ① 整然 ② 超然 ③ 同然 ④ 平然

G ① 不快 ② 不信 ③ 不服 ④ 不当

問4 C「文字が読めない」大学生たちの知的構造はすぐれて「人間的」なのだ とありますが、筆者がこのように述べる理由として最も適切なものを、次の①〜④の中から一つ選び、その番号をマークしなさい。解答番号は 29 。

① すべての文字を機械的に均等に読もうとするのではなく、自分がわからない文字は飛ばし、自分にとって意味のあるものだけを拾ってゆくという読み方はきわめて人間らしい知性の表れだから。

② 情報の必要性や価値の判断ができない機械に対し、初めから読む価値のある部分だけを選んで理解しようとし、それ以外は読めなくても気にしないというのが人間の知的活動の特質であるから。

③ 機械は最初から大量の情報をためこもうとするため、拾いきれない情報が出てくるが、人間は機械が見落としてきた情報を拾い上げることで、自分にとって有意義なものを見つけ出せるから。

④ 機械は、意味の確認できない情報は拾えないという限界があるが、人間はたとえ読めない文字が出てきても、一度は拾って読もうと努力するという点で、機械よりも知的であるといえるから。

問5 本文中の空欄 D にあてはまる言葉を、次の①〜④の中から一つ選び、その番号をマークしなさい。解答番号は 30 。

① 意味が分かればもっと気分がよくなるはずだ

② 意味の虫食い部分を順番に埋めていこう

③ 意味の欠如を埋めようとする意欲が湧きあがる

④ 意味の分からないことばがあっても、気にしない

問2 A「むじゅん」という音と、文脈から、「無純」という「当て字」を推理した知的能力はかなり高いと申し上げてもよいくらいだ とありますが、筆者がこのように述べる理由として最も適切なものを、次の①～④の中から一つ選び、その番号をマークしなさい。解答番号は **27** 。

① この学生は、「むじゅん」という漢字の正しい書き方を知っていながら、文脈をたどれば「矛盾」よりむしろ「無純」と書くほうがより適切であると判断しているから。

② この学生が、「むじゅん」という音だけを手がかりに組み合わせた「無純」という漢字が、たまたま「純粋では無い」という文脈上の意味によくあてはまっているから。

③ この学生は、文章の中で使われる「むじゅん」という言葉の意味を正しく理解したうえで、その意味にあてはまるように考えて「無純」という漢字を選んでいるから。

④ 文脈をたどると、「むじゅん」という言葉を使うのは不適切だが、この学生が「無純」という漢字を使ったことで、かえってもとの文章の意味が明らかになったから。

問3 B「知識の不正確さ」とは別の種類の「知識の欠落」とありますが、この二つの違いを筆者はどのように説明していますか。最も適切なものを、次の①～④の中から一つ選び、その番号をマークしなさい。解答番号は **28** 。

① ある文字を知らないということは共通しているが、「知識の不正確さ」のレベルでは、たとえ書けなくても漢字を読んだり日常会話で口にすることはできる。

② 文字を知ってはいるものの、その形を正確に再現できないことが「知識の不正確さ」であるのに対し、「知識の欠落」は文字そのものを知らない状態である。

③ 「知識の欠落」とは日常生活で使っている言葉すら正確に書けない状態をいい、「知識の不正確さ」とは特別難しい漢字を正確に再現できないことを指す。

④ ある字の誤記であることがすぐにわかる程度の間違いは「知識の不正確さ」によるが、およそかけ離れた当て字を書くのは「知識の欠落」と言うべきである。

の事態を説明できる※ロジックは一つしかない。それは世界は「現に彼女たちが今書いているようなテクスト」として読まれているということである。おそらく「世界」は、彼女たちの書く答案に似た「意味の虫食い状態」として彼女たちの意識の前に現前しているのである。
情報や知識の欠如が「欠如」として前景化せず、むしろ世界の「地」として背景に溶け込んでいる状態、「意味の欠如」が［G］や不足として感知されない状態、そのような知的状況に二一世紀の日本の若者は置かれている。

（内田《うちだ》樹《たつる》『ためらいの倫理学』による。文章を一部省略した箇所がある。）

（注）
※蔓延 …… 良くないものが広がること。
※ハイブリッド …… 異なる性質のものどうしを組み合わせること。
※耽読 …… 夢中になって読むこと。
※ノイズ …… 雑音。
※担保 …… ここでは、それによって不利益を補われること。
※パラグラフ …… 文章の一節。
※テクスト …… ひとまとまりの文章。
※リテラシー …… 現代の社会で求められる読み書き能力。
※ビルトイン …… あらかじめ組み込まれていること。
※逐語的 …… 一語一語を追っていくさま。
※グルーヴ感 …… うねるようなリズムにのった感じ。
※テンション …… 気分が高まって興奮する感じ。
※ロジック …… 論理。論法。

問1 本文中の空欄［ア］～［ウ］にあてはまる言葉を、次の①～⑥の中からそれぞれ一つずつ選び、その番号をマークしなさい。解答番号はア［24］、イ［25］、ウ［26］。

① つまり　② だが　③ それでは　④ すなわち　⑤ もちろん　⑥ それに

私がこの※パラグラフの中で意味の分かった固有名詞は「ロンドン」と「J・G・バラード」だけであった。いまどきの若者たちがどれほどワールド・ミュージック・シーンについて深い造詣《ぞうけい》を誇っているのか、私には想像できないが、このパラグラフを「すらすらと」読んで、その意味のすべてを理解できたのは『ミーツ・リージョナル』の読者の中にも決して多くはなかったであろう。

この引用はやや特殊すぎるけれど、それでも、このような文章ばかりを浴びるように読み続けた場合に、人間は文字情報に対してどのような反応をするようになるのか、ということは容易に想像がつく。

それは「 D 」という反応である。

「覚えてるかい？」というポール・ブラッドショウの親しげな呼びかけが暗示しているように、この文章が読者に求めているのは、ちょうど英語のヒットソングを（歌詞の意味が分からなくても）愉《たの》しむのと同じように、「ノリのよい文章を読んで、気分がよくなること」である。

「単語一つ一つの意味なんか、どうだっていいじゃないか」書き手だってそう思って書いているのである。

書く側読む側に共有されているこのような「※テクスト＝音楽」的な受容態度が、「今どきの若者の※リテラシーに初期設定として※ビルトインされている『飛ばし読み』機能」を形成する心理的土壌をなしていると私は考えている。

同じことは英語まじりのDJ番組や、スタッフのあいだでしか通じない意味不明の「内輪ギャグ」を平然と放送するヴァラエティ番組についても言えるだろう。いわば、メディアはほとんど意図的に「虫食い算」のようなかたちで情報を供与しているのである。そして、メッセージの受け手がその「意味の虫食い部分」について、「え、いま何て言ったの？」「え、それ何？　何のこと？」というふうに※逐語的に反応するのは「みっともないこと」だとされているのである。

いまの若い人たちが目にし、耳にする日本語の文章は、あまりに多くの「意味不明のことば」を含んでいる。そして、読者視聴者に期待されているのは、その逐語的理解ではなく、文章の持つ※グルーヴ感や※テンションに同調して「乗る」ことなのである。

Eおそらくはそのようにして「無純」と書く大学生は誕生したのであると私は思う。

彼女は「矛盾」という文字を新聞や雑誌や小説で読むときは、それを無意味な「汚れ」として「読み飛ばし」、「むじゅん」という音の語義については、文脈と「ノリ」から推理してみせたのである。

先日、入試の英文和訳の採点をした。「すごい」答案が続出して、何度も赤鉛筆をはらりと落とした。その答案を見て私が愕然《がくぜん》としたのは、彼女たちが「英語が出来ない」からではない。「日本語が出来ない」からでもない（もはや、そういうレベルの問題ではない）。まったく無意味な文章が F と書き連ねてあったからである。

彼女たちは、誰が読んでも意味不明である文章を書いて、そしてそのことにご自身が心理的抵抗をあまり感じないのである。とすれば、こなぜ、これだけ文字に浸っていながら、「文字が読めない」ということが起こるのか。

私の仮説は次のようなものである。

それは彼らが「飛ばし読み」という習慣を過剰に骨肉化させたためである。

私たち人間の知性にはもともと「意味のない※ノイズ」を無視して、自分にとって意味のあるものだけを選択的に拾ってゆくという「飛ばし読み機能」が備わっている。機械にはこんな芸当はできない。

逆説的な表現になるが、人間が機械よりも勝っているのは、機械には拾えない情報を検出することができる点ではなく、機械がいちいち拾ってしまうゴミ情報を無視することができる点においてである。

その点では、C「文字が読めない」大学生たちの知的構造はすぐれて「人間的」なのだと私は思う。彼らの知性には、「分からない文字は瞬時に飛ばして、読めなくても、気にしない」という「物忘れ機能」が初期設定されているのである。

どうして、そういうことになってしまったのか。

通常、私たちは「自分程度の知的水準の読者を対象としている」と想定されているメディアで、自分の「読めない文字」や「意味の分からない単語」に出会った場合、「ぎくり」とする。文脈から推察できない場合は、人に聞いたり、(あとでこっそり)辞書を引いたりして、語義を確定しようとする。そのような「意味の欠如」に反応する不快や欠落感に※担保されて私たちの語彙は拡大するのである。

ところが、当今の若者たちの場合は、「自分たちの知的水準に合った」メディアに日常的に触れながら、「意味の欠如」を埋めようとする意欲がほとんど発生しない。読めない文字があっても気にならないのである。

どうして、そんなことが起こるのか?

実物に即してご説明しよう。次の文章は関西のある情報誌の音楽情報コラムの冒頭の一節である。

> 11月だ。イアン・シンクレアの最新作『ロンドン・オービタル』の出版に合わせ、ロンドンの「バービカン」で一風変わったイヴェントが催される。グランタから出版されるこの本はM25—この作者が首都を取り囲むフェンスであると見なす幹線道路—に捧げられたものだ。このイヴェントではワイアー(〝アヴァン・ウェイヴ/ポスト—ギャルド・パンクス〟—彼等を覚えているかな?)、思い思いに装ったKLF(覚えてる?)、ビル・ドラモンド(100万ポンドを燃やした男!)、起きがけにたっぷりのスコッチを飲むことで有名なSF作家JGバラード、そして最近ではピジン英語を世界的な言語として広めるプロジェクトと腹話術ワークショップで知られる紳士、ケン・キャンベルといった突飛なキャストが集められている。(Paul Bradshaw, London Calling,『Meets Regional』二〇〇三年一月号)

四 次の文章を読んで、後の問いに答えなさい。

三年ほど前、学生のレポートに「精心」という字を見出したときには強い衝撃を受けた。

だが、この文字はまだ「精神」という語の「誤字」であるということがただちに分かる程度の誤記であった。

去年、学生のレポートに「無純」の文字を見出したときには、さすがに、しばらく動悸《どうき》が鎮《しず》まらなかった。それが「精心」とは違う意味での、知的な「地殻変動」の兆候のように思えたからである。

文脈をたどる限り、「無純」の語をこの学生はただしく「矛盾」の意味で用いていた。「むじゅん」ということばの意味をこの学生は理解しているのである。「無純」という文字も、「（対立者を含んでいるので）純粋では無い」という解釈によるのであろうから、決してデタラメとは言えない。むしろ、A「むじゅん」という音と、文脈から、「無純」という「当て字」を推理した知的能力はかなり高いと申し上げてもよいくらいだ。

だから問題はむしろ、語義を理解し造語する能力まで備えた学生が、なお「矛盾」という文字を知らなかった、という点に存するのである。

ア、これまでも「矛盾」という字を書けなかった学生はいくらもいた。今でも「予盾」と書いたり、「矛循」と書いたりする例は珍しいものではない。けれども、これらの誤字は「矛盾」という文字のかたちを「正確には再現できない」というだけのことであり、その文字を「知らない」ということとは違う。

現に私たちは毎日のように、「正確には再現できないが、読むことはできる」文字を使ってコミュニケーションをしている。「顰蹙《ひんしゅく》を買う」ということばは日常的に使われているが、「ひんしゅく」と正しく漢字で書ける人はあまりいない（私は書けない）。「語彙」の「い」の字や「範疇《はんちゅう》」の「ちゅう」の字を「どう書くの？」といきなり訊《き》かれたら困る人は少なくないだろう。

だが、「無純」が暗示するのは、そういう種類のB「知識の不正確さ」とは別の種類の「知識の欠落」が※蔓延《まんえん》しつつあるという現実である。

なぜ、「矛盾」が書けないのか？

「本や新聞を読まないからだよ」と言って済ませる人がいる。

イ、そうだろうか。実際には、彼らはけっこう文字を読んでいる。

彼らが愛読する「マンガ」というのは絵と文字の※ハイブリッド・メディアであり、膨大な量の文字情報をも同時に発信している（だから識字率の低い国では、子どもたちが「マンガさえ読めない」ということが起こるのだ）。ウ、彼らが日頃※耽読《たんどく》している情報誌やファッション誌もまた少なからぬ文字情報を含んでいる。

問3 B共有させる の「せる」と意味・用法が**異なるもの**を、次の①〜④の中から一つ選び、その番号をマークしなさい。解答番号は 22 。

① みんなを心配させるようなことはやめておこう。
② その程度の準備で行かせるわけにはいかない。
③ そこから先は先生に任せるほうがいいだろう。
④ 天気の良い日には子どもたちを公園で遊ばせる。

問4 C取捨 と熟語の組み立て（構成）が同じものを、次の①〜④の中から一つ選び、その番号をマークしなさい。解答番号は 23 。

① 贈答　② 粗悪　③ 失策　④ 長寿

問1 ═══部(ア)〜(エ)の語について説明した次の文の空欄 Ⅰ 〜 Ⅲ にあてはまる言葉を、あとの①〜④の中からそれぞれ一つずつ選び、その番号をマークしなさい。解答番号はⅠ **18**、Ⅱ **19**、Ⅲ **20**。

四つのうち、 Ⅰ だけが形容動詞の Ⅱ の活用語尾で、あとの三つは体言などに付く Ⅲ である。

Ⅰ　① (ア)　② (イ)　③ (ウ)　④ (エ)

Ⅱ　① 未然形　② 連用形　③ 連体形　④ 仮定形

Ⅲ　① 助詞　② 助動詞　③ 接続詞　④ 連体詞

問2 Aいやおうなく という言葉が正しく使われている文を、次の①〜④の中から一つ選び、その番号をマークしなさい。解答番号は **21**。

① 入賞を果たした姉はいやおうなく喜んだ。

② 全員がいやおうなく式典に参加させられた。

③ 雨が上がるのを待っていやおうなく試合を再開した。

④ 再び会える日をいやおうなく待っている。

三　次の文章を読んで、後の問いに答えなさい。

※エリザヴェート女帝の逸話ほど極端でなくとも、特定の色で特定の地位や階層をあらわす制度は、歴史上たびたび登場している。日本古代朝廷の「冠位十二階」で、紫を最高位とするランクづけの色表示がおこなわれたことは、その典型例だ。現代でも、たとえば大相撲の行司の位階が、立行司の紫または紫と白、三役格の朱、幕内格の紅白といった具合に装束の房の色であらわされている例をはじめ、伝統文化の慣習などのなか(ア)にその名残を見つけることはたやすい。

いっぽう、このような区分けとはちょうど反対に、色はまた、それを共有することによって人びとを一つにまとめる心理的手段としても、しばしば利用されてきた。黄色の頭巾を結束の目印(イ)にしたといわれる中国古代後漢末の内乱・黄巾の乱は、事実だとすればそのような例になるだろう。現代でも、サッカーの国際試合で日本チームが身にまとう「サムライ・ブルー」は、スタンドのサポーターのみならず、画面を通じて声援を送る人びとにも共有され、誇示されて、一体となった高揚感を演出する手段となっている。私も、まっ黄色に染まった甲子園球場のスタンドでは大興奮状態だ。

色にくらべると、音や匂いや味は、一つ一つに色のような分類名称をつけて特定することがむずかしく、なおかつ、その場かぎりで消え去っていく知覚であるために、企図して社会的に利用される機会は多くない。社会的な区分け(ウ)にこれらの知覚資源を用いたり、制度化したりすることはむずかしかっただろう。

ただし、音についていえば、その音波を運ぶ空気でつながっている人びとには、色以上にAいやおうなく一様にそれをB共有させることができる。視覚は、姿勢や視線によってある程度はC取捨選択できるが、聴覚はそれがむずかしい分、強制性が高いといえるのである。そのことを活《い》かし、一体的な高揚感をかもし出す有効な手段として、儀礼や宗教の場で、音はさかんに利用されてきた。寺院や教会の鐘、読経《どきょう》や聖歌の合唱の声などが、その場の雰囲気をどれほどに盛り上げるかを思い浮かべてみれば、音という知覚資源を利用する効果のほどが容易(エ)にうかがわれる。

（松木《まつぎ》武彦《たけひこ》『美の考古学―古代人は何に魅せられてきたか』による。）

（注）※エリザヴェート女帝の逸話……一八世紀のロシア女帝エリザヴェートは、自分以外がピンク色で装うことを禁じたといわれている。

(エ) 車ショウに列車の行き先を確認する。 15

① 国政の実権をショウ握する。
② 人類に警ショウを鳴らす。
③ 計画をショウ細に検討する。
④ 社会保ショウの充実を図る。

(オ) 自らをイマシめる言葉とする。 16

① カイ滅的な被害が出る。
② 海釣り漁がカイ禁される。
③ 大型台風を厳重に警カイする。
④ 可能性はカイ無に等しい。

(カ) 転校する友人と別れをオしむ。 17

① チームは一点差でセキ敗した。
② 実ジョウを踏まえて対策をとる。
③ 計画をシン重に進める。
④ 恩師への追トウの意を表する。

二

次の(ア)～(カ)の文の ―― 部と同じ漢字を使うものを、①～④の中からそれぞれ一つずつ選び、その番号をマークしなさい。解答番号は 12 ～ 17 。

(ア) 飲酒運転のコン絶をめざす。 12

① 意外な申し出にコン惑する。
② 定説をコン底からくつがえす。
③ 痛コンのエラーで負ける。
④ 大きなコン乱を引き起こす。

(イ) 前回落選のセツ辱を果たす。 13

① セツ実な訴えが心に響く。
② 暖冬で降セツ量が少ない。
③ 銀行に口座を開セツする。
④ 開催の利点を力セツする。

(ウ) 終始一カンした態度をとる。 14

① 国連のカン告を受け入れる。
② 新しい器具に交カンする。
③ カン線道路の工事が始まる。
④ トンネルはもうじきカン通する。

問9　I足繁く　の意味として最も適切なものを次の①〜④の中から一つ選び、その番号をマークしなさい。解答番号は 10 。

① 繰り返し何度も　② 思い立ったらいつでも

③ 呼ばれたらすぐに　④ 全員そろって

問10　J立ち上がっても三歩どころか、しばらくの間一歩も歩むことができなかった　とありますが、このときの「私」についての説明として、最も適切なものを次の①〜④の中から一つ選び、その番号をマークしなさい。解答番号は 11 。

① 子どもを持つ親になって初めて自分に注がれた愛情の深さがわかり、母に対する感謝の念を抱いたが、東京で暮らす自分に母を引き取る余裕はなく、もし母が施設に入らなければ、母は自分たち兄弟の「お荷物」になっていたと思うと悲しくなり、涙があふれた。

② 親孝行とは、親から子、子から孫へと順番に愛情を受け継ぐことだと母から諭され、母の施設入所をめぐる罪悪感が消えて安心し、部屋まで母を背負うと申し出たものの、結局母を見捨てることに変わりはないと気づき、再び罪悪感が芽生えて、思わず涙ぐんだ。

③ 親から受けた愛情を、次は自分の子どもに注ぎ受け継いでいくことが親孝行だという母の教えを受け止めつつ、今日だけは「母の子ども」にかえろうと決めて母を背負ったが、これが今の自分にできるただ一つの親孝行なのだと思うと胸がつまり、涙があふれてきた。

④ 久々の里帰りで母がすっかり年老いたことにショックを受け、何か親孝行をしようと思ったが、今は自分の子どもを育てることが親孝行だと諭され、せめてもの償いにと母を背負ったものの、もっと親孝行すればよかったという後悔の念で胸がいっぱいになった。

③ 世の中には大事なことがたくさんある一方、人が一度にできることは限られているので、子どもを育てている間であってもできるだけ工夫して仕事や親孝行に励むべきであることを息子に言い聞かせたいと思っている。

④ 生きていくことは決断の連続であり、一度に多くのことをしようと欲張っても結局は抱えきれなくなるので、自分の家族や親であっても、必ずしも優先して考える必要はないことを息子に諭したいと思っている。

問7 G私の次の言葉を遮るように とありますが、「私の次の言葉」とはどのようなものだったと考えられますか。最も適切なものを次の①～④の中から一つ選び、その番号をマークしなさい。解答番号は 8 。

① 今のオレには無理でも万由子が大きくなれば、またおふくろの世話ができる。

② 本当はオレも兄のように、おふくろと一緒に暮らして面倒をみたかったんだ。

③ オレが万由子のために頑張っても、万由子が感謝するかどうかはわからない。

④ 今のオレにとっては、おふくろだって家族や仕事と同じぐらい大事なものだ。

問8 Hその傍らで娘だけが「お出掛け、お出掛け」と無邪気にはしゃいでいる とありますが、この一文が表す効果の説明として最も適切なものを次の①～④の中から一つ選び、その番号をマークしなさい。解答番号は 9 。

① 長年暮らした家を離れざるを得ない祖母の心情など万由子は知ることもなく、いずれはこの家や祖母の記憶も消えてしまうだろうことが暗示されている。

② 家という生活の舞台から母が退場する一方、日常に喜びがあふれている万由子が登場し、いつの世も子どもは新たな希望の象徴であることが強調されている。

③ 住み慣れた家を離れる母も、それを見守るしかない義姉や私や妻も、万由子以外は皆、胸のふさがる重苦しい気持ちであることが対比的に強調されている。

④ 施設へ送り届けるといっても、またこの家に戻ってくる義姉や私や妻にとっては、結局日常的なお出掛けにすぎないことが万由子の言葉で暗示されている。

問3　C予防線を張っていた　という慣用句の意味として最も適切なものを次の①～④の中から一つ選び、その番号をマークしなさい。解答番号は 4 。

① 予想される質問や非難に備えるため、前もって言い訳を用意していたということ。
② 自分の生き方を選択する際に、模範となる前例を探して参考にしたということ。
③ ある行動を選択した結果予想される、有利な点と不利な点を比較したということ。
④ 望ましい結果を得るために自分が取り得る、さまざまな手段を考えたということ。

問4　本文中の空欄 D にあてはまる言葉として最も適切なものを次の①～④の中から一つ選び、その番号をマークしなさい。解答番号は 5 。

① それほどまで　② それだけに　③ それどころか　④ それなのに

問5　本文中の空欄 E にあてはまる慣用句として最も適切なものを次の①～④の中から一つ選び、その番号をマークしなさい。解答番号は 6 。

① 身につまされる　② 濡れ衣《ぎぬ》を着せられる　③ 後ろ指を指される　④ はしごを外される

問6　F人の手はふたつしかないからね　とありますが、このときの「母」の心情の説明として最も適切なものを次の①～④の中から一つ選び、その番号をマークしなさい。解答番号は 7 。

① 世の中は、親に育ててもらって一人前になった子どもが今度は自分の子どもを育てるという順番で進んでいるように、子育てを終えた親は子どもに面倒をみてもらう順番になることを息子に教えたいと思っている。
② 人が生きていく中でできることには限りがあり、その時々で何を優先しなければならないかは変わっていくのだから、自分の家族を抱えている今は、母親のことで悩む必要はないことを息子に伝えたいと思っている。

①　東京で一緒に暮らそうというかねてからの願いを打ち明けること。
②　東京に連れていくなどと実現しようのない誘いを口にすること。
③　幸吉との言い争いを反省し自分が母の世話役を買って出ること。
④　施設入所の前に東京に来る気はないのか、もう一度確かめること。

ii　「辛い思いをさせる」とは、どのようなことを指していますか。最も適切なものを次の①～④の中から一つ選び、その番号をマークしなさい。解答番号は **2** 。

①　望み通りの一時帰宅ができるかどうかはわからず、結局は母を失望させるということ。
②　たとえ母が施設に移っても、母の世話をめぐる兄弟の対立は収まらないということ。
③　東京で正文たち一家と一緒に暮らせるかもしれないという期待を母が抱くということ。
④　住み慣れた家を離れ、施設で生活するのだと思い定めた母の決心が揺らぐということ。

問2　Bうちわを握る血管の浮き出た母の手の甲に気づくとやるせないとありますが、このとき「私」がこのように感じた理由として最も適切なものを次の①～④の中から一つ選び、その番号をマークしなさい。解答番号は **3** 。

①　想像以上に老いの進んだ母の姿がショックで、私や娘への愛情をありがたいと思うよりも、容赦ない現実にどう直面すればよいのか戸惑ったから。
②　孫娘をいつくしみながらうちわで風を送ってくれる気遣いの中に母の変わらぬ愛情を実感したものの、母が確実に年老いたことを目の当たりにしたから。
③　私に対する母の愛情は昔から変わらないが、体の老いは明らかであることに気づき、このまま家で世話を続けるのはやはり無理があると悟ったから。
④　私が娘を可愛がるのと同様に母も孫娘を可愛がってくれるが、それはやはり年老いた祖母のやり方であり、親である私には及ばないと思ったから。

母の体重を背中に受け止める。兄の分までしっかり受け止めよう。戯《たわむ》れに……母を背負いてか……。※啄木《たくぼく》の歌を思い出す。だが、J立ち上がっても三歩どころか、しばらくの間一歩も歩むことができなかった。

見つめた地面に涙がぽたぽたと落ち、黒い染《し》みになる。洟《はな》も出て、両手を塞がれた状態では、それも拭うことは叶わない。

母が言ったように、人は歳《とし》を取った分だけ荷物を抱え込む。でも、その全部を持ったまま人生を歩むことは難しい。ただ、今日の私の手は、母のためにある。

「おふくろは、お荷物なはずがない。おふくろはおふくろだ……」

「そうかい……」

母は幼子を労《いたわ》るように私の頭をゆっくりと撫でた。

「ありがとうね、正文」

（森浩美《もりひろみ》「荷物の順番」〈『こちらの事情』所収〉による。）

（注）※義姉 …… 兄・幸吉の妻。

※ＯＬ …… 和製英語 office lady の略。女子事務員。

※キャリア志向 …… 仕事の経験を積み重ねて昇進を目指すこと。

※姉さん被り …… 昔、女の人が働くときに頭を覆った手ぬぐいのかぶり方。

※巾着袋 …… 小物や手回り品を持ち歩くための、ひもで口をくくるようにした小型の袋。

※姥捨て山 …… 昔話で、子が年老いた親を背負って捨てにいくとされた山。

※啄木の歌 …… たはむれに母を背負ひて／そのあまり軽《かろ》きに泣きて／三歩あゆまず

問１　A空手形を切ったところで、実現できなければ辛い思いをさせるだけだ について、次の各問いに答えなさい。

ⅰ「空手形を切ったところで」とありますが、「空手形を切る」とは何をすることを指していますか。最も適切なものを次の①～④の中から一つ選び、その番号をマークしなさい。解答番号は 1 。

妻と私で母を支え、ミニバンの後部座席に座らせた。母は窓から家をしばらく見上げていた。Hその傍らで娘だけが「お出掛け、お出掛け」と無邪気にはしゃいでいる。

全員が乗り込むと「そろそろ、出発しようか」私はエンジンを掛けた。

国道へ出て、町の東側へと向かう。

施設が悪だとは思わない。むしろ、そこで救われる人たちがたくさんいる。そういうことは頭では理解できるが、国道はまるで、※姥捨《うばす》て山に続く細道のように感じられて仕方がなかった。

バックミラーに映る母の顔を見てしまうと〝このまま、東京に行くか〟という気持ちがまたぶり返す。思わず私は頭を振った。

駅前を通過し、ひとつ目の信号を左折すると〝美しの郷〟の案内板が立てられている。その方向へハンドルを切ると、松林に囲まれた平屋の白い建物が見えた。

車を玄関前の大きな庇《ひさし》の下に横付ける。

義姉が先に降り、玄関に置かれた折畳式《おりたたみしき》の車椅子を取りにいく。

ハンドルに手を掛けたままじっとしている私に、妻が「あなた」と声を掛ける。私は「ああ」と答え車を降りると、母の方へ回った。

考えてみれば、この先、何度里帰りができるか、いや、母に会いに来られるかも分からない。距離の問題ではなく、今までがそうであったように、急にI足繁《あししげ》く里帰りするというのもできないだろう。

車椅子を運んできた義姉に「義姉《ねえ》さん、ごめん。これ使わない」と、私はそれを遠ざけた。

私は後部ドアを開けたまま、その前に片膝をつき、母に背中を向けた。

「正文、どうした？」

「部屋までおんぶしてやるよ」

「うん？」

一生の内、親を背負う人間がどれくらいいるのだろう？　今、この機会を逃すと酷《ひど》く後悔しそうな気がした。

「悪いからいいよ」

「いいから、大丈夫だから、さぁ、おふくろ」

「お義母《かあ》さん、私からもお願いします」妻が諭すように頭を下げる。

「ばあちゃん、してもらえばいい」義姉も続く。

「悪いね。じゃあ、甘えさせてもらうよ」母はそう言うと、やっと私の背中に手を掛けた。

思えば、来る日も来る日も父と同じだけの農作業をこなし、夕刻には家族のために風呂を沸かし、食事の支度をした。

私が「母ちゃん、腹減った。早くメシ」と文句を言っても、母は私を叱ったことはない。[D]、母は私の前で愚痴ひとつこぼしたこともない。

決して贅沢《ぜいたく》な暮らしぶりではなかったが、少なくとも飢えることなく育ててもらった。それがどんなに大変なことか。疲れていただろうに……。家族を持った今なら、私にもその苦労が少しは分かるが……。

「オレも万由子のためなら死ぬ気で頑張るつもりさ。でも、子どものことと親のことは……」

私がそう言いかけると、母は小さく頭《かぶり》を振った。

「お前も幸吉たちも、大病もせず事故にも遭わず、世間様から[E]ことなくちゃんと育った。家庭を持って立派にやってるんだから、あたしはそれだけでしあわせだ」

「全然、立派じゃないよ。何とか踏ん張ってるって感じだ。まあ厄介な問題も色々あるし……。いや、おふくろのことじゃないよ、その……」

母は「うんうん」と穏やかに頷《うなず》いた。

「正文、人は生きていれば色んなことがある。でも、F人の手はふたつしかないからね」

「うん？　人の手？」

「そんなに多くのことは抱えられないってこと。いくら大事なものを持ってても、もっと大事なものができれば、先に持ってたものは手放さなきゃならない。荷物を持つにも順番があるんだ。欲張ったり無理をすれば、それは大事な荷物じゃなく〝お荷物〟になるだけ。だから今、お前がちゃんと抱えてあげなきゃならないのは家族と仕事。親に育ててもらったら、今度は子どもを育てる。世の中は順番なんだから。それが一番の親孝行になるんだから。お前は万由子のために一生懸命働けばいい」

「だけど……」

「ああ、この子は本当に可愛いね」母はG私の次の言葉を遮《さえぎ》るように娘の額に手を伸ばした。

「きっと美人さんになる。ほーら」

翌朝、みんな揃《そろ》って朝食を摂《と》った。私は努めて明るく振る舞ったが、味噌汁《みそしる》でさえ喉を通らない。

仕事へ出掛ける兄が玄関で靴を履き終えると「じゃあ、悪いが、頼むな」と、私の目を見た。私は「ああ、分かった」と大きく頷いた。

身の回りのものは、義姉が用意してくれたが、たったひとつの段ボール箱に収まる程度の荷物が無性に切ない。

私は母の※巾着袋の中に、私たち三人の写真を忍ばせた。

「そ、そうか。それならいいんだけど」私は、それ以上、同じ質問はするまいと思った。
　ふと気づくと娘は、いつの間にか私の膝の上で昼寝を始めた。
「正文、子どもは可愛《かわい》いだろう？」母は娘に目を向けながら微笑《ほほえ》んだ。
「ああ、可愛いねぇ」娘の額の汗を拭《ぬぐ》ってやりながら、そう答えた。
　母は、身体を起こすと、傍《かたわ》らにあったうちわを握り、それで娘に風を送る。その風は同時に私へも届く。その姿は何十年経《た》っても、子を気遣う親のものだ。ただ、Bうちわを握る血管の浮き出た母の手の甲に気づくとやるせない。
「お前たち夫婦は、子どもは要らないってよく言ってたから心配したんだ」
　恵美子とは社内結婚だ。広報部などという華やかな部署にいたせいか、一般の※OLより※キャリア志向が強かった。
「私ね、子ども、そんなに好きじゃないし。何かピンとこないよね」ふたりが結婚を意識した頃から、恵美子はそういうC予防線を張っていた。私も「ああ、オレもかな」と調子を合わせたが、絶対に要らないかと問われれば、正直なところ分からなかった。
「でも、こうして生まれてみると、こんなに可愛いものだとはなぁ」
　自分でも目が細くなるのが分かった。そして、娘のゆびさきに触れ、そっと撫《な》でた。その感触は柔らかく、この世の何よりも尊い気がした。
「それでよかったんだよ。恵美子さんも同じだろうに」
　産院で生まれた娘を抱いた瞬間、あれほど生き甲斐《がい》を感じていた仕事を辞めることを決めたのだから……。驚く私に向かって「仕事はまたいつでも復帰できるし、それだけの自信もあるのよね。でも、この子は今、私を必要としている」と言い放った。
「だけど、あの変わりようにはオレもびっくりしたな、ははは」
「女が仕事をしちゃいけないってことはないんだよ。やりたいことは悔いのないようにやった方がいい」母がしっかりとした口調で言った。
　叔父から聞いた話によれば、母は女学校を出て教師になりたかったが、家は貧しく、上の学校へ進むことはできず、その思いは叶《かな》わなかったのだという。おそらくそのせいなのだろう、恵美子が仕事を続けることを一度も咎《とが》めたことはない。
「でも、仕事は仕事。それに子どもがいれば、もっと暮らしに張り合いがでるからね」
「あいつ、今度はお受験だって騒いでるよ。どれだけ大変か分かってるのかね」
　母はうちわを持ち替え、また静かに扇《あお》いだ。
「親っていうのはそういうもんなんだよ。自分の子どものためなら何だってできる。どんな苦労だってする」
　ふと、※姉《あね》さん被《かぶ》りをした母がカーネーションの箱詰めをする姿を思い出した。

二〇二三年度 昌平高等学校

【国　語】（五〇分）〈満点：一〇〇点〉

一　次の文章を読んで、後の問いに答えなさい。

実家で母と同居している兄（幸吉《こうきち》）から母を「美しの郷《さと》」という介護施設に入れるという連絡を受けた「私」（正文《まさふみ》）は、妻（恵美子《えみこ》）と幼い娘（万由子《まゆこ》）を連れて帰省した。その夜、母の施設入所について兄と口論になるが、兄夫婦も悩んだ末の決断であり、母も納得していることを知る。翌日、墓参りを済ませた「私」は兄に、入所の日は自分が母を施設まで送ると申し出た。

家に戻り、娘を連れて母の部屋に邪魔をした。妻は茶の間で、ワイドショーを観《み》ながら、※義姉《あね》の話し相手になっている。恵美子もちゃんと気を遣っている。

縁側に面した奥の畳の間に敷かれた布団《ふとん》の上で母は横になっていた。その枕元には本好きの母らしく数冊の文庫本が積み重ねてあった。それらは見るからに古くなっていた。大学受験を控えた頃、勉強の合間に台所へ下りていくと、食卓の椅子に座って本を読む母の姿があった。

八月の午後にしては、風が吹き抜けるせいで随分と凌《しの》ぎ易《やす》い。母の部屋から見える庭の片隅に秋桜《コスモス》が揺れている。

「なぁ、おふくろ、ホントにいいのか？」昨夜聞きそびれた、いや避けた話題を持ち出す。

「うん？　ああ……。幸吉たちに面倒はかけたくないからね」

「だけど……」

「あたしのことで、あんたたちがけんかするようじゃ、その方が辛《つら》い」

「……」

昨夜の、兄と言い争う声が聞こえていたのか……。悔いる。

「それに、あそこには知り合いも結構いるし。好きなときに一時帰宅もできるからね」

一時帰宅。ならば一度、迎えに来るから東京に来るか、と言おうとしてとどまった。A空手形を切ったところで、実現できなければ辛い思いをさせるだけだ。

英語解答

1 No. 1 ②　No. 2 ④　No. 3 ④
No. 4 ①　No. 5 ③
No. 6 (1)…③ (2)…③ (3)…②
No. 7 (1)…③ (2)…① (3)…④

2 問1 ②　問2 ①
問3 3番目…⑤ 5番目…⑥
問4 ③　問5 ④　問6 ②
問7 ③
問8 20…③ 21…⑤ 22…②

3 問1 (1)…④ (2)…①
問2 25…② 26…① 27…⑥
問3 ③
問4 3番目…② 5番目…⑤
問5 ②　問6 ②　問7 ④

4 問1 34…⑤ 35…④
問2 36…① 37…②
問3 38…② 39…④

1〔放送問題〕解説省略

2〔長文読解総合―会話文〕

≪全訳≫❶ジュンコ(J)：こんにちは，カズキ。あら，宿題をしてるの？　あなたが勉強してるなんて知らなかった。勉強を続けて。❷カズキ(K)：大丈夫だよ。実を言うと，誰かのアドバイスが欲しかったとこなんだ。手伝ってくれる？❸J：もちろん！　どんなこと？❹K：ええと…。僕のスピーチのことなんだ。来週までにスピーチのテーマを決めないといけないんだ。❺J：あなたのスピーチ？　スピーチコンテストに参加するの？❻K：うん，昨日ハリス先生が教えてくれてね。先生が，B僕は英語が上手だから，コンテストに参加した方がいいって言ったんだよ。❼J：ちょっと待って！　ハリス先生は，私たちの英語の先生よ。ということは，英語のスピーチコンテストに参加するってことよね？　英語でスピーチするの？　わあ，それはいいチャレンジね。❽K：うーん…。実は，まだできるかどうか自信がないんだ。何について話すかも決められないし。ジュンコ，君は大勢の人の前で英語を話したことがある？❾J：ええ，まあ，ちょっとだけなら。❿K：ちょっとだけ？　それってどういうこと？⓫J：私，英語のディベート部に入ってるの。学校の部活の1つよ。聞いたことある？⓬K：いや，聞いたことないな。詳しく教えて。⓭J：毎週，みんなで集まって，英語でディベートをする練習をしてるのよ。はっきりとした話し方や，他の人たちの意見を聞く方法を学ぶのよ。アイコンタクトやジェスチャーも重要なの。練習を通じて，英語を使うことでいろいろなことを学んだわ。それに，英語でコミュニケーションをとることが怖くなくなったわ。それが，部活に参加した後，一番大きく変わったことね。⓮K：へえ，英語でディベートすることが君にたくさん勇気を与えたんだね！　僕ももっと自信が持てればいいんだけど…。僕が多くの人の前で英語を話すことを想像してよ！　ああ，まだスピーチを書き始めてもいないんだけど，もう緊張しているんだ。⓯J：カズキ，全てうまくいくわよ。私たちの部活に来ない？　自分の意見を持つことは大切だし，他の人と意見を交わすのは楽しいわよ。私たちの部活に来てみたら，私の言いたいことがわかると思う。⓰K：そう思う？　君の部活に行った方がいいのかな？⓱J：もちろんよ！　やってみて損はないわ。そこでスピーチのアイデアが見つかるかもしれないし。あっ，見て！　ハリス先生が来るわよ！⓲ハリス先生(H)：こんにちは，カズキにジュンコ。あなたたちが英語について話しているのが聞こえたわ。⓳J：カズキに私の所属する部活に来るように言ったんです。⓴H：それはいいことね。私も何度かその部活に行ったことがあるわよ。生徒たちがディベートの技術を高めようとがんばっているのを見て感動したわ。また，みんなに会いに行きたいと思っているの。次の活動はいつなの？21 J：明日の放課後です。ハリス先生，ありがとうございます。そう言っていただけるとうれしいです。22 H：それで，今はどんなテーマに取り組んでいるの？　前回私が訪問したときは，SDGsに力を入れていたわね。23 J：今もSDGsに取り組んでいます。知らなければならないこと，話さなければならないことがたくさんありますから。24 K：SDGs？　ちょうど社会科の授業で習ったな。持続可能な開発目標のことだよね？25 J：そのとおりよ。国際的な目標として知られていて，貧困をなくし，地球を守り，平和をつくるために，私たちがとるべき行動の17の分野を示しているの。26 H：2015年に国連によって決められ，いろんな国が必死に取り組んできているのよ。27 K：なるほど，そうなんですか。社会科の先生は僕たちに，「誰一人取り残さない」という言葉を教えてくれました。世界中の誰もが幸せな人生を送る権利を持っていなければならないと思うから，よく覚えています。28 J：ずいぶん真剣に考えているのね。あっ，いいこと思いついた。スピーチのテーマにSDGsを選んだらどう？　あなたはこの目標にとても興味があるみたいだから。29 H：それはいい考えね。私も賛成するわ。カズキ，あなたはどう思う？30 K：うーん…。わかりました。それが一番いいかもしれませんね。よし，図書館に行こう。SDGsについてもっと調べたいんだ。それと，明日のディベートに参加してもいい？31 J：もちろんよ！　その言葉を聞くのを待ってたわ。32 H：カズキ，挑戦してみてね。あらゆる経験が成長につながるから！

問１＜適語選択＞「来週までに」となればよい。「～までに」という‘期限’を表す前置詞はby。「～まで(ずっと)」と‘継続’を表すtill〔until〕との違いに注意。　(例) Wait till〔until〕 tomorrow.「明日まで待ちなさい」

問２＜適文選択＞スピーチコンテストについて教えてくれたハリス先生がカズキにかけた言葉。先生は，カズキの英語力を評価してスピーチコンテストへの参加をすすめたのだと考えられる。

問３＜整序結合＞changeを名詞として使うと，the biggest changeというまとまりができ，これをisの後に置いてThat is the biggest changeという文の骨組みをつくる。残りは，afterを接続詞として使ってafter I joinedとまとめ，文末のthe clubにつなげる。　That is the biggest change after I joined the club.

問４＜適語選択＞belong to ～で「～に所属する」。toの目的語であるthe clubが先行詞となって前に出た形(the clubとIの間に目的格の関係代名詞が省略されている)。

問５＜英問英答＞「なぜジュンコはカズキを英語のディベート部に誘ったのか」―④「カズキがスピーチのことで悩んでいるのを知り，その部活動が彼の役に立つと思ったから」　第８～17段落参照。helpful「役立つ」

問６＜要旨把握＞②は第20段落第２～４文の内容に一致する。ディベート部の活動は「毎週」あるが(第13段落第１文)，「毎日」ではないので①は不適切。

問７＜内容真偽＞①「カズキがスピーチコンテストで優勝したいと思っているのは，英語の先生にそう言われたからだ」…×　そのような記述はない。　②「ハリス先生は，カズキがSDGsをスピーチのテーマに選ぶのは難しすぎると考えている」…×　第28，29段落参照。ハリス先生はカズキがSDGsをスピーチのテーマに選ぶことに賛成している。　③「ジュンコは部活動で英語でのコミュニケーションに自信がついたと考えている」…○　第13段落の内容に一致する。　④「カズキは社会科の授業中にコンテストで何を話すか決めた」…×　第28～30段落参照。カズキはコンテストのテーマをジュンコとハリス先生と話しているこの場で決めた。

問８＜内容一致＞≪全訳≫今日私は，SDGsについてお話しします。私は20授業で「SDGs」という言葉を習いました。SDGsは21国際的な目標であり，17の行動分野が示されています。例えば，貧困をなくすために行動しなければならない，地球を守るために行動しなければならない，平和をつくるために行動しなければならない，などです。この目標は国連が選んだもので，多くの22国々がこの目標のために必死に取り組んでいます。また，SDGsの最も重要な約束の1つに，「誰一人取り残さない」というものがあります。みんなが幸せになるために，私たちは世界中の人を助けなければならないのです。

＜解説＞20．第24段落参照。カズキが「SDGs」という言葉を習ったのは社会科のclass「授業」においてである。　21．第25段落第2文参照。SDGsは「国際的な」目標である。　22．第26段落参照。目標の実現に向けて多くの「国々」が取り組んでいる。

3〔長文読解総合―説明文〕

≪全訳≫❶大気中の高いレベルの二酸化炭素は，海に悪い影響を与える。世界中で，海は酸性化している。25約2億5000万年前，地球の海はとても酸性が強かった。その当時，たくさんの種類の動物が絶滅した。❷大気中の二酸化炭素のうち，約30％は海に入り込む。このため，大量の二酸化炭素が大気中にとどまることはなく，地球の温度が高くなりすぎることはない。しかし，これは海の水を酸性化させてもいるのだ。科学者たちは，海の動物への影響を解明し始めている。サンゴのような海の中の非常に小さな動物の多くは，他の海の動物や人間にとって非常に大切な存在である。例えば，人は魚をたくさん食べるが，その魚は海の中の小さな魚や他の小動物を食べる。もし，酸性の水によってこれらの比較的小さな動物がたくさん死んでしまったら，それより大きな魚の数も減ってしまう。そうなると，人が食べる魚も含めて，海の全ての動物たちにとって大きな問題になる。❸26酸性化した海は，人にとっても大きな問題を引き起こすかもしれない。魚や他の海の動物がたくさん死んでしまうと，人がそれを捕って食料として売ることが非常に難しくなる。海から捕れる食べ物は高くなるので，買うのが難しくなる。❹酸性化した海や温かい海はサンゴにとても悪いので，世界中の海で多くのサンゴが死につつある。悪天候や汚れた水，他の海の動物もサンゴ礁に悪影響を与える。人々は今，海の美しいサンゴ礁の将来をとても心配している。❺地球が暖かくなると，もっと危険で大きな変化が起こるかもしれない。将来，今の気候には戻れないかもしれないのだ。わずかな気温の上昇でも，グリーンランドや南極西部の氷には大きな影響がある。この氷が解ければ，海面が高くなる。そうなれば，世界中の海に隣接する土地に大きな影響を与えることになるだろう。❻27研究によれば，グリーンランドの氷は毎年夏，以前より多く解けている。また，南極西部の氷が解けていて，氷への影響が非常に大きいことを示す研究もある。解けるのを止める方法はないと考える科学者もいる。❼この数十年，私たちは世界中のあらゆる場所，あらゆる海で気候変動の影響を目《ま》の当たりにしてきた。気候変動は，自然界(植物や動物)にも人間にも影響を及ぼしてきている。現在，地球の気温は150年前と比べて1℃ほど高くなっている。世界がどんどん温暖化していけば，その影響はどちらにとってもずっとひどいものとなるだろう。世界の小さな島々には多くの人が住んでいて，気候変動の影響をとても心配している。海抜が数メートルしかない島もある。だから，海面が高くなれば，洪水は彼らにとってとても大きな問題となる。❽研究によれば，40万年前の地球は今よりも温暖で，グリーンランドの大部分には長い間，氷がなかった。氷が解けたことで海面が高くなり，現在より6メートル以上高くなったのだ。科学者たちは，当時の気温は現在の気温より少し高い程度だったと考えている。だから，地球の温度上昇を止めることがとても重要なのである。わずかな気温の上昇が，グリーンランドや南極大陸の氷に大きな影響を与えるかもしれない。

問1＜内容一致＞(1)「酸性の水が海の動物にとって悪いものなのは，(　　)からだ」―④「海の中の比較的小さな動物を殺してしまう」　第２段落最後の２文参照。　(2)「研究によると，40万年前は(　　)」―①「グリーンランドに氷がなかったため海面が現在よりも高かった」　第８段落第１，２文参照。

問２＜適文選択＞25．空所直後のAt that time「その当時」が指すものを考える。②のabout 250 million years agoがそれに該当する。　26．空所の後，この段落では海の環境悪化による人間生活への悪影響について述べられている。①はその導入文となる。　27．直後のSome of themのthemが何を指しているかを考える。⑥の主語Studiesがそれに該当する。

問３＜適語選択＞大きな魚は小さな魚などを食べるのだから，小さな魚の数が減れば，大きな魚の数も減るのである。

問４＜整序結合＞助動詞mayを使った文の否定文にすればよい。主語weの後にmay notを置き，この後はbe able to goとまとまる。　go back to ～「～に戻る」　... we may not be able to go back to the climate we have today.

問５＜指示語＞both「両方」は温暖化が影響を及ぼす対象である。２文前に，気候変動が影響を及ぼす対象としてthe natural world「自然界」とpeople「人間」が挙げられている。

問６＜英問英答＞「150年前の地球の温度はどうだったか」―②「現在より１℃低かった」　第７段落第３文参照。

問７＜内容真偽＞①「ますます多くの魚や動物が生き，海がより多くの二酸化炭素をためるので，海がどんどん酸性化しつつある」…×　第２段落第１～３文参照。海が酸性化するのは，大気中の二酸化炭素が海に入るため。　②「酸性化した海の魚は人体に安全ではないので，海の食べ物は高価になる」…×　第３段落参照。海の食べ物が高くなるのは，海の酸性化によって海の食べ物が減少するから。　③「多くのサンゴ礁は，酸性化した海，悪天候，サンゴ礁を壊して盗む悪質な観光客のせいで死んでいる」…×　第４段落参照。観光客に関する記述はない。　④「世界がほんの少し暖かくなるだけでも，グリーンランドや南極西部の氷にとても大きな影響が出る可能性がある」…○　第５段落第３文に一致する。　⑤「小さな島に住む人たちは，魚を捕って売る手段がなくなるので，気候変動を心配している」…×　第７段落後半参照。小さな島に住む人たちの心配は気候変動によって海面が上昇することである。

4〔整序結合〕

問１．「～はありますか」はThere is/are ～「～がある〔いる〕」の構文を疑問文でIs there ～とする。「何か読み物」はanything to readと表すが(to不定詞の形容詞的用法)，「何かワクワクするような読み物」はanything exciting to readとexcitingをanythingの後に置く。このようにsomethingやanything，nothingを形容詞とto不定詞の両方で修飾する場合は，‘-thing＋形容詞＋to不定詞’という語順になる。　Is there anything exciting to read?

問２．「～してくれてありがとう」はThank you for ～ingで，「〈人〉の〈物事〉を手伝う」は‘help＋人＋with＋物事’で表せる。　Thank you for helping me with my homework.

問３．「〈人〉に〈物〉を買う」は‘buy＋人＋物’の語順で表せる。「日本製の時計」は，「日本でつくられた時計」と読み換えてa watch made in Japanとまとめる。これは過去分詞madeで始まる語句が前の名詞a watchを修飾する‘名詞＋過去分詞＋語句’の形(過去分詞の形容詞的用法)。　My uncle bought me a watch made in Japan.

2023年度／昌平高等学校

数学解答

1
(1) ア…－　イ…7
(2) ウ…6　エ…2
(3) オ…7　カ…3
(4) キ…7　ク…2　ケ…1　コ…2
(5) サ…2　シ…2　ス…9
(6) セ…－　ソ…2　タ…2
(7) チ…6　ツ…1
(8) テ…1　ト…2
(9) ナ…8　ニ…1　ヌ…6
(10) ネ…6　ノ…3

2
(1) ア…4　イ…0　ウ…4　エ…1
(2) オ…8　カ…0
(3) キ…2　ク…1　ケ…4
(4) ⓑ

3
(1) ア…8　イ…8
(2) ウ…3　エ…4　オ…2
(3) カ…1　キ…5　ク…9

4
(1) ア…1　イ…2
(2) ウ…4　エ…7
(3) オ…4　カ…8　キ…3　ク…7

1〔独立小問集合題〕

(1)<数の計算>与式$=13-36\div(-9)+6\times(-4)=13-(-4)+(-24)=13+4-24=-7$

(2)<数の計算>$\sqrt{54}=\sqrt{3^2\times6}=3\sqrt{6}$，$\sqrt{24}=\sqrt{2^2\times6}=2\sqrt{6}$，$\frac{20}{\sqrt{8}}=\frac{20}{\sqrt{2^2\times2}}=\frac{20}{2\sqrt{2}}=\frac{10}{\sqrt{2}}=\frac{10\times\sqrt{2}}{\sqrt{2}\times\sqrt{2}}=\frac{10\sqrt{2}}{2}=5\sqrt{2}$ より，与式$=3\sqrt{6}-\sqrt{3}(2\sqrt{6}+2\sqrt{2})+5\sqrt{2}=3\sqrt{6}-2\sqrt{3^2\times2}-2\sqrt{3\times2}+5\sqrt{2}=3\sqrt{6}-2\times3\sqrt{2}-2\sqrt{6}+5\sqrt{2}=3\sqrt{6}-6\sqrt{2}-2\sqrt{6}+5\sqrt{2}=\sqrt{6}-\sqrt{2}$ である。

(3)<式の計算>与式$=9x^2-12x+4-(2x^2-x-8x+4)=9x^2-12x+4-2x^2+x+8x-4=7x^2-3x$

(4)<式の計算>与式$=\frac{3(a-2b)+12a-4(2a-b)}{12}=\frac{3a-6b+12a-8a+4b}{12}=\frac{7a-2b}{12}$

(5)<式の計算—因数分解>与式$=4x^2-12x+9-6x+9-18=4x^2-18x=2x(2x-9)$
≪別解≫$2x-3=A$ とおくと，与式$=A^2-3A-18=(A+3)(A-6)$となる。Aをもとに戻して，与式$=(2x-3+3)(2x-3-6)=2x(2x-9)$である。

(6)<連立方程式—解の利用>$(a-1)x+by=12$……①，$(b+1)x-(a+3)y=-9$……②とする。①，②の連立方程式の解が$x=-2$，$y=3$のとき，解を①に代入して，$(a-1)\times(-2)+b\times3=12$，$-2a+2+3b=12$，$-2a+3b=10$……③，解を②に代入して，$(b+1)\times(-2)-(a+3)\times3=-9$，$-2b-2-3a-9=-9$，$-3a-2b=2$……④となる。③×2＋④×3より，$-4a+(-9a)=20+6$，$-13a=26$　$\therefore a=-2$　これを③に代入して，$-2\times(-2)+3b=10$，$4+3b=10$，$3b=6$　$\therefore b=2$

(7)<二次方程式>$2x^2-10x-(3x^2+x-6x-2)=-4$，$2x^2-10x-3x^2-x+6x+2=-4$，$-x^2-5x+6=0$，$x^2+5x-6=0$，$(x+6)(x-1)=0$　$\therefore x=-6,\ 1$

(8)<関数—変化の割合>関数$y=ax^2$について，$x=1$のとき$y=a\times1^2=a$，$x=5$のとき$y=a\times5^2=25a$だから，xの値が1から5まで変化するときの変化の割合は，$\frac{25a-a}{5-1}=\frac{24a}{4}=6a$と表せる。関数$y=-3x+7$の変化の割合は一定で$-3$である。よって，$6a=-3$が成り立ち，$a=-\frac{1}{2}$となる。

(9)<平面図形—面積>右図1のように，正方形の各頂点をA，B，C，Dとし，2点B，Dを結ぶと，∠BAD＝90°より，線分BDは円Oの直径となる。求める面積は，円Oの面積から正方形ABCDの面積をひくことで求められる。正方形ABCDの面積は，$4\times4=16$である。また，△ABDは，∠BAD＝90°，AB＝ADの直角二等辺三角形だから，3辺の比が$1:1:\sqrt{2}$であり，BD＝$\sqrt{2}$AB＝$\sqrt{2}\times4=4\sqrt{2}$である。よって，円Oの半径は，$\frac{1}{2}$BD＝$\frac{1}{2}\times4\sqrt{2}$

図1
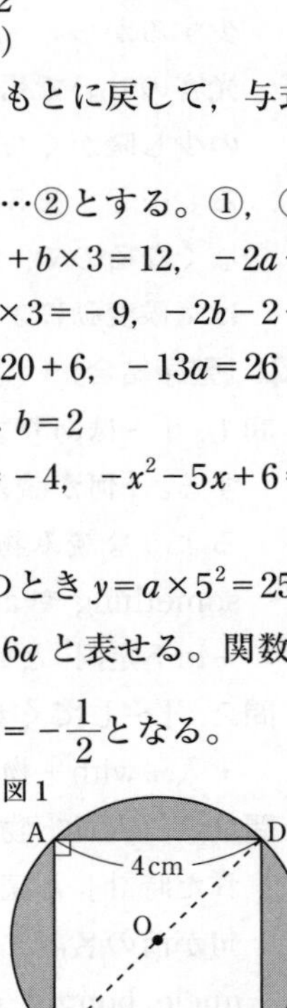

$=2\sqrt{2}$ である。したがって，円Oの面積は，$\pi\times(2\sqrt{2})^2=8\pi$ となるから，求める面積は $8\pi-16\text{cm}^2$ である。

⑽<空間図形—体積>右図2のように，FI，HJの延長の交点はGCの延長上にあり，その点をKとすると，頂点Cを含む立体は，三角錐K-GFHから三角錐K-CIJを除いた立体である。〔面ABCD〕//〔面EFGH〕より，三角錐K-GFHと三角錐K-CIJは相似であり，$\text{IC}=\frac{1}{2}\text{BC}=\frac{1}{2}\times6=3$ より，相似比は $\text{FG}:\text{IC}=6:3=2:1$ となるので，〔三角錐K-GFH〕:〔三角錐K-CIJ〕$=2^3:1^3=8:1$ である。よって，求める体積は，三角錐K-GFHの体積の $\frac{8-1}{8}=\frac{7}{8}$ である。ここで，△BFIと△CKIにおいて，BI＝CI，BF//KCより，平行線の錯角は等しいから，∠FBI＝∠KCI，対頂角は等しいから，∠BIF＝∠CIKなので，1組の辺とその両端の角がそれぞれ等しく，△BFI≡△CKIとなる。これより，CK＝BF＝6となるから，KG＝GC＋CK＝6＋6＝12である。したがって，三角錐K-GFHの体積は，$\frac{1}{3}\times\triangle\text{GFH}\times\text{KG}=\frac{1}{3}\times\left(\frac{1}{2}\times6\times6\right)\times12=72$ となるので，求める立体の体積は，$\frac{7}{8}$〔三角錐K-GFH〕$=\frac{7}{8}\times72=63(\text{cm}^3)$ である。

図2

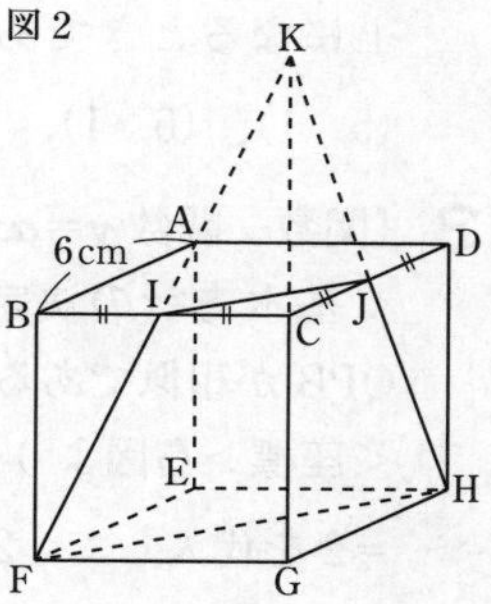

2 〔独立小問集合題〕

⑴<数の性質>自然数 a，b は連続する2けたの自然数で，$a<b$ だから，$b=a+1$ と表せる。これより，$\sqrt{a+b}=\sqrt{a+a+1}=\sqrt{2a+1}$ となる。最も大きい1けたの整数は9だから，$\sqrt{2a+1}=9$ が成り立ち，これを解くと，$\sqrt{2a+1}=\sqrt{81}$ より，$2a+1=81$，$2a=80$，$a=40$ となるから，$b=40+1=41$ である。

⑵<連立方程式の応用>商品Aの仕入れた個数を x 個，商品Bの仕入れた個数を y 個とする。商品A，Bを合わせて200個仕入れたので，$x+y=200$……①が成り立つ。また，商品Aは1個300円，商品Bは1個500円で仕入れ，定価はそれぞれ20%の利益を見込んでつけたので，商品Aの定価は，1個 $300\times\left(1+\frac{20}{100}\right)=360$ 円，商品Bの定価は，1個 $500\times\left(1+\frac{20}{100}\right)=600$(円)である。商品Aは定価で全て売れたので，その売り上げ金額は，$360\times x=360x$(円)である。商品Bは，まず仕入れた個数の半分，つまり，$\frac{1}{2}y$ 個が定価の600円で売れ，残りの $\frac{1}{2}y$ 個が定価の80円引き，つまり，1個 $600-80=520$(円)で売れたので，商品Bの売り上げ金額は，$600\times\frac{1}{2}y+520\times\frac{1}{2}y=300y+260y=560y$(円)である。商品A，Bを売った合計金額が88000円だから，$360x+560y=88000$……②が成り立つ。②より，$9x+14y=2200$……②′　②′−①×9より，$14y-9y=2200-1800$，$5y=400$　∴ $y=80$　よって，商品Bを80個仕入れたことになる。

⑶<データの活用—$\boldsymbol{a}$，$\boldsymbol{b}$ の値>度数分布表より，6時間以上8時間未満の累積度数は，$a+9+13=a+22$(人)で，その累積相対度数は0.6以上だから，$40\times0.6=24$ より，$a+22\geqq24$ となり，$a\geqq2$ である。また，最頻値が8時間以上10時間未満の階級より，b は6時間以上8時間未満の階級の度数の13人より大きく，$b>13$ である。ここで，度数の合計について，$a+9+13+b+2=40$ より，$a+b=16$ となる。$a=2$ のとき，$b=16-2=14$ となり，$b>13$ を満たすので，適する。$a=3$ のとき，$16-3=13$ より $b=13$ となるから，適さない。$a>3$ のとき，b は13より小さくなるから，適さない。よって，$a=2$，$b=14$ である。

⑷<確率—さいころ>さいころを2回投げるとき，それぞれ6通りの目の出方があるから，目の出方は全部で $6\times6=36$(通り)ある。1回目，2回目に投げたときに出たさいころの目の数を，それぞれ x，y とすると，最初，原点にある点Pは，1回目に出た目の数 x だけ正の方向に移動するので，数

直線上のxの位置に移動し，2回目に出た目の数yだけ負の方向に移動するから，点Pは数直線上の$x-y$の位置に移動する。よって，点Pと原点との距離が4以上になるのは，$x-y$の絶対値が4以上になるときであるから，条件に当てはまるx，yの組合せは，$(x,\ y)=(1,\ 5)$，$(1,\ 6)$，$(2,\ 6)$，$(5,\ 1)$，$(6,\ 1)$，$(6,\ 2)$の6通りある。よって，求める確率は$\frac{6}{36}=\frac{1}{6}$である。

3〔関数─関数$y=ax^2$と一次関数のグラフ〕

≪基本方針の決定≫(2)　△QDCと△QPBが合同になることに気づきたい。　(3)　△QDCと△QPBが相似であることを利用する。

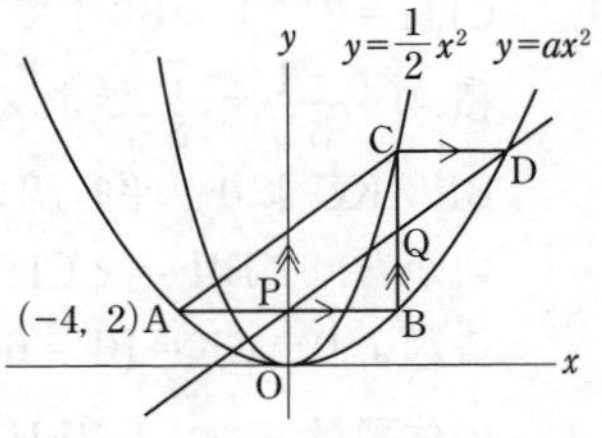

(1)＜座標＞右図より，放物線$y=ax^2$はA$(-4,\ 2)$を通るので，$x=-4$，$y=2$を代入して，$2=a\times(-4)^2$より，$a=\frac{1}{8}$であり，放物線の式は$y=\frac{1}{8}x^2$である。また，点Bのx座標が4より，点Aと点Bは，x座標の絶対値が等しく，y軸について対称な点となり，B$(4,\ 2)$である。これより，直線BCはy軸に平行だから，点Cのx座標は点Bのx座標と等しく4である。点Cは放物線$y=\frac{1}{2}x^2$上の点だから，$y=\frac{1}{2}\times4^2=8$となり，C$(4,\ 8)$である。よって，AB∥CDより，直線CDはx軸に平行だから，点Dのy座標は点Cのy座標と等しく8である。点Dは放物線$y=\frac{1}{8}x^2$上の点だから，$8=\frac{1}{8}x^2$となり，$x^2=64$，$x=\pm8$，点Dのx座標は正だから，$x=8$より，D$(8,\ 8)$である。

(2)＜直線の式＞右上図で，△QDCと△QPBにおいて，CD∥PBより，平行線の錯角は等しいから，∠CDQ＝∠BPQ，∠DCQ＝∠PBQより，2組の角がそれぞれ等しく，△QDC∽△QPBである。よって，△QDCの面積と△QPBの面積が等しくなるのは，△QDC≡△QPBになるときで，CQ＝BQである。(1)よりB$(4,\ 2)$，C$(4,\ 8)$だから，点Qのx座標は4，y座標は$\frac{2+8}{2}=5$より，Q$(4,\ 5)$となる。したがって，D$(8,\ 8)$より，直線QDの傾きは$\frac{8-5}{8-4}=\frac{3}{4}$となり，その式を$y=\frac{3}{4}x+b$とおくと，点Qを通ることより，$5=\frac{3}{4}\times4+b$，$b=2$となるから，求める直線DPの式は$y=\frac{3}{4}x+2$である。

(3)＜面積比＞(2)より，△QDC∽△QPBであり，△QDCの面積と△QPBの面積の比が25：1のとき，$25:1=5^2:1^2$より，相似比は5：1である。よって，CQ：BQ＝5：1より，$\mathrm{CQ}=\frac{5}{5+1}\mathrm{CB}=\frac{5}{6}\mathrm{CB}$で，CB＝8−2＝6だから，$\mathrm{CQ}=\frac{5}{6}\times6=5$となり，CD＝8−4＝4より，$\triangle\mathrm{QDC}=\frac{1}{2}\times\mathrm{CD}\times\mathrm{CQ}=\frac{1}{2}\times4\times5=10$であり，$\triangle\mathrm{QPB}=\frac{1}{25}\triangle\mathrm{QDC}=\frac{1}{25}\times10=\frac{2}{5}$である。次に，AB＝4−(−4)＝8より，$\triangle\mathrm{ABC}=\frac{1}{2}\times\mathrm{AB}\times\mathrm{CB}=\frac{1}{2}\times8\times6=24$となり，〔四角形APQC〕＝△ABC−△QPB＝$24-\frac{2}{5}=\frac{118}{5}$である。したがって，△QPBの面積と四角形APQCの面積の比は$\frac{2}{5}:\frac{118}{5}=1:59$である。

4〔平面図形─三角形〕

≪基本方針の決定≫(2)　点Bから線分CEに垂線を引いて考える。

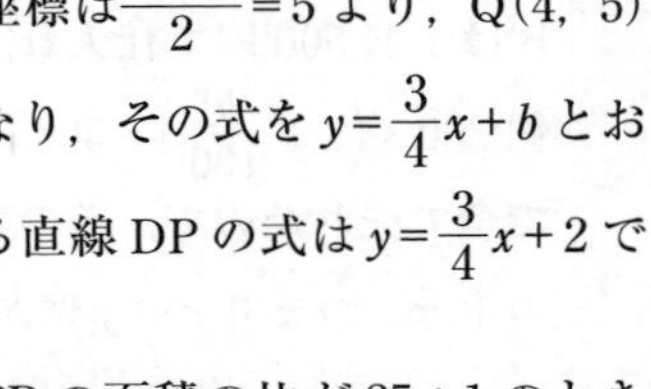

(1)＜長さの比＞右図で，△DACと△ECBは正三角形だから，∠ACD＝∠CBE＝60°であり，同位角が等しく，CD∥BEである。よって，AF：FE＝AC：CB＝6：12＝1：2となる。

(2)＜長さ＞右図の△DCHと△BEHにおいて，(1)で，CD∥BEより，平行線の錯角は等しいから，∠DCH＝∠BEH，∠CDH＝∠EBHとなり，2組の角がそれぞれ等しく，△DCH∽△BEHである。よって，CH：EH＝DC：BE＝6：12＝1：2であり，EH＝$\frac{2}{1+2}$CE＝$\frac{2}{3}$×12＝8である。ここで，図のように，点Bから線分CEに垂線BIを引くと，△ECBは正三角形だから，△BIEは3辺の比が1：2：$\sqrt{3}$の直角三角形となり，EI＝$\frac{1}{2}$BE＝$\frac{1}{2}$×12＝6，BI＝$\sqrt{3}$EI＝$\sqrt{3}$×6＝6$\sqrt{3}$となる。よって，HI＝EH－EI＝8－6＝2となり，△BIHで三平方の定理より，HB＝$\sqrt{BI^2+HI^2}$＝$\sqrt{(6\sqrt{3})^2+2^2}$＝$\sqrt{112}$＝4$\sqrt{7}$(cm)である。

(3)<面積>前ページの図のように，点Eから線分BCに垂線EKを引くと，△ECBが正三角形より，EK＝BI＝6$\sqrt{3}$である。よって，△ACEの面積は，$\frac{1}{2}$×AC×EK＝$\frac{1}{2}$×6×6$\sqrt{3}$＝18$\sqrt{3}$である。ここで，∠DAC＝∠ECB＝60°より，同位角が等しいから，AD∥HEとなり，△DAG∽△HEGである。よって，AG：EG＝DA：HEであり，(2)より，HE＝8だから，AG：EG＝6：8＝3：4である。したがって，△ACEと△EGCについて，底辺をそれぞれAE，GEとすると，高さの等しい三角形の面積比は底辺の比に等しいので，△ACE：△EGC＝AE：GE＝(3＋4)：4＝7：4となり，△EGC＝$\frac{4}{7}$△ACE＝$\frac{4}{7}$×18$\sqrt{3}$＝$\frac{72\sqrt{3}}{7}$である。さらに，△EGCと△EGHについて，△EGC：△EGH＝CE：EH＝12：8＝3：2だから，△EGH＝$\frac{2}{3}$△EGC＝$\frac{2}{3}$×$\frac{72\sqrt{3}}{7}$＝$\frac{48\sqrt{3}}{7}$(cm^2)である。

国語解答

一 問1　ⅰ…②　ⅱ…①　問2　②

問3　①　問4　③　問5　③

問6　②　問7　④　問8　③

問9　①　問10　③

二 ㋐　②　㋑　②　㋒　④　㋓　①

㋔　③　㋕　①

三 問1　Ⅰ…④　Ⅱ…②　Ⅲ…①

問2　②　問3　③　問4　①

四 問1　ア…⑤　イ…②　ウ…⑥

問2　③　問3　②　問4　①

問5　④　問6　②

問7　F…④　G…①

五 問1　③　問2　④　問3　③

問4　②　問5　①　問6　②

一〔小説の読解〕出典；森浩美『荷物の順番』(『こちらの事情』所収)。

問1＜文章内容＞ⅰ.「空手形を切る」は，支払金を準備できないのに約束手形を発行する，という意味。転じて，実行できない約束をする，という意味。ここでは，東京に来てはどうかと母を誘うこと。　ⅱ.「私」は，一時帰宅に合わせて東京に来てはどうかと言おうとして，母が東京に行くことを望んでも，その望みをかなえることができなければ，母をがっかりさせるだけだと思った。

問2＜文章内容＞うちわで娘に風を送ってくれる母の姿は，「何十年経っても，子を気遣う親のもの」だったが，うちわを握る母の手の甲には血管が浮き出ていた。子を思う心情に変わりはなくても，母がすっかり年老いてしまったことを痛感して，「私」は，たまらない気持ちになったのである。

問3＜慣用句＞「予防線」は，敵の攻撃などに備えて，あらかじめ準備しておく警戒・監視などの手段のこと。「予防線を張る」は，相手から，後になって非難されたりつけ込まれたりしないように，あらかじめ対策を取る，という意味。妻は，「結婚を意識した項」から，「子ども，そんなに好きじゃないし」と言い，後から子どもが欲しいと言われないようにしていた。

問4＜接続語＞「母は私を叱ったことはない」どころではなく，「私の前で愚痴ひとつこぼしたこともない」のであった。

問5＜慣用句＞「後ろ指を指される」は，こそこそと非難される，という意味。母は，「私」も兄も世間から非難されるようなことはなく「ちゃんと育った」と言った。「身につまされる」は，人の不幸などが，自分のことのように感じられる，という意味。「濡れ衣を着せられる」は，無実の罪を負わされる，という意味。「はしごを外される」は，おだてられて，高い地位や主導的な立場についたとたんに，急に周囲の態度が変わり，孤立させられる，という意味。

問6＜心情＞「人の手はふたつしかない」ので，大事な荷物がどれだけたくさんあっても，抱えられるものには限度がある。「荷物を持つにも順番」があり，今の「私」が大事にするべき荷物は，「家族と仕事」であって，母親の面倒を見ることではない。母は，「私」にそのことを伝えようとして，「人の手はふたつしかない」と言ったのである。

問7＜文章内容＞母は，「荷物を持つにも順番」があり，「欲張ったり無理をすれば，それは大事な荷物じゃなく“お荷物”になる」と言った。母は，「私」が大事にするべきなのは「家族と仕事」であり，親の面倒を見ることではないと考えていた。それに対して，「私」は，自分にとっては母も，「家族や仕事」と同じくらい大切だと言おうとしたのだが，母は，それを遮ったのである。

問８＜表現＞この日，母は，長い間住んでいた家を離れて，介護施設に入ることになっていた。母はもちろん，車を運転する「私」や同行する妻や義姉も，重苦しい気持ちを抱えていた。娘だけが無邪気にはしゃいでいる姿を描くことで，それ以外の人々のつらい心情が強調されている。

問９＜語句＞「足繁く」は，同じ場所に，たびたび行くさま。

問10＜心情＞「親に育ててもらったら，今度は子どもを育てる」ことが「一番の親孝行になる」という母の言葉を，「私」は，いったんは受け入れた。母の言うとおり，「人は歳を取った分だけ荷物を抱え込む」ものであり，「その全部を持ったまま人生を歩むことは難しい」からである。それでも，「今日の私の手は，母のためにある」と決意して，親孝行のつもりで母を背負ったが，この程度のことしかできないのかと思うと，胸がいっぱいになり，涙が流れ出したのである。

二〔漢字〕

(ア)「根絶」と書く。①は「困惑」，③は「痛恨」，④は「混乱」。　(イ)「雪辱」と書く。①は「切実」，③は「開設」，④は「力説」。　(ウ)「終始一貫」と書く。①は「勧告」，②は「交換」，③は「幹線道路」。　(エ)「車掌」と書く。②は「警鐘」，③は「詳細」，④は「社会保障」。　(オ)「戒(める)」と書く。①は「壊滅的」，②は「解禁」，④は「皆無」。　(カ)「惜(しむ)」と書く。②は「実状」または「実情」，③は「慎重」，④は「追悼」。

三〔国語の知識〕

問１＜品詞＞「容易に」は(…Ⅰ)，形容動詞「容易だ」の連用形の活用語尾である(…Ⅱ)。「なかに」「目印に」「区分けに」の「に」は，いずれも助詞(…Ⅲ)。

問２＜語句＞「いやおうなく」は，賛成であろうが，反対であろうが，文句を言わせずに，という意味。

問３＜品詞＞「共有させる」「心配させる」「行かせる」「遊ばせる」の「せる」は，使役を表す助動詞。「任せる」の「せる」は，動詞「任せる」の連体形「任せる」の一部。

問４＜熟語の構成＞「取捨」と「贈答」は，反対の意味の漢字を組み合わせた熟語。「粗悪」は，似た意味の漢字を組み合わせた熟語。「失策」は，下の漢字が上の漢字の目的語になっている熟語。「長寿」は，上の漢字が下の漢字を修飾している熟語。

四〔論説文の読解―社会学的分野―現代社会〕出典；内田樹『ためらいの倫理学　戦争・性・物語』。

≪本文の概要≫学生のレポートに，「無純」という文字を見出したとき，「私」は驚いた。この学生は，「無純」の語を，正しく「矛盾」の意味で用いていた。問題は，語義を理解し，造語する能力まで備えた学生が，「矛盾」という文字を知らなかったという点にある。なぜ，「矛盾」が書けないのか。それは，おそらく，彼らが「飛ばし読み」という習慣を過剰に骨肉化させたためではないだろうか。今の大学生の知性には，「分からない文字は瞬時に飛ばして，読めなくても，気にしない」という「物忘れ機能」が初期設定されているのである。彼らにとっては，単語の一つ一つの意味はどうでもよく，ノリのよい文章さえ楽しめれば，それでいいのだろう。先日，入試の英文和訳の採点をして，「私」は，さらに衝撃を受けた。全く無意味な文章が書き連ねてあったからである。彼女たちにとって，「世界」は，その答案に似た「意味の虫食い状態」として現前しているのである。意味の欠如が，何かの欠落として感知されない知的状況に，二一世紀の日本の若者は置かれている。

問１．ア＜表現＞問題は，「語義を理解し造語する能力まで備えた学生」が，「矛盾」という文字を知らなかったことにあるのであり，言うまでもなく，「これまでも『矛盾』という字を書けなかった学生はいくらもいた」のである。　イ＜接続語＞「矛盾」が書けないのは，「『本や新聞を読まないからだよ』と言って済ませる人がいる」が，「そうだろう」か。　ウ＜接続語＞若者が「愛読する『マンガ』」は，「膨大な量の文字情報をも同時に発信して」おり，さらに，「彼らが日頃耽読している情報誌やファッション誌もまた少なからぬ文字情報を含んでいる」のである。

問２＜文章内容＞この学生は，文脈から，「『むじゅん』ということばの意味」を正しく理解しており，「『(対立者を含んでいるので)純粋では無い』という解釈」から，「無純」という当て字をつくり出した。文脈から言葉の意味を推理し，その意味に当てはまる漢字を選んでいるので，この学生の「知的能力はかなり高い」といえるのである。

問３＜文章内容＞「知識の不正確さ」とは，「矛盾」を「予盾」と書くような，「矛盾」という文字を知ってはいるが，その「文字のかたちを『正確には再現できない』というだけのこと」である。一方，「知識の欠落」とは，「矛盾」という「文字を『知らない』ということ」である。

問４＜文章内容＞「私たち人間の知性にはもともと『意味のないノイズ』を無視して，自分にとって意味のあるものだけを選択的に拾ってゆくという『飛ばし読み機能』が備わっている」のである。「機械がいちいち拾ってしまうゴミ情報を無視することができる」のはこのためであり，この機能が備わっている点で，人間は，機械よりも勝っているのである。したがって，「分からない文字」を「意味のないノイズ」として無視して，わかるところだけを読み続けた結果，文字が読めなくなってしまった「大学生たちの知的構造はすぐれて『人間的』」だといえるのである。

問５＜文章内容＞ポール・ブラッドショウの書いたような「文章ばかりを浴びるように読み続けた場合」，人間は，「読めない文字があっても気にならない」し，意味がわからない単語があっても，気にせず読み続ける，という反応を示すようになる。このような「文章が読者に求めている」のは，「ノリのよい文章を読んで，気分がよくなること」であり，「単語一つ一つの意味なんか，どうだっていい」のである。

問６＜文章内容＞「いまの若い人たちが目にし，耳にする日本語の文章は，あまりに多くの『意味不明のことば』を含んでいる」が，「読者視聴者に期待されているのは，その逐語的理解ではなく，文章の持つグルーヴ感やテンションに同調して『乗る』こと」なのである。「無純」と書いた学生は，「矛盾」という言葉を意味不明なものとして読み飛ばし，「むじゅん」の意味が問題になると，文脈とノリから「無純」という漢字を当てはめた。おそらく，このようにして，「『無純』と書く大学生は誕生した」のだろう。

問７＜表現＞Ｆ．入試の英文和訳の採点をしていた「私」が愕然としたのは，「彼女たちが『英語が出来ない』から」でも，「『日本語が出来ない』から」でもなく，「まったく無意味な文章」を平気で「書き連ねて」いたからである。「彼女たちは，誰が読んでも意味不明である文章を書いて，そしてそのことにご自身が心理的抵抗をあまり感じない」のである。　Ｇ．通常，私たちは，「自分の『読めない文字』や『意味の分からない単語』に出会った場合，『ぎくり』と」して，「人に聞いたり，(あとでこっそり)辞書を引いたりして，語義を確定しよう」とする。「そのような『意味の欠如』に反応する不快や欠落感に担保されて私たちの語彙は拡大する」のである。しかし，二一世紀の日本の若者は，「意味の欠如」に対して，「不快や欠落感」を感じないのである。

五〔古文の読解―随筆〕出典；『落栗物語』二六。

≪現代語訳≫水戸中納言光国卿が，狩りにお出でになったところ，粗末な身なりの男が，年老いた女を背負って，道端で休んでいたのを，（光国卿が）「（あの男は）どのような者か」とお尋ねになったので，知っている者がいて，「彼は人々に知られた孝行者で，母を背負って（光国卿が）狩りをなさるお姿を拝見しております」と言う。中納言殿は大いに感心されて，（男に）米銭をたくさんくださった。その後またある所で，同じような者に出会ってお尋ねになると，母を背負ってどこかへ行くことを申し上げる。従者たちが「彼は先のことを聞いてうらやみ，それのまねをしてほうびをいただこうとしているのでしょう」とささやいたところ，例の卿は笑って，「おろか者をまねるのはおろか者の同類，親孝行な子をまねるのは親孝行な子の同類である。よいことのまねをする奴だ。さあさあ物を与えよ」と言って，前回の折と同じように米銭をお与えになった。

問１＜歴史的仮名遣い＞歴史的仮名遣いの「ゐ」は，現代仮名遣いでは「い」となる。また，歴史的仮名遣いのハ行は，語頭以外の場合，原則として，現代仮名遣いでは「わいうえお」となる。したがって，「ゐたる」は「いたる」，「問はせたまへば」は「とわせたまえば」となる。

問２＜現代語訳＞「いかなる」は，どのような，という意味。「ぞ」は，疑問詞と呼応して，疑問を表す終助詞。全体で，どういう者か，という意味。

問３＜古文の内容理解＞光国卿が，道端の男を見て，あの男はどのような者か，と尋ねたところ，その男を知っている人が，その男は有名な孝行者で，母に光国卿が狩りをする姿を見せているのだ，と言ったのである。

問４＜古文の内容理解＞光国卿が狩りのときに見かけた親孝行な男と同じように，この男も，年老いた自分の母を背負っていたのである。

問５＜古文の内容理解＞「同じ様なる者」は，親孝行な男が，光国卿からほうびをもらったことを聞きつけて，そのまねをすれば，自分もほうびをもらえるだろうと考えて，親孝行のふりをした。従者は，そのたくらみを見抜いて，この男を非難する気持ちから，光国卿に警告したのである。

問６＜古文の内容理解＞ほうび目当てのまねであっても，「同じ様なる者」は，母を背負ってどこかへ行こうとしていた。それは，結果としては親孝行をしたことになるので，光国卿は，この男にも，親孝行な男にやったのと同じほうびを与えたのである。

Memo

2023年度　昌平高等学校（特別進学）

※特別進学コースの英語・数学・国語は共通問題です。

【社　会】（40分）〈満点：100点〉

1　次の**地図**を見て，あとの**問１～問５**に答えなさい。

地図

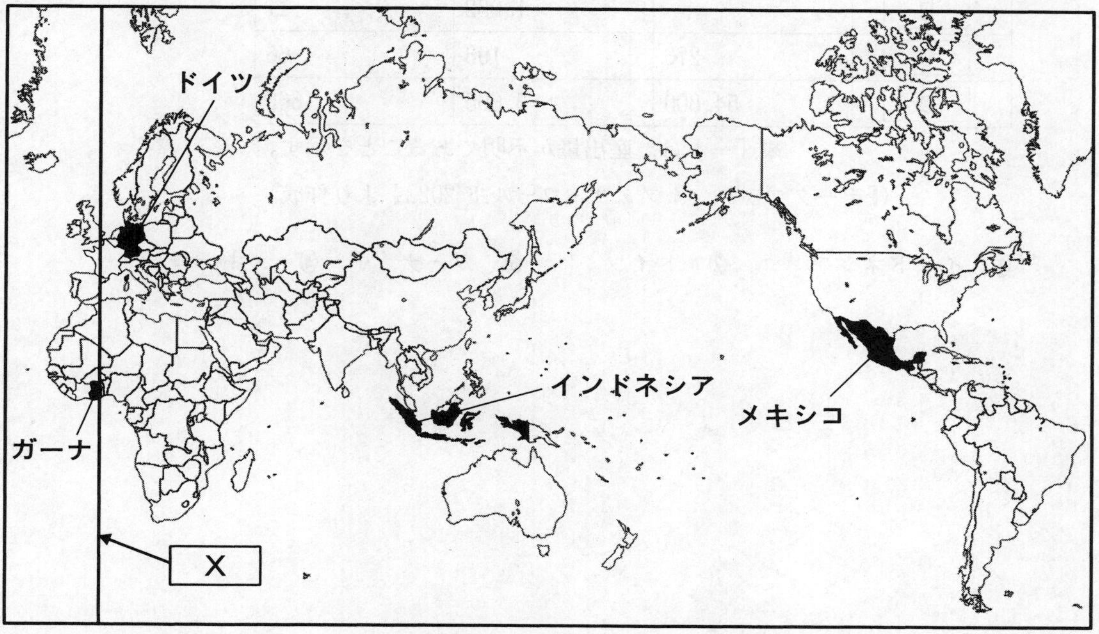

問１　**地図**中の［ X ］は，本初子午線を表しています。本初子午線が通る国として**誤っているもの**を，下の①～④のうちから１つ選びなさい。［ 1 ］

①　イギリス　　②　フランス　　③　アルジェリア　　④　ナイジェリア

問2　次の**表1**は，**地図**中に示した4か国の，2018年における石炭，2019年における原油，天然ガスの産出量をまとめたものです。**表1**中の［C］にあてはまる国として正しいものを，あとの①～④のうちから1つ選びなさい。［2］

表1

	石炭（万t）	原油（万t）	天然ガス（億m^3）
A	478	8,839	270
B	－	1,032	11
C	276	193	66
D	54,800	3,695	665

※「－」は，産出量が不明であることを示す。

（『データブック　オブ・ザ・ワールド 2022』より作成）

①　インドネシア　　②　ドイツ　　③　ガーナ　　④　メキシコ

問３　次の文章は，**地図**中の**ドイツ**のベルリンの気候について述べたものです。あとの(1)と(2)の問いに答えなさい。

ベルリンの月平均降水量と月平均気温を表したグラフは［　Ⅰ　］である。この都市は，［　Ⅱ　］と呼ばれる気候帯に属している。

(1)　文章中の［　Ⅰ　］にあてはまる**グラフ**を，下の①～④のうちから１つ選びなさい。

［　3　］

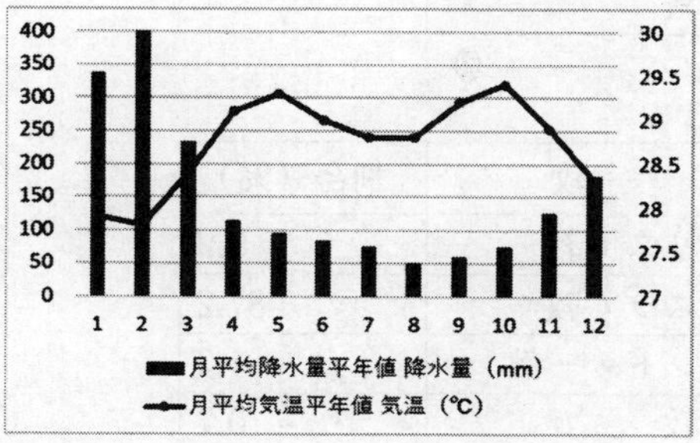

①

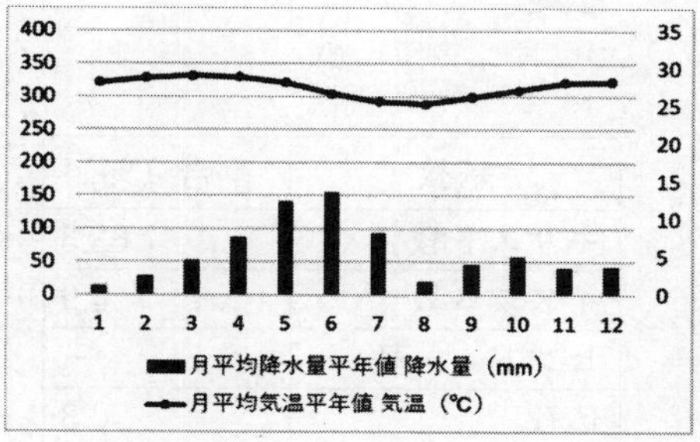

②

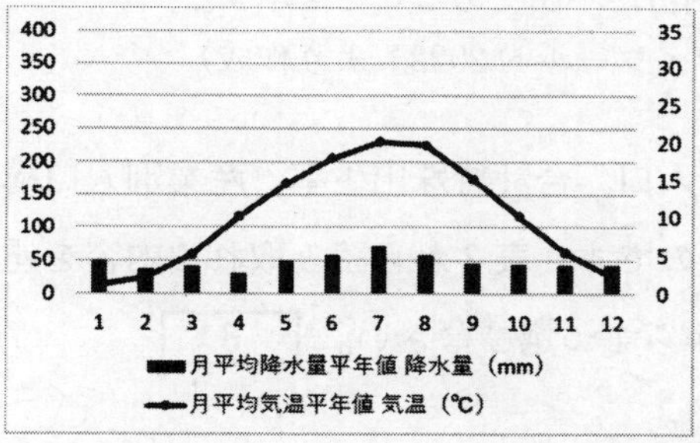

③

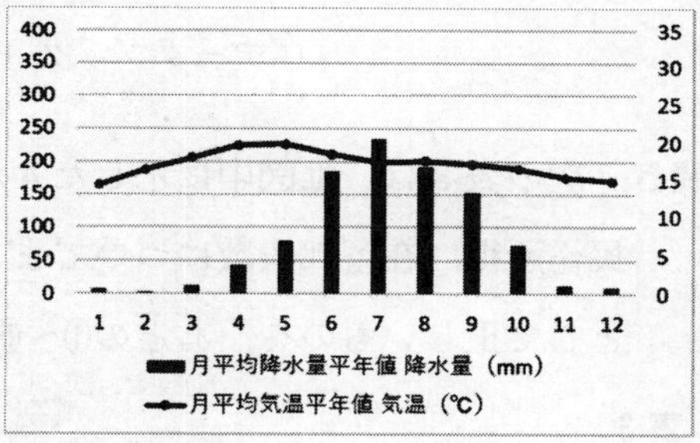

④

（気象庁ＨＰより作成）

(2)　文章中の［　Ⅱ　］にあてはまる気候帯を，下の①～④のうちから１つ選びなさい。

［　4　］

①　西岸海洋性気候　　②　熱帯雨林気候　　③　サバナ気候　　④　ステップ気候

問4　次の**表2**は，**地図**中に示した4か国の人々が信仰している宗教についてまとめたものです。**インドネシア**を表したものとして正しいものを，**表2**中の①～④のうちから1つ選びなさい。 **5**

表2

宗教	割合（%）
キリスト教	68.8
イスラム教	15.9
ヒンドゥー教	―
仏教	―

①

宗教	割合（%）
キリスト教	92.4
イスラム教	―
ヒンドゥー教	―
仏教	―

②

宗教	割合（%）
キリスト教	62.3
イスラム教	4.9
ヒンドゥー教	―
仏教	0.3

③

宗教	割合（%）
キリスト教	9.9
イスラム教	87.2
ヒンドゥー教	1.7
仏教	0.7

④

※「―」は，割合が不明であることを示す。

（『データブック　オブ・ザ・ワールド2022』より作成）

問5　次の**表3**は，**地図**中に示した4か国の，人口，合計特殊出生率，産業別人口構成，国民総所得，在留邦人数についてまとめたものです。**表3**から読み取れる内容を述べた文として正しいものを，あとの①～⑤のうちから1つ選びなさい。 **6**

表3

	人口（万人）	合計特殊出生率	産業別人口構成（%）			国民総所得（億ドル）	在留邦人数（人）
			第一次産業	第二次産業	第三次産業		
インドネシア	27,352	2.29	29.6	22.3	48.1	10,851	18,191
ドイツ	8,378	1.54	1.2	27.3	71.4	39,661	41,757
ガーナ	3,107	3.82	30.4	21.1	48.5	655	229
メキシコ	12,893	2.10	12.8	26.1	61.1	12,324	11,659

（『データブック　オブ・ザ・ワールド2022』より作成）

① 人口が多い国ほど国民総所得額も多くなっており，ほぼ比例している。

② 合計特殊出生率が高い国ほど，人口も多くなっている。

③ 一人当たりの国民総所得の順位と，第三次産業従事者の割合の順位は同じである。

④ 各国の国民総所得額と，一人当たりの国民総所得額の順位は同じである。

⑤ 各国の人口に対する在留邦人数の割合は，人口の多さに比例する。

2 和希さんは，社会の授業で地域の特徴を調べました。次の**地図1**を見て，あとの**問1**～**問5**に答えなさい。

地図1

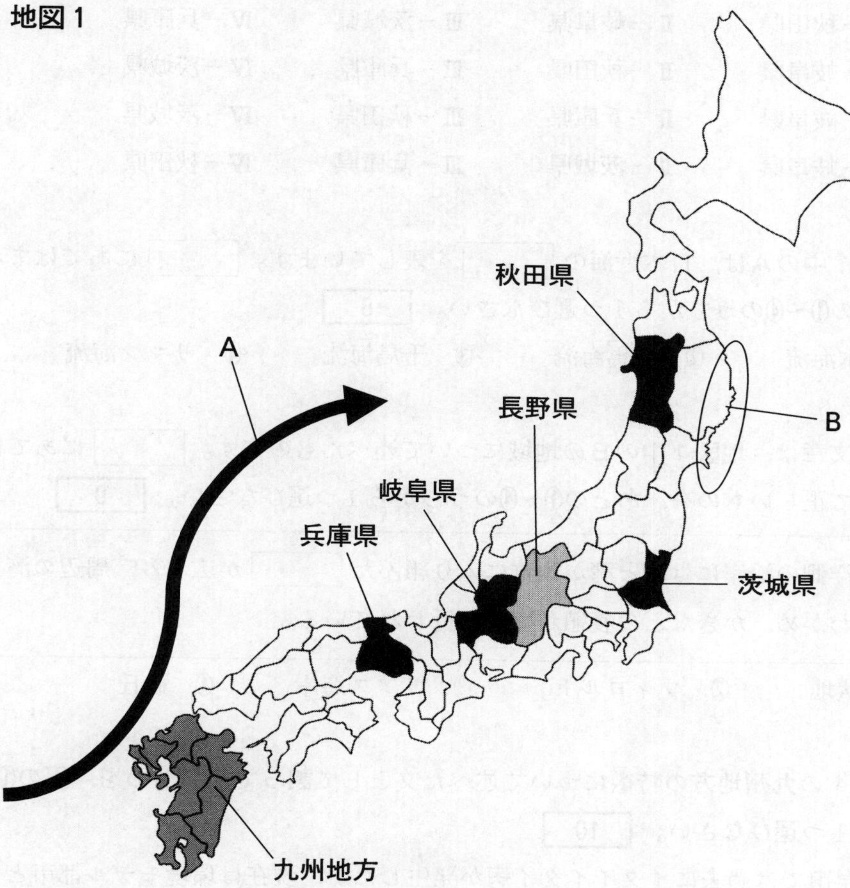

問1 次の**表**は，**地図1**中の**秋田県**，**茨城県**，**岐阜県**，**兵庫県**の，2019年における農業産出額，漁業生産量，製造品出荷額をまとめたものです。**表**中の Ⅰ ～ Ⅳ にあてはまる県の組み合わせとして正しいものを，次ページの①～⑥のうちから1つ選びなさい。 7

表

	農業産出額（億円）	漁業生産量（百t）	製造品出荷額（億円）
Ⅰ	1,066	16	59,896
Ⅱ	1,931	60	12,998
Ⅲ	1,509	1,055	163,896
Ⅳ	4,302	2,945	126,383

（『データでみる県勢 2022』より作成）

① Ⅰ－秋田県　Ⅱ－兵庫県　Ⅲ－岐阜県　Ⅳ－茨城県
② Ⅰ－秋田県　Ⅱ－兵庫県　Ⅲ－茨城県　Ⅳ－岐阜県
③ Ⅰ－秋田県　Ⅱ－岐阜県　Ⅲ－茨城県　Ⅳ－兵庫県
④ Ⅰ－岐阜県　Ⅱ－秋田県　Ⅲ－兵庫県　Ⅳ－茨城県
⑤ Ⅰ－岐阜県　Ⅱ－兵庫県　Ⅲ－秋田県　Ⅳ－茨城県
⑥ Ⅰ－岐阜県　Ⅱ－茨城県　Ⅲ－兵庫県　Ⅳ－秋田県

問2　**地図1**中の**A**は，日本近海の［　　］を表しています。［　　］にあてはまる海流名を，下の①～④のうちから1つ選びなさい。［8］

① 日本海流　② 対馬《つしま》海流　③ 千島海流　④ リマン海流

問3　次の文章は，**地図1**中の**B**の地域について述べたものです。［　　］にあてはまる地形として正しいものを，あとの①～④のうちから1つ選びなさい。［9］

> 太平洋側の沿岸には岬と湾が複雑に入り組んだ［　　］が広がり，周辺の湾ではこんぶやわかめ，かきなどの養殖が盛んに行われている。

① 扇状地　② フィヨルド　③ リアス海岸　④ 砂丘

問4　**地図1**の**九州地方**の特徴について述べた文として**誤っているもの**を，下の①～④のうちから1つ選びなさい。［10］

① 水俣《みなまた》市では過去にイタイイタイ病が発生したが，現在は環境モデル都市となっている。
② 九州南部は畜産に適した気候で，牛肉，豚肉，鶏肉の生産が盛んである。
③ 宮崎平野では，温暖な気候を生かしたきゅうりやピーマンの促成栽培が盛んである。
④ 大分県や鹿児島県では火山を生かした地熱発電が盛んに行われている。

問5　次ページの**地図2**は，**地図1**中の**長野県**東御《とうみ》市付近の2万5千分の1の地形図です。**地図2**から読み取れる内容を述べた文として下線部が正しいものを，下の①～④のうちから1つ選びなさい。［11］

① **A**地点から**B**地点までの実際の地図上の長さは約2.7 cmであり，直線距離は約675 mである。
② 田中橋がかかる川の周辺には，果樹園が広がっている。
③ **C**地点付近の市役所の東側には，小中学校と図書館がある。
④ **D**地点付近には，税務署がある。

地図２

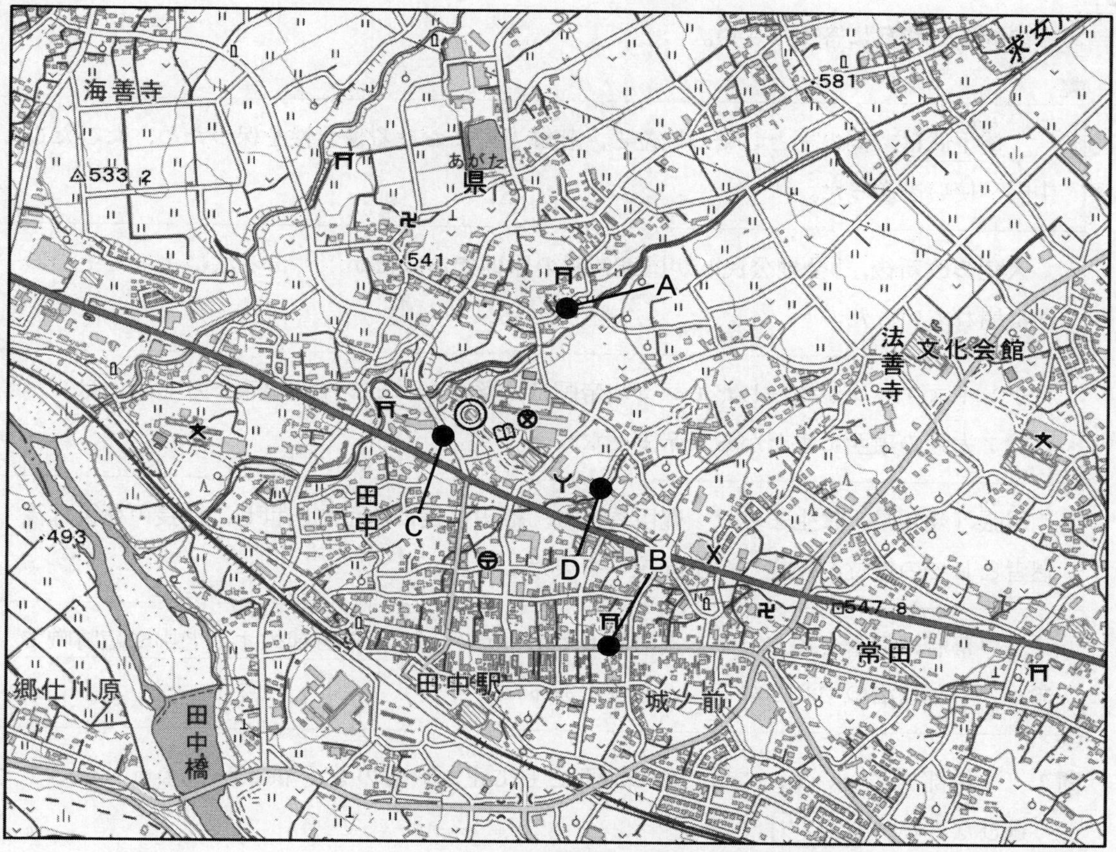

（国土地理院　電子国土Webより作成，一部改変）

3 まきさんは，古代から近世までの歴史について調べ，次の**表**にまとめました。これを見て，あとの**問1～問5**に答えなさい。

表

ア倭王《わおう》武は，倭の王としての地位と，朝鮮半島における優位性を保つため，たびたび中国へ使いを送った。
大化の改新後，「公地公民」が国家運営の原則であったが，イある法によってその原則は崩れていった。
チンギス・ハンが統一したモンゴル帝国は，孫のウフビライが皇帝になる頃にはユーラシア大陸の東西にまたがる大帝国となった。
尾張《おわり》（愛知県）に生まれたエ豊臣秀吉は，織田信長に仕えて出世し，信長の死後は後継者としての地位を確立し，全国統一を果たした。
江戸幕府は将軍を頂点とする支配制度であったが，オ将軍を補佐する老中や臨時職である大老が政治の中心となることも多くあった。

問1 下線部**ア**について，この人物の説明として正しいものを，下の①～④のうちから1つ選びなさい。 **12**

① 冠位十二階を定め，家柄にとらわれず，有能な人物を役人に用いた。

② 中国の皇帝から「親魏《しんぎ》倭王」の称号と金印，銅鏡などを授かった。

③ 大王を名乗り，関東地方から九州中部におよぶ支配体制を形成した。

④ 朝鮮半島の百済《くだら》を助けるため，出兵して新羅《しらぎ》と戦ったが敗れた。

問2 下線部**イ**について，この法の名前として正しいものを，下の①～④のうちから1つ選びなさい。 **13**

① 大宝律令　② 墾田永年私財法　③ 班田収授法　④ 十七条の憲法

問3 下線部**ウ**について，この人物が行ったこととして**誤っているもの**を，下の①～④のうちから1つ選びなさい。 **14**

① 都を大都（北京《ペキン》）に移し，国号を元と定めた。

② 朝鮮半島の高麗《こうらい》を制圧し，服属させた。

③ 日本に対して二度にわたり出兵を行った。

④ 征服した土地では言語や信教の自由を認めなかった。

問4　下線部**エ**について，次の**A**～**D**は，豊臣秀吉が生きていた時代に起こったできごとです。年代の古い順に並べかえた時，正しい順番を表しているものを，あとの①～⑧のうちから1つ選びなさい。 [15]

A　京都から将軍が追放され，室町幕府が滅びた。

B　布教活動を行う宣教師に対して国外追放を命じた。

C　本能寺で，織田信長が明智光秀に背かれた。

D　明を征服するために，朝鮮へ大軍を派遣した。

① A → C → B → D　　② A → C → D → B
③ B → A → C → D　　④ B → A → D → C
⑤ C → B → A → D　　⑥ C → A → D → B
⑦ D → C → B → A　　⑧ D → C → A → B

問5　下線部**オ**について，次の(1)と(2)の問いに答えなさい。

(1)　老中として，次の文章の政策を行った人物として正しいものを，あとの①～④のうちから1つ選びなさい。 [16]

> 幕府の収入を増やすために商工業者が株仲間を作ることを奨励し，これに特権を与える代わりに税を納めさせた。また，蝦夷地《えぞち》の調査を行い，産業の発展を目指した。

① 新井白石《あらいはくせき》　② 水野忠邦《みずのただくに》　③ 田沼意次《たぬまおきつぐ》　④ 松平定信《まつだいらさだのぶ》

(2)　大老であった井伊直弼《いいなおすけ》に関連があるできごととして正しいものを，下の①～⑥のうちから1つ選びなさい。 [17]

① 朝廷との関係改善のため，公武合体策を提案した。
② 朝廷の許可を得ないまま，日米和親条約を結んだ。
③ 吉田松陰《よしだしょういん》をはじめ，幕府の政策に反対する武士や大名，公家などを処罰した。
④ 異国船打払令をやめ，外国船に燃料や水を与えて退去させるようにした。
⑤ 朱子学を幕府の公式の学問とし，幕府の学問所での朱子学以外の講義を禁止した。
⑥ 江戸および大阪周辺の大名・旗本の領地を幕府の直轄領とする命令を出した。

4

次の年表を見て，あとの**問1**～**問5**に答えなさい。

年代	できごと	
1867	・徳川慶喜《とくがわよしのぶ》が政権を朝廷に返す…………………	ア
1889	・大日本帝国憲法が発布される…………………	イ
1914	・第一次世界大戦が起こる………………………	↕ ウ
1951	・サンフランシスコ平和条約に調印する…	
1960	・ベトナム戦争が始まる………………………	エ
1972	・沖縄が日本に返還される……………………	↕ オ
1992	・ＰＫＯ協力法が成立する……………………	

問1　年表中の**ア**に関連して，この後に成立した新政府側の人物で，のちに征韓論をめぐる対立から政府を去った人物を，下の①～④のうちから１つ選びなさい。［ 18 ］

①　大久保利通《おおくぼとしみち》　②　岩倉具視《いわくらともみ》　③　木戸孝允《きどたかよし》　④　西郷隆盛《さいごうたかもり》

問2　年表中の**イ**について，次の文章は，大日本帝国憲法が制定されるまでの流れについて述べたものです。［　　　］にあてはまる国名を，あとの①～④のうちから１つ選びなさい。［ 19 ］

> 国会開設を約束した政府は憲法の制定に乗り出した。伊藤博文《いとうひろぶみ》はヨーロッパに留学し，君主の権力が強い憲法を制定していた［　　　］を中心に調査し，帰国後に憲法草案の作成を進めた。

①　スペイン　②　オランダ　③　ドイツ　④　フランス

問3　年表中の**ウ**の時期における次の**A**～**D**のできごとを年代の古い順に並べかえた時，正しい順番を表しているものを，あとの①～⑧のうちから１つ選びなさい。［ 20 ］

A　陸軍の青年将校らが東京の中心部を占拠した二・二六事件が起こった。

B　満 20 歳以上の男女に選挙権が与えられ，有権者が大きく増加した。

C　海軍の青年将校らが首相官邸《かんてい》を襲った五・一五事件が起こった。

D　米の価格が大幅に上がり，富山から始まった米騒動が全国に広がった。

①　A → C → B → D　②　A → C → D → B
③　B → A → C → D　④　B → A → D → C
⑤　C → B → A → D　⑥　C → B → D → A
⑦　D → C → B → A　⑧　D → C → A → B

問4　年表中の**エ**について，ベトナム戦争をはじめとしたアメリカとソ連の対立について述べた文として**誤っているもの**を，下の①～④のうちから1つ選びなさい。 21

① アメリカ側はワルシャワ条約機構を，ソ連側は北大西洋条約機構を結成した。

② 北朝鮮が韓国へ侵攻して戦争が起こり，アメリカは韓国を支援した。

③ ドイツはアメリカとソ連によって東西に分断され，統一までに40年以上かかった。

④ ソ連がキューバに核ミサイル基地を建設し，国際的な緊張が高まった。

問5　年表中の**オ**の時期におけるできごととして正しいものを，下の①～④のうちから1つ選びなさい。 22

① 日韓基本条約が結ばれ，日本と韓国の国交が正常化した。

② アメリカの統治下にあった小笠原《おがさわら》諸島が日本に復帰した。

③ アメリカで飛行機がビルなどに突入する同時多発テロが起こった。

④ イラク軍がクウェートに侵攻し，多国籍軍との戦争が起こった。

5 康太さんは，公民的分野の学習のまとめとして，社会を構成する一員として学んだことについて，次の**表**にまとめました。これを見て，あとの**問1～問5**に答えなさい。

表

キーワード	社会を構成する一員として学んだこと
他者との合意	他者との社会生活を営む上では「合意」が重要で，この「合意」がルールとなり，ア義務の発生や権利の保障につながる。
代表者による話し合い	国民全員が一堂に集まって国家の方針について話し合うことはできないため，イ代表者を選んで議論をすることが現実的だ。
ウ価格の決まり方	市場価格は季節や社会情勢などの影響を受けて常に変化している。消費量と生産量によって価格が決められていく経済を市場経済という。
エ領土問題	領土問題は話し合いによる解決が困難で，日本においても未解決の問題が多く残っている。
国際社会における日本	世界各国は国益のため国家同士で結びつきを強め，軍事的にも経済的にもオ様々なつながりをもっている。

問1 下線部**ア**について，日本国憲法における義務や権利について述べた文として**誤っているもの**を，下の①～④のうちから1つ選びなさい。 [23]

① 国民の義務は，勤労，納税，子どもに普通教育を受けさせる義務である。

② 公共の福祉の実現のためであっても，個人の権利は制限されない。

③ 思想・良心の自由，信教の自由，表現の自由などの精神活動の自由が保障されている。

④ 満18歳以上のすべての国民には，国民の代表を選ぶ選挙権が与えられている。

問2 下線部**イ**に関連して，次の文章は日本の国会について述べたものです。あとの(1)と(2)の問いに答えなさい。

> 国会は国の唯一の［ Ⅰ ］機関であり，その主な役割として［ Ⅱ ］などがある。

(1) ［ Ⅰ ］にあてはまる言葉を，下の①～④のうちから1つ選びなさい。 [24]

① 行政　② 立法　③ 裁判　④ 国権

(2) Ⅱ にあてはまる言葉として**誤っているもの**を，下の①～⑥のうちから１つ選びなさい。 25

① 外国との条約の承認　② 弾劾《だんがい》裁判所の設置　③ 内閣総理大臣の指名

④ 憲法改正の発議　⑤ 予算の議決　⑥ 国会の召集

問３ 下線部**ウ**に関連して，公共料金として正しいものを，下の①～④のうちから１つ選びなさい。 26

① ＮＨＫの受信料　② 水道料金

③ 携帯電話の通信料　④ 新聞の購読料

問４ 下線部**エ**について，わが国の領土である北方領土は，長い間ロシア（ソ連）により不法占拠されてきました。北方領土に属する島として**誤っているもの**を，下の①～⑤のうちから１つ選びなさい。 27

① 国後《くなしり》島　② 尖閣《せんかく》諸島　③ 歯舞《はぼまい》群島　④ 色丹《しこたん》島　⑤ 択捉《えとろふ》島

問５ 下線部**オ**について，国家間のつながりについて述べた文として正しいものを，下の①～④のうちから１つ選びなさい。 28

① 日本はＡＳＥＡＮに加盟し，東南アジアの中で経済的な協力体制を築いている。

② ＥＵはヨーロッパにおいて加盟国を拡大し続け，離脱した国はこれまでにない。

③ ＡＰＥＣはアジアやオセアニア地域などの国家が参加する経済協力の枠組みである。

④ 日本はＰＫＯを通じて発展途上国の経済や教育の向上のための協力を行っている。

6 ちあきさんは，社会科の学習の総まとめとして，興味を持った二つのキーワードについて調べ，次の**資料１**，**資料２**にまとめました。これを見て，あとの**問１～問４**に答えなさい。

資料１　世界遺産

世界遺産は，人類共通の遺産として保護，保全すべきものであり，その種類は３つある。**ア**文化遺産，自然遺産，そして複合遺産である。日本においても各地に世界遺産があり，観光資源となっている一方で，観光客の増加による保護，保全の難しさが課題となっている地域もある。

資料２　持続可能な社会

現代における私たちの生活は，経済の発展や**イ**技術革新によって非常に便利なものとなった。しかしその一方で，化石燃料などの消費が増えたことで温室効果ガスが大量に排出されるようになり，**ウ**地球温暖化が進んでいる。また，資源の将来的な枯渇が懸念されていることや，裕福な国と貧しい国との**エ**経済格差の拡大なども，大きな社会問題となっている。

問１　下線部**ア**について，次の(1)と(2)の問いに答えなさい。

(1)　文化遺産の一つである「紀伊《きい》山地の霊場と参詣《さんけい》道」は，三重県，奈良県，和歌山県にまたがる世界遺産です。三重県，奈良県，和歌山県の特徴について述べた文として**誤っているもの**を，下の①～④のうちから１つ選びなさい。 **29**

① 広大な森林が広がる三重県，奈良県，和歌山県では林業が盛んである。

② 三重県の若狭《わかさ》湾にはリアス海岸が広がっており，真珠の養殖が盛んである。

③ 奈良県には複数の世界遺産があり，多くの観光客でにぎわっている。

④ 和歌山県ではみかんの生産が盛んで，全国１位の収穫量を誇る。

(2)　文化遺産の一つである「長崎と天草地方の潜伏キリシタン関連遺産」は，江戸時代以降のキリスト教徒たちによって成立した遺産です。江戸時代のキリスト教について述べた文として**誤っているもの**を，下の①～④のうちから１つ選びなさい。 **30**

① 幕府のキリシタンへの弾圧に対し，伊東マンショを大将として幕府に抵抗した。

② 幕府はキリシタンを見つけ出すため，キリスト像などを使って絵踏を行った。

③ 幕府は1612年に，幕領においてキリスト教を禁止する命令を出した。

④ 幕府はキリスト教の布教に熱心であったポルトガル船の来航を禁止した。

問2　下線部**イ**に関連して，情報通信技術の発展により普及しつつある，ＩＣＴと金融サービスを結びつけた革新的な動きを表す言葉として正しいものを，下の①～④のうちから１つ選びなさい。 **31**

① ベンチャー　　② ＩｏＴ

③ クラウドファンディング　　④ フィンテック

問3　下線部**ウ**に関連して，温暖化対策のため2015年に採択された，脱炭素化社会を目指すための枠組みとして正しいものを，下の①～④のうちから１つ選びなさい。 **32**

① 気候変動枠組み条約　　② ワシントン条約

③ パリ協定　　④ 京都議定書

問4　下線部**エ**について，北半球と南半球との間の経済格差の拡大が課題となっています。この是正のための方策の一つで，発展途上国の農作物や製品を適正な価格で取り引きすることとして正しいものを，下の①～④のうちから１つ選びなさい。 **33**

① フェアトレード　　② プランテーション

③ モノカルチャー　　④ マイクロクレジット

【理　科】 (40分) 〈満点：100点〉

1 次の各問いに答えなさい。

問１　**図１**のように，地層の両側から力がはたらくことによって，地層が波打つように押し曲げられたものを何といいますか。最も適切なものを，次の①～⑥の中から一つ選びなさい。［ 1 ］

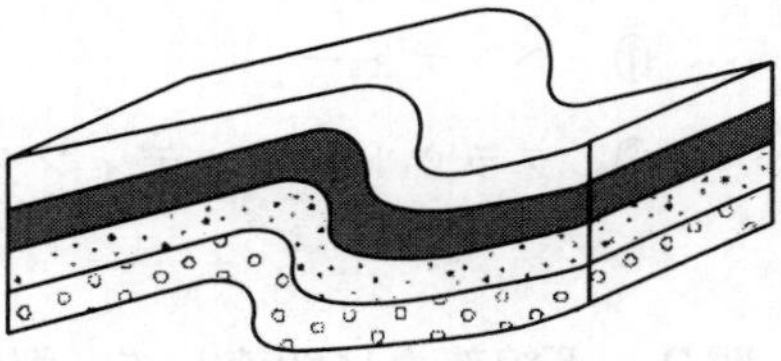

図１

① 断層　　② しゅう曲　　③ 沈降

④ 隆起　　⑤ 整合　　⑥ 不整合

問２　次の文は，**図２**のような根をしている植物について説明したものです。文中の（ Ⅰ ），（ Ⅱ ）にあてはまる語の組み合わせとして最も適切なものを，あとの①～④の中から一つ選びなさい。［ 2 ］

> **図２**のような根を（ Ⅰ ）といい，このような形状の根をしている植物は，被子植物の中の（ Ⅱ ）というなかまに分類される。

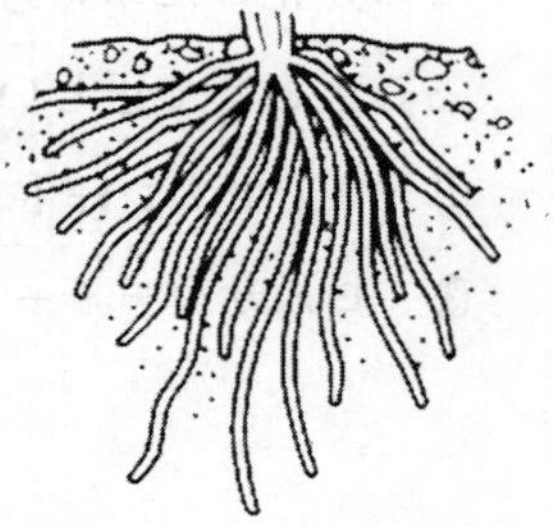

図２

	（ Ⅰ ）	（ Ⅱ ）
①	ひげ根	単子葉類
②	ひげ根	双子葉類
③	側根	単子葉類
④	側根	双子葉類

問３　**図３**のようにして，簡易電気分解装置に入れたうすい塩酸に電流を流しました。このとき，陽極から発生する気体の特徴として最も適切なものを，次の①～④の中から一つ選びなさい。［ 3 ］

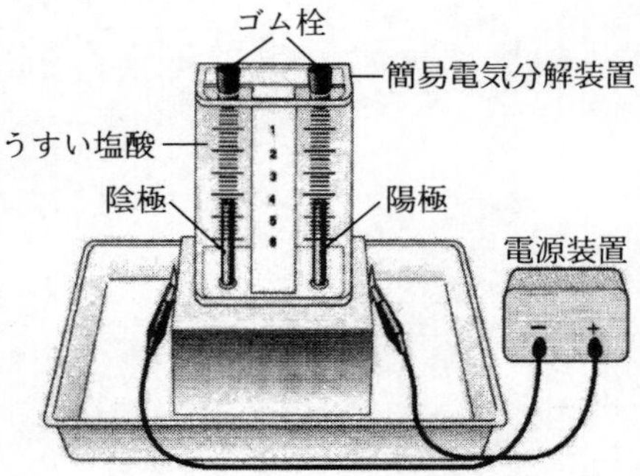

図３

① 空気中で爆発して燃える。

② 卵の腐ったようなにおいがする。

③ 強い脱色作用や殺菌作用がある。

④ 他のものが燃えるのを助ける。

問4　0.002 秒で 1 回振動する音の振動数として最も適切なものを，次の①～④の中から一つ選びなさい。[4] Hz

① 250　　② 500　　③ 750　　④ 1000

問5　**図4**の天気図において，**A**で示した等圧線は何 hPa ですか。最も適切なものを，次の①～⑥の中から一つ選びなさい。[5] hPa

① 988　　② 992

③ 996　　④ 1004

⑤ 1008　　⑥ 1012

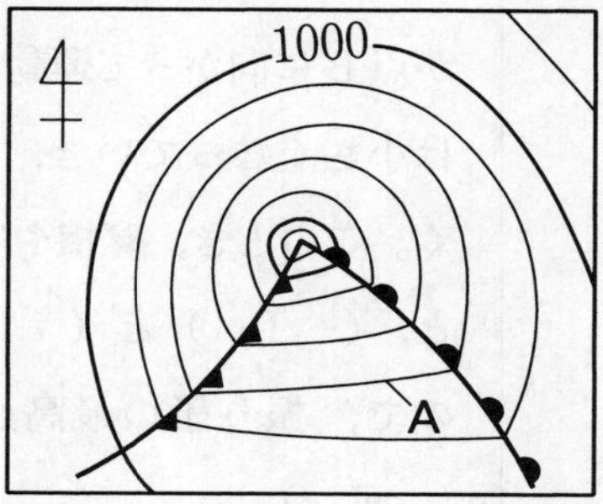

図4

問6　**図5**は，土の中にいる 4 種類の小動物をスケッチしたものです。これらのうち，食物網によるつながりの中で最上位に位置している小動物として最も適切なものを，次の①～④の中から一つ選びなさい。[6]

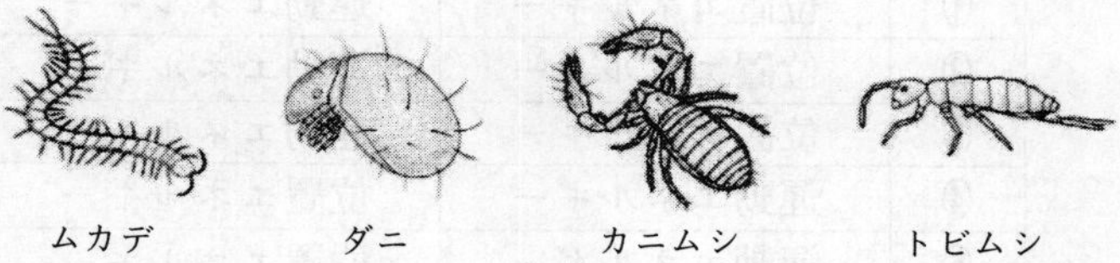

図5

① ムカデ　　② ダニ　　③ カニムシ　　④ トビムシ

問7　**図6**は，水素分子のモデル図で，水素原子 2 個が結びついて 1 個の分子を形成しています。このように，1 種類の元素からできている物質を何といいますか。最も適切なものを，次の①～④の中から一つ選びなさい。[7]

① 化合物　　② 純物質　　③ 混合物　　④ 単体

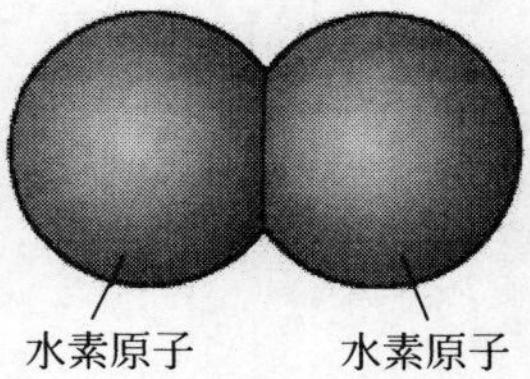

図6

問８　次の文は，**図７**の振り子の運動について説明したものです。文中の（　Ⅰ　）～（　Ⅲ　）にあてはまる語の組み合わせとして最も適切なものを，あとの①～⑥の中から一つ選びなさい。 **8**

> **図７**において，点Ａで静かに手を離したおもりが点Ｂに向かって運動する間，おもりの（　Ⅰ　）は小さくなっていき，（　Ⅱ　）は大きくなっていく。このとき，摩擦や空気の抵抗がないと仮定すると，（　Ⅰ　）と（　Ⅱ　）の和は一定に保たれるので，振り子の最高点の高さは点Ａと比べると（　Ⅲ　）。

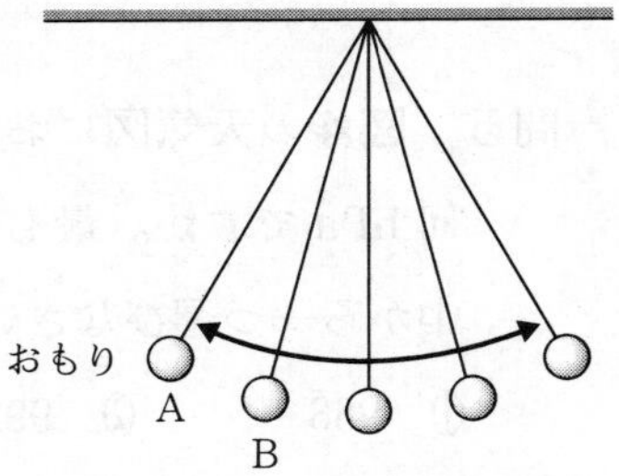

図７

	（　Ⅰ　）	（　Ⅱ　）	（　Ⅲ　）
①	位置エネルギー	運動エネルギー	高くなる
②	位置エネルギー	運動エネルギー	低くなる
③	位置エネルギー	運動エネルギー	同じになる
④	運動エネルギー	位置エネルギー	高くなる
⑤	運動エネルギー	位置エネルギー	低くなる
⑥	運動エネルギー	位置エネルギー	同じになる

2 太陽系の天体の見え方について調べるために，次のような**観測**を行いました。問１～問６に答えなさい。

観測

(1)　ある日の明け方に南の方角の空を見上げたところ，**図１**のように，月が南中していた。

(2)　(1) のとき，金星が東の地平線付近に見えていた。

(3)　この**観測**を行った日の太陽・金星・地球の位置関係を調べ，その位置関係を北極星側から見たようすを，**図２**のように表した。

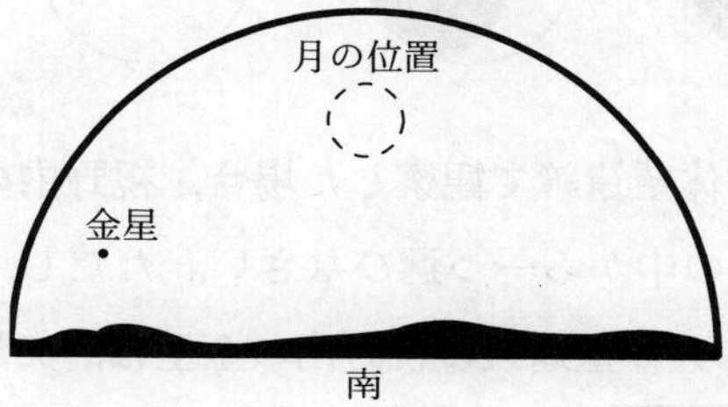

図１

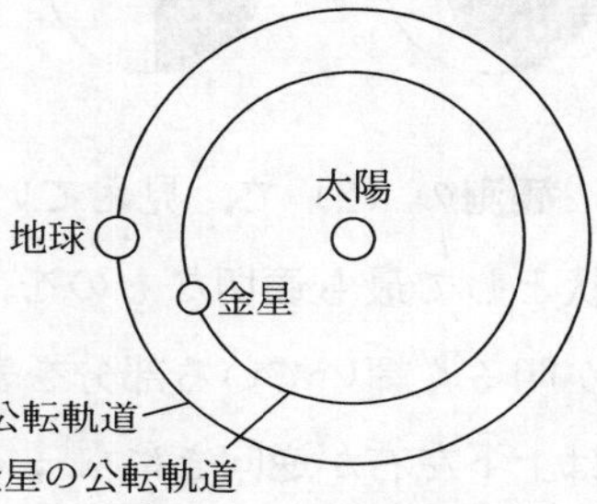

図２

問１　次の文は，太陽系の天体について説明したものです。文中の（　Ⅰ　），（　Ⅱ　）にあてはまる語の組み合わせとして最も適切なものを，あとの①～⑥の中から一つ選びなさい。**9**

地球や金星のように，太陽のまわりを公転している天体を（　Ⅰ　）という。また，月のように，（　Ⅰ　）のまわりを公転している天体を（　Ⅱ　）という。

	（　Ⅰ　）	（　Ⅱ　）
①	衛星	惑星
②	衛星	恒星
③	惑星	恒星
④	惑星	衛星
⑤	恒星	衛星
⑥	恒星	惑星

問２　月が地球のまわりを公転する周期として最も適切なものを，次の①～⑥の中から一つ選びなさい。約 10 週間

①　1　　②　2　　③　3　　④　4　　⑤　5　　⑥　6

問３　**観測**の（1）で，南中している月の形状として最も適切なものを，次の①～⑤の中から一つ選びなさい。ただし，白い部分が明るく輝いている部分を表しています。 11

①　②　③　④　⑤

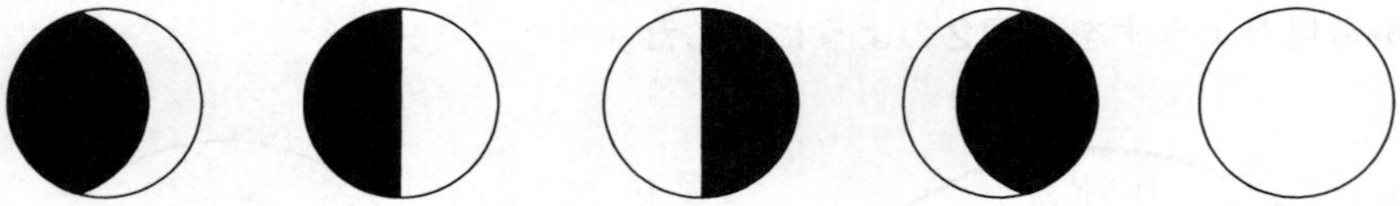

問４　**観測**の（2）で，見えていた金星を天体望遠鏡で観察した場合，視野内の金星の形状として最も適切なものを，次の①～⑤の中から一つ選びなさい。ただし，白い部分が明るく輝いている部分を表しており，天体望遠鏡の視野内の金星は，実際の金星とは上下左右が逆向きになっています。 12

①　②　③　④　⑤

問５　金星を真夜中に見ることができない理由として最も適切なものを，次の①～④の中から一つ選びなさい。 13

①　金星の構造が地球に似ているから。

②　金星のまわりを公転する天体がないから。

③　金星の公転軌道が地球よりも内側であるから。

④　金星には二酸化炭素を主成分とする大気があるから。

問６　地球と金星の公転周期について調べたところ，地球の公転周期は１年，金星の公転周期は0.62年であることがわかりました。この**観測**を行った日からちょうど１年後，金星はどのような時間帯に，どの方角の空に見られると考えられますか。最も適切なものを，次の①～⑥の中から一つ選びなさい。 14

①　明け方に東の空に見られる。　②　明け方に南の空に見られる。

③　明け方に西の空に見られる。　④　夕方に東の空に見られる。

⑤　夕方に南の空に見られる。　⑥　夕方に西の空に見られる。

3 デンプンが消化される過程における，だ液の関わりについて調べるために，次のような実験を行いました。問１～問６に答えなさい。

実験

(1)　４本の試験管Ａ～Ｄに，デンプン溶液を５mLずつ入れた。

(2)　**図１**のように，試験管Ａ，Ｂには水でうすめただ液を２mLずつ，試験管Ｃ，Ｄには水を２mLずつ加えた。

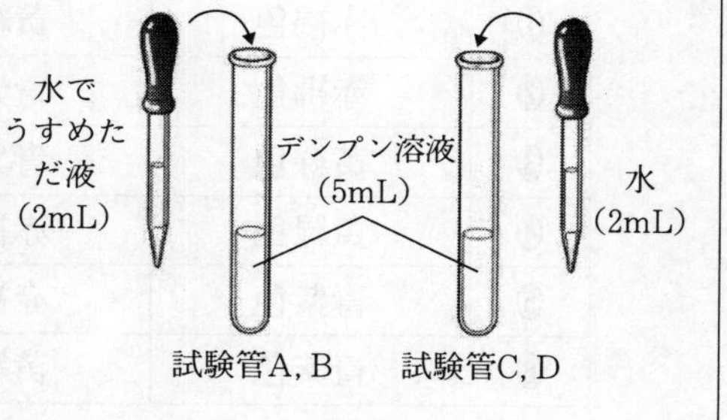

図１

(3)　次に**図２**のように，試験管Ａ～Ｄを，ある温度に保った水を入れたビーカーの中にしばらく立てておいた。

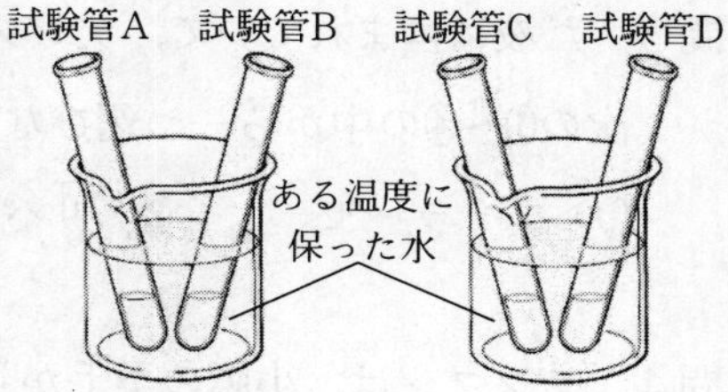

図２

(4)　(3)のあと，試験管Ａ，Ｃにヨウ素液を加え，それぞれに起こる変化を観察した。また，試験管Ｂ，Ｄにはベネジクト液と沸騰石を加えて加熱し，それぞれに起こる変化を観察した。

(5)　(4)で見られた変化について，**表**のようにまとめた。

表

試験管Ａ	特に変化は見られなかった。
試験管Ｂ	試験管内に［Ｘ］の沈殿が生じた。
試験管Ｃ	ヨウ素液の色が［Ｙ］に変化した。
試験管Ｄ	特に変化は見られなかった。

問１　**実験**の(3)の下線部について，「ある温度」として最も適切なものを，次の①～⑥の中から一つ選びなさい。約［15］℃

①　10　　②　25　　③　40　　④　55　　⑤　70　　⑥　95

問2　表の X ， Y にあてはまる色の組み合わせとして最も適切なものを，次の①～⑥の中から一つ選びなさい。 16

	X	Y
①	赤褐色	黄緑色
②	赤褐色	青紫色
③	黄緑色	青紫色
④	黄緑色	赤褐色
⑤	青紫色	赤褐色
⑥	青紫色	黄緑色

問3　だ液に含まれていて，デンプンの消化に関わっている酵素として最も適切なものを，次の①～④の中から一つ選びなさい。 17

①　アミラーゼ　　②　リパーゼ　　③　ペプシン　　④　トリプシン

問4　デンプンは，小腸の柔毛から吸収されるときには何という物質にまで分解されていますか。最も適切なものを，次の①～④の中から一つ選びなさい。 18

①　脂肪酸　　②　アミノ酸　　③　ブドウ糖　　④　モノグリセリド

問5　問4の物質が柔毛から吸収されたあと，最初に運ばれる器官として最も適切なものを，次の①～⑤の中から一つ選びなさい。 19

①　肺　　②　心臓　　③　すい臓　　④　じん臓　　⑤　肝臓

問6　シャーレをセロハンでおおったあと，**図3**のように，デンプン溶液と問4の物質（Pとする）の水溶液による混合液をセロハンの上に注ぎました。しばらくたってから，セロハンとその上の液をとり除き，シャーレにたまっていた液を2本の試験管X，Yに分け，試験管Xの液はヨウ素液，試験管Yの液はベネジクト液による反応を調べたところ，試験管Yにのみ反応が見られました。デンプンの分子，Pの分子，セロハンの穴の直径をそれぞれx，y，zとするとき，これらの大小関係として最も適切なものを，次の①～⑥の中から一つ選びなさい。 20

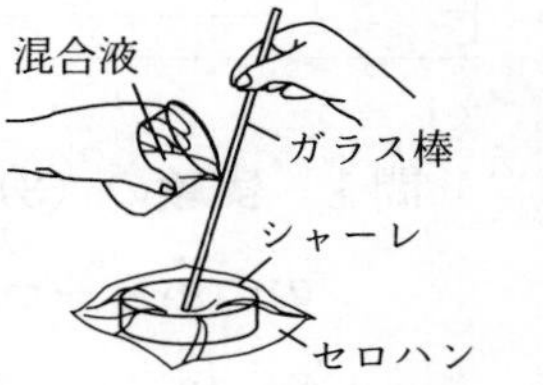

図3

①　$x < y < z$　　②　$y < z < x$　　③　$z < x < y$

④　$x < z < y$　　⑤　$y < x < z$　　⑥　$z < y < x$

4 酸性の水溶液とアルカリ性の水溶液を混ぜ合わせたときに起こる化学変化について調べるために，次のような**実験**を行いました。問１～問６に答えなさい。

実験

(1)　ビーカーに 10.0 mL のうすい硫酸を入れ，緑色の BTB 液を数滴加えた。

(2)　**図**のように，こまごめピペットを用いて，水酸化バリウム水溶液 2.0 mL を（1）のビーカー内に加えた。そのあと，ビーカー内の水溶液のようすを観察した。

(3)　水酸化バリウム水溶液が合計 10.0 mL になるまで，2.0 mL ずつ追加していき，そのつど水溶液のようすを観察した。

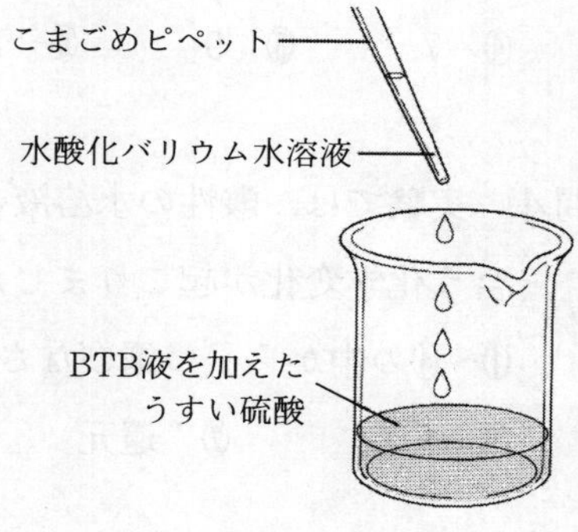

図

(4)　(2)，(3) の結果について，加えた水酸化バリウム水溶液の合計の体積とビーカー内の水溶液の色について，**表**のようにまとめた。

表

加えた水酸化バリウム水溶液の合計の体積〔mL〕	2.0	4.0	6.0	8.0	10.0
ビーカー内の水溶液の色	黄色	黄色	黄色	緑色	青色

問１　水酸化バリウム水溶液のような，アルカリ性を示す水溶液中に共通して存在しているイオンを表す化学式として最も適切なものを，次の①～④の中から一つ選びなさい。 **21**

①　Ba^{2+}　　②　H^{+}　　③　OH^{-}　　④　SO_4^{2-}

問２　**実験**の（2）で，水酸化バリウム水溶液 2.0 mL を加えたあと，ビーカー内の水溶液中には白色の物質が沈殿していました。この白色の物質を表す化学式として最も適切なものを，次の①～④の中から一つ選びなさい。 **22**

①　$BaCl_2$　　②　$BaCO_3$　　③　$BaSO_4$　　④　S

問３　**実験**の（3）で，水酸化バリウム水溶液を合計 8.0 mL 加えたあとの水溶液の pH を，pH メーターを用いて測定しました。pH メーターに表示される数値として最も適切なものを，次の①～⑥の中から一つ選びなさい。 23

① 1　② 3　③ 5
④ 7　⑤ 9　⑥ 11

問４　**実験**では，酸性の水溶液とアルカリ性の水溶液との間に，お互いの性質を打ち消し合う化学変化が起こりました。この化学変化を表す語として最も適切なものを，次の①～④の中から一つ選びなさい。 24

① 分解　② 還元　③ 中和　④ 燃焼

問５　**実験**に用いたうすい硫酸と水酸化バリウム水溶液について，10.0 mL のうすい硫酸の中に生じているすべてのイオンの数を a 個，10.0 mL の水酸化バリウム水溶液の中に生じているすべてのイオンの数を b 個とするとき，これらの比（a ： b）として最も適切なものを，次の①～⑥の中から一つ選びなさい。 25

① 2：3　② 3：4　③ 4：5
④ 3：2　⑤ 4：3　⑥ 5：4

問６　次の文は，**実験**のあと，ビーカー内の水溶液の色を緑色にする方法について説明したものです。文中の（　Ⅰ　），（　Ⅱ　）にあてはまるものの組み合わせとして最も適切なものを，あとの①～⑥の中から一つ選びなさい。 26

ビーカー内の水溶液の中に，**実験**で用いたものと同じ濃度の（　Ⅰ　）を（　Ⅱ　）mL だけ加えればよい。

	（　Ⅰ　）	（　Ⅱ　）		（　Ⅰ　）	（　Ⅱ　）
①	うすい硫酸	2.0	②	うすい硫酸	2.5
③	うすい硫酸	3.0	④	水酸化バリウム水溶液	2.0
⑤	水酸化バリウム水溶液	2.5	⑥	水酸化バリウム水溶液	3.0

5 電流と磁界の関係について調べるために，次のような**実験**を行いました。問１～問６に答えなさい。ただし，電熱線以外の抵抗は考えないものとします。

実験

(1)　電源装置，スイッチ，抵抗値が15 Ωの電熱線，電流計，コイル，U字形磁石などを準備し，これらの器具を**図１**のように接続した。

(2)　電源装置の電圧を6.0 Vに合わせてスイッチを入れたところ，電流計の針が振れ，コイルはある向きに振れた。

(3)　(1) で準備した電熱線と同じものを２本用いて，**図２**の回路図のようにつないだものを，**図１**のP－Q間に接続し，電源装置の電圧を6.0 Vに合わせ，電流を測定した。そのあと，２本の電熱線を**図３**の回路図のようにつないだものを，**図１**のP－Q間に接続し，電源装置の電圧を6.0 Vに合わせて電流を測定した。

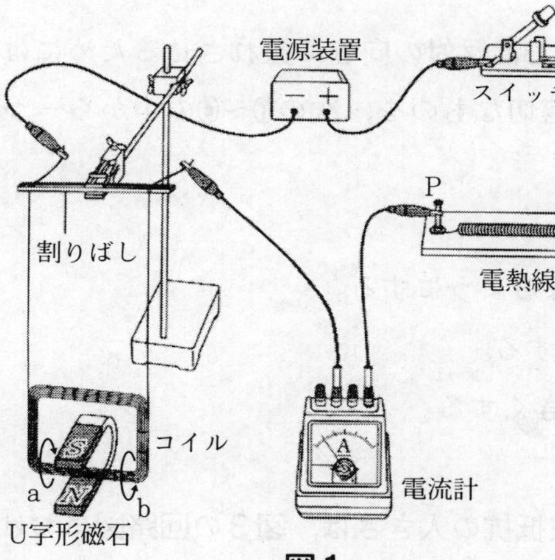

図１

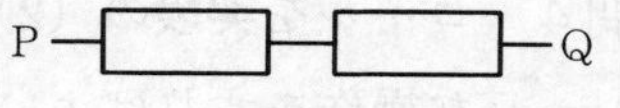

図２

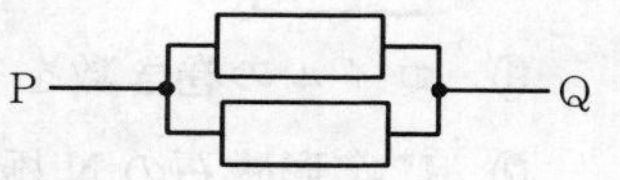

図３

問１　U字形磁石における磁界の向きとして最も適切なものを，次の①～④の中から一つ選びなさい。［27］

① N極から出て再びN極に入る向き。
② N極から出てS極に入る向き。
③ S極から出て再びS極に入る向き。
④ S極から出てN極に入る向き。

問２　**実験**の（2）で，回路に電流が流れているときに電流計が示した値として最も適切なものを，次の①～⑥の中から一つ選びなさい。［28］A

①　0.4　　②　1.0　　③　1.6　　④　2.0　　⑤　2.5　　⑥　3.0

問３　次の文は，**実験**の（2）を行ったときにコイルが振れた理由について説明したものです。文中の（　Ⅰ　），（　Ⅱ　）にあてはまる語の組み合わせとして最も適切なものを，あとの①～④の中から一つ選びなさい。[29]

> **実験**の（2）を行ったとき，コイルを流れる電流は，**図１**の矢印（　Ⅰ　）の向きに磁界をつくる。この磁界とＵ字形磁石による磁界が合成されると，コイルは磁界が（　Ⅱ　）に力を受ける。

	（　Ⅰ　）	（　Ⅱ　）
①	a	強め合う向きから弱め合う向き
②	a	弱め合う向きから強め合う向き
③	b	強め合う向きから弱め合う向き
④	b	弱め合う向きから強め合う向き

問４　コイルを**実験**の（2）で振れた向きとは反対の向きに振れさせるためには，どのような操作をすればよいですか。最も適切なものを，次の①～④の中から一つ選びなさい。[30]

① コイルの巻き数を多くする。

② Ｕ字形磁石のＮ極とＳ極が逆になるようにする。

③ 電熱線のかわりにモーターを接続する。

④ 電源装置の電圧を6.0 Ｖよりも大きくする。

問５　**図２**の回路図における電熱線の合成抵抗の大きさは，**図３**の回路図における合成抵抗の大きさの何倍ですか。最も適切なものを，次の①～⑥の中から一つ選びなさい。

[31] 倍

① 0.25　② 0.5　③ 1　④ 2　⑤ 3　⑥ 4

問６　**実験**の（3）において，２本の電熱線を**図２**，**図３**のようにつないで電流を流したときのコイルの振れ幅は，**実験**の（2）のときの振れ幅に比べてどうなりましたか。最も適切なものを，次の①～④の中から一つ選びなさい。[32]

① コイルの振れ幅は，**図２**では大きく，**図３**でも大きくなった。

② コイルの振れ幅は，**図２**では大きく，**図３**では小さくなった。

③ コイルの振れ幅は，**図２**では小さく，**図３**では大きくなった。

④ コイルの振れ幅は，**図２**では小さく，**図３**でも小さくなった。

2023年度／昌平高等学校(特別進学)

社会解答

1 問1　④　問2　②
問3　(1)…③　(2)…①
問4　④　問5　④

2 問1　④　問2　②　問3　③
問4　①　問5　①

3 問1　③　問2　②　問3　④
問4　①　問5　(1)…③　(2)…③

4 問1　④　問2　③　問3　⑧
問4　①　問5　④

5 問1　②　問2　(1)…②　(2)…⑥
問3　②　問4　②　問5　③

6 問1　(1)…②　(2)…①　問2　④
問3　③　問4　①

1 〔世界地理—総合〕

問1＜本初子午線が通る国＞本初子午線は経度0度の経線であり，もともとはイギリスの首都ロンドン郊外にある旧グリニッジ天文台を通るように引かれた。④のナイジェリアは本初子午線より東側(東半球)に位置する国であり，本初子午線は通らない。

問2＜鉱産資源の産出国＞Aは，4か国の中で最も原油の産出量が多いことから，メキシコ湾に面した地域で原油の生産が盛んなメキシコに当てはまる。Dは，4か国の中で最も石炭の産出量が多いことから，日本の主な石炭輸入相手国の1つであるインドネシアに当てはまる。インドネシアの石炭輸出量は世界で最も多い(2019年)。BとCのうち，石炭の産出があるCがドイツであると判断する。ドイツでは，ルール炭田などで産出される石炭がルール工業地域の発展を支えてきた。なお，残ったBはガーナとなる。

問3＜ドイツの気候＞ドイツの首都ベルリンは，暖流の北大西洋海流とその上を吹く偏西風の影響を受けて，高緯度に位置するにもかかわらず1年を通して温暖な気候であり，温帯の西岸海洋性気候に属している。西岸海洋性気候の特徴として1年を通して平均的に雨が降ることがあげられるので，(1)の①～④のグラフのうち，この特徴を持つ③が当てはまる。なお，(1)の①，②は1年を通して高温なので熱帯(①はインドネシアの首都ジャカルタ，②はガーナの首都アクラ)，④は高山気候に属するメキシコの首都メキシコシティである。また，熱帯雨林気候は1年を通して高温で雨が降る気候であり，熱帯に含まれる。サバナ気候は1年を通して高温で雨季と乾季がある気候であり，熱帯に含まれる。ステップ気候はわずかな雨季がある気候であり，乾燥帯に含まれる。

問4＜インドネシアの宗教＞インドネシアでは主にイスラム教が信仰されているので，イスラム教の占める割合が高い④が当てはまる。イスラム教は，インドネシア・マレーシアのほか，中央アジア・西アジア・北アフリカなどで広く信仰されている。なお，①はガーナ，②はメキシコ，③はドイツに当てはまる。

問5＜資料読み取り＞一人当たりの国民総所得額は，国民総所得額÷人口で求める。表3では人口と国民総所得額の単位が異なっていることに注意する。4か国の国民総所得額は，ドイツ，メキシコ，インドネシア，ガーナの順である。一人当たりの国民総所得額は，ドイツ(約47339ドル)，メキシコ(約9559ドル)，インドネシア(約3967ドル)，ガーナ(約2108ドル)の順であり，国民総所得額の順位と同じである(④…○)。なお，人口は，インドネシア，メキシコ，ドイツ，ガーナの順であり，国民総所得額は，ドイツ，メキシコ，インドネシア，ガーナの順なので，人口と国民総所得額は比例していない(①…×)。合計特殊出生率が最も高いガーナの人口は，4か国の中で最も少ない(②…×)。ガーナはインドネシアよりも第3次産業従事者の割合が高いが，一人当たりの国民総所得額はインドネシア(約3967ドル)がガーナ(約2108ドル)を上回っている(③…×)。4か国の人口に対する在留邦人数の割合は，高い順にドイツ(約0.05%)，メキシコ(約0.009%)，インドネシア(約0.007%)，ガーナ(約0.001%)であり，人口の多い順とは比例していない(⑤…×)。

2 〔日本地理—総合〕

問1＜統計資料の読み取り＞Ⅰは4県中最も漁業生産量が少ないので，海に面していない岐阜県に当てはまる。Ⅲは，4県中最も製造品出荷額が大きいので，工業が盛んな兵庫県に当てはまる。Ⅳは，4県中最も農業産出額が大きいので，近郊農業が盛んな茨城県に当てはまる。したがって，残ったⅡが秋田県となる。

問2＜日本近海を流れる海流＞Aは，日本列島の日本海側を北上する暖流の対馬海流を示している。なお，日本海流(黒潮)は日本列島の太平洋側を北上する暖流，千島海流(親潮)は日本列島の太平洋側を南下する寒流，リマン海流は日本列島の日本海側を南下する寒流である。

問3＜リアス海岸＞Bの地域は三陸海岸を示している。リアス海岸の湾内は波が穏やかであり，養殖に適した地形となっている。なお，扇状地は，河川が山間部から平地に流れ出るところに形成される扇形の地形をいう。フィヨルドは，氷河によって削られた谷に海水が深く入り込んでできた奥行きのある湾で，ノルウェーの沿岸部などに見られる。砂丘は砂が積もってできた丘をいう。

問4＜四大公害病＞水俣市では過去に有機水銀(メチル水銀)を原因とする水俣病が発生した(①…×)。イタイイタイ病は，富山県の神通川流域で発生したカドミウムを原因とする公害病である。なお，四大公害病には他に，新潟県の阿賀野川流域で発生した有機水銀を原因とする新潟水俣病，三重県の四日市市で発生した亜硫酸ガスを原因とする四日市ぜんそくがある。

問5＜地形図の読み取り＞実際の距離は，「地図上の長さ」×「縮尺の分母」で求められる。地図2は2万5千分の1の縮尺なので，2.7×25000＝67500(cm)＝675(m)となる(①…○)。なお，田中橋のかかる川の周辺には，果樹園(○)ではなく水田(‖)が広がっている(②…×)。C地点の市役所の東側には，小・中学校(文)ではなく高等学校(⊗)がある(③…×)。D地点付近には，税務署(◇)ではなく消防署(Y)がある(④…×)。

3 〔歴史—古代から近世までの歴史〕

問1＜倭王武＞倭王武が活躍したのは5世紀(古墳時代)のこと。5世紀後半になると，大和政権(ヤマト王権)の王は「大王」を名乗るようになり，関東～九州中部の豪族を従えていた。埼玉県の稲荷山古墳から出土した鉄剣や，熊本県の江田船山古墳から出土した鉄刀には，倭王武と同一人物と考えられている「ワカタケル大王」の名が刻まれている。なお，①は聖徳太子，②は卑弥呼，④は中大兄皇子(白村江の戦い)について述べている。

問2＜墾田永年私財法の制定＞743年，口分田の不足を補うために墾田永年私財法が定められた。墾田永年私財法では，新しく開墾した土地の永久私有が認められたため，「公地公民」の原則は崩れていった。なお，大宝律令(701年制定)は，刑罰や行政に関するきまりを定めたもの，班田収授法は，戸籍に登録された6歳以上の男女に口分田を与え，その人が死ぬと国に返すきまりをいう。十七条の憲法は，7世紀初頭に聖徳太子が定めた，役人としての心構えを示す法をいう。

問3＜フビライ＞フビライ・ハンは，13世紀に活躍した元の皇帝であり，ユーラシア大陸の広い範囲を支配した。一方で，征服した土地では，他民族の言語・宗教・文化などを認める方針をとり，キリスト教の宣教師・ムスリム商人らが元を訪れた(④…×)。

問4＜年代整序＞年代の古い順に，A．織田信長が室町幕府を滅ぼす(1573年)，C．本能寺の変(1582年)，B．バテレン追放令により宣教師の国外追放を命じる(1587年)，D．朝鮮出兵(1592年文禄の役，1597年慶長の役)となる。

問５⑴＜田沼意次の政治＞老中の田沼意次は経済政策を重視し，株仲間の結成を奨励したほか，蝦夷地の調査を行って俵物(なまこ・ふかひれなど)の輸出を拡大した。なお，新井白石は，第６代・第７代将軍に仕えた儒学者で，長崎貿易を制限するなどの政治を行った(正徳の治)。水野忠邦は，物価高を抑えるため，株仲間の解散を命じた(天保の改革)。松平定信は，凶作やききんに備えて米をたくわえさせたり，旗本や御家人らの借金を帳消しにしたりした(寛政の改革)。 ⑵＜安政の大獄＞1858～59年にかけて，大老の井伊直弼は，幕府の政策に反対する吉田松陰らを処罰した。この出来事を安政の大獄という。このような弾圧は武士らの反発を買い，1860年，井伊直弼は水戸藩の浪士らによって暗殺された(桜田門外の変)。なお，公武合体策は井伊直弼の死後に行われた(①…×)。井伊直弼が朝廷の許可を得ないまま結んだのは日米修好通商条約(1858年)である(②…×)。異国船打払令をやめ，1842年に薪水給与令を出したのは水野忠邦である(④…×)。朱子学を幕府の公式の学問とし，昌平坂学問所で朱子学以外の講義を禁止したのは松平定信である(⑤…×)。江戸や大阪周辺の領地を幕府の直轄領とする命令を出し，強い反対を受けたのは水野忠邦である(⑥…×)。

4 〔歴史―近代以降の歴史〕

問１＜西郷隆盛＞征韓論を巡る対立に敗れて政府を去った西郷隆盛は，鹿児島に帰郷して私塾を開いていたが，1877年，鹿児島の不平士族らの中心となって西南戦争を起こした。なお，大久保利通，岩倉具視，木戸孝允らはいずれも岩倉使節団の一員として欧米に派遣され，大久保らは国力の充実を優先すべきとして征韓論に反対した。

問２＜憲法の制定＞伊藤博文は，ヨーロッパの憲法調査において，君主権が強いドイツ(プロイセン)やオーストリアの憲法を学び，憲法の草案を作成した。

問３＜年代整序＞年代の古い順に，D．米騒動(1918年)，C．五・一五事件(1932年)，A．二・二六事件(1936年)，B．満20歳以上の男女が選挙権を持つ(1945年)の順となる。満20歳以上の男女に選挙権が認められたのは太平洋戦争後のことである。

問４＜冷戦下の対立＞1949年，アメリカなど西側諸国は北大西洋条約機構(NATO)を結成し，1955年，ソ連など東側諸国はワルシャワ条約機構を結成した。

問５＜20世紀後半の世界＞イラクがクウェートに侵攻したことをきっかけとして，1991年に湾岸戦争が起こり，アメリカなど多国籍軍がイラクを攻撃した。この戦争をきっかけに，1992年，日本でPKO 協力法が制定され，自衛隊の海外派遣が行われるようになった。なお，①は1965年，②は1968年，③は2001年の出来事。

5 〔公民―総合〕

問１＜公共の福祉＞日本国憲法では，公共の福祉の実現のため，個人の人権が制限される場合があることを認めている。公共の福祉とは，社会全体の利益のことであり，具体的には表現の自由の制限(他人の名誉を傷つける行為の禁止)や居住・移転の自由の制限(感染症による入院措置)などがある。

問２⑴＜国会の地位＞日本国憲法第41条で，「国会は，国権の最高機関であって，国の唯一の立法機関である」と定められている。「立法」は法律を制定すること。なお，行政は内閣，裁判は裁判所が行う。国権は国の権力を意味する言葉である。 ⑵＜国会の召集＞国会の召集は天皇の国事行為にあたる。なお，内閣は，必要と認めたときに臨時会(臨時国会)を召集することができる。

問３＜公共料金＞日本では，国民生活に与える影響が大きいものを公共料金として定め，その価格が高くなりすぎないようにしている。公共料金の代表例として，地方公共団体が価格を決定する水道料金のほか，国が価格を決定する社会保険診療報酬や，国が認可・上限を決定する電気料金・都市ガス料金などがあげられる。なお，NHKの受信料，携帯電話の通信料，新聞の購読料はいずれも公共料金にはあたらない。

問４＜北方領土＞北方領土は，日本最北端の択捉島，国後島，色丹島，歯舞群島からなる。尖閣諸島は沖縄県に属する島であり，日本最西端の与那国島に近いところに位置している。

問５＜地域主義＞APEC(アジア太平洋経済協力会議)には，アジアの日本・中国・韓国や，オセアニアのオーストラリア，北アメリカのアメリカ合衆国・カナダ，南アメリカのペルー・チリなど，太平洋を囲む21の国・地域が参加している(③…○)。なお，ASEANは東南アジア諸国連合の略称であり，日本は加盟していない(①…×)。イギリスは，国民投票の結果を受けて，2020年にEUから離脱した(②…×)。日本はODA(政府開発援助)を通じて発展途上国の経済や教育の向上のために協力を行っている(④…×)。PKOは平和維持活動の略称であり，紛争が起こった地域で選挙・停戦の監視などを行う。

6〔三分野総合〕

問１(1)＜近畿地方３県の特徴＞三重県の志摩半島沿岸にはリアス海岸が広がり，真珠の養殖が行われている。なお，若狭湾は福井県・京都府の日本海沿岸にかけて広がっている。　(2)＜江戸時代のキリスト教＞伊東マンショは，九州の大名らが派遣した天正遣欧使節(天正遣欧少年使節)の１人である。1637～38年にかけて起こった島原・天草一揆では，天草四郎を大将として幕府に抵抗した。

問２＜フィンテック＞フィンテック(FinTech)は，金融を意味する英単語(Finance)と技術を意味する英単語(Technology)を合わせた造語をいう。フィンテックによる動きの例として，キャッシュレス決済の普及や仮想通貨の登場などがあげられる。なお，ベンチャーは，独自の技術やビジネスモデルなどを用いて急成長する取り組みや，そのような取り組みを行う企業である。IoTは，「モノのインターネット」を意味する「Internet of Things」の略称である。冷蔵庫・電気ポットなどの電気製品，住宅などがインターネットにつながり，その場にいなくても操作・確認できるようになってきている。クラウドファンディング(crowdfunding)は，群衆を意味する英単語(crowd)と資金調達を意味する英単語(funding)を合わせた造語で，インターネット上で出資者を募り，目的とする事業などのために資金調達を行う取り組みである。

問３＜パリ協定＞2015年に採択されたパリ協定では，先進国・発展途上国など196の国・地域に対して温室効果ガスの排出量の削減目標を決定するように定めた。また，産業革命の前からの気温上昇を地球全体で２度未満に抑えるという目標が設定されている。なお，気候変動枠組み条約は，1992年の地球サミットで採択された条約である。ワシントン条約は，1973年に採択された野生の動植物保護を目的とする条約である。京都議定書は，1997年に採択され，先進国を中心とする38の国・地域に対して温室効果ガスの削減義務を定めた。

問４＜フェアトレード＞フェアトレードは「公正貿易」を意味する言葉であり，発展途上国の農家などの人々の生活を支えることを目的としている。なお，プランテーションは，熱帯に見られる大規模農園で天然ゴムなどの商品作物を大規模に栽培することをいう。モノカルチャーは，特定の鉱産資源・農産物に依存することをいう。アフリカにはモノカルチャー経済の国が多く見られる。マイクロクレジットは，「少額融資」を意味する言葉であり，発展途上国などで事業を始めようとする人々のために少額の資金を貸し出すことをいう。

2023年度／昌平高等学校（特別進学）

理科解答

1 問1 ②　問2 ①　問3 ③　問4 ②　問5 ②　問6 ①　問7 ④　問8 ③

2 問1 ④　問2 ④　問3 ③　問4 ①　問5 ③　問6 ⑥

3 問1 ③　問2 ②　問3 ①　問4 ③　問5 ⑤　問6 ②

4 問1 ③　問2 ③　問3 ④　問4 ③　問5 ③　問6 ②

5 問1 ②　問2 ①　問3 ①　問4 ②　問5 ⑥　問6 ③

1〔小問集合〕

問１＜しゅう曲＞図１のように，地層が波打つように押し曲げられた地形をしゅう曲という。しゅう曲は，水平に広がった地層に大きな力がはたらくことで，生じたものである。

問２＜単子葉類＞図２のようなたくさんの細い根をひげ根という。ひげ根を持つ植物は，被子植物の中の単子葉類である。なお，側根は一本の太い根である主根から出る細い根のことで，主根と側根を持つ植物は被子植物の中の双子葉類である。

問３＜電気分解＞うすい塩酸に必要な電圧をかけて電流を流すと，陰極付近に水素が，陽極付近に塩素が発生する。塩素は黄緑色の気体で刺激臭があり，水に溶けやすく，脱色作用や殺菌作用がある。なお，①は水素など，②は硫化水素など，④は酸素などの特徴である。

問４＜振動数＞振動数は１秒間に振動する回数のことで，単位はHz(ヘルツ)を用いる。0.002秒で１回振動する音の振動数は，$1\div0.002=500$(Hz)となる。

問５＜等圧線＞図４は，前線を伴った温帯低気圧周辺の天気図である。等圧線は1000hPaの地点を基準に４hPaごとに引き，20hPaごとに太くする。Ａの等圧線は，1000hPaの等圧線から低気圧の中心寄りに２つ目なので，1000hPaより$4\times2=8$(hPa)低い，$1000-8=992$(hPa)を示している。

問６＜食物網＞生物どうしが食べたり食べられたりする関係でつながっていることを食物連鎖といい，食物連鎖が網の目のように複雑にからみ合ったつながりのことを食物網という。食物網の最上位は大型で肉食の動物になるので，図５の土の中の小動物ではムカデになる。

問７＜単体＞１種類の元素からできている物質を単体という。なお，化合物は，２種類以上の元素からできている物質である。単体と化合物は純物質(純粋な物質)であり，混合物はいくつかの物質が混ざり合っているものである。

問８＜力学的エネルギー＞図７で，おもりが点Ａから点Ｂまで運動するとき，位置が下がるので，おもりの位置エネルギーは小さくなるが，速さが増すので運動エネルギーは大きくなる。また，振り子の最高点では，おもりの速さは０で，運動エネルギーは０になり，位置は最も高く，位置エネルギーは最大になる。摩擦や空気の抵抗を無視できるとき，位置エネルギーと運動エネルギーの和である力学的エネルギーの大きさは一定に保たれるから，位置エネルギーが最大になる点Ａの高さが振り子の最高点の高さである。

2〔地球と宇宙〕

問１＜惑星，衛星＞太陽のように，自ら輝いている天体を恒星といい，地球のように，恒星の周りを公転している天体を惑星という。また，月のように，惑星の周りを公転している天体を衛星という。

問２＜月の公転周期＞月は地球の周りを27.3日で一周する。つまり，公転周期は約４週間である。

問３＜月の見え方＞月は太陽の光を反射して輝いているため，太陽に面した側が輝いて見える。よって，図１のように明け方に月が南中したとき，太陽は東側にあるため，月は地球から見て東側(左)から太陽に照らされ，左側半分が輝いて見える。

問４＜金星の見え方＞金星は，月と同様に太陽の光を反射して輝いているため，太陽に面した側が輝いて見える。そのため，明け方に見える金星は，右図のように，金星の位置によって，大きさと見え方が変化する。問題の図２の金星は，右図のＡの位置の金星に当たるため，大きさが大きく，左側が輝き，大きく欠けて見える。これを望遠鏡で観測すると，上下左右が逆になるので，金星は①のように見える。

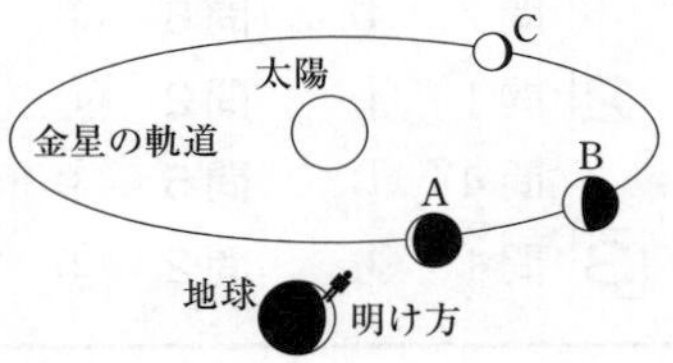

問５＜金星の見え方＞金星は，地球よりも内側を公転していて，常に太陽に近い方向に見えるため，真夜中に見ることはできない。

問６＜公転周期＞金星の公転周期は0.62年だから，観測を行った日から１年後に，太陽の周りを，$1 \div 0.62 = 1.61\cdots$より，約1.6周している。このとき，図２で，金星は，地球から見て太陽の左(東)側にあるから，太陽が沈む夕方に，西の地平線付近に観測できる。

3〔生物の体のつくりとはたらき〕

問１＜だ液のはたらき＞だ液が体内ではたらく様子を再現するため，体内の環境に近い約40℃に保った水を用いて実験する。

問２＜指示薬＞ベネジクト液は青色の液体で，麦芽糖などの糖を含む液体に加えて加熱すると赤褐色の沈殿が生じる。デンプン溶液にだ液を加えた試験管Ｂでは，デンプンは麦芽糖などの糖に分解しているため，ベネジクト液を加えて加熱すると試験管内に赤褐色の沈殿が生じた。また，ヨウ素液は茶色の液体で，デンプンが含まれる液体に加えると，青紫色に変化する。デンプン溶液に水を加えた試験管Ｃでは，デンプンは変化していないため，ヨウ素液を加えると青紫色に変化した。

問３＜消化酵素＞だ液に含まれるデンプンの消化に関わる消化酵素をアミラーゼという。なお，リパーゼはすい液に含まれる消化酵素で，脂肪の消化に関わる。ペプシンは胃液，トリプシンはすい液に含まれる消化酵素で，ともにタンパク質の消化に関わる。

問４＜デンプンの消化＞デンプンは，最終的にブドウ糖にまで分解されて柔毛から吸収される。なお，最終的に，タンパク質はアミノ酸にまで，脂肪は脂肪酸とモノグリセリドにまで分解される。

問５＜ブドウ糖の吸収＞柔毛から吸収されたブドウ糖は，毛細血管に入って肝臓に送られる。肝臓ではブドウ糖の一部からグリコーゲンが合成されて蓄えられ，グリコーゲンは必要に応じてブドウ糖に分解される。

問６＜分子の大きさ＞セロハンの上に注いだ混合液には，デンプンと物質Ｐ(ブドウ糖)が含まれる。シャーレにたまった液は，セロハンを通過したもので，ヨウ素液による反応が見られなかったことから，デンプンは含まれず，ベネジクト液による反応が見られたことから，物質Ｐ(ブドウ糖)は含まれることがわかる。よって，セロハンを通過した直径yの物質Ｐ(ブドウ糖)の分子は，直径zのセロハンの穴より小さく，通過しなかった直径xのデンプンの分子はセロハンの穴より大きい。したがって，大小関係は$y<z<x$となる。

4〔化学変化とイオン〕

問１＜アルカリ＞アルカリ性を示す水溶液には，水酸化物イオン(OH^-)が共通して存在する。一方，酸性を示す水溶液には水素イオン(H^+)が共通して存在する。

問２＜硫酸バリウム＞うすい硫酸に水酸化バリウム水溶液を加えたときに生じる白色の沈殿は，うすい硫酸中の硫酸イオン(SO_4^{2-})と水酸化バリウム水溶液中のバリウムイオン(Ba^{2+})が結びついた硫酸バリウム($BaSO_4$)である。なお，硫酸バリウムは，水にも酸にも溶けにくく，X線撮影の造影剤に利用される物質である。

問３＜pH＞pHは水溶液の酸性やアルカリ性の強さを表す数値で，pHの値が７のとき中性で，７より大きいほどアルカリ性が強く，７より小さいほど酸性が強い。表より，水酸化バリウム水溶液を8.0mL加えたとき，水溶液の色，つまり，BTB液の色が緑色になっているので，混合液は中性である。よって，pHの値は７である。

問４＜中和＞酸性の水溶液とアルカリ性の水溶液との間で，互いにその性質を打ち消し合う反応を中和という。なお，中和は，酸性の水溶液中の水素イオン(H^+)と，アルカリ性の水溶液中の水酸化物イオン(OH^-)が結びついて，水(H_2O)になる反応である。

問５＜イオンの数＞表より，うすい硫酸10.0mLに水酸化バリウム水溶液8.0mLを加えたとき，BTB液は緑色になるので，混合液は中性である。このとき，混合液中の水素イオン(H^+)の数と水酸化物イオン(OH^-)の数は等しくなっている。また，硫酸(H_2SO_4)は，２個のH^+と１個の硫酸イオン(SO_4^{2-})に電離し，水酸化バリウム($Ba(OH)_2$)は，１個のバリウムイオン(Ba^{2+})と２個のOH^-に電離しているから，どちらも３個のイオンが生じる。つまり，10.0mLのうすい硫酸中に生じている全てのイオンの数がa個のとき，8.0mLの水酸化バリウム水溶液中にもa個のイオンが生じている。よって，10.0mLの水酸化バリウム水溶液中に生じている全てのイオンの数は，$a \times \frac{10.0}{8.0} = \frac{5}{4}a$(個)となる。これより，$a : b = a : \frac{5}{4}a = 4 : 5$である。

問６＜中和＞実験後，ビーカー内の水溶液は青色でアルカリ性になっているので，緑色(中性)にするためには，うすい硫酸を加えればよい。表より，うすい硫酸10.0mLに水酸化バリウム水溶液8.0mLを加えたとき，ビーカー内の水溶液が緑色に変化している。実験では，水酸化バリウム水溶液を10.0mL加えたので，ビーカー内の水溶液を緑色にするのに必要なうすい硫酸の体積をxmLとすると，$x : 10.0 = 10.0 : 8.0$が成り立ち，これを解くと，$x \times 8.0 = 10.0 \times 10.0$より，$x = 12.5$(mL)となる。よって，実験の(1)で，ビーカーにうすい硫酸を10.0mL入れたから，あと$12.5 - 10.0 = 2.5$(mL)加えればよい。

5〔電流とその利用〕

問１＜磁界＞U字形磁石がつくる磁界の向きは，N極から出てS極に入る向きである。

問２＜オームの法則＞実験の(2)で，抵抗値が15Ωの電熱線に6.0Vの電圧を加えたので，回路に流れた電流の大きさは，オームの法則〔電流〕$= \frac{〔電圧〕}{〔抵抗〕}$より，$\frac{6.0}{15} = 0.40$(A)である。

問３＜電流が磁界から受ける力＞図１で，コイルのU字形磁石のN極とS極に挟まれた部分では，電流は右側から左側へ流れている。コイルを流れる電流は，電流が流れる方向から見たときに時計回りの磁界をつくる。よって，この部分にできる磁界の向きは，コイルの右側から見たときに時計回りになるから，図１の矢印aの向きである。また，図１で，U字形磁石がつくる磁界の向きはN極からS極で，上向きになる。この２つの磁界は，U字形磁石の手前側では同じ向きに重なって強め合い，U字形磁石の奥側では反対向きに重なり，打ち消し合って弱め合う。このとき，コイルは磁界が強め合う側から弱め合う側に向かって力を受けるため，コイルは奥に振れる。

問４＜電流が磁界から受ける力＞コイルを実験の(2)で振れた向きとは反対の向きに振れさせるためには，U字形磁石による磁界の向きを逆にするか，コイルに流れる電流の向きを逆にして，電流がつくる磁界の向きを逆にする。よって，U字形磁石のＮ極とＳ極が逆になるようにするか，電源装置につなぐ導線を逆にすればよい。

問５＜合成抵抗＞図２のように，抵抗値が同じ２本の電熱線を直列につなぐと，合成抵抗の大きさはそれぞれの抵抗の２倍となるから，$15\times2=30(\Omega)$である。また，図３のように，抵抗値が同じ２本の電熱線を並列につなぐと，合成抵抗の大きさはそれぞれの抵抗の$\frac{1}{2}$になるから，$15\times\frac{1}{2}=7.5(\Omega)$である。よって，図２の合成抵抗の大きさは，図３の，$30\div7.5=4$(倍)である。

問６＜電流が磁界から受ける力＞コイルの振れ幅は，流れる電流が大きくなるほど大きくなる。また，電熱線の抵抗値が大きいほど，電流は流れにくく，流れる電流は小さくなる。よって，実験の(2)の電熱線の抵抗値は15Ω，問５より，図２の合成抵抗の大きさは30Ω，図３の合成抵抗の大きさは7.5Ωで，電源装置の電圧は6.0Ｖのまま変えないので，２本の電熱線を図２のようにつないだ回路では，実験の(2)のときよりも抵抗が大きくなり，流れる電流が小さくなるから，コイルの振れ幅は小さくなる。一方，２本の電熱線を図３のようにつないだ回路では，実験の(2)のときよりも抵抗が小さくなり，流れる電流が大きくなるから，コイルの振れ幅は大きくなる。

2023年度　昌平高等学校（ＩＢ）

【作文問題】　（40分）〈満点：100点〉

あなたの将来の目標実現にむけて、昌平高校のIBコースでの学びがどのように役立つと考えていますか。日本語で800字以内で説明してください。

Memo

2022年度　昌平高等学校

【英　語】（50分）〈満点：100点〉

1　放送を聞いて答える問題

問題は，No. 1～No. 7の全部で7題あり，放送はすべて英語で行われます。放送される内容についての質問にそれぞれ答えなさい。No. 1～No. 5及びNo. 7は，質問に対する答えとして最も適切なものを，①～④の中から1つずつ選びなさい。No. 6は，それぞれの質問の答えになるように，**6**　～　**8**　の中に入る英語として最も適切なものを1つずつ選びなさい。放送中メモを取ってもかまいません。各問題について英語は2回ずつ放送されます。

【No. 1～No. 3】

Listen to each talk, and choose the best answer for each question.

No. 1　**1**

①
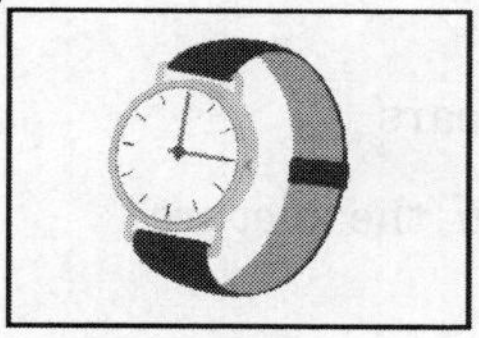
②

③

④
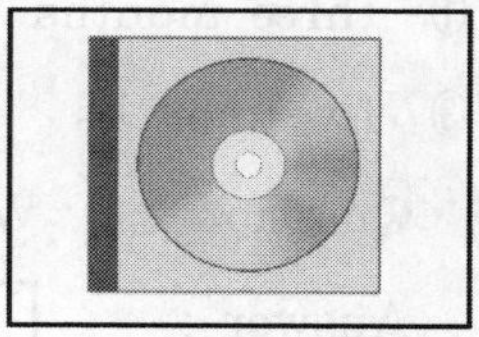

No. 2　**2**

①

②

③

④

No. 3　**3**

Menu of the Week

①	②	③	④
Monday	Tuesday	Wednesday	Thursday
Spaghetti Ramen Udon	Curry and rice Spaghetti Soba	Curry and rice Ramen Udon	Curry and rice Ramen Soba

【No. 4, No. 5】

Listen to each situation, and choose the best answer for each question.

No. 4 [4]

① Can I show you the way to the station? ② How did you come here?

③ Did you look at me? ④ May I help you?

No. 5 [5]

① I was too tired to watch it. ② It made me very excited.

③ It was easy for me to watch it. ④ I enjoyed playing soccer.

【No. 6】

Listen to the talk between Ms. Allen and Masato, and read the questions. Then choose the best answer for questions 1, 2 and 3.

(1) Question 1 : When was the picture Masato showed Ms. Allen taken?

Answer : It was taken [6] ago.

① three months ② four years

③ five months ④ thirteen years

(2) Question 2 : Who are the members of Masato's family in the picture?

Answer : [7] are.

① His parents and he ② His parents and a cat

③ His sister and a cat ④ His parents, a cat, and he

(3) Question 3 : What does Hanako like to do?

Answer : She likes to [8].

① play in the park ② sleep under the chair

③ sit on the chair ④ look at pictures

【No. 7】

Listen to the speech of a junior high school student, Naomi, and choose the best answer for questions 1, 2 and 3.

(1) Question 1 [9]

① One.

② Five.

③ Nine.

④ Fourteen.

(2) Question 2 [10]

① She tried to have communication with Naomi.

② She did her best to study English with Naomi.

③ She spoke to Naomi in Japanese to know about her.

④ She told Naomi to make friends in the school.

(3) Question 3 [11]

① Because her family liked Saitama very much.

② Because she couldn't speak Japanese well.

③ Because she wanted to go to another school.

④ Because her father started to work at a new company.

※放送を聞いて答える問題の放送文は，英語の問題の終わりに付けてあります。

2 次は，Ms. Green, Mary, Anne の会話です。これを読んで，問１～問８に答えなさい。＊印のついている語句には，本文のあとに〔注〕があります。

Ms. Green: Good morning, Mary. I heard you had work experience yesterday. How was it?

Mary: It was great. I had a good time and learned a lot.

Anne: Work experience? What is it?

Ms. Green: It is a program for students who want to *get a feel for working. They usually choose an *industry they want to take part in. It is also called "career day."

Anne: That sounds fun. Where did you visit, Mary?

Mary: I went to the hospital near my house. It was big and had twelve floors. One of the hospital staff members took me on a tour, and I looked around some *clinical departments. Many doctors and nurses were there. They looked busy, but enjoyed working. I thought they were [A] of their work.

Ms. Green: I'm sure they are. What else did you do?

Mary: I also learned about some machines they use. It was very exciting to hear about how the machines work. I even got a chance to ask a doctor some questions I had. When I asked her, "[B]", she answered, "For me, to *stay strong is important." I thought her words meant she never gave up. Doctors try to do everything they can to help people *under any circumstances. For that reason, they keep studying hard even after they became doctors. Through this experience, 〔 ① in / ② more and more / ③ working for / ④ I / ⑤ interested / ⑥ became 〕 the hospital. In the future, I want to be a doctor like the people I met yesterday.

Ms. Green: I hope you will. Good luck!

Mary: Thank you, Ms. Green. I will try harder. How about you, Anne? What do you want to do if you do work experience?

Anne: Um... I can't decide one. There are many things I want to try.

Mary: But if you have to choose only one, what will you do?

Anne: Maybe a job which *has something to do with animals. A*pet groomer, a *vet, a dog trainer....

Mary: I know you like taking care of animals very much. You have dogs, right?

Anne: Yes, I have two dogs in my house. They were *rescued dogs.

Ms. Green: Rescued dogs? Tell us more about them.

Anne: Sure. Their names are Hana and Taro. Three years ago, our family went to the *animal shelter in my town and decided to *adopt them. At first, they were nervous, but they soon became friendly with us. I [C] them for a walk every morning. They *wag their tails when I come home. They are very cute and smart. I sometimes feel they understand my words. Now I cannot live without them.

Ms. Green: You love them so much, Anne. You need them, and make them happy. I'm glad to hear that.

Mary: *Speaking of dogs, I saw a dog in the hospital yesterday.

Anne: A dog in the hospital? I can't believe it. Dogs can't stay in hospitals, right?

Mary: I thought so, too. A staff member in the hospital told me that he was a *therapy dog. He took a special training to support people *suffering from illness by staying together.

Anne: I didn't know about therapy dogs. Can dogs help people?

Ms. Green: Yes, it's called "animal therapy." When I lived in New York a few years ago, I saw some dogs which worked in hospitals, schools and *nursing homes.

Anne: Can only dogs become therapy animals?

Mary: I had the same question, so I did some research on the Internet. I learned not only dogs but also rabbits and cats are working as therapy animals.

Ms. Green: Animal therapy uses an idea called the human-animal *bond. Animals can *give service to people with health problems. They have a power to make these people happy and relaxed.

Anne: When I stay with animals, I feel happy and relaxed. I hope animals feel the same way, too.

Mary: We give and take each other. Sharing joy and happiness is important to our life.

〔注〕 get a feel for ～……～の感じをつかむ，～の気分を味わう
industry……業界　clinical departments……診療科
stay strong……強い心をもつ
under any circumstances……どんな状況下でも
have something to do with ～……～に関係がある
pet groomer……トリマー　vet……獣医　rescued dog……保護犬
animal shelter……動物保護施設　adopt ～……～を引き取る
wag one's tail……しっぽをふる　speaking of ～……～と言えば
therapy……セラピー　suffer from illness……病気で苦しむ
nursing home……高齢者福祉施設　bond……つながり，絆
give service to ～……～に奉仕する

問1　空欄［　A　］にあてはまる最も適切な1語を，次の①～④の中から1つ選びなさい。［12］

① happy　② afraid　③ proud　④ useful

問2　空欄［　B　］にあてはまる最も適切なものを，次の①～④の中から1つ選びなさい。［13］

① When will be the best time to talk about machines?

② How do doctors feel when they get sick?

③ Why did you decide to become a doctor?

④ What is the most important thing for doctors?

問3　文中の〔　　　〕内のすべての語句を，正しい順序に並べかえたとき，〔　　　〕内で**3番目**と**5番目**にくるものを選びなさい。

3番目［14］　**5番目**［15］

問4　空欄［　C　］にあてはまる最も適切な1語を，次の①～④の中から1つ選びなさい。［16］

① bring　② take　③ keep　④ leave

問5　会話の内容に関する次の質問の答えとして最も適切なものを，次の①～④の中から1つ選びなさい。［17］

Why did Mary do some research on the Internet after work experience?

① Because she had a lot of questions about the human-animal bond.

② Because she decided to study harder to become a doctor in the future.

③ Because she wanted to know what kinds of animals could become therapy animals.

④ Because she didn't know some therapy dogs must not stay in hospitals.

問6　会話の中でMaryは，職業体験で訪れた病院の犬についてどう話していますか。答えとして最も適切なものを，次の①～④の中から1つ選びなさい。［18］

① 患者だけでなく，忙しく働いている職員の疲れも癒やしていた。

② 数年前に，ニューヨークの病院などでセラピードッグとして働いていた。

③ とてもかわいくて賢く，時折人間の言葉を理解することができた。

④ 病気で苦しむ人々に寄り添い，支えるための特別な訓練を受けた犬だった。

問7　会話の内容と合うものを，次の①～④の中から1つ選びなさい。 [19]

① Anne hopes to do something about animals when she grows up.

② Mary has dogs which were adopted from the animal shelter in her town.

③ Mary wasn't surprised at a dog in the hospital because she had a rescued dog before.

④ Ms. Green had some therapy dogs at her house when she was in New York.

問8　次は，後日のメアリーが書いた感想文です。本文をふまえた内容になるように，[20]～[22]にあてはまる適切なものを，次の①～⑥の中から1つずつ選びなさい。

Last week, I visited the hospital as work experience. It was a great event for me because I could know how people in the hospital worked. I looked around, learned [20] to use the machines, and asked a doctor some questions. I think the job of helping others is [21], but doctors will do their best until people get better. The therapy dog supported people in the hospital. I think that is wonderful. Now, I want to support [22] that need help.

① hard	② tired	③ animals
④ where	⑤ how	⑥ people

3 次の英文を読んで，問１～問７に答えなさい。＊印のついている語句には，本文のあとに〔注〕があります。

The most beautiful *planet in the solar system is the Earth. The Earth is the only planet that humans can easily live on. But not just humans live on the Earth. The Earth is also the planet of living plants and animals. [25] No one has ever seen them, although *astronomers are always looking around other stars.

Why can life live on the Earth? Because the Earth has an *atmosphere with rich *oxygen and a lot of water like seas, lakes, and rivers. Both of them are necessary for life.

The Earth's atmosphere is not only good to *breathe but also protects us from the Sun's dangerous *rays. In the winter, we can see this in the *Northern Lights. The sky becomes green and blue as the Sun's rays hit it, and the dangerous rays from the Sun are *kept away.

The Earth's temperature makes our life comfortable. The Earth is not too hot like *Mercury and Venus, and it is not too cold like *Mars and the other planets far away from the Sun. So for plants and animals, the Earth 〔 ① place / ② live on / ③ good / ④ is / ⑤ to / ⑥ a 〕, and more fish can live under water.

The Earth has a *moon, though Mercury and Venus don't have any moons. Our Moon is very big, and it is almost as big as the planet Mercury. The Moon is very important for life on the Earth. As it travels around the Earth, it pulls the waters of the oceans. Because of this, the water in all the seas of the Earth rises and falls, twice a day. It follows the Moon. The Moon does not *spin, so one side of the Moon is always towards the Earth.

Where did the Moon come from? How did it get there? Scientists think that once, long ago, a small planet *crashed into the Earth. The crash sent rocks and *dust into space, and these slowly came together, and became the Moon. In those days, the Moon was closer to the Earth than it is today. The Earth was spinning faster than it is today, [A] a day was only six hours long. Today, the Earth spins only once in about twenty-four hours.

The Moon is still *slowing the Earth down, and it is moving *farther away, but it is difficult for us to feel this on the Earth. **26** So in about 26,000 years, the Moon will move about 1 kilometer farther away from the Earth than it is today.

The Moon has no life, no air, and no water. Scientists thought like that in the past. But in the last few years, they have changed their minds. Perhaps there is water on the Moon! There are no seas and rivers, of course. But there may be *frozen water—ice. There are deep *craters on the Moon, and the light of the Sun never gets to the bottom of them. It is possible that some water has stayed there in these very cold places as ice.

If there is water on the Moon, that is very important for two reasons. First, if there is water, it will be possible for humans to live there. **27** And second, from the water they can make oxygen to breathe, and *hydrogen to make fuel. They can use this fuel to drive cars and fly rockets. So perhaps, one day soon, scientists will go back to the Moon to live and work.

It is quite possible today to build a *space station on the Moon. *Astronauts from many different countries have been on the International Space Station *in orbit around the Earth since November 2000. And because the Moon's *gravity is not as strong as the Earth's, it will perhaps become easy to travel from the Moon to other planets like Mars.

〔注〕planet in the solar system……太陽系にある惑星
astronomer……天文学者　atmosphere……大気　oxygen……酸素
breathe……息をする　ray……光線　the Northern Lights……オーロラ
keep away……遠ざける　Mercury and Venus……水星や金星
Mars……火星　moon……衛星　spin……自転する　crash……衝突する
dust……ちり，ほこり
slow the Earth down……地球の回転速度を遅くする
farther away……だんだん遠くへ　frozen……凍りついた
crater……クレーター　hydrogen to make fuel……燃料を作るための水素
space station……宇宙ステーション　astronaut……宇宙飛行士
in orbit around the Earth……地球をめぐる軌道上の　gravity……重力

問1　本文の内容に合うように，次の(1)，(2)の英文に続けるのに最も適切なものを，次の①〜④の中から1つずつ選びなさい。

(1) The Moon is important for life on the Earth because 23

① it is the largest in the space and as big as Mercury.

② Mercury and Venus have no moon.

③ it travels around the Earth and pulls the water of the oceans.

④ it does not spin and we can see only one side of it.

(2) Today, scientists 24

① believe that there is no life, no air and no water on the Moon, but they try to make some water there.

② think that the Moon may have some water and life, so they believe that there will be air there in the future.

③ think that there may be ice on the Moon, though there is no sea and rivers.

④ believe that it is impossible for life to live on the Moon because it is too cold, so there is no life and water.

問2　空欄 25 〜 27 にあてはまる最も適切なものを，次の①〜⑥の中から1つずつ選びなさい。なお，同じ記号を2度以上使うことはありません。

① Actually, some plants and animals on the Earth are from other planets.

② Every year, the Moon is 3.8 centimeters farther away from the Earth.

③ They can use the ice for water to drink, and use it to grow plants.

④ But is drinking the water good for humans' health?

⑤ Perhaps there are other planets like the Earth, but we do not know where they are.

⑥ The Earth will slow down and the day will get shorter.

問3　下線部Both of themがさすものを，次の①〜④の中から1つ選びなさい。 28

① the Earth and an atmosphere

② an atmosphere and a lot of water

③ rich oxygen and a lot of water

④ plants and animals

問4　文中の〔　　〕内のすべての語句を，正しい順序に並べかえたとき，〔　〕内で**3番目**と**5番目**にくるものを選びなさい。

3番目 29　　**5番目** 30

問5　空欄 A にあてはまる最も適切な1語を，次の①～④の中から1つ選びなさい。31

① so　② but　③ because　④ if

問6　本文の内容に関する次の質問の答えとして最も適切なものを，次の①～④の中から1つ選びなさい。32

Is there a space station on the Moon?

① No, there's not one now, but there was one in 2000.

② Yes, there is, and many astronauts have been there since 2000.

③ I don't know, but the Moon is close to other planets.

④ No, but there will be in the future, maybe.

問7　本文の内容と合うものを，次の①～⑤の中から1つ選びなさい。33

① By looking at the Northern Lights, we can learn that the Earth's atmosphere keeps away the dangerous rays from the Sun.

② Scientists think that the Earth started to spin when a small planet crashed into it long ago.

③ The Moon and Venus are similar because both of them are too hot to live on easily.

④ If the Moon has water, humans can make cars and rockets from it on the Moon, and come back to the Earth.

⑤ It may be easy to visit the Moon from other planets because its gravity is not so strong as the Earth's.

4 次の日本語に合うように，[　　　]内の語句を並べかえて英文を完成させなさい。解答は，34 ～ 39 に入るものを選びなさい。

問1　トム，もう宿題は終わったの。

Tom, (　　) (34) (　　) (　　) (35)?

[① your homework　② finished　③ yet

④ you　⑤ have]

問2　今朝私が食べた果物はおいしかった。

The fruit (　　) (36) (　　) (　　) (37).

[① this morning　② ate　③ good

④ I　⑤ was]

問3　彼がどこにいるのか，知らせてください。

Please let (38) (　　) (　　) (39) (　　).

[① where　② know　③ is

④ he　⑤ me]

＜放送を聞いて答える問題放送文＞

これから「放送を聞いて答える問題」を始めます。

問題用紙の第１ページから第３ページを見てください。問題は，No. 1～No. 7 の全部で７題あり，放送はすべて英語で行われます。放送される内容についての質問にそれぞれ答えなさい。No. 1～No. 5 及び No. 7 は，質問に対する答えとして最も適切なものを，①～④の中から１つずつ選びなさい。No. 6 は，それぞれの質問の答えになるように，解答番号 6 ～ 8 の中に入る英語として最も適切なものを１つずつ選びなさい。放送中メモを取ってもかまいません。各問題について英語は２回ずつ放送されます。

では，始めます。

Look at No. (numbers) 1 to 3 on page 1.
Listen to each talk, and choose the best answer for each question.
Let's start.

No. 1

A(W) ： Oh, Taku.　How did you get that watch?
B(M) ： My grandfather gave it to me on my birthday, Emily.
A(W) ： I see.　What else did you get on your birthday?
B(M) ： I got a book from my father, a racket from my mother and a CD from my brother.

Question：What did Taku get from his grandfather on his birthday?

No. 2

A(W) ： Wow, is this the largest animal in this zoo?
B(M) ： Yes, I think so.
A(W) ： It has a very long nose.　That is interesting to me.
B(M) ： Right.　It can hold things like our hands.

Question：Which animal are they talking about?

No. 3

A(M) ： I'll have the spaghetti for lunch today.　It is my favorite food.
B(W) ： Uhm, look at that menu on the wall.　We can't get that today.　We can get the curry and rice, the *ramen* or the *udon* today.
A(M) ： Oh, you're right.　Then, I'll have the *ramen*.

Question：Which is today's menu?

Look at No. 4 and No. 5 on page 2.

Listen to each situation, and choose the best answer for each question.

Let's start.

No. 4

Ms. Kelly works at a shop near the station.

When she is working, a man comes to her shop.

He is looking for something there.

Question : What will Ms. Kelly say to the man?

No. 5

Yuji watched a soccer game last night.

This morning, his friend Ellen asked him how the soccer game was.

Yuji wants to tell her that he enjoyed it.

Question : What will Yuji say to Ellen?

Look at No. 6.

Listen to the talk between Ms. Allen and Masato, and read the questions. Then choose the best answer for questions 1, 2 and 3.

Let's start.

No. 6

Ms. Allen : Hi, Masato. You have been here in America for three months, right? Are you enjoying your life here?

Masato : Hello, Ms. Allen. Yes, I enjoy it very much.

Ms. Allen : I'm glad to hear that. Well, what do you have in your hand?

Masato : This is a picture of my family. I took it five months ago.

Ms. Allen : Can I see the picture?

Masato : Of course. Here you are.

Ms. Allen : Thank you.... Your father, your mother, and you are in the picture, right? So, there are three in your family.

Masato : No, there are four.

Ms. Allen : Really? I can see only three people in this picture.

Masato : Please look at the picture again. You can see something under the chair.

Ms. Allen : Well.... Oh, there is a white cat!

Masato： You're right. The cat's name is Hanako. She likes to sleep there, and my parents and I like to play with her. We have had her for thirteen years. She is a cat, but she is like a real sister.

Ms. Allen： I see. I like cats very much. I want to meet Hanako.

Look at No. 7 on page 3.

Listen to the speech of a junior high school student, Naomi, and choose the best answer for questions 1, 2 and 3.

Let's start.

No. 7

Hi, friends. I'm Naomi. I'm fourteen years old. I was born in Australia. My father is from Japan, and my mother is from Australia. I came to Japan with my parents five years ago. I spoke English when I talked with my friends and even with my parents in Australia. So when I started my life in Japan, I could not speak Japanese.

I went to school in Chiba first. It was difficult for me to make friends and study there because most of the people there couldn't speak English. But my teacher Ms. Ishida was very kind to me. She tried to communicate with me in English. Her English was not perfect, but I was happy that she tried to do her best for me. I studied Japanese with her. My Japanese got much better.

A year later, my family had to move to Saitama because my father changed his job. On the last day in the school, I said to Ms. Ishida, "Thank you very much for your help. *Arigato Gozaimashita.*" I have kept studying Japanese. Now I can speak Japanese well. If Ms. Ishida were here, I would thank her again and show my Japanese.

Question 1： How old was Naomi when she came to Japan?

Question 2： What did Ms. Ishida do for Naomi?

Question 3： Why did Naomi's family have to move to Saitama?

以上で「放送を聞いて答える問題」を終わります。では，ほかの問題を始めてください。

【数　学】 (50分)　〈満点：100点〉

1

次の(1)～(10)の［ア］から［テ］に当てはまる数字や符号を1つずつマークしなさい。

(1)　$(11-7)\times(-3)+(-4)^2\div 2$ を計算すると，［アイ］です。

(2)　$\sqrt{2}\,(2\sqrt{3}+\sqrt{24})-\dfrac{18}{3\sqrt{6}}-\sqrt{75}$ を計算すると，$\sqrt{［ウ］}-\sqrt{［エ］}$ です。

(3)　$(2x-3)(3x+5)-(2x-3)(x+2)$ を計算すると，［オ］x^2-［カ］です。

(4)　$\dfrac{3}{2}(2a-3b)-\dfrac{2}{3}(4a-5b)$ を計算すると，$\dfrac{［キ］a［ク］b}{［ケ］}$ です。

(5)　$(3x-2)^2-(3x-2)-6$ を因数分解すると，［コ］$x($［サ］$x-$［シ］$)$ です。

(6)　x，y についての連立方程式 $\begin{cases}0.3x-0.4y=1\\4x-5ay=3a-4\end{cases}$ の解 x，y が，2元1次方程式 $\dfrac{3}{4}x+\dfrac{1}{2}y=1$ を満たすとき，a の値は［スセ］です。

(7)　2次方程式 $2(x-3)^2-(x-8)(x-1)=14$ を解くと，$x=-$［ソ］，［タ］です。

(8)　関数 $y=\dfrac{1}{2}x^2$ について，x の値が a から $a+4$ まで変化するときの変化の割合が7になるとき，a の値は［チ］です。

(9)　右の図のように，底面の半径が2 cmの円すいを，頂点Oを中心として平面上で転がすと円をえがいて1周し，円すいの底面が2.5回転して元の位置にもどりました。この円すいの母線の長さは［ツ］cmです。ただし，円周率は π とします。

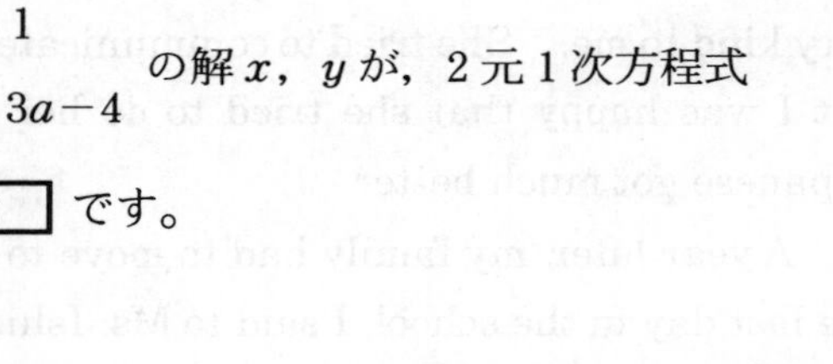

(10) 右の図は，AB＝2 cm，BF＝4 cm，FG＝9 cm の直方体です。AP＋PG の長さが最も短くなるように辺 BC 上に点 P をとります。このとき，点 A，B，P，F を頂点とする立体の体積は [テ] cm^3 です。

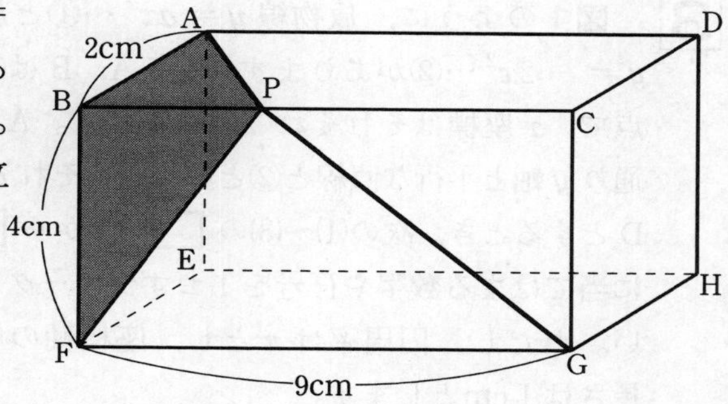

2

次の(1)〜(4)の [ア] から [ク] に当てはまる数字や文字を１つずつマークしなさい。

(1) $\sqrt{130-6n}$ が自然数となるような自然数 n は全部で [ア] 個あります。

(2) ある植物園の入園料はおとな１人 500 円，子ども１人 300 円で，先週の日曜日は，入園者数がおとなと子ども合わせて 140 人でした。今週の日曜日は，入園料が 100 円引きになる特別開園日で，先週の日曜日と比べて，入園者数はおとなが 40 %，子どもが 60 %増え，入園料の合計も 5200 円増えました。先週の入園者数は，おとなが [イウ] 人，子どもが [エオ] 人です。

(3) 袋の中に黒いご石がたくさん入っています。黒いご石の数を調べるために，この袋の中に同じ大きさの白いご石を 50 個入れました。よく混ぜたあとに 30 個のご石を取り出して白いご石の数を調べ，取り出したご石を再び袋に戻すことを４回行いました。下の表は，その結果です。この袋の中には，黒いご石は何個入っていると推定できますか。下のⓐ〜ⓓの中から１つ選ぶと，答えは [カ] です。

	1 回目	2 回目	3 回目	4 回目
白いご石の数（個）	3	5	2	6

ⓐ 300 個　　ⓑ 325 個　　ⓒ 350 個　　ⓓ 375 個

(4) 箱 A の中に [1]，[3]，[5]，[6] の４枚のカードが，箱 B の中に [2]，[4]，[7]，[8] の４枚のカードが入っています。箱 A，箱 B からそれぞれ１枚のカードを取り出し，２枚のカードに書かれた数の和が３の倍数になる確率は $\frac{キ}{ク}$ です。

3　**図1**のように，放物線 $y = ax^2$ …①と放物線 $y = -2x^2$ …②があります。2点A，Bは①上の点で，x 座標はそれぞれ 2，-2 です。A，Bを通り y 軸と平行な直線と②との交点をそれぞれC，Dとするとき，次の(1)～(3)の [ア] から [オ] に当てはまる数字や符号を1つずつマークしなさい。ただし，円周率は π とし，座標軸の単位の長さは1 cmとします。

図1

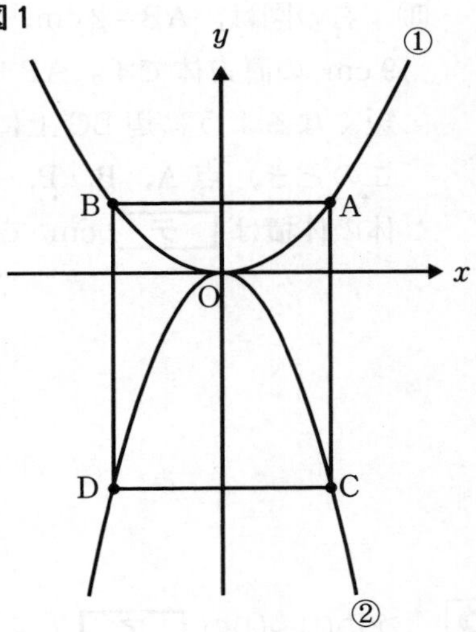

(1)　$a = 1$ のとき，直線ADの式は，

$y =$ [ア] $x -$ [イ] です。

(2)　長方形ABDCの周の長さが26 cmになるとき，a の値は $\dfrac{[ウ]}{[エ]}$ です。

(3)　**図2**のように，線分AB，ADと y 軸との交点をそれぞれE，Fとします。△AEF，△AFOを，y 軸を軸として1回転させてできる立体をそれぞれP，Qとします。立体Pと立体Qの体積の比が7：3になるとき，立体Qの体積は [オ] $\pi\,\mathrm{cm}^3$ です。ただし，$a \geqq 2$ とします。

図2

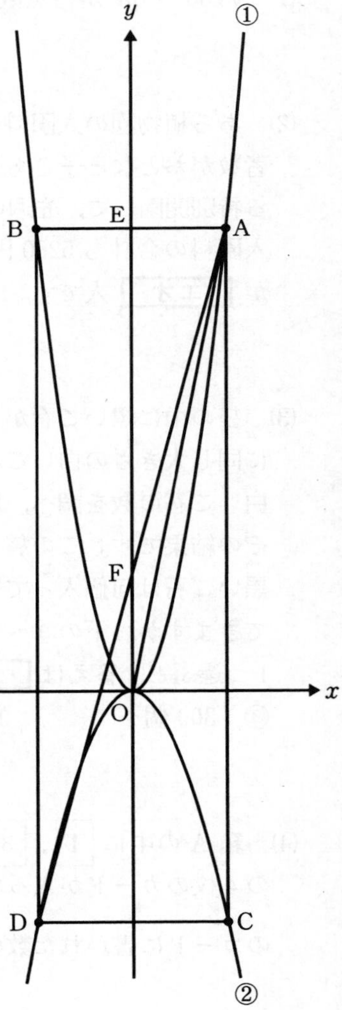

4 下の図のように，BC＝9 cmの長方形ABCDと長方形GECFがあります。長方形GECFは，点Cを中心として長方形ABCDを回転移動させ，点Bが辺AD上に重なるようにしたものです。AE＝6 cmになるとき，次の(1)～(3)の [ア] から [キ] に当てはまる数字を1つずつマークしなさい。

(1) 線分CFの長さは [ア] $\sqrt{[イ]}$ cmです。

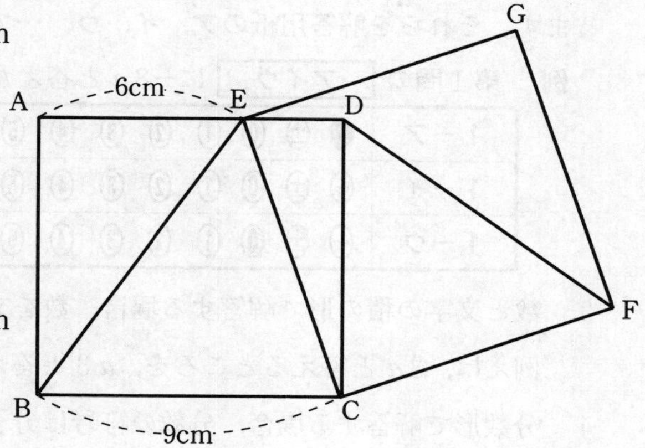

(2) 線分DFの長さは [ウ] $\sqrt{[エ]}$ cmです。

(3) 四角形EDFGの面積は [オカ] $\sqrt{[キ]}$ cm^2 です。

解答上の注意

1　解答は，解答用紙の問題番号に対応した解答欄にマークしなさい。

2　問題の文中の **ア** ， **イウ** などには，符号（－，±），数字（0～9），又は文字（a～d）が入ります。**ア**，**イ**，**ウ**，…の一つ一つは，これらのいずれか一つに対応します。それらを解答用紙の**ア**，**イ**，**ウ**，…で示された解答欄にマークして答えなさい。

例　第1問の **アイウ** に $-8a$ と答えたいとき

1－ア	●	±	0	1	2	3	4	5	6	7	8	9	a	b	c	d
1－イ	⊖	±	0	1	2	3	4	5	6	7	●	9	a	b	c	d
1－ウ	⊖	±	0	1	2	3	4	5	6	7	8	9	●	b	c	d

3　数と文字の積の形で解答する場合，数を文字の前にして答えなさい。

例えば，$3a$ と答えるところを，$a3$ と答えてはいけません。

4　分数形で解答する場合，分数の符号は分子につけ，分母につけてはいけません。

例えば，$\dfrac{\boxed{エオ}}{\boxed{カ}}$ に $-\dfrac{4}{5}$ と答えたいときは，$\dfrac{-4}{5}$ として答えなさい。

また，それ以上約分できない形で答えなさい。

例えば，$\dfrac{3}{4}$，$\dfrac{2a+1}{3}$ と答えるところを，$\dfrac{6}{8}$，$\dfrac{4a+2}{6}$ のように答えてはいけません。

5　小数の形で解答する場合，指定された桁数の一つ下の桁を四捨五入して答えなさい。また，必要に応じて，指定された桁まで◎にマークしなさい。

例えば， **キ** . **クケ** に2.5と答えたいときは，2.50として答えなさい。

6　根号を含む形で解答する場合，根号の中に現れる自然数が最小となる形で答えなさい。

例えば，$4\sqrt{2}$，$\dfrac{\sqrt{13}}{2}$，$6\sqrt{2a}$ と答えるところを，$2\sqrt{8}$，$\dfrac{\sqrt{52}}{4}$，$3\sqrt{8a}$ のように答えてはいけません。

7　同一の問題文章に **サシ** ， **ス** などが2度以上現れる場合，原則として，2度目以降は， サシ ， ス のように細字で表記します。

問4 D近き火などに逃ぐる人 とありますが、何のために取りあげているのですか。最も適切なものを、次の①～④の中から一つ選び、その番号をマークしなさい。解答番号は 43 。

① 「大事を思ひたたん人」がすぐに行動に移さずに熟考するのと同じように、近所で火事などがあっても冷静に行動する必要があることを示すため。

② 「大事を思ひたたん人」がなかなか一大事を思い立たないので、近所で火事などが起こったときのことを想像して、決心をつけることを促すため。

③ 近所で火事などが起こったら人は命のみを大事にして逃げるので、「大事を思ひたたん人」もあれこれ考えずに命を大事にすることを教えるため。

④ 近所で火事などがあれば人はすぐに逃げるのと同じように、「大事を思ひたたん人」も思い立ったらすぐに行動に移す必要があることを示すため。

問5 本文の内容の説明として最も適切なものを、次の①～④の中から一つ選び、その番号をマークしなさい。解答番号は 44 。

① 出家をして悟りを開こうとする人でも、やり残したことが多いので、一般の人であればなおさら多い。

② 出家をして悟りを開こうとする人は、捨てにくいものも一切捨てて、本来の目的を遂げるべきである。

③ 出家をして悟りを開こうとする人でも、火事があれば逃げるので、物や人を大事にしておくべきである。

④ 出家をして悟りを開こうとする人は、火事があっても他者を優先し、自分だけ助かろうと考えてはいけない。

問1　A捨つべきなり　とありますが、Ⅰ誰が、Ⅱ何を捨てるべきなのですか。最も適切なものを、次の①～④の中からそれぞれ一つずつ選び、その番号をマークしなさい。解答番号はⅠ **39** 、Ⅱ **40** 。

Ⅰ　①　作者　　②　大事を思ひたたん人

　　③　読者　　④　近き火などに逃ぐる人

Ⅱ　①　出家という一大事を思い立つ心　　②　捨てにくく、心にかかるようなこと

　　③　出家という一大事を思い立たない心　　④　本来の目的を遂げられないこと

問2　B思ひ立つ日　とありますが、どのような日ですか。最も適切なものを、次の①～④の中から一つ選び、その番号をマークしなさい。

解答番号は **41** 。

①　俗世を離れることを決意して、出家することを思い立つ日。

②　現世に別れを告げ、あの世で生活をすることを思い立つ日。

③　俗世のあわただしさに、出家を断念することを思い立つ日。

④　現世での使命を思い出し、善行に努めることを思い立つ日。

問3　Cおほやう　を現代仮名遣いに直したものとして、最も適切なものを、次の①～④の中から一つ選び、その番号をマークしなさい。

解答番号は **42** 。

①　おおよう　　②　おほよう　　③　おうやう　　④　おおやう

五

次の文章を読んで、後の問いに答えなさい。

※大事を思ひたたん人は、去りがたく、心にかからん事(捨てにくく、心にかかるようなこと)の※本意《ほい》を遂げずして、さながら(そっくりそのまま)A捨つべきなり。「しばし(もうしばらく)、この事はてて」、「同じくはかの事沙汰しおきて(同じことなら、あのことを始末しておいてから)」、「しかしかの事、人の嘲りやあらん、行末難なくしたためまうけて(将来非難されないように、前もって処置しておいて)」、「年来《としごろ》(何年という長い間)もあればこそあれ、その事待たん、ほどあらじ(これらのことを処置してしまうまでに、それほど時間もかかるまい)。もの騒がしからぬやうに」など思はんには、えさらぬ事のみいとどかさなりて(避けられない用事ばかりがいっそう重なって)、事の尽くるかぎりもなく、B思ひ立つ日もあるべからず。Cおほやう、人を見るに、少し心あるきは(分別のある身分の人)は、皆このあらまし(予測)にてぞ一期《いちご》(一生)は過ぐめる。

D近き火などに逃ぐる人は、「しばし」とや言ふ(言うだろうか)。身を助けんとすれば、恥をも顧みず、財《たから》をも捨てて遁《のが》れ去るぞかし。命は人を待つものかは(寿命は決して人を待つものではない)。無常の来る事(死のやってくることは)は、水火の攻むるよりも速《すみや》かに、遁れがたきものを、その時、老いたる親、いときなき(幼い)子、君の恩、人の情、捨てがたしとて捨てざらんや。

(『徒然草《つれづれぐさ》』による。)

(注) ※大事 …… 出家して悟りを開くこと。
※本意 …… 本来の目的。

問6　本文中の空欄［Ⅲ］・［Ⅳ］にあてはまる言葉の組み合わせを、次の①～④の中から一つ選び、その番号をマークしなさい。解答番号は［36］。

① Ⅲ　導管　　Ⅳ　篩管
② Ⅲ　篩管　　Ⅳ　導管
③ Ⅲ　心材　　Ⅳ　辺材
④ Ⅲ　辺材　　Ⅳ　心材

問7　E植物が長生きなのかどうか、わからなくなってくる　とありますが、それはなぜですか。その理由として最も適切なものを、次の①～④の中から一つ選び、その番号をマークしなさい。解答番号は［37］。

① 樹木は枯れると死を迎えることになるが、切り倒されるか枯れてなくなるまでに、すでに光合成や呼吸をやめているから。
② 樹木には死んだ細胞がかなりあり、生きている部分が幹の外側に移動することで生長するが、細胞には寿命があるから。
③ 樹木は生きているときから大部分は死んだ細胞で成り立っていて、特定の細胞だけが何千年に渡って生きているから。
④ 樹木は生きているとはいうものの動物のように活動は活発ではなく、いわば半死半生の状態で生きていると言えるから。

問8　この文章の構成、内容の説明として最も適切なものを次の①～④の中から一つ選び、その番号をマークしなさい。解答番号は［38］。

① 冒頭で植物の年齢の測り方について、二通りの年代推定の方法をそれぞれ具体的な植物を挙げて推定した事例を紹介し、続いて植物が動物に比べて長く生きるものが多いことを取りあげて、植物と動物の違いを述べている。
② 植物の年齢の測り方に放射性炭素による推定と年輪年代学による推定があることを述べ、次に植物の光合成と呼吸の仕組みについて説明し、最後に長生きをする樹木を具体的に取りあげて、長生きする秘密をまとめている。
③ 冒頭で植物の年齢の測り方について話題を提起し、二通りの年代推定の方法を紹介し、その後なぜ植物が動物に比べて長く生きるかを問題提起し、その仕組みについて樹木の導管や篩管の細胞に着目して説明を続けている。
④ 植物の年齢の測り方について、年齢を推定することの必要性を前置きとして述べ、植物にとって光合成と呼吸がどのように行われ、なぜ必要なのかを続けて述べ、最後に植物が長生きするメカニズムを簡潔に示している。

問3　本文中の空欄［Ⅰ］・［Ⅱ］にあてはまる言葉の組み合わせを、次の①〜④の中から一つ選び、その番号をマークしなさい。解答番号は［32］。

①　Ⅰ　積極　　Ⅱ　消極
②　Ⅰ　精神　　Ⅱ　肉体
③　Ⅰ　直接　　Ⅱ　間接
④　Ⅰ　全体　　Ⅱ　部分

問4　B年輪年代学　とありますが、どのように樹木の年齢を推定するのですか。その説明として最も適切なものを、次の①〜④の中から一つ選び、その番号をマークしなさい。解答番号は［33］。

①　気候の変動による年輪の幅の違いから生育した環境を調べて、時代を遡って推定する。
②　異なる年輪の幅から年輪のパターンを調べて、それらをつないでいくことで推定する。
③　樹木に複数刻まれた年輪の数を調べて、様々な樹木のパターンから大まかに推定する。
④　年輪の幅の違いから気候変動を調べて、過去の気温や気候の変化と照合して推定する。

問5　C導管や仮道管　D篩管　とありますが、それぞれどのようなものですか。その説明として最も適切なものを、次の①〜⑤の中からそれぞれ一つずつ選び、その番号をマークしなさい。解答番号はC［34］、D［35］。

①　細胞がたくさんつながっていて、細胞の横に開いた穴が一本のパイプのようになっており、おもに水を運んでいる。
②　たくさんの水を運ばなければならないため、中身が空っぽになっており、多くの死んだ細胞でできている。
③　成長に必要な有機物を運ぶ必要から、外側の細胞壁が頑丈になっており、死んだ細胞でできている。
④　細胞壁に小さな穴がたくさん開いていて、そこを通ることで有機物が次々ととなりの細胞に運ばれていく。
⑤　細胞の上下に穴が開いていて、多くの細胞がつながって一本のパイプのようになり、おもに有機物を運んでいる。

からなくなってくる。

アメリカのモハーベ砂漠に生育するクレオソートブッシュという植物には、一万千七百年も生きているものがいるという。それが本当なら、ブリスルコーンパインの二倍以上だ。一つの種子から発芽したクレオソートブッシュは、周囲に枝を広げたり、根を下ろしたりしながら、同心円状に生長していく。そうして周りに広がっていくにつれ、中心の古い幹は枯れてなくなってしまう。実際の植物体自体は千年も経たずに枯れてしまうようだが、周囲に新しく伸ばした枝や根は生きている。そのため、長く生きているクレオソートブッシュは、中心の植物体がなくなってしまうので、ドーナツ型の茂みになっている。

（更科功《さらしないさお》『若い読者に贈る美しい生物学講義——感動する生命のはなし』による。文章を一部省略したところがある。）

(注) ※ブリスルコーンパイン …… 世界最古の巨木で、樹齢四七〇〇年以上と言われている。
※篩 …… 円形や方形の枠の下に、網を張った道具。

問1 A炭素14とありますが、その性質として**適切ではないもの**を、次の①～④の中から一つ選び、その番号をマークしなさい。解答番号は [28] 。

① 中性子を八個、陽子を六個もっており、地球上には微量しか存在していない。
② 放射性の物質で少しずつ窒素14に変化し、炭素14の半減期は五千七百三十年である。
③ 炭素12や炭素13とは違って放射線を出し、時間が経っても変化しない安定な炭素である。
④ 宇宙線が窒素14に衝突すると炭素14に変化するため、自然界の炭素14の量は一定である。

問2 本文中の空欄 [a] ～ [c] にあてはまる言葉を、次の①～⑤の中からそれぞれ一つずつ選び、その番号をマークしなさい。解答番号は a [29] 、b [30] 、c [31] 。

① つまり　② たとえば　③ このように　④ また　⑤ ところが

樹木の年輪の幅は、必ずしも一定ではない。たとえば、同じ夏といっても、年によって、非常に暑い夏もあれば冷夏もあるだろう。雨の多い年も少ない年もあるだろう。そういう気候変動によって、年輪の幅は違ってくる。そういう年輪のパターンを調べておけば、年輪を部分的に見ただけで、その年輪が何年前から何年前に作られたものかを、正確に決定できるのだ。

また、生きている木だけでなく、遺跡などから出土した木なども使って、年輪のパターンをつないでいけば、場合によっては一万年ぐらい前まで遡って、年輪パターンを決定することも可能である。ブリスルコーンパインの年齢は、この年輪年代学で推定されているので、正確な年齢が算出されているのである。

植物は動物に比べて、非常に長く生きるものがある。どうして、そんなことが可能なのだろうか。

樹木の幹の中には、おもに水を運ぶC導管や仮道管と、おもに光合成で作られた有機物を運ぶD篩管《しかん》がある。これらは、細胞がたくさんつながって、管のようになったものである。しかし、植物の細胞は、外側が頑丈な細胞壁で覆われている。そのため、ただ細胞をつなげただけでは、細胞と細胞のあいだを、水や有機物は通ることができない。

篩管の場合は、となりの細胞と接している細胞壁に、小さな穴がたくさん開いている。そこを物質が通るのである。この、穴がたくさん開いた細胞壁が、※篩《ふるい》のように見えることから、篩管と呼ばれている。光合成で作られた有機物は、この穴を通って隣の細胞に入り、その細胞に溶け込む。それから、また穴を通って、その次の細胞に溶け込む。それを繰り返すことによって、運ばれていくのである。

ところで、ある試算によると、光合成で有機物を一グラム作るためには、根から葉に水を二五〇グラムも運ばなければならないらしい。この値は、種によっても違うだろうが、とにかく有機物よりもはるかに多くの水を、運ばなければならないということだ。

そのため、導管や仮道管の細胞は、中身が空っぽになっている。つまり、死んでいる。この方が、たくさんの水を運べるからだ。導管では細胞の上下に穴が開いているので、多くの細胞がつながって、一本のパイプのようになっている。仮道管では、細胞の横に穴が開いている。水は、たくさんの細胞の中を、曲がりくねりながら、進んでいくのである。

［c］、樹木には死んだ細胞がかなりあるのだが、幹が太くなるにつれて、死んだ細胞がますます増えていく。幹が太くなると、中心部にある導管や仮道管では、水を通す穴がふさがる。そのため、水がしみ込みにくくなり、腐りにくくなる。さらに、中心部全体に、タンニンなどの物質をしみ込ませて、虫や菌の繁殖を防ぐ。その後、導管や仮道管の周囲にあった生きた細胞も死んでしまい、中心部は完全に死んだ細胞だけになる。この、樹木の死んだ部分を心材といい、周囲の生きている部分（の中にも導管や仮道管のような死んだ細胞がある）を辺材という。心材は樹木を支える役割を果たしている。死んでからも、生きている部分の役に立っているのである。

幹が太くなるにつれて、［Ⅲ］はどんどん外側に移動していき、［Ⅳ］はますます太くなっていく。だから、樹木は切り倒されても、あまり変化しない。なぜなら、樹木は生きているときから、大部分が死んでいるからだ。

樹木は長生きといっても、生きている部分は幹の外側にどんどん移動していく。同じ部分が生き続けているわけではないのだ。そのため、何千年も生きているブリスルコーンパインでも、細胞の寿命はせいぜい三十年程度らしい。そう考えると、E植物が長生きなのかどうか、わ問４　C膝を突き合わせて　という慣用表現の意味を、次の①～④の中から一つ選び、その番号をマークしなさい。解答番号は［27］。

① 互いに本心を探り合いながら
② 近くで向き合って遠慮せずに
③ 相手の弱点をうまく利用して
④ 何度も繰り返し顔を合わせて

四　次の文章を読んで、後の問いに答えなさい。

ここで、植物の年齢の測り方について、簡単に説明しておこう。炭素は、生物の体を作っている主要な原子である。炭素の原子核には、陽子が六個ある。しかし、中性子については、六個のものから八個のものまで、三種類の炭素が天然に存在している。このように、陽子の数は同じだが、中性子の数が違う原子を、同位体という。炭素の同位体で一番多いのは中性子が六個の炭素12（12は、陽子と中性子を足した数）で、地球上の炭素の約九九パーセントを占める。二番目は炭素13で、約一パーセントだ。

A炭素14は微量しか存在しないが、前の二つの同位体と違って、放射性である。放射性というのは、放射線を出すことによって他の元素に変化する性質のことだ。炭素12や炭素13は、時間が経《た》っても変化しない安定な炭素だが、炭素14は放射線を出しながら、少しずつ窒素14に変化する。［a］、炭素14はだんだん減っていく。この炭素14が、最初の量の半分になる時間は決まっていて、五千七百三十年である。この五千七百三十年を、炭素14の半減期という。この炭素14を使って、死んだ生物の年代を測ることができるのだ。

何もしなければ、炭素14は少しずつ減っていくはずだが、自然界における炭素14の量は一定である。なぜかというと、いつも大気中で、炭素14が作られているからだ。宇宙線が地球の大気に突入して、窒素14に衝突すると、窒素14が炭素14に変化するのである。

植物は、光合成や呼吸をする。そのときに、炭素を二酸化炭素という形で、大気中から取り込んだり、大気中に放出したりする。つまり、炭素は、大気と植物のあいだを流れ続けている。だから、植物の炭素14の割合は、大気と同じになる（ちなみに、動物の炭素14の割合も、大気と同じである。動物は［Ⅰ］的に、あるいは［Ⅱ］的に、植物を食べて生きているからだ）。

［b］、植物が死ぬ（枯れる）と、話が変わってくる。死んだ植物は、もう光合成や呼吸をしない。そのため、植物中の炭素は、外界との出入りがなくなって、孤立する。すると、植物の中の炭素14は、ゆっくりと減少し始める。したがって、死んだ生物中の炭素14の量を測れば、その生物が死んでからどのくらいの時間が経ったかが、わかるのである。これが、放射性炭素による年代測定のしくみだ。

ところで、アメリカの※ブリスルコーンパインの年齢は、B年輪年代学によって推定されている。年輪年代学は、樹木の年輪をただ数える学問ではない。

(エ)ないだろうか。地域でも、どのような地域を目指せばいいのか、住人はどのような価値を重んじているのか、以前からの住人と新しく来た人たちはどう交流すればよいか。本当はこうしたことについてC膝を突き合わせて対話する必要があるのではないだろうか。

（河野哲也《こうのてつや》『人は語り続けるとき、考えていない』による。）

問1　A検索と熟語の組み立て（構成）が同じものを、次の①〜④の中から一つ選び、その番号をマークしなさい。解答番号は **22** 。

①　贈答　②　圧迫　③　防災　④　楽勝

問2　══部(ア)〜(エ)の語について説明した次の文の空欄 Ⅰ 〜 Ⅲ にあてはまる言葉を、あとの①〜④の中からそれぞれ一つずつ選び、その番号をマークしなさい。解答番号はⅠ **23** 、Ⅱ **24** 、Ⅲ **25** 。

四つのうち、 Ⅰ だけが他の動詞や助動詞の Ⅱ に付いて打ち消しの意味を表す助動詞で、それ以外の三つは Ⅲ である。

Ⅰ　①　(ア)　②　(イ)　③　(ウ)　④　(エ)

Ⅱ　①　未然形　②　連用形　③　終止形　④　連体形

Ⅲ　①　動詞　②　形容詞　③　副詞　④　形容動詞

問3　Bたくさんあるのだ の「だ」と意味・用法が同じものを、次の①〜④の中から一つ選び、その番号をマークしなさい。解答番号は **26** 。

①　思ったより早く用事が済んだ。

②　この冬は例年になく暖かだ。

③　午後から雨が降り出すそうだ。

④　祖父母の言葉が私の支えだ。

(オ) 病人を献身的にカイホウする。

① 思い切りバットを振ってヒットをハナった。
② 風呂敷にツツまれた品物を大事に運ぶ。
③ 必ず成功させようという闘志をイダく。
④ 体調をクズしてしまい、三日間欠席する。

20

(カ) 空には白い雲がタダヨっている。

① 猿が町なかにシュツボツする。
② 最下位から二位にフジョウする。
③ 東京に一か月ほどタイザイする。
④ 台所のふきんをヒョウハクする。

21

三 次の文章を読んで、後の問いに答えなさい。

対話とは、何かの問いに答えようとして、あるいは、自分の考えが正しいのかどうかを知ろうとして、誰かと話し合い、真理を探究する会話のことである。ただ情報をA検索すれば得られる単純な事実ではなく、きちんと検討しなければ得られない真理を得たいときに、人は対話をする。それは、自分を変えようとしている人が取り組むコミュニケーションである。

ショッピングや仕事でのやり取りは、自分の要望と相手の要望をすり合わせようとする交渉である。友人や恋人との会話は、よい関係を保ち、相手を理解し、互いに話を楽しもうとする交流である。これらの会話は有意義かもしれ(ア)ないが、真理の追求を目的としてはいない。対話は、何かの真理を得ようとして互いに意見や思考を検討し合うことである。

私たちは日常生活の中で、ほとんど対話する機会が(イ)ないのではないだろうか。それは、真理の追求が日常生活で行われなくなっているからである。だが実は、対話をしなければならない場面は、日常生活の中にも、思ったよりもBたくさんあるのだ。

仕事場でも、ただ当面の与えられた業務をこなすだけではなく、仕事全体の方向性や意味が問われる場合、たとえば、「良い製品とは何か」「今はどういう時代で、どのような価値を消費者は求めているのか」「環境問題に対して、我が社は頬かむりをしていていいのか」など真剣に論じるべきテーマは少なく(ウ)ないだろう。家庭でも、子供の教育をめぐって、そもそも子どもにとっての良い人生とはなにか、そのために何を学んでほしいのか、親と子どもとはどういう関係なのか、子離れするとはどういうことか、これらのことについて家族で話し合う必要は

二 次の(ア)〜(カ)の文の――部と同じ漢字を使うものを、①〜④の中からそれぞれ一つずつ選び、その番号をマークしなさい。解答番号は 16 〜 21 。

(ア) 会議でシカイ進行役を務めることになった。 16

① 役員がカイゴウに出席するために集まる。
② 各地で小規模な行事がカイサイされる。
③ 今さらコウカイしても仕方がない。
④ 台風は町にカイメツ的な被害を及ぼした。

(イ) トウジ者同士で話し合って解決した。 17

① 問題を掘り下げてじっくりケントウする。
② 長時間かけて目的地へトウチャクした。
③ トウシン大の銅像を記念に建てる。
④ 応援していた立候補者がトウセンした。

(ウ) 親戚関係がソエンになる。 18

① 事件はソショウ問題に発展する可能性がある。
② カソ化の進んでいた村の人口が増加し始めた。
③ ソマツだがバランスのとれた食生活を送る。
④ 感染の拡大をソシするために協力が必要だ。

(エ) ボランティア活動をショウレイする。 19

① レイギ正しい立ち居振る舞いをする。
② 全国大会出場のゲキレイ会が行われる。
③ 監督のメイレイに従って行動する。
④ 舞台衣装を身につけカレイに変身する。

問7　Dおばあちゃんも泣きそうになっている　とありますが、その理由として、最も適切なものを次の①～④の中から一つ選び、その番号をマークしなさい。解答番号は 13 。

① 和人が突然いなくなるようなことはなかったので、事故ではないにせよ何か深い事情があるのではないかと心配だったから。
② 和人は黙って仕事を放り出すことなどなかったので心配だったが、野球を見に行っていた事実を聞き情けなく思ったから。
③ 和人が黙って仕事を放り出してどこかへ行けば、みんながどれほど心配するかということを想像できない和人に落胆したから。
④ 娘の聖子以上に和人が事故にあっているのではないかと心配しており、それを周囲に悟られないように我慢していたから。

問8　Eおばあちゃんは首を横に振った　とありますが、このとき、おばあちゃんが和人に伝えたかったことの説明として、最も適切なものを次の①～④の中から一つ選び、その番号をマークしなさい。解答番号は 14 。

① 和人が店のコックとしての仕事を放り出してまで、自分の大好きな野球選手の応援に行ったことは怒っていないが、家族に告げずこっそり行くような子どもじみたことをするのはやめてほしいということ。
② 和人が黙って野球を見に行き、皆に心配をかけたことについて謝罪を求めているのではなく、自分にとって実の子どもと同じぐらい大切な存在なのだから、言いたいことは遠慮なく言ってほしいということ。
③ 和人が突然いなくなったことで、自分はともかく聖子や光希はとても心配したのだから、謝るなら自分にではなく二人に謝るべきで、今後はどこかへ行くなら、せめて行き先だけでも伝えてほしいということ。
④ 黙って遠くへ出かけても結局は帰ってきたのだから、今さら謝ってもらう必要はなく、和人を実の息子のように思っているのだから、遠慮せずに話してくれれば多少の頼みや願いは許すつもりだということ。

問9　この文章の表現の特徴として最も適切なものを次の①～④の中から一つ選び、その番号をマークしなさい。解答番号は 15 。

① 場面ごとに情景の描写を取り入れることで、登場人物の心情の変化を間接的に描き、山場を盛り上げている。
② 登場人物の発言を中心に展開し、出来事や人物の思いを比較的短い文を用いて表し、テンポよく描いている。
③ 文末を全て過去形で終えることで、昔の出来事であることを強調し、現在は落着したことを印象づけている。
④ 文章の節目で比喩を用いることで、読者にイメージを広げられるよう工夫し、心情を想像しやすくしている。

問4　ⅰ堅物、ⅱためらって　の意味として最も適切なものを、次の①～④の中からそれぞれ一つずつ選び、その番号をマークしなさい。
解答番号はⅰ **9** 、ⅱ **10** 。

ⅰ　① 無趣味で物事に無関心な人　　② 実直で融通が利かない人
　　③ 無愛想で、そっけない人　　④ 内気で、人見知りな人

ⅱ　① ぼんやりして　　② もったいぶって
　　③ 口を閉ざして　　④ 考え迷って

問5　Bカズくん、甲子園じゃねえか？　とありますが、ハッシャンがこのように言った理由として、最も適切なものを次の①～④の中から一つ選び、その番号をマークしなさい。解答番号は **11** 。

① 和人が以前三浦の打たれた試合の録画を見ていたのを思い出し、今日の三浦の登板の見納めになる気がしたから。
② 和人は横浜の三浦を応援していたし、調子を落としていたものの、久しぶりの登板になることを思い出したから。
③ 和人は横浜ファンで、今夜の阪神戦が、大好きな三浦が登板する試合の見納めになるのではないかと思ったから。
④ 和人は横浜を応援しているが、仕事のために試合を見られないので、誰にも言わずに姿を消したとわかったから。

問6　Cそうか……　とありますが、このときの「オレ」についての説明として、最も適切なものを次の①～④の中から一つ選び、その番号をマークしなさい。解答番号は **12** 。

① 三浦選手が登板するというハッシャンの発言で、お父さんの向かった先がなぜ兵庫県だったのかが判明し、すっきりしている。
② 甲子園に野球を見に行ったのではないかと思いついたハッシャンに対して、お父さんのことをよく知っていると感心している。
③ お父さんが野球好きなことはわかっていたが、試合を見るためだけにはるばる甲子園にまで行ったのだとわかりあきれている。
④ 以前に見たお父さんの様子に思いをめぐらし、ハッシャンが言ったとおり甲子園に三浦選手を見に行ったのだと確信している。

問1　本文中の空欄 Ⅰ ～ Ⅴ にあてはまる言葉を、次の①～⑤の中からそれぞれ一つずつ選び、その番号をマークしなさい。解答番号はⅠ 1 、Ⅱ 2 、Ⅲ 3 、Ⅳ 4 、Ⅴ 5 。

① え？　何するの？
② 光希も手伝いなさい
③ 言われたことを、やる
④ 町中なら、誰かが気づくだろ
⑤ オレ、チャリで走って、お父さん探すよ。怪我して倒れてるかもしれないじゃないか

問2　本文中の空欄 a ・ b にあてはまる言葉を、次の①～⑤の中からそれぞれ一つずつ選び、その番号をマークしなさい。解答番号はa 6 、b 7 。

① ジリッと　② ズキッと　③ イライラと　④ ほっと　⑤ ぽかんと

問3　A今は、おばあちゃんの言うことをききたくなかった　とありますが、このときの「オレ」の心情として、最も適切なものを次の①～④の中から一つ選び、その番号をマークしなさい。解答番号は 8 。

① 家族みながおばあちゃんの言うことばかり聞くことに疑問を覚え、文句の一つでも言ってやろうと強がる気持ち。
② 店を休んでお父さんを探そうと提案したのに、近所の目を気にして開店準備をするおばあちゃんに反発する気持ち。
③ まじめすぎるお父さんがたまには息抜きをしているのに、それを許さないおばあちゃんを腹立たしく思う気持ち。
④ お父さんが突然いなくなったのに心配する様子も見せず、店のことを優先するおばあちゃんに腹を立てる気持ち。

おばあちゃんがしゃべっている間、お父さんは、ずっと下を向いたままだった。
「あんたがいなかったら、コーさんが死んだあと、店をやっていけなかった。ウチの料理を作れるコックはいくらでもいるだろうけど、コーさんの気持ちを皿に載せられる人は、他に誰もいないよ」
「すみません」
お父さんは絞り出すようにしゃべった。
「謝ってほしいんじゃない」
Eおばあちゃんは首を横に振った。
「言いたいことを言ってほしいだけ」
大きくため息をつく。
「私はこの通り、きつい性格だから、ダメだとかいけないだとか、そんなことばっかり言ってる。これからも、きっとそうだろう。今更、直らないし、変えられない」
一度、言葉を切った。
「でもね、何でも言っていいんだよ。それで、喧嘩すればいいじゃないか。黙っていなくなられるより、つかみあいの喧嘩のほうがいい」
お父さんは、わかりましたとは言わなかったし、自分の気持ちを説明もしなかった。
その夜は、それで終わった。
九月十九日に、ベイスターズは、クライマックス・シリーズ進出を決めた。
その翌日、三浦大輔投手は、引退を発表した。

（佐藤《さとう》多佳子《たかこ》『ダブルヘッダー』による。文章を一部省略したところがある。）

（注）※ハッシャン …… 食堂の常連客で、野球好きのおじいさん。
※ビジター …… 相手チームの本拠地で行われる試合。ビジターゲーム。
※ナイター …… 夜間に行われる試合。ナイトゲーム。
※番長・三浦 …… ホエールズ、ベイスターズで投手として活躍した三浦大輔《だいすけ》選手。番長の愛称で親しまれた。
※先発 …… 試合開始の時に最初に投球する投手。先発投手。
※コーさん …… 亡くなった光希の祖父。

おばあちゃんは呼びかけた。

「私はがっかりした」

オレの胸にも［b］痛みがくるような言い方だった。

「どうしても行きたいところがあるから休ませてくれって言ったら、私が許さないと思った？」

おばあちゃんは静かに聞いた。

「野球見に行くって言ったら、許さねえだろ？」

オレが小声でつぶやくと、

「光希は部屋に行って寝なさいっ」

大声でキレられた。

「ミッキ、寝なさい。悪かったよ」

お父さんにも言われた。

でも、オレは動かなかった。

「カズくん、あんたが数時間いなくなっただけで、聖子は警察に行った。事故にあってないかどうかね。馬鹿な子だ」

おばあちゃんは言った。

「でもね、私も心配した。本当に心配だった。あんたは、黙って仕事を放り出して、どっかに行く子じゃない。理由も言わずに、いなくなる子じゃない」

Dおばあちゃんも泣きそうになっているのがわかって、オレはびっくりした。魔女みたいな鬼みたいな、すごいオーラで、店で下ごしらえしてたのに。

「あんたのことは、今の光希くらいの年から知ってる。よく店に食べに来てくれた。いつもエビフライを食べたよね」

おばあちゃんは言った。

「お母さんが亡くなって、あんたが店の前で雨の中、ずっと立ってたね。聖子が見つけて連れてきた。よく来てくれたなって思ったわ。よくウチを思い出してくれたってね」

お父さんのお母さん？　つまり、オレのおばあさん？　おばあさんが死んだ？　ああ、そうか、オレ、もう一人、おばあさんがいたんだっけ。考えたことなかった。

「※コーさんが作ったエビフライ、なかなか食べてくれなかった。完全に冷めてから、やっと食べて、やっとしゃべったね、おいしいって」

エビフライを食べて、コックになろうと思ったって、いつかのお父さんの話――その時のことか。

「聖子と結婚する前から、もっともっと前から、あんたは、ウチの息子なんだよ。聖子と同じに、大切な大切なウチの子供なんだよ」

お父さん、甲子園に行ったんだ。誰にも言わずに行ったんだ。誰にも言えなくて、でも、行ったんだ。

オレはうなずいた。

「ハッシャン、正解、と思う」

その夜遅く、お父さんは家に帰ってきた。

オレ、お母さんにだけ、こっそり言った。甲子園にいるかもしれないってこと。お父さんが大好きな番長が投げる最後の試合かもしれないから、どうしても行かなきゃいけないって話したけど、お母さんはわからなかったと思う。信じられないって顔してたから。

リビングのソファーにみんなで座った。

「甲子園球場に野球を見に行ってた」

お父さんは、おばあちゃんの目を見て言って、テーブルに手をついて頭を下げた。

「すみません。仕事をサボりました」

「なんで？」

って言ったのは、お母さんだった。

「なんで、黙って行くの？」

お父さんは、今度はお母さんを見て、また頭を下げた。

「ごめん」

「どんなに心配したと思うの？」

お母さんは目に涙をためていた。

「なんで……」

なかなか言葉が出てこない。

「なんで、野球なんか……」

「野球なんか——って、お母さんたちが言うからさ」

オレは言った。

「二人が野球を嫌いだから、お父さんは言えなかったんだ」

「子供は黙りなさい」

おばあちゃんに怒られた。

「カズくん」

「そりゃなあ」
ハッシャンはうなりながら考えていたが、急にぽんと手を打った。
「なあ……。ンなこと言ったら、おめー怒るかもしれねえけどよ……」
「何?」
「まさかたァ思うけどよ……」
「だから、なんだよ? 早く言えよ!」
オレが怒鳴っても、ハッシャンはしばらくiiためらって言わなかった。
「あのなあ……」
ようやく決心して口にした。
「Bカズくん、甲子園じゃねえか?」
「はい?」
「野球、行ってねえか?」
甲子園? 大阪――じゃなくて兵庫県、そんな遠くに、野球を見に? 仕事しないで? 誰にも言わないで?
「※番長、見に行ったってこと、ねえか?」
ハッシャンに言われて、今夜の阪神戦の※先発が※三浦なことを思い出した。
今季、二回目の先発。調子が悪くて二軍にずっといて、七月に一度先発した時も、めっちゃ打たれた番長。それから久しぶりの登板になる。
「俺も行こうかなって、ちらっと考えたんだよ」
ハッシャンはつぶやいた。
「見納めになるような気がしてよ」
「みおさめ?」
「最後に見ることだよ」
「最後……?」
オレはお父さんの背中を思い出した。暑いのに冷房もつけずに一人でリビングにいた、汗で濃い色になったグレーのTシャツ。七月に番長が打たれた試合の録画を、お父さんは仕事から帰ってきてから遅い時間に見ていた。オレ、たまたま水飲みに起きてきて、見たんだ。キッチンで水音たてても、お父さんは気づかなかった。お父さんの背中が、遠くに見えて、呼んでも聞こえないような気がした。
Cそうか……。

おばあちゃんがお父さんのことをぜんぜん心配してない気がして腹が立ってきて、
「今日くらい、店休んだって、いいじゃん！」
オレは叫んだ。
「おばあちゃんは、店、店、店って、店のことばっかり。お父さんより店のほうが大事なんだね？」
「光希、やめなさい」
お母さんに止められた。
なんで、ウチは、みんな、おばあちゃんの言うことばかり聞くんだ？　なんで、文句を言ったり反対すると怒られるんだ？
オレ、店の手伝いくらい、いつでもするよ。ていうか、いつでも、手伝いたい。やりたい。キッチン入りたい。ここ好きだもん。ここのバターや油やソースやカレーやコーヒーなんかの色んなにおい、カツを揚げる音や包丁や水やお皿の音、全部大好きだもん。
でも、A今は、おばあちゃんの言うことをききたくなかった。オレは店から飛び出して、自転車に乗って走った。
適当に、そのへんの路地を走りまわってから、富士見公園まで来て、お父さん、練習してないかななんて思って、一人で？　まさかまさか。ギャンブルやる人なら、競輪場や競馬場にいるかも？　まさかまさか。悪い友達に誘われたとか？　悪い友達？　あっ、※ハッシャン、競輪も競馬も好き。日本鋼管病院の近くのハッシャンの家に突撃する。
ホエールズからベイスターズのユニフォーム、グローブ、応援グッズ、雑誌、ポスターなんかのお宝が、がらくたみたいに適当に置いてあるハッシャンのマンションの部屋にはよく行く。※ビジターの※ナイターの時は、一緒にテレビを見たりする。ハッシャンは、五年前に奥さん亡くしてから、ずっと一人暮らしだ。
「お父さんがいなくなっちゃって、探してるんだ。競輪場とか競馬場とか、一緒に探してくれる？」
オレが顔を見るなりいきなり頼むと、
「カズくんは、そういうのやらねえだろ？」
ハッシャンは　a　した顔で言った。
「急に、やるようになったかも……。ハッシャン、悪の道に誘いこんでないよな？」
オレが疑うと、
「あのi堅物《かたぶつ》が、賭け事なんかやるかい」
ハッシャンは顔をしかめた。
オレは昼からの大騒ぎのことを早口でまくしたてた。
「お父さんは、いなくなる人じゃないんだよ」
きっぱり言い切ると、

二〇二二年度　昌平高等学校

【国語】〈五〇分〉〈満点：一〇〇点〉

一　次の文章を読んで、後の問いに答えなさい。

光希《みつき》（オレ）の家は、祖母と父（和人《かずと》）、母（聖子《せいこ》）の三人で食堂を営んでいる。父は横浜ベイスターズ（前身は横浜大洋ホエールズ）というプロ野球チームのファンで、光希が所属する少年野球のチームのコーチもしている。その父が、広島カープ（ベイスターズと同じリーグのプロ野球チーム）がリーグ優勝を決めた数日後、突然家からいなくなった。光希は父を心配し、食堂に向かった。

おばあちゃんが、いつも通り落ちついて怒ってて、店はやるつもりっぽくて、でっかい鍋でヤバいもの作ってる小さな魔女みたいに見えて、なんかちょっとほっとした。

すぐに、お母さんが息を切らして入ってきた。川崎警察署がわかる範囲では、お父さんが事故や事件にまきこまれてはいなそうなこと、いついなくなったかを話すと笑われたこと。

「言わんこっちゃない。話が広まったら、ご近所で物笑いの種にされるよ。さっさと着替えてきて仕事しな」

おばあちゃんは、お母さんをにらみつけた。

「　Ⅰ　」

オレは命令を受けた。

「　Ⅱ　」

赤ちゃんの頃は、子供椅子にくくりつけられて、ここにいたらしいけど、今はもう店に来てもキッチンに入ると怒られる。子供の来るところじゃないって。

「　Ⅲ　」

おばあちゃんはきっぱりと言った。

「　Ⅳ　」

オレが言い返すと、

「　Ⅴ　」

2022年度／昌平高等学校

英語解答

1 No.1 ①　No.2 ③　No.3 ③
No.4 ④　No.5 ②
No.6 (1)…③　(2)…④　(3)…②
No.7 (1)…③　(2)…①　(3)…④

2 問1 ③　問2 ④
問3 3番目…②　5番目…①
問4 ②　問5 ③　問6 ④
問7 ①
問8 20…⑤　21…①　22…⑥

3 問1 (1)…③　(2)…③
問2 25…⑤　26…②　27…③
問3 ②
問4 3番目…③　5番目…⑤
問5 ①　問6 ④　問7 ①

4 問1 34…④　35…③
問2 36…②　37…③
問3 38…⑤　39…④

1〔放送問題〕解説省略

2〔長文読解総合─会話文〕

≪全訳≫❶グリーン先生(Ms)：おはよう，メアリー。昨日は職業体験だったそうね。どうだった？ ❷メアリー(M)：すばらしかったです。楽しい時を過ごし，多くのことを学びました。❸アン(A)：職業体験？　それは何ですか？❹Ms：仕事の感じをつかみたいと思う生徒のためのプログラムよ。生徒は通常，参加したい業界を選ぶの。「キャリアデー」とも呼ばれているわ。❺A：楽しそうですね。メアリー，あなたはどこを訪れたの？❻M：私は家の近くの病院に行ったの。そこは大きくて，12階建てだったわ。病院スタッフの1人が私を案内してくれて，いくつかの診療科を見て回ったんだ。そこには医師や看護師が大勢いたわ。彼らは忙しそうだったけど，楽しそうに働いていたの。彼らは自分の仕事に誇りを持っているんだって思ったよ。❼Ms：きっとそうでしょうね。他には何をしたの？❽M：彼らが使う機器についても学びました。それらの機器がどのように機能するかを聞くのはすごくわくわくしました。医師に質問できる機会もあったんですよ。「B医師にとって最も大切なことは何ですか？」と彼女に尋ねたところ，「私にとっては，強い心を持つことが大切よ」と答えてくれました。彼女のその言葉は決して諦めないという意味だと思いました。医師はどんな状況下でも人を助けるために全力を尽くそうとします。そのために，医師になってからも勉強し続けているのです。この体験を通して，私はますます病院で働くことに興味がわいてきました。将来は昨日お会いした方々のような医師になりたいんです。❾Ms：そうなってほしいわ。がんばってね！❿M：ありがとうございます，グリーン先生。もっとがんばります。アン，あなたはどう？　職業体験をするとしたら何をしたい？⓫A：うーん，1つには決められないわ。やってみたいことがたくさんあるの。⓬M：でも，もし1つしか選べないとしたら，何をする？⓭A：たぶん動物に関係する仕事かな。トリマーとか，獣医とか，犬のトレーナーとか…。⓮M：あなたが動物の世話をするのがとても好きなのは知ってるわ。犬を飼っているよね？⓯A：うん，私の家には犬が2匹いるの。保護犬だったのよ。⓰Ms：保護犬？　その2匹についてもっと教えて。⓱A：はい。名前はハナとタロウです。3年前，家族で町の動物保護施設に行き，彼らを引き取ることに決めたんです。最初，2匹は緊張していましたが，すぐ私たちになつきました。私は毎朝，彼らを散歩に連れていきます。私が帰宅すると，しっぽを振ってくれます。彼らはとてもかわいくて，賢いんですよ。私の言葉を理解しているように感じることもあります。今では彼らなしでは生きていけません。⓲Ms：アン，あなたはその2匹が大好きなのね。あなたは彼らを必要としていて，彼らを幸せにしている。それを聞いてうれしいわ。19M：犬といえば，昨日，病院で犬を見かけたんですよ。20A：病院に犬ですって？　信じられない。犬は病院にはいられないでしょう？21M：私もそう思っていたの。病院のスタッフがセラピー犬だと教えてくれたんだ。その犬は病気で苦しむ人々に寄り添い，支えるための特別な訓練を受けたのよ。22A：セラピー犬のことは知らなかったわ。犬が人を助けられるんですか？23Ms：そうよ，それは「動物セラピー」と呼ばれているの。数年前にニューヨークに住んでいたとき，病院や学校や高齢者福祉施設で働く犬を何匹か見かけたわ。24A：セラピーアニマルになれるのは犬だけですか？25M：私も同じ疑問を持っていたから，インターネットで調べてみたの。犬だけでなく，ウサギや猫もセラピーアニマルとして活動していることがわかったわ。26Ms：動物セラピーは，人と動物の絆《きずな》という考え方を生かしているのよ。動物は健康上の問題を抱えた人たちに奉仕することができる。動物にはその人たちを幸せにし，リラックスさせる力があるの。27A：私は動物と一緒にいると，幸せでリラックスした気持ちになります。動物たちも同じように感じてくれたらいいなと思います。28M：私たちは互いに助け合っているんですね。喜びや幸せを分かち合うことは，私たちの生活において大切です。

問１＜適語選択＞they は職業体験先の病院で働く医師や看護師を指す。be proud of ～で「～を誇りに思う」という意味を表す。

問２＜適文選択＞この後，空所に入るメアリーの質問に対して，医師の女性が to stay strong is important と答えていることから判断できる。

問３＜整序結合＞まず became interested in というまとまりができる。文の主語を I とし，in の後に working for を置いて文末の the hospital につなげる。「ますます興味を持つようになった」という意味の文だと考えられるので，more and more は interested の前に置く。このように，一般に副詞(句)が形容詞を修飾するときはその前に置く。 Through this experience, I became more and more interested in working for the hospital.

問４＜適語選択＞直後の them はアンが飼っている２匹の犬を指す。後ろに for a walk とあることから，take ～ for a walk「～を散歩に連れていく」とする。

問５＜英問英答＞「職業体験後にメアリーがインターネットで調べたのはなぜか」―③「どんな種類の動物がセラピーアニマルになれるかを知りたかったから」 第24，25段落参照。

問６＜要旨把握＞第21段落最終文参照。He は直前で出ている a therapy dog を指す。

問７＜内容真偽＞①「アンは大きくなったら動物に関わることをしたいと思っている」…○　第13段落の内容に一致する。　②「メアリーは町の動物保護施設から引き取った犬を飼っている」…×　第17段落参照。犬を飼っているのはメアリーではなくアンである。　③「メアリーは以前保護犬を飼っていたので，病院に犬がいても驚かなかった」…×　第19～21段落第１文参照。病院に犬がいたことを聞いて驚いたアンに対して，メアリーも私もそう思ったと答えている。またメアリーが以前保護犬を飼っていたという記述はない。　④「グリーン先生はニューヨークにいたとき，家でセラピー犬を数匹飼っていた」…×　第23段落参照。セラピー犬を見たとあるが，飼っていたとは述べていない。

問８＜内容一致＞≪全訳≫先週，私は職業体験で病院を訪れた。病院で人々がどのように働いているかを知ることができたので，私にとってすばらしい行事であった。私は見学したり，機器の扱い方を学んだり，医師に質問したりした。人を助ける仕事は大変だと思うが，医師は患者が回復するまで全力を尽くす。その病院ではセラピー犬が人々を支えていた。それはすばらしいと思う。今，私は助けを必要とする人々を支えたいと思う。

＜解説＞20. 第８段落第１，２文参照。 how to ～「～の仕方」 21. 第８段落中盤参照。この部分の内容から，メアリーが the job of helping others「人々を助ける（病院での）仕事」は「大変」だと思っていることが読み取れる。 22. 第８段落最終文参照。メアリーは職業体験で会ったような医者になりたいと思っている。医師の仕事は助けを必要とする人々を支えることである。直後の that は主格の関係代名詞。

3 〔長文読解総合―説明文〕

≪全訳≫❶太陽系にある最も美しい惑星は地球である。地球は人間が容易に住むことのできる唯一の惑星だ。しかし，地球には人間だけが住んでいるわけではない。地球は植物や動物が生息する惑星でもある。25もしかしたら地球のような惑星が他にもあるかもしれないが，どこにあるのかはわからない。天文学者は常に他の星を探し回っているが，これまで誰もそれらを見たことがない。❷なぜ地球では生命が生きられるのだろうか。地球には酸素が豊富な大気と，海や湖，川など，たくさんの水があるからである。その両方が生命にとっては欠かせない。❸地球の大気は息をするのに適しているだけでなく，太陽の危険な光線から私たちを守ってくれる。冬にはオーロラにそれを見ることができる。太陽の光線が当たると空は緑や青になり，太陽からの危険な光線が遠ざけられるのだ。❹地球の温度は私たちの生活を快適にしてくれる。地球は水星や金星のように暑すぎず，また，火星や太陽から遠い他の惑星のように寒すぎることもない。だから植物や動物にとって，地球は住むのに適した場所であり，水中ではより多くの魚が生きられる。❺水星や金星には衛星が１つもないが，地球には衛星〔月〕がある。月はとても大きく，水星とほぼ同じ大きさだ。月は地球上の生命にとって非常に重要だ。月は地球の周りを回って海水をけん引する。このため地球上の全ての海水は１日２回，昇降する。海水は月に従っているのだ。月は自転しないので，月の片側が常に地球に向いている。❻月はどこから来たのだろうか。どのようにしてそこにあったのだろうか。科学者は大昔に小さな惑星が地球に衝突したと考えている。その衝突で岩石やちりが宇宙空間に飛び散り，これらがゆっくりと集積して月になった。当時，月は今よりも地球の近くにあった。地球は現在よりも速く自転していたので，１日の長さはわずか６時間であった。今日，地球は約24時間に１回自転するだけである。❼月は今もなお地球の自転速度を遅くしていて，だんだん遠くへ移動しているが，私たちが地球上でそれを感じるのは難しい。26毎年，月は3.8センチメートル地球から遠ざかっている。その結果，約２万6000年後には，月は今より１キロメートルほど地球から遠ざかることになる。❽月には生命も空気も水もない。以前，科学者たちはそう考えていた。ところがここ数年，彼らはその考えを改めている。もしかしたら月に水があるかもしれないのだ。もちろん，海や川はない。しかし凍りついた水，つまり氷があるかもしれないのだ。月には深いクレーターがあり，太陽の光がそれらの底に届くことはない。このような非常に寒い場所では，水が氷として残っている可能性がある。❾もし月に水があるとすれば，それは２つの理由においてとても重要だ。まず，水があれば人間がそこに住めるだろう。27人間はその氷を飲料水として使ったり，植物の栽培に使ったりできる。次に，水からは呼吸のための酸素と，燃料をつくるための水素をつくることができる。この燃料を使って，車を走らせたり，ロケットを飛ばしたりすることができる。ことによると近い将来，科学者が生活や仕事のために再び月に行くことがあるかもしれない。❿今日，月面に宇宙ステーションを建設することは十分可能だ。2000年11月以来，地球をめぐる軌道上の国際宇宙ステーションには，さまざまな国の宇宙飛行士が滞在している。また，月の重力は地球ほど強くないので，月から火星などの他の惑星へ移動することは，おそらく容易になるであろう。

問１＜内容一致＞(1)「月は地球上の生命にとって重要である。なぜなら(　　)からだ」―③「月は地球の周りを回り，海水をけん引している」　第５段落第３～６文参照。月が地球にとってなぜ重要かが述べられている。　(2)「現在，科学者らは(　　)」―③「月には海や川は存在しないものの，氷があるかもしれないと考えている」　第８段落前半参照。ここ数年で科学者の考えが改められ，現在は氷が存在するかもしれないと考えられている。

問２＜適文選択＞25．直後にある No one has ever seen them の them が何を指しているのかを考える。複数形のもので，誰も見たことがないものなので，この them は⑤にある other planets like the Earth を受けているとわかる。　26．直後にある So「だから」に着目。この So の前後は‘理由’→‘結果’の関係になる。１年で3.8センチメートルだから，２万6000年後には１キロメートル離れるということ。　27．③は，前の文で述べた，月に水があると人間が生存できる理由となっている。

問３＜指示語＞both of ～は「両方の～，～の２つとも」という意味を表す。前に出ているものの中で生命に欠かせない２つのものとは，②「大気と大量の水」である。

問４＜整序結合＞主語 the Earth は３人称単数なので，動詞は is に決まる。すると the Earth is a good place という文の骨組みができ，残りは to不定詞の形容詞的用法で to live on が後ろから a good place を修飾する形にする。　… the Earth is a good place to live on, …

問５＜適語選択＞空所前後が，「昔の地球は自転速度が速かった」→「だから１日の長さが６時間しかなかった」という‘理由’→‘結果’の関係になっている。

問６＜英問英答＞「月に宇宙ステーションはあるか」―「いいえ。しかし将来的にはあるかもしれない」　最終段落第１文参照。建設することは可能だと述べている。

問７＜内容真偽＞①「オーロラを見れば，地球の大気が太陽からの危険な光線を遠ざけていることがわかる」…○　第３段落の内容に一致する。　②「科学者は，遠い昔に小さな惑星が地球に衝突したときに地球が自転し始めたと考えている」…×　第６段落参照。小さな惑星が地球に衝突した結果，月が誕生したとあるが，地球の自転が始まったとは述べていない。　③「月と金星はどちらも暑すぎて住むのが容易ではないので似ている」…×　第４段落第２文参照。暑すぎる例として挙げられているのは月ではなく，水星と金星である。　④「もし月に水があれば，人間は月でその水から車やロケットをつくり，地球に戻ってくることができる」…×　第９段落後半参照。地球に戻れるとは述べていない。　⑤「月の重力は地球ほど強くないので，他の惑星から月へ行くのは簡単かもしれない」…×　最終段落最終文参照。他の惑星から月へ行くのではなく，月から他の惑星に行く，と述べている。

4〔整序結合〕

問１．「宿題は終わったの」は，現在完了形の疑問文‘have/has＋主語＋過去分詞…?’の形で，have you finished your homework とし，yet「もう」を文末に置く。　Tom, have you finished your homework yet?

問２．「今朝私が食べた果物」は，目的格の関係代名詞が省略された‘名詞＋主語＋動詞…’の形で The fruit I ate this morning とする。　The fruit I ate this morning was good.

問３．「(私に)知らせてください」は‘let＋目的語＋動詞の原形’「～に…させる」の形で，Please let me know とする。この後「彼がどこにいるのか」を，‘疑問詞＋主語＋動詞…’の語順の間接疑問で where he is とする。　Please let me know where he is.

数学解答

1
(1) ア…－　イ…4
(2) ウ…6　エ…3
(3) オ…4　カ…9
(4) キ…2　ク…7　ケ…6
(5) コ…3　サ…3　シ…5
(6) ス…－　セ…6
(7) ソ…1　タ…4　(8) 5
(9) 5　(10) 4

2
(1) 4
(2) イ…6　ウ…0　エ…8　オ…0
(3) ⓑ　(4) キ…1　ク…4

3
(1) ア…3　イ…2
(2) ウ…1　エ…4　(3) 8

4
(1) ア…6　イ…2
(2) ウ…4　エ…6
(3) オ…2　カ…1　キ…2

1 〔独立小問集合題〕

(1)＜数の計算＞与式$=4\times(-3)+16\div2=-12+8=-4$

(2)＜数の計算＞与式$=2\sqrt{6}+\sqrt{2\times24}-\dfrac{6}{\sqrt{6}}-\sqrt{5^2\times3}=2\sqrt{6}+\sqrt{4^2\times3}-\dfrac{6\times\sqrt{6}}{\sqrt{6}\times\sqrt{6}}-5\sqrt{3}=2\sqrt{6}+4\sqrt{3}-\dfrac{6\sqrt{6}}{6}-5\sqrt{3}=2\sqrt{6}+4\sqrt{3}-\sqrt{6}-5\sqrt{3}=\sqrt{6}-\sqrt{3}$

(3)＜式の計算＞与式$=(6x^2+10x-9x-15)-(2x^2+4x-3x-6)=(6x^2+x-15)-(2x^2+x-6)=6x^2+x-15-2x^2-x+6=4x^2-9$
≪別解≫$2x-3=A$とおくと，与式$=A(3x+5)-A(x+2)=A\{(3x+5)-(x+2)\}=A(3x+5-x-2)=A(2x+3)$となり，$A$をもとに戻すと，与式$=(2x-3)(2x+3)=(2x)^2-3^2=4x^2-9$である。

(4)＜式の計算＞与式$=\dfrac{3(2a-3b)}{2}-\dfrac{2(4a-5b)}{3}=\dfrac{3\times3(2a-3b)-2\times2(4a-5b)}{6}=\dfrac{18a-27b-16a+20b}{6}=\dfrac{2a-7b}{6}$

(5)＜式の計算―因数分解＞$3x-2=A$とおくと，与式$=A^2-A-6=(A+2)(A-3)$となる。Aをもとに戻して，与式$=(3x-2+2)(3x-2-3)=3x(3x-5)$である。

(6)＜連立方程式―解の利用＞$0.3x-0.4y=1$……①，$4x-5ay=3a-4$……②，$\dfrac{3}{4}x+\dfrac{1}{2}y=1$……③とする。①，②の連立方程式の解が③を満たすので，解は，①，③の連立方程式の解として求められる。①×10より，$3x-4y=10$……①′　③×4より，$3x+2y=4$……③′　③′－①′より，$2y-(-4y)=4-10$，$6y=-6$　$\therefore y=-1$　これを③′に代入して，$3x+2\times(-1)=4$，$3x=6$　$\therefore x=2$　$x=2$，$y=-1$は①，②の連立方程式の解でもあるから，②に代入して，$4\times2-5a\times(-1)=3a-4$，$8+5a=3a-4$，$2a=-12$より，$a=-6$である。

(7)＜二次方程式＞$2(x^2-6x+9)-(x^2-9x+8)=14$，$2x^2-12x+18-x^2+9x-8=14$，$x^2-3x-4=0$，$(x+1)(x-4)=0$　$\therefore x=-1,\ 4$

(8)＜関数―aの値＞関数$y=\dfrac{1}{2}x^2$において，$x=a$のとき$y=\dfrac{1}{2}a^2$，$x=a+4$のとき$y=\dfrac{1}{2}(a+4)^2$だから，xの値がaから$a+4$まで変化するとき，xの増加量は$(a+4)-a=4$，yの増加量は$\dfrac{1}{2}(a+4)^2-\dfrac{1}{2}a^2=\dfrac{1}{2}(a^2+8a+16)-\dfrac{1}{2}a^2=\dfrac{1}{2}a^2+4a+8-\dfrac{1}{2}a^2=4a+8$となり，変化の割合は，$\dfrac{〔y\text{の増加量}〕}{〔x\text{の増加量}〕}=\dfrac{4a+8}{4}=a+2$と表せる。これが7だから，$a+2=7$が成り立ち，$a=5$となる。

⑼＜**空間図形―長さ**＞右図１で，円錐の母線の長さを x cm とする。

図１

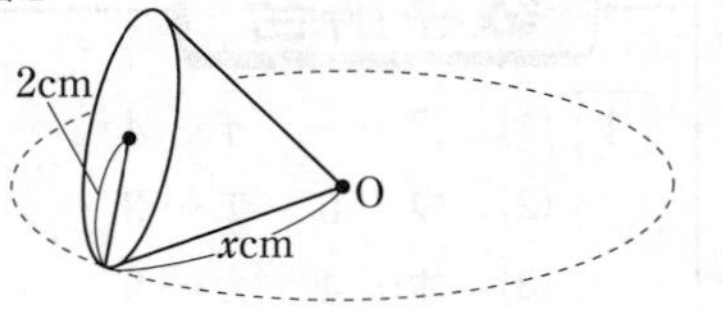

円錐を転がすと底面が2.5回転してもとの位置に戻ることより，円錐が通過した部分の円の周の長さは，円錐の底面の円の周の長さの2.5倍である。円錐の底面の半径は２cm で，円錐が通過する部分の円Oの半径は円錐の母線の長さの x cm だから，$2\pi\times x=2\pi\times2\times2.5$ が成り立つ。これより，$x=5$(cm)である。

⑽＜**空間図形―体積**＞右図２で，線分 AP，線分 PG を含む面 ABCD，面 BFGC の２つの面を，右下図３のように展開する。AP＋PG の長さが最も短くなるとき，３点A，P，Gは同一直線上に並び，点Pは線分 AG と線分 BC の交点となる。このとき，∠BAP＝∠FAG，∠ABP＝∠AFG＝90°より，△ABP∽△AFG となり，BP：FG＝AB：AF＝2：(2＋4)＝1：3となるから，$\mathrm{BP}=\dfrac{1}{3}\mathrm{FG}=\dfrac{1}{3}\times9=3$ である。図２で，〔面 ABFE〕⊥BC より，４点A，B，P，Fを頂点とする立体は，底面を△ABF，高さを BP＝3とする三角錐だから，求める体積は，$\dfrac{1}{3}\times\triangle\mathrm{ABF}\times\mathrm{BP}=\dfrac{1}{3}\times\left(\dfrac{1}{2}\times2\times4\right)\times3=4$(cm³)である。

図２

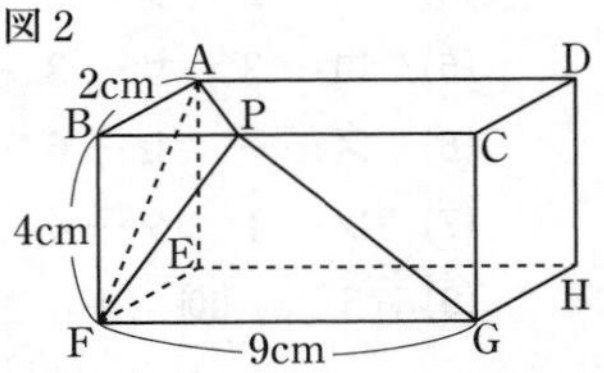

図３

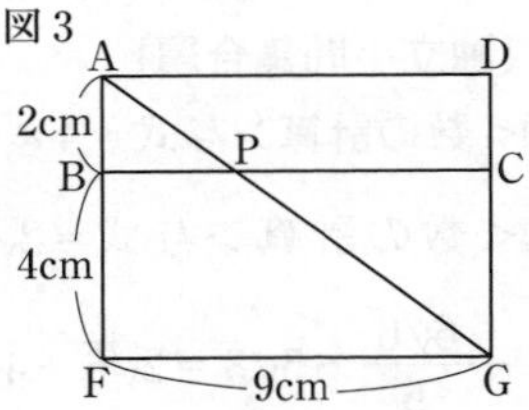

2 〔独立小問集合題〕

⑴＜**数の性質**＞n が自然数，$\sqrt{130-6n}=\sqrt{2(65-3n)}$ だから，$\sqrt{130-6n}$ が自然数となるとき，k を自然数として，$65-3n=2k^2$ と表せる。$k=1$ のとき，$65-3n=2\times1^2$ より，$-3n=-63$，$n=21$ となり，自然数となるから適する。$k=2$ のとき，$65-3n=2\times2^2$ より，$-3n=-57$，$n=19$ となり，適する。$k=3$ のとき，$65-3n=2\times3^2$ より，$-3n=-47$，$n=\dfrac{47}{3}$ となり，自然数にならないから適さない。$k=4$ のとき，$65-3n=2\times4^2$ より，$-3n=-33$，$n=11$ となり，適する。$k=5$ のとき，$65-3n=2\times5^2$ より，$-3n=-15$，$n=5$ となり，適する。$k=6$ のとき，$65-3n=2\times6^2$ より，$-3n=7$，$n=-\dfrac{7}{3}$ となり，適さない。$k\geqq7$ のときも $n<0$ となり，適さない。以上より，$\sqrt{130-6n}$ が自然数となる n は，$n=5$，11，19，21 の４個ある。

⑵＜**連立方程式の応用**＞先週の日曜日のおとなの入園者数を x 人，子どもの入園者数を y 人とすると，先週の日曜日の入園者数は合わせて140人だから，$x+y=140$……①が成り立つ。また，入園料は，おとなが１人500円，子どもが１人300円で，今週の日曜日は100円引きなので，おとなが１人 $500-100=400$(円)，子どもが１人 $300-100=200$(円)となる。今週の日曜日の入園者数は，先週の日曜日と比べて，おとなは40％増えて $x\times\left(1+\dfrac{40}{100}\right)=\dfrac{7}{5}x$(人)，子どもは60％増えて $y\times\left(1+\dfrac{60}{100}\right)=\dfrac{8}{5}y$(人)となる。よって，先週の日曜日の入園料の合計は $500x+300y$ 円，今週の日曜日の入園料の合計は $400\times\dfrac{7}{5}x+200\times\dfrac{8}{5}y=560x+320y$(円)と表せ，今週の日曜日の入園料の合計の方が5200円多いので，$560x+320y=500x+300y+5200$ が成り立つ。これより，$60x+20y=5200$，$3x+y=260$……②となる。②－①より，$3x-x=260-140$，$2x=120$　∴ $x=60$　これを①に代入して，$60+y=140$　∴ $y=80$　したがって，先週の入園者数は，おとなが60人，子どもが80人である。

⑶＜**標本調査**＞30個のご石を４回取り出したときにその中に含まれていた白いご石の数の平均は(3＋

$5+2+6)\div4=4$(個)だから，$\dfrac{4}{30}=\dfrac{2}{15}$より，袋の中に入っている白いご石の割合は$\dfrac{2}{15}$と推定できる。袋の中に入っている黒いご石の数を$x$個とすると，白いご石は50個だから，袋の中のご石の数は$x+50$個と表せ，$(x+50)\times\dfrac{2}{15}=50$が成り立つ。これより，$x+50=375$，$x=325$となるので，黒いご石はおよそ325個入っていると推定される。

(4)＜確率―カード＞箱A，箱Bには4枚ずつカードが入っているので，1枚ずつカードを取り出すとき，取り出し方はそれぞれ4通りあり，全部で$4\times4=16$(通り)ある。このうち，取り出した2枚のカードの数の和が3の倍数になるのは，(箱A，箱B)＝(1，2)，(1，8)，(5，4)，(5，7)の4通りであるから，求める確率は$\dfrac{4}{16}=\dfrac{1}{4}$である。

3〔**関数―関数$y=ax^2$と一次関数のグラフ**〕

≪基本方針の決定≫(3)　立体P，立体Qの体積をaを用いて表す。

図1

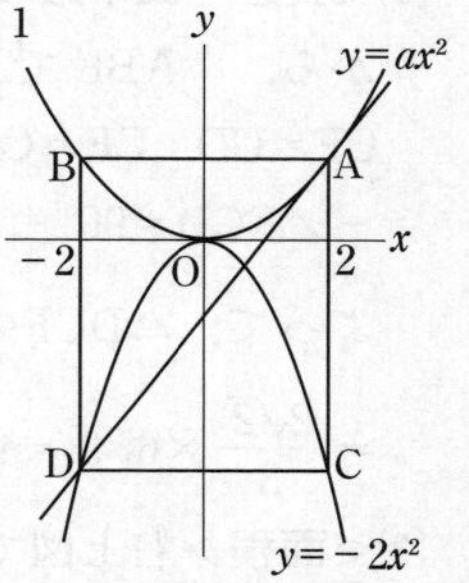

(1)＜**直線の式**＞右図1で，$a=1$より，点Aは放物線$y=x^2$上の点で，x座標が2だから，$y=2^2=4$となり，A(2，4)である。点Bのx座標は-2であり，BDはy軸に平行だから，点Dのx座標も-2である。点Dは放物線$y=-2x^2$上の点だから，$y=-2\times(-2)^2=-8$となり，D$(-2,\ -8)$である。よって，直線ADの傾きは$\dfrac{4-(-8)}{2-(-2)}=\dfrac{12}{4}=3$だから，その式は$y=3x+b$とおけ，点Aを通るので，$4=3\times2+b$，$b=-2$となり，直線ADの式は$y=3x-2$である。

(2)＜**比例定数**＞右上図1で，点Aは放物線$y=ax^2$上にあり，x座標が2だから，$y=a\times2^2=4a$より，A(2，$4a$)と表される。また，ACはy軸に平行だから，点Cのx座標は2であり，点Cは放物線$y=-2x^2$上の点だから，$y=-2\times2^2=-8$より，C(2，-8)である。これより，$\text{AC}=4a-(-8)=4a+8$となる。また，2点A，Bのx座標がそれぞれ2，-2より，ABはx軸に平行だから，$\text{AB}=2-(-2)=4$である。長方形ABDCの周の長さが26cmより，$\text{AC}+\text{AB}=26\times\dfrac{1}{2}=13$だから，$4a+8+4=13$が成り立つ。よって，$4a=1$より，$a=\dfrac{1}{4}$である。

図2

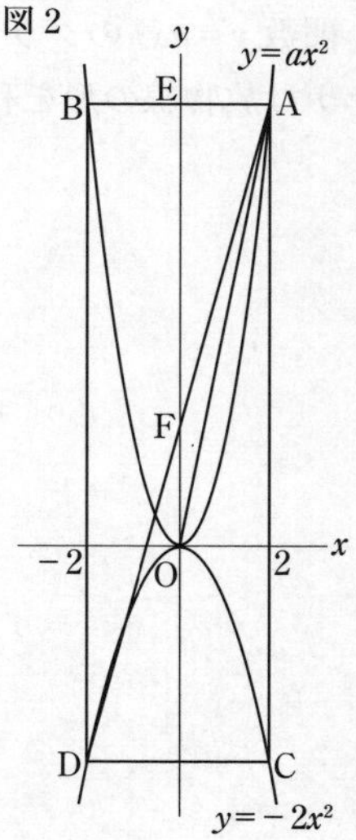

(3)＜**比例定数**＞右図2で，2点A，Bはy軸について対称だから，AE＝BEであり，EF∥BDだから，AF＝DFとなる。よって，点Fは線分ADの中点である。(2)よりA(2，$4a$)，(1)よりD(-2，-8)だから，点Fのy座標は$\dfrac{4a+(-8)}{2}=2a-4$となり，F(0，$2a-4$)である。また，E(0，$4a$)である。△AEFをy軸を軸として1回転させてできる立体Pは，底面の半径をAE，高さをFEとする円錐である。AE＝2，$\text{FE}=4a-(2a-4)=2a+4$だから，立体Pの体積は，$\dfrac{1}{3}\times\pi\times2^2\times(2a+4)=\dfrac{8a+16}{3}\pi$と表せる。一方，△AFOを$y$軸を軸として1回転させてできる立体Qは，底面の半径をAE，高さをOEとする円錐から立体Pを除いた立体である。OE＝$4a$だから，立体Qの体積は，$\dfrac{1}{3}\times\pi\times2^2\times4a-\dfrac{8a+16}{3}\pi=\dfrac{8a-16}{3}\pi$と表せる。したがって，立体Pと立体Qの体積の比が7：3より，$\dfrac{8a+16}{3}\pi$：

$\frac{8a-16}{3}\pi=7:3$ が成り立つ。これより，$\frac{8a+16}{3}\pi\times3=\frac{8a-16}{3}\pi\times7$，$24a+48=56a-112$，$32a=160$，$a=5$ となるから，立体Qの体積は，$\frac{8a-16}{3}\pi=\frac{8\times5-16}{3}\pi=8\pi\,(\mathrm{cm}^3)$ である。

4 〔平面図形―長方形〕

≪基本方針の決定≫(2)　△DCF∽△BCE に気づきたい。　(3)　長方形GECFの面積から，△DCE，△DCF の面積をひく。

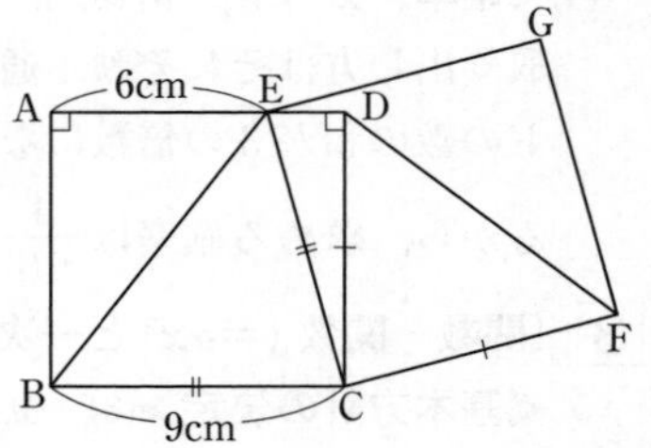

(1)**＜長さ―三平方の定理＞**右図で，長方形GECFは長方形ABCDを点Cを中心として回転させたものだから，CF＝CD，CE＝CB＝9である。AE＝6より，ED＝AD－AE＝9－6＝3だから，△DCE で三平方の定理より，$\mathrm{CD}=\sqrt{\mathrm{CE}^2-\mathrm{ED}^2}=\sqrt{9^2-3^2}=\sqrt{72}=6\sqrt{2}$ となり，$\mathrm{CF}=\mathrm{CD}=6\sqrt{2}$ (cm)である。

(2)**＜長さ―三平方の定理，相似＞**右図で，(1)より $\mathrm{AB}=\mathrm{CD}=6\sqrt{2}$ だから，△ABE で三平方の定理より，$\mathrm{BE}=\sqrt{\mathrm{AB}^2+\mathrm{AE}^2}=\sqrt{(6\sqrt{2})^2+6^2}=\sqrt{108}=6\sqrt{3}$ である。また，CF＝CD，CE＝CB より，CF：CE＝CD：CB である。∠ECF＝∠BCD＝90°より，∠DCF＝∠ECF－∠ECD＝90°－∠ECD，∠BCE＝∠BCD－∠ECD＝90°－∠ECD だから，∠DCF＝∠BCE となる。よって，△DCF∽△BCE だから，$\mathrm{DF}:\mathrm{BE}=\mathrm{CD}:\mathrm{CB}=6\sqrt{2}:9=2\sqrt{2}:3$ となり，$\mathrm{DF}=\frac{2\sqrt{2}}{3}\mathrm{BE}=\frac{2\sqrt{2}}{3}\times6\sqrt{3}=4\sqrt{6}$ (cm)となる。

(3)**＜面積＞**右上図で，〔四角形EDFG〕＝〔長方形GECF〕－△DCE－△DCF である。〔長方形GECF〕$=\mathrm{CE}\times\mathrm{CF}=9\times6\sqrt{2}=54\sqrt{2}$，$\triangle\mathrm{DCE}=\frac{1}{2}\times\mathrm{CD}\times\mathrm{ED}=\frac{1}{2}\times6\sqrt{2}\times3=9\sqrt{2}$ である。また，(2)より，△DCF∽△BCE であり，相似比は $\mathrm{CD}:\mathrm{CB}=2\sqrt{2}:3$ だから，$\triangle\mathrm{DCF}:\triangle\mathrm{BCE}=(2\sqrt{2})^2:3^2=8:9$ となる。$\triangle\mathrm{BCE}=\frac{1}{2}\times\mathrm{BC}\times\mathrm{CD}=\frac{1}{2}\times9\times6\sqrt{2}=27\sqrt{2}$ だから，$\triangle\mathrm{DCF}=\frac{8}{9}\triangle\mathrm{BCE}=\frac{8}{9}\times27\sqrt{2}=24\sqrt{2}$ である。以上より，〔四角形EDFG〕$=54\sqrt{2}-9\sqrt{2}-24\sqrt{2}=21\sqrt{2}\,(\mathrm{cm}^2)$ となる。

＝読者へのメッセージ＝

関数 $y=ax^2$ のグラフは放物線です。放物線は英語でパラボラ(parabola)といいます。パラボラアンテナは放物線の形を利用してつくられています。

2022年度／昌平高等学校

国語解答

一　問1　Ⅰ…②　Ⅱ…①　Ⅲ…③　Ⅳ…⑤　Ⅴ…④
問2　a…⑤　b…②　問3　④
問4　ⅰ…②　ⅱ…④　問5　③
問6　④　問7　①　問8　②
問9　②

二　(ア)　①　(イ)　④　(ウ)　②　(エ)　②
(オ)　③　(カ)　④

三　問1　②
問2　Ⅰ…①　Ⅱ…①　Ⅲ…②
問3　④　問4　②

四　問1　③
問2　a…①　b…⑤　c…③
問3　③　問4　②
問5　C…②　D…④　問6　④
問7　②　問8　③

五　問1　Ⅰ…②　Ⅱ…②　問2　①
問3　①　問4　④　問5　②

一〔小説の読解〕出典；佐藤多佳子『ダブルヘッダー』（『いつの空にも星が出ていた』所収）。

問1＜文脈＞Ⅰ．おばあちゃんは，お母さんに対して「仕事しな」と言い，続いて「光希も手伝いなさい」と光希に「命令」した。　Ⅱ．光希は，手伝いなさいと言われたものの，ふだんは「キッチンに入ると怒られる」ので，何をしたらよいのかわからず，「え？　何するの？」とおばあちゃんにきいた。　Ⅲ．おばあちゃんは，「何するの？」ときいた光希に対して，「言われたことを，やる」と答え，再度手伝うように言った。　Ⅳ．光希は，「お父さん探すよ。怪我して倒れてるかもしれない」と言って，店の手伝いをするよりお父さんを探しに行きたいという気持ちをおばあちゃんに伝えた。　Ⅴ．お父さんが「怪我して倒れてるかもしれない」と言う光希に対して，おばあちゃんは，倒れていたとしても，「町中なら，誰かが気づくだろ」と答えた。

問2＜表現＞a．「ぽかんとした顔」は，思いがけないことに驚いた表情や，口を開けてぼんやりした表情のこと。ハッシャンは，競輪場や競馬場でお父さんを一緒に探してほしいと，いきなり光希に頼まれて，光希のお父さんが競輪場や競馬場にいるはずがないのにと驚いたのである。　b．「ズキっと」は，刺すような痛みを表す。「がっかりした」というおばあちゃんの言葉には，おばあちゃんの悲しみが込められており，それが伝わったからこそ，光希は刺されたような痛みを感じたのである。

問3＜心情＞光希は，店が好きで，「店の手伝いくらい，いつでもする」という気持ちでいたけれども，お父さんがいなくなった今は，店を手伝うよりお父さんを探す方がはるかに大事だと思っていた。光希は，店の準備をするおばあちゃんが，お父さんより店を大事にしていると感じて，おばあちゃんの言うことを，今は聞くことはできないという気持ちになったのである。

問4＜語句＞ⅰ．「堅物」は，まじめすぎて融通の利かない人のこと。　ⅱ．「ためらう」は，あれこれ考えて迷う，という意味。

問5＜文章内容＞今夜の阪神戦の先発が三浦で，最近の試合での様子から，今夜が「見納めになるような気が」したから，お父さんは甲子園に野球の試合を見に行ったのではないかと，ハッシャンは考えたのである。

問6＜心情＞光希は，「七月に番長が打たれた試合の録画」をお父さんがどんな様子で見ていたのかを思い出して，お父さんなら番長の最後の試合を見に行きたいだろうと納得したのである。

問7＜心情＞おばあちゃんは，お父さんのことを「黙って仕事を放り出して，どっかに行く子じゃない。理由も言わずに，いなくなる子じゃない」と信頼していたからこそ，お父さんが黙っていなくなったのはかなり深刻な理由によるのではないかと，心配していたのである。

問8＜心情＞おばあちゃんにとって，お父さんは「大切な大切なウチの子供」であり，家族なのだから，けんかになったとしても，お互いに言いたいことを何でも言い合えばいい，と思っていた。だから，お父さんが野球を見に行きたい，と言わなかったことを，残念に思っていたのである。

問9＜表現＞短い会話が続く場面が多く，出来事も短い文章で描写され，テンポよく話が進む中で，登場人物の性格や気持ちが描写されている。

二〔漢字〕

(ア)「司会」と書く。①は「会合」，②は「開催」，③は「後悔」，④は「壊滅的」。　(イ)「当事者」と書く。①は「検討」，②は「到着」，③は「等身大」，④は「当選」。　(ウ)「疎遠」と書く。①は「訴訟」，②は「過疎化」，③は「粗末」，④は「阻止」。　(エ)「奨励」と書く。①は「礼儀」，②は「激励」，③は「命令」，④は「華麗」。　(オ)「介抱」と書く。①は「放(った)」と書き，音読みは「解放」などの「ホウ」。②は「包(まれた)」と書き，音読みは「包囲」などの「ホウ」。③は「抱(く)」と書き，音読みは「抱腹」などの「ホウ」。④は「崩(して)」と書き，音読みは「崩壊」などの「ホウ」。　(カ)「漂(って)」と書く。音読みは「漂流」などの「ヒョウ」。①は「出没」，②は「浮上」，③は「滞在」，④は「漂白」。

三〔国語の知識〕

問1＜熟語の構成＞「検索」と「圧迫」は，似た意味の漢字を組み合わせた熟語。「贈答」は，反対の意味の漢字を組み合わせた熟語。「防災」は，下の字が上の字の目的語になっている熟語。「楽勝」は，上の字が下の字を修飾している熟語。

問2＜品詞＞「かもしれない」の「ない」は，動詞「知れる」の未然形に接続している，打ち消しの助動詞(Ⅰ…①，Ⅱ…①)。「機会がない」，「少なくない」，「必要はない」の「ない」は，形容詞(Ⅲ…②)。

問3＜品詞＞「たくさんあるのだ」の「だ」と，「支えだ」の「だ」は，断定の助動詞。断定の助動詞の「だ」は，名詞や代名詞，助詞の「の」につく。「用事が済んだ」の「だ」は，過去の助動詞「た」が，濁音化したもの。「暖かだ」の「だ」は，形容動詞の終止形「暖かだ」の一部。「出すそうだ」の「だ」は，伝聞を表す助動詞「そうだ」の終止形の一部。

問4＜慣用句＞「膝を突き合わせる」は，近くに向き合って座る，思っていることを隠さずにじっくり話し合う，という意味。

四〔説明文の読解―自然科学的分野―自然〕出典；更科功『若い読者に贈る美しい生物学講義―感動する生命のはなし』。

≪本文の概要≫植物の年齢の測り方の一つに，放射性炭素による方法がある。炭素14は，自然界では一定量だが，死んだ生物の中の炭素14は，ゆっくりと減少し始め，五千七百三十年で半減するので，死んだ生物中の炭素14の量を測ることによって，その生物が死んでからどのくらいの時間がたったのか，わかるのである。植物の年代を測る方法のもう一つは，年輪年代学である。樹木の年輪の幅が気候変動によって違うことを利用し，年輪のパターンを調べて，パターンをつないでいくことによって，一万年くらい前まで遡ることが可能となっている。植物は動物に比べて，非常に長く生きるものがある。しかし，植物の幹の中の導管や仮道管は，多くの水を運ぶために，中身は空っぽになっており，細胞は死んでいる。樹木の中心部は，死んだ細胞だけでできていて，この部分を心材といい，樹木を支える役割を果たしている。心材の周辺の生きた細胞がある部分を辺材という。樹木が長生きといっても，細胞の寿命は三十年程度で，同じ部分が生き続けているわけではないのである。

問１＜文章内容＞炭素14の原子核には，陽子が六個，中性子が八個ある。炭素14は地球上には微量しか存在しない(①…○)。炭素14は，放射性で，「放射線を出しながら，少しずつ窒素14に変化」し，半減期は五千七百三十年である(②…○，③…×)。宇宙線が「窒素14に衝突すると，窒素14が炭素14に変化」するので，「自然界における炭素14の量は一定」である(④…○)。

問２＜接続語＞a．「炭素14は放射線を出しながら，少しずつ窒素14に変化する」のであり，要するに「炭素14はだんだん減っていく」のである。　b．「植物の炭素14の割合は，大気と同じ」なのだけれども，植物が死ぬと「植物の中の炭素14は，ゆっくりと減少し始める」のである。　c．導管も仮道管も，細胞は中身が空っぽで，つまり「死んでいる」ため，水を運びやすくなっている。今説明したように，「樹木には死んだ細胞がかなり」あり，幹が太くなるにつれて，死んだ細胞がますます増えていく。

問３＜表現＞植物は，炭素を大気中から取り込んだり，大気中に放出したりするので，植物の炭素14の割合は，大気と同じになる。また，動物の炭素14の割合も，大気と同じである。なぜなら，動物は，生きるために，植物そのものを食べたり，あるいは植物を食べた動物を食べることによって，動物を経由して植物を食べたりしているからである。

問４＜文章内容＞樹木の年輪の幅は，一定ではなく，気候変動によって違う。だから，年輪のパターンを調べておけば，年輪が何年前から何年前につくられたものかを正確に決定できる。遺跡などから出土した木なども使って，年輪のパターンをつないでいくことによって，一万年ぐらい前までの年輪パターンを決定することも可能である。

問５＜文章内容＞C．導管や仮道管の細胞は，多くの水を運ぶために，中身が空っぽになっている。これは，細胞が死んでいるということである(②…○)。導管は，細胞の上下に穴が開いて，一本のパイプのようになっており，仮道管は，細胞の横に穴が開いている(①・⑤…×)。　D．篩管は生きた細胞でできていて(③…×)，細胞壁に小さな穴がたくさん開いており，この穴を通って有機物が運ばれていく(④…○，⑤…×)。

問６＜文章内容＞樹木の幹が太くなると，中心部は完全に死んだ細胞だけになる。この死んだ部分を心材といい，心材は樹木を支える役割を果たしている。心材の周囲の，細胞が生きている部分を，辺材という。幹が太くなるにつれて，周辺部分である「辺材」は(…Ⅲ)，どんどん外側に移動していき，中心部分の「心材」は(…Ⅳ)，ますます太くなっていくのである。

問７＜文章内容＞「植物は長生きといっても，生きている部分は幹の外側にどんどん移動」していき，同じ部分が生き続けているわけではない。何千年も生きている樹木でも，生きている細胞の寿命はせいぜい三十年程度なのであり，樹木の大部分は死んでいる。植物の細胞が，長生きなわけではないのである。

問８＜表現＞冒頭では，植物の年齢の測り方には，炭素14の半減期を利用した放射性炭素による年代測定と，年輪のパターンをつないだ年輪年代学の二通りがあることが説明されている。その後，話が変わり，植物には非常に長く生きるものがあるが，それはなぜ可能なのか，という問いが提示される。そして，長く生きる樹木の細胞の大部分が死んだ細胞であり，生きている細胞は入れかわっているということが，導管や篩管の性質の説明をもとにして述べられている。

五〔古文の読解─随筆〕出典；兼好法師『徒然草』第五十九段。

≪現代語訳≫出家して悟りを開くことを決心するような人は，捨てにくく，心にかかるようなことの本来の目的を成し遂げないで，そっくりそのまま捨てるべきである。「もうしばらく，このことが終わってから」，「同じことならあのことを始末しておいてから」，「これこれのことは，人があざ笑うだろう，将来非難されないように前もって処置しておいて」，「何年という長い間こうしてきたのだから，これらのことを処置してしまうまでに，それほど時間もかかるまい。せっかちにならないように」などと思うような場合には，避けられない用事ばかりがいっそう重なって，(そのような)用事が尽きる時期もなく，(出家することを)決心する日もあるわけがない。だいたい，(世間の)人を見ると，分別のある身分の人は，皆この予測で一生は終わってしまうようだ。／近くの火事などで逃げる人は，「もうしばらく(待って)」と言うだろうか(いや言いはしない)。自分自身を助けようとすれば，恥も顧みずに，財産も捨てて逃げることだよ。寿命は決して人を待つものではない。死のやってくることは，水や火の差し迫るよりも速く，逃れがたいものなのに，そのとき，老いている親，幼い子，主君の恩，人の情けを，捨てられないからといって捨てないでいられるだろうか(いや捨てなければならないだろう)。

問１＜古文の内容理解＞「大事を思ひたたん人」は，本当に出家したいならば，「去りがたく，心にかからん事」を，そっくりそのまま捨てるべきである，と作者は述べている。

問２＜古文の内容理解＞「思ひ立つ」は，決心する，という意味。心にかかるさまざまなことを処置してから出家しようと考える人には，避けられない用事が尽きることもなく，いつまでたっても出家するという決心をする日がやってこないのである。

問３＜歴史的仮名遣い＞歴史的仮名遣いの語頭以外のハ行は，現代仮名遣いでは原則として「わいうえお」となるので，「おほやう」の「ほ」は，「お」となる。また，歴史的仮名遣いの「au」は，現代仮名遣いでは「ou」となるので，「やう」は，「よう」となる。

問４＜古文の内容理解＞出家を決心しながら，あれを済ませてから，などと言っていると出家する日はこないので，思い立ったらすぐに出家するべきであると，作者は述べている。さらに，近くで火事が起こったら，もうしばらく，などと言わずにすぐに逃げるであろう，と述べ，それと同じように，出家を決心したら，すぐに行動に移すべきである，と説いている。

問５＜古文の内容理解＞出家して悟りを開こうとする人は，あれを済ませてから，などと言っていると，寿命がきてしまうので，気にかかることがあっても，全てを捨てて，出家すべきである，と作者は述べている。

2022年度 昌平高等学校（特別進学）

※特別進学コースの英語・数学・国語は共通問題です。

【社　会】（40分）〈満点：100点〉

1　りょうさんは，ブラジル，ロシア連邦，中華人民共和国，タイ，南アフリカ共和国の５か国について調べました。次の**地図**を見て，あとの**問１**～**問５**に答えなさい。

地図

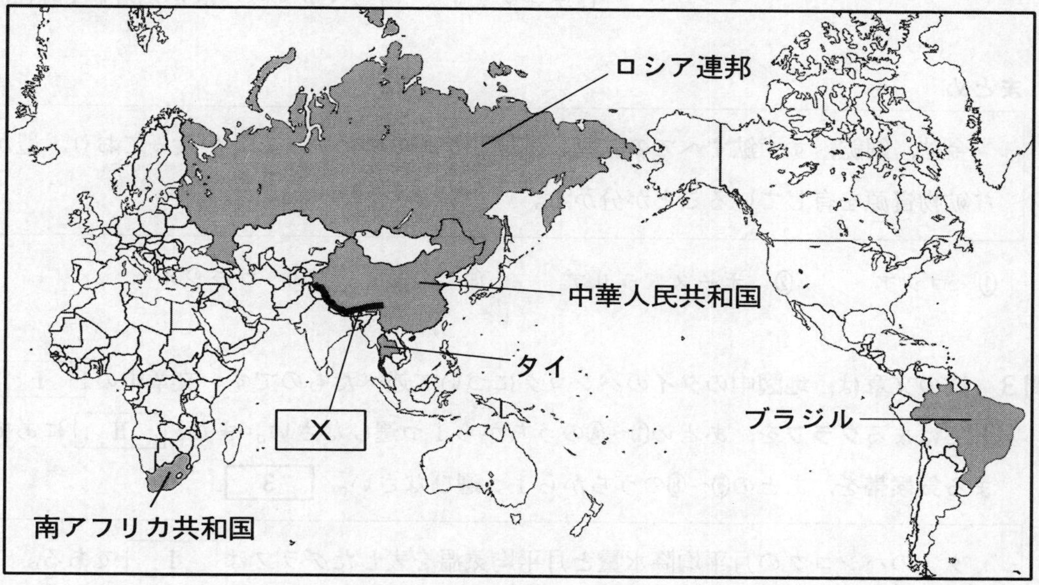

問１　**地図**中の［　X　］は，山脈を表しています。この山脈の名前を，下の①～④のうちから１つ選びなさい。［　1　］

①　アンデス山脈　　②　ロッキー山脈　　③　アルプス山脈　　④　ヒマラヤ山脈

問２　５か国の中には鉱物資源を多く産出している国があることが分かりました。以下の**表１**は金鉱，銀鉱，すず鉱の上位５か国ごとの産出量をまとめたものです。**まとめ**の中の［　　］にあてはまる国として正しいものを，あとの①～④のうちから１つ選びなさい。［　2　］

表1

金鉱	(t) 2017年	銀鉱	(t) 2016年	すず鉱	(千t) 2016年
中国	426	メキシコ	5,364	中国	92
オーストラリア	301	ペルー	4,374	ミャンマー	54
ロシア	270	中国	3,496	インドネシア	52
アメリカ	237	ロシア	1,571	ブラジル	25
カナダ	164	チリ	1,497	ペルー	19

（『データブック　オブ・ザ・ワールド 2021』より作成）

まとめ

> 金鉱，銀鉱，すず鉱すべての鉱物の上位5か国の中に［　　　］が入っており，豊かな鉱物資源を有していることが分かる。

① ロシア　　② オーストラリア　　③ 中国　　④ ブラジル

問3　次の文章は，**地図**中の**タイ**のバンコクについて述べたものです。文章中の［　Ⅰ　］にあてはまる**グラフ**を，あとの①～④のうちから1つ選びなさい。また，［　Ⅱ　］にあてはまる**気候帯**を，あとの⑤～⑧のうちから1つ選びなさい。［　3　］

> タイのバンコクの月平均降水量と月平均気温を表したグラフは［　Ⅰ　］である。この都市は［　Ⅱ　］と呼ばれる気候帯に属している。

グラフ

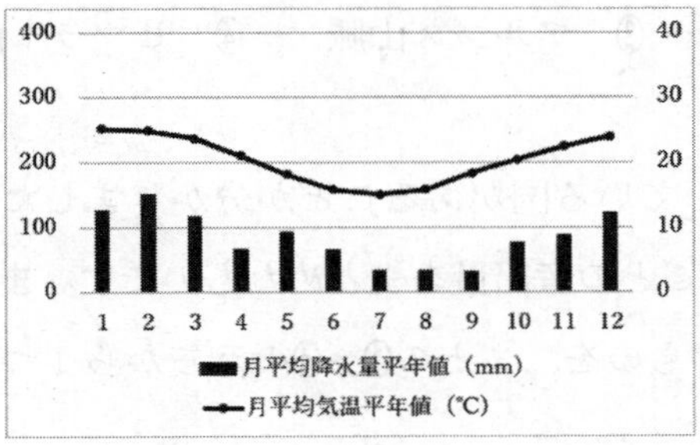

①

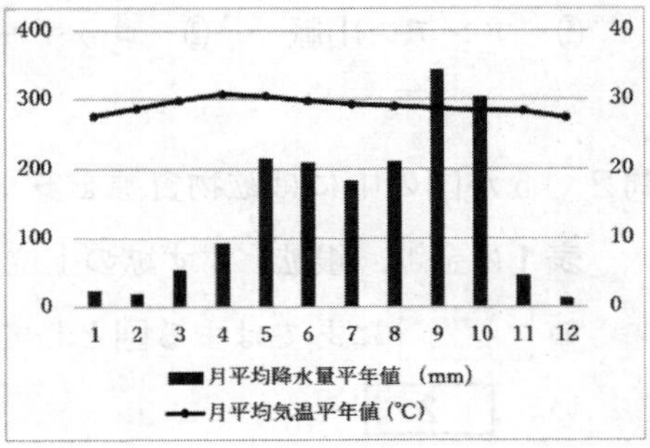

②

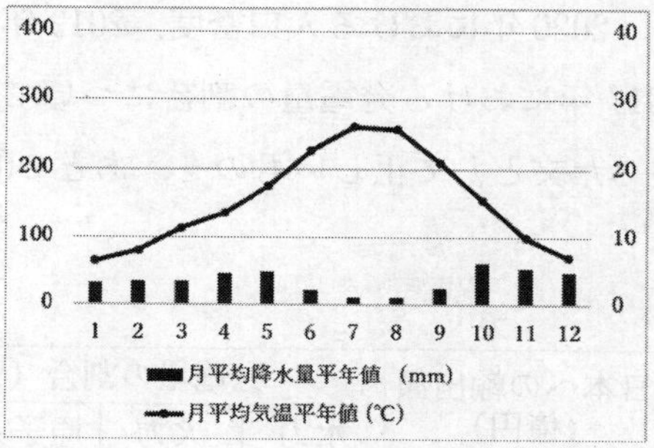

③

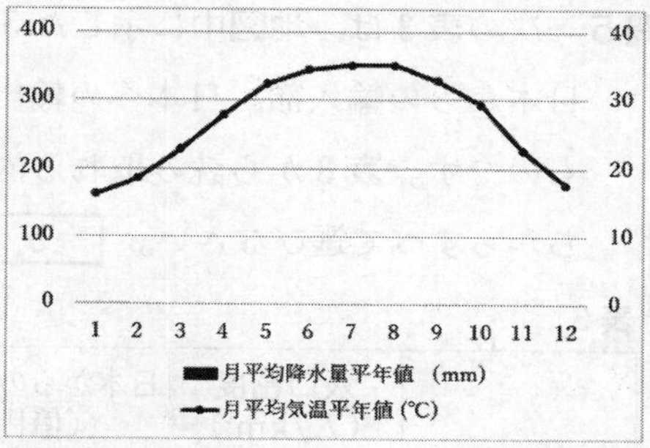

④

（気象庁ＨＰより作成）

気候帯

⑤ 温暖湿潤気候　⑥ 西岸海洋性気候　⑦ サバナ気候　⑧ ステップ気候

問４　次の**表２**は，**地図**中に示した**ブラジル**，**ロシア連邦**，**中華人民共和国**，**南アフリカ**の2019年における主な輸出品の輸出額と割合についてまとめたものです。**ロシア連邦**を表しているものとして正しいものを，下の①～④のうちから１つ選びなさい。　4

表２

輸出品目	輸出額（百万ドル）	割合（%）
原油	122,229	28.6
石油製品	71,885	16.8
鉄鋼	19,351	4.5
石炭	17,163	4.0
機械類	14,472	3.4
その他	181,620	42.7
合計	426,720	100.0

①

輸出品目	輸出額（百万ドル）	割合（%）
大豆	26,077	11.6
原油	24,200	10.7
鉄鉱石	22,682	10.1
肉類	16,325	7.2
機械類	16,299	7.2
その他	119,800	53.2
合計	225,383	100.0

②

輸出品目	輸出額（百万ドル）	割合（%）
自動車	11,417	12.8
白金族	8,273	9.3
機械類	7,263	8.1
鉄鉱石	5,791	6.5
鉄鋼	5,531	6.2
その他	51,121	57.1
合計	89,396	100.0

③

輸出品目	輸出額（百万ドル）	割合（%）
機械類	1,086,800	43.5
衣類	151,784	6.1
繊維品	119,684	4.8
金属製品	101,417	4.1
自動車	79,089	3.2
その他	959,796	38.3
合計	2,498,570	100.0

④

（『世界国勢図会　2021/22』より作成）

問5　次の**表3**は，**地図**中に示した5か国の，2020年における人口密度，2019年における日本からの輸入額，日本への輸出額，2017年における発電量の割合についてまとめたものです。**表3**から読み取れる内容を述べた文として正しいものを，あとの①～⑤のうちから**すべて**選びなさい。 5

表3

	人口密度（人/km^2）	日本からの輸入額（億円）	日本への輸出額（億円）	発電量の割合（%）			
				水力	火力	原子力	その他
タイ	136	32,906	27,651	5.1	83.6	0.0	11.3
中国	150	146,819	184,537	17.9	70.5	3.7	7.9
南アフリカ	49	2,633	5,591	2.1	88.9	5.6	3.4
ブラジル	25	4,102	8,723	62.9	18.1	2.7	16.3
ロシア	9	7,826	15,606	17.1	64.0	18.6	0.3

（『データブック　オブ・ザ・ワールド　2021』より作成）

① 5か国すべての国は日本に対して貿易黒字である。

② ブラジルとロシア連邦を比べると，日本からの輸入額と日本への輸出額の合計はロシア連邦の方が大きい。

③ 5か国においては人口密度の高い順に，日本への輸出額が大きい。

④ 日本からの輸入額が一番少ない国は，火力発電の割合が一番大きい。

⑤ 水力発電の割合が一番小さい国は，人口密度も一番低い。

2 まいさんは，社会の授業で地域の特徴を調べました。次の**地図１**を見て，あとの**問１～問５**に答えなさい。

地図１

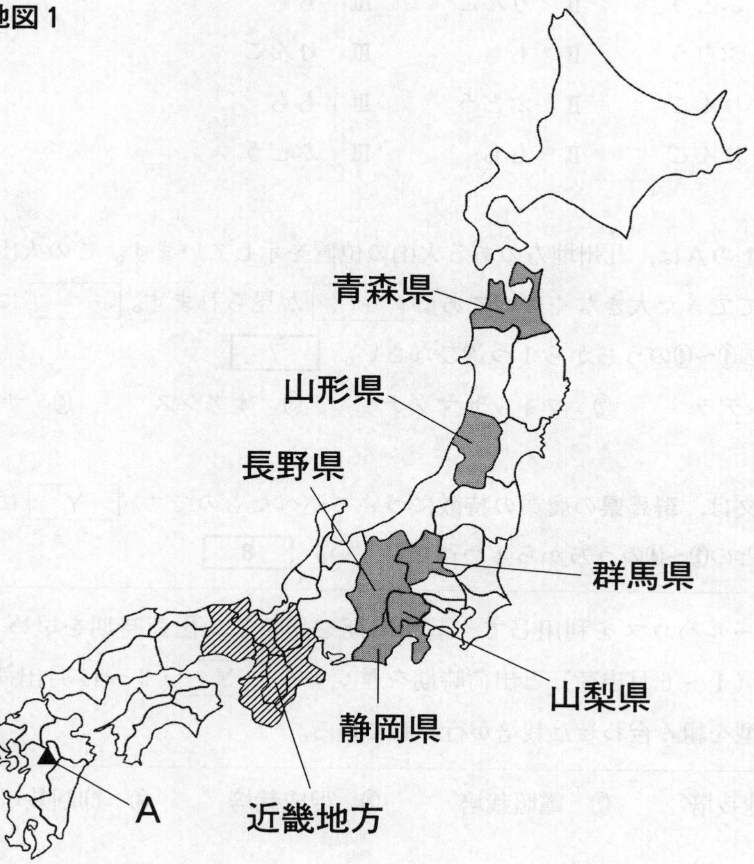

問１　**地図１**中の**青森県**，**山形県**，**山梨県**，**長野県**は，全国でも果物の生産が盛んな地域として知られています。次の**表**は2019年におけるみかん，もも，ぶどう，りんごの収穫量が上位の４つの都道府県を示したものです。**表**中の［Ⅰ］，［Ⅱ］，［Ⅲ］にあてはまる果物の組み合わせとして正しいものを，あとの①～⑥のうちから１つ選びなさい。［6］

表

	みかん	Ⅰ	Ⅱ	Ⅲ
1位	和歌山	青森	山梨	山梨
2位	愛媛	長野	福島	長野
3位	静岡	岩手	長野	山形
4位	熊本	山形	山形	岡山

（『日本国勢図会 2021/2022』より作成）

① Ⅰ もも　Ⅱ りんご　Ⅲ ぶどう
② Ⅰ もも　Ⅱ ぶどう　Ⅲ りんご
③ Ⅰ ぶどう　Ⅱ りんご　Ⅲ もも
④ Ⅰ ぶどう　Ⅱ もも　Ⅲ りんご
⑤ Ⅰ りんご　Ⅱ ぶどう　Ⅲ もも
⑥ Ⅰ りんご　Ⅱ もも　Ⅲ ぶどう

問２　**地図１のＡ**は，九州地方のある火山の位置を示しています。この火山では，火山活動によってできた大きなくぼ地である［　　］が見られます。［　　］にあてはまる言葉を，下の①～④のうちから１つ選びなさい。［7］

① カルデラ　② フォッサマグナ　③ オアシス　④ サヘル

問３　次の文は，**群馬県**の農業の特徴について述べたものです。［Y］にあてはまる言葉を，あとの①～④のうちから１つ選びなさい。［8］

ビニールハウスを利用して，栽培時期を調整し，出荷時期を早める［X］（１～６月出荷）と出荷時期を遅くする［Y］（９～11月出荷）の２作型を組み合わせた栽培が行われている。

① 露地栽培　② 電照栽培　③ 促成栽培　④ 抑制栽培

問４　**地図１の近畿地方**の特徴について述べた文として**誤っているもの**を，下の①～④のうちから１つ選びなさい。［9］

① 北部の日本海側や東部の志摩半島では，リアス海岸が見られる。
② 三つの河川が合流する濃尾平野の輪中地帯は，堤防に囲まれている。
③ 京都では，西陣織や京友禅などの伝統的工芸品が生産されている。
④ 日本の標準時を定める東経135度を通る明石市が所在している。

問5　次の**地図2**は，**地図1**中の**静岡県**浜松市付近の2万5千分の1の地形図です。**地図2**から読み取れる内容を述べた文として下線部が正しいものを，下の①～④のうちから**すべて**選びなさい。 [10]

① Ａ地点の交番からＥ地点の小学校までの直線距離は，地図上で約3.2 cmであり，実際の直線距離は約1,200 mである。

② Ｂ地点の駅から鉄道に乗り，東へ進むと進行方向右側に神社がある。

③ Ｃ地点とＤ地点の標高を比べると，Ｄ地点の方が高い。

④ Ｆ地点には，老人ホームがある。

地図2

(国土地理院　電子国土Webより作成)

3 ゆたかさんは，日本の人々の生活の歴史について調べ，次の**表**にまとめました。これを見て，あとの**問1**～**問5**に答えなさい。

表

邪馬台国は，元々男子を王としていたが，国が乱れたため，**ア**一人の女子を立てて，女王とした。女王の死後男子を王としたが，再び国が乱れたため，先の女王の一族の女子を王とした。
中大兄皇子は，**イ**ある人物と協力して政治の実権を握っていた者たちを打倒し，天皇を中心とした国家づくりを進めた。
北条時政は平氏の一族であったが，その娘の**ウ**北条政子が源頼朝の妻となり，源頼朝に協力して平氏を打倒し，後に鎌倉幕府の初代執権となった。
エ徳川家康は，幼少時より人質として生活をしていたが，戦国時代を生き抜き，関ヶ原の戦いの後に征夷大将軍となり，江戸幕府を開いた。
18世紀以降，江戸幕府は財政や統治体制の立て直しを図るため，**オ**将軍や老中たちを中心に改革を進めたが，抜本的な解決には至らなかった。

問1　下線部**ア**の人物の説明として正しいものを，下の①～④のうちから1つ選びなさい。

11

① 倭の奴国が後漢に朝貢したので，光武帝は「漢委奴国王」と刻んだ金印を授けた。

② 魏に使いを送り，魏の皇帝は「親魏倭王」という称号と金印を授けた。

③ 倭には100余りの国があり，楽浪郡を通じて漢に使いを送っていた。

④ 高句麗に対抗するため，宋に使いを送り，倭の王としての地位を認めてもらおうとした。

問2　下線部**イ**について，この人物の名前を，下の①～④のうちから1つ選びなさい。

12

① 蘇我馬子　　② 小野妹子　　③ 大友皇子　　④ 中臣鎌足

問3　下線部**ウ**について，この人物に最も関連が深いできごととして正しいものを，下の①～④のうちから1つ選びなさい。 **13**

① 元軍が二度にわたり九州北部へ攻めてきたが，日本はこれを退けた。

② 後醍醐天皇が新しい体制で政治を行い始めた。

③ 後鳥羽上皇が幕府に対して挙兵し，承久の乱が起こった。

④ 足利義満が幕府を京都の室町に移した。

問4　下線部**エ**について，次の**A**～**D**は，徳川家康が生きていた時代に起きたできごとです。年代の古い順に並べかえた時，正しい順番を表しているものを，下の①～⑧のうちから1つ選びなさい。 **14**

A　織田信長は桶狭間の戦いで今川義元を破り，名を上げた。

B　倭寇の船に乗っていたポルトガル人によって鉄砲が伝えられた。

C　羽柴秀吉は朝廷から関白に任じられ，豊臣の姓を与えられた。

D　室町幕府の将軍であった足利義昭は京都を追放され，幕府は滅亡した。

① A → C → B → D　　② A → C → D → B

③ B → A → C → D　　④ B → A → D → C

⑤ C → B → A → D　　⑥ C → A → D → B

⑦ D → C → B → A　　⑧ D → C → A → B

問5　下線部**オ**について，次の(1)と(2)の問いに答えなさい。

(1)　寛政の改革の政策として正しいものを，下の①～④のうちから**すべて**選びなさい。

15

① 商工業者が株仲間をつくることを奨励し，特権を与える代わりに営業税を取った。

② 昌平坂学問所をつくり，朱子学以外の学問を教えることを禁じた。

③ 旗本や御家人が札差からしていた借金を帳消しにした。

④ 新たな水田と水路の開発のため，印旛沼《いんばぬま》の干拓を始めた。

(2)　天保の改革の時期に起こったできごととして正しいものを，下の①〜④のうちから1つ選びなさい。 **16**

① イギリスと清との間で起きたアヘン戦争で清は敗北し，南京条約が結ばれた。

② 日本の沿岸に近づく外国船を砲撃して追い返す異国船打払令が出された。

③ ペリーが二度にわたって来航し，幕府は日米和親条約を結んだ。

④ イギリスの軍艦が長崎の港に侵入したフェートン号事件が起こった。

4　次の年表を見て，あとの**問1**〜**問5**に答えなさい。

年代	できごと	
1872	・新橋〜横浜間に鉄道が開通する…………	**ア**
1877	・西南戦争が起こる…………………………	**イ**
1894	・日清戦争が起こる…………………………	↕ **ウ**
1931	・満州事変が起こる…………………………	
1945	・アメリカによる占領政策が始まる………	**エ**
1964	・東海道新幹線が開通する…………………	↕ **オ**
1973	・石油危機が起こる…………………………	

問1　年表中の**ア**について，次の文章は，年表中の**ア**をはじめとする日本の近代化について述べたものです。文章中の［　　　］にあてはまる言葉を，あとの①〜④のうちから1つ選びなさい。 **17**

> 政府は殖産興業政策を進め，産業を育てることに力を入れた。交通や通信の整備を進めるとともに，輸出の中心であった生糸の増産と品質向上のため，群馬県に官営模範工場として［　　　］をつくり，優れた技術を全国へ広めた。

① 新町紡績所　　② 富岡製糸場　　③ 愛知紡績所　　④ 堺紡績所

問2　年表中の**イ**について，この事件の中心人物を，下の①〜④のうちから1つ選びなさい。
18

① 大隈重信　　② 板垣退助　　③ 西郷隆盛　　④ 大久保利通

問3　年表中の**ウ**の時期における次の**A**～**D**のできごとを年代の古い順に並べかえた時，正しい順番を表しているものを，あとの①～⑧のうちから１つ選びなさい。 **19**

A　ポーツマス条約の内容に不満を持った人々による焼き打ち事件が起きた。

B　ベルサイユ条約が結ばれ，日本は南洋諸島の委任統治権を得た。

C　下関条約が結ばれ，多くの賠償金を得て，軍事や工業分野に使われた。

D　二十一か条の要求を中国に示し，中国における利権を認めさせた。

① A → C → B → D　② A → C → D → B

③ B → A → C → D　④ B → A → D → C

⑤ C → B → A → D　⑥ C → A → D → B

⑦ D → C → B → A　⑧ D → C → A → B

問4　年表中の**エ**について，この時のアメリカの占領政策と**関連のないもの**を，下の①～④のうちから１つ選びなさい。 **20**

①　非核三原則　②　財閥解体　③　農地改革　④　日本国憲法の公布

問5　年表中の**オ**の時期におけるできごととして正しいものを，下の①～④のうちから１つ選びなさい。 **21**

①　日米安全保障条約が結ばれ，アメリカ軍基地が日本に残ることになった。

②　ベルリンの壁が取り壊され，冷戦の終結が宣言された。

③　日ソ共同宣言が出され，ソ連との国交が回復した。

④　アメリカによる統治が続いていた沖縄が日本へ復帰した。

5 陽太さんは，公民的分野の学習のまとめとして，授業で学習したキーワードと自分の生活とのかかわりについて調べ，**表**にまとめました。これを見て，あとの**問1**～**問5**に答えなさい。

表

キーワード	自分の生活とのかかわり
ア基本的人権	日本は「子ども（児童）の権利条約」に批准しており，国家として子どもの権利を守る義務がある。
国会	国会は**イ**選挙によって選ばれた代表者によって話し合いが行われ，法律を定めることのできる唯一の機関である。
ウ裁判所	刑事裁判では，費用を出せないなどの理由で弁護人を頼むことができない場合，国選弁護人をつけることができる。
エ主権国家	日本は主権国家として国際的に認められており，他国から国内の問題について干渉を受けることはない。
株式会社	大きな利潤を生み出しそうな**オ**株式会社に投資することによって，利潤の一部を配当として受け取ることができる。

問1 下線部**ア**について，基本的人権のうち，社会権についての説明として正しいものを，下の①～④のうちから1つ選びなさい。 **22**

① すべて国民は，法の下に平等であることが憲法で保障されている。

② 国民の精神，身体，経済活動の自由は憲法で保障されている。

③ 現在の日本では言論の自由が認められており，どのような発言も禁止されることはない。

④ 国民の健康で文化的な最低限度の生活を営む権利は憲法で保障されている。

問2 下線部**イ**に関連して，次の文章は選挙権及び被選挙権について述べたものです。［　　］にあてはまる数字として正しいものを，あとの①～④のうちからそれぞれ1つ選びなさい。ただし，同じ記号を2回以上用いてもかまいません。 **23** ～ **27**

> 一定年齢以上のすべての国民には選挙権が認められており，現在では満［ Ⅰ ］歳以上の男女に与えられている。また，衆議院議員への立候補は満［ Ⅱ ］歳以上，参議院議員への立候補は満［ Ⅲ ］歳以上，市区町村長への立候補は満［ Ⅳ ］歳以上，都道府県知事への立候補は満［ Ⅴ ］歳以上と定められている。

① 18　　② 20　　③ 25　　④ 30

問3　下線部**ウ**について，刑事裁判の流れについて述べた次の文の［Ⅰ］・［Ⅱ］にあてはまる言葉の組み合わせとして正しいものを，あとの①～④のうちから１つ選びなさい。［28］

> 刑事裁判とは，犯罪について有罪か無罪かを決める裁判で，犯罪事件が起こると，警察官と検察官は捜査し，被疑者を探し，証拠を集める。その際，裁判官が出す［Ⅰ］がなければ，原則として強制的な逮捕や捜査はできない。捜査の結果，罪を犯した疑いが確実で，刑罰を科すべきだと判断すると，被疑者を裁判所へ［Ⅱ］として起訴する。

① Ⅰ － 条例　Ⅱ － 被告人　② Ⅰ － 条例　Ⅱ － 原告
③ Ⅰ － 令状　Ⅱ － 被告人　④ Ⅰ － 令状　Ⅱ － 原告

問4　下線部**エ**について，主権国家の領域のうち，領空にあたるのはどの上空ですか。正しいものを，下の①～④のうちから**すべて**選びなさい。［29］

① 領土　② 領海　③ 排他的経済水域　④ 公海

問5　下線部**オ**に関連して，企業について述べた文として**誤っているもの**を，下の①～④のうちから１つ選びなさい。［30］

① 株主が株式を売却する時には，企業は株主に資金を返済しなければならない。
② 企業は利潤を求めるだけでなく，社会的責任（CSR）を果たすことが期待されている。
③ 企業で働く労働者の権利を保障するため，労働基準法などの法律が定められている。
④ 株主は株主総会を通じて，企業の経営方針に意見を述べることができる。

6 あゆみさんは，社会科の学習の総まとめとして，興味を持った2つのキーワードについて調べ，次の**資料1**・**資料2**にまとめました。これを見て，あとの**問1**～**問5**に答えなさい。

資料1 征夷大将軍

桓武天皇は，律令国家の支配が及んでいない$_{ア}$東北地方に住む人々に対して，坂上田村麻呂を征夷大将軍とした軍を派遣して征服し，朝廷の支配権を拡大した。この征夷大将軍は，元々は蝦夷と呼ばれた東北地方の人々を制圧するための役職であったが，中世以降は武士の最高位を表すものとなった。

征夷大将軍の中で室町時代前期に活躍したのが$_{イ}$足利義満である。足利義満は，対立していた2つの朝廷を統一して内乱を終結させた。また中国からは「日本国王」と認められた記録が残っている。

資料2 ヨーロッパ諸国の植民地政策と二度の世界大戦

大航海時代以降，ヨーロッパ各国は自国の繁栄のために世界各地に植民地を築いていった。多くの地域では$_{ウ}$先住民を支配し，奴隷として働かせ，大きな利益を上げていった。このような中で，イギリス，$_{エ}$フランス，ポルトガル，スペイン，オランダなどは大きな力をつけ，世界の中で影響力を拡大し，時に対立を深めていった。

近代以降はヨーロッパ各国の植民地政策における利害や民族間の対立などから，世界規模の戦争が起きた。二度の世界大戦の後も，アメリカとソ連の対立による冷戦や，アメリカとソ連それぞれが支援する国同士の戦争が続いていたが，1989年に$_{オ}$冷戦の終結が宣言された。

問1 下線部**ア**について，東北地方の特徴について述べた文として**誤っているもの**を，下の①～④のうちから1つ選びなさい。 **31**

① 日本海側では，冬に北西の季節風によって冷たく湿った空気が運ばれ，雪が多く降る。

② 中央には奥羽山脈が連なり，火山の周辺の温泉は観光資源にもなっている。

③ 昔ながらの貴重な合掌造りの家屋が残された集落として，白川郷が世界遺産に登録されている。

④ 太平洋側の漁港付近には食品加工工場が多くあり，水産加工業がさかんである。

問2　下線部**イ**について，足利義満が始めた朝貢形式による貿易として正しいものを，下の①～④のうちから1つ選びなさい。 32

①　勘合貿易　　②　朱印船貿易　　③　南蛮貿易　　④　日宋貿易

問3　下線部**ウ**に関連して，オーストラリアの先住民の名前として正しいものを，下の①～④のうちから1つ選びなさい。 33

①　アイヌ　　②　アボリジニ　　③　マオリ　　④　メスチソ

問4　下線部**エ**に関連して，フランスの軍人で，後に皇帝に即位した人物として正しいものを，下の①～④のうちから1つ選びなさい。 34

①　ワシントン　　②　ルイ14世　　③　ナポレオン　　④　ビスマルク

問5　下線部**オ**について，冷戦の終結が宣言されたできごととして正しいものを，下の①～④のうちから1つ選びなさい。 35

①　パリ講和会議　　②　ワシントン会議　　③　ヤルタ会談　　④　マルタ会談

【理　科】（40分）〈満点：100点〉

1　次の各問いに答えなさい。

問１　雲のでき方を再現するため，少量の水と線香の煙を入れた丸底フラスコを用いて，**図１**のような装置を組み立て，注射器のピストンを強く引くと，丸底フラスコ内が白くくもりました。この実験で，丸底フラスコに線香の煙を入れた理由として最も適切なものを，次の①～④の中から一つ選びなさい。［ 1 ］

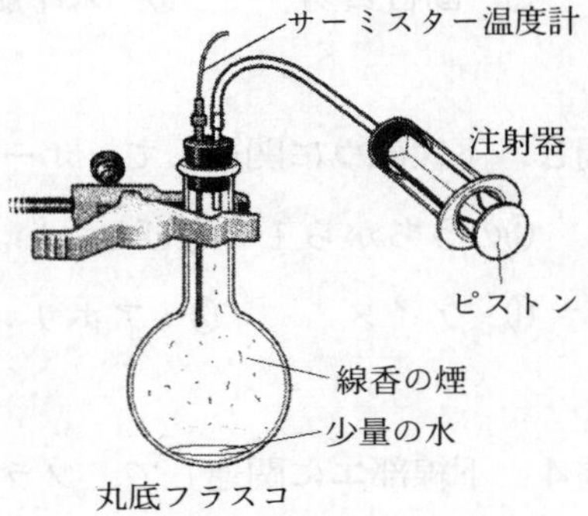

図１

①　空気の流れを見やすくするため。
②　飽和水蒸気量を大きくするため。
③　空気の温度変化を起こりやすくするため。
④　水蒸気が凝結するときの核にするため。

問２　**図２**は，ホウセンカの茎の断面を模式的に表したものです。Ａで示した管の名称と，その管を通って運ばれているものの組み合わせとして最も適切なものを，次の①～④の中から一つ選びなさい。［ 2 ］

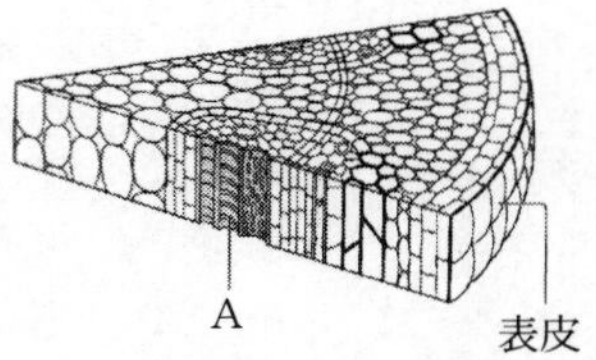

図２

	管の名称	運ばれているもの
①	道管	根から吸収した水分や無機養分
②	道管	光合成でつくられた有機物
③	師管	根から吸収した水分や無機養分
④	師管	光合成でつくられた有機物

問３　**図３**のように，a〔g〕の水にm〔g〕の固体の物質Ｐを加えてよくかき混ぜたところ，物質Ｐはすべて溶けました。この水溶液の質量パーセント濃度を求める式として最も適切なものを，次の①～④の中から一つ選びなさい。

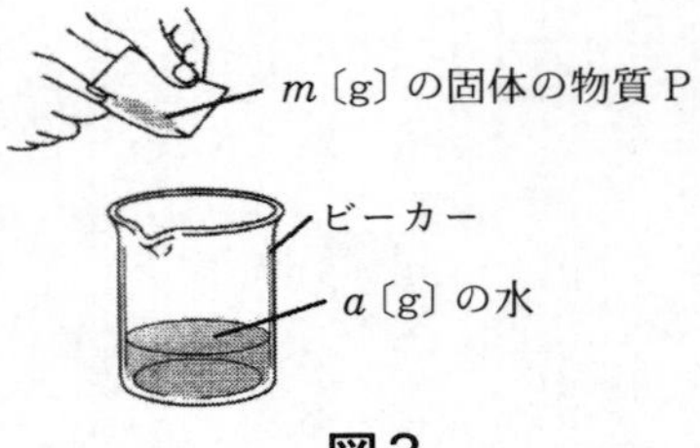

図３

［ 3 ］

① $\dfrac{m}{a}\times100$　　② $\dfrac{a-m}{a}\times100$

③ $\dfrac{m}{a+m}\times100$　　④ $\dfrac{a-m}{a+m}\times100$

問４　**図４**のような回路を組み立て電流を流したところ，コイルは矢印の向きに力を受けて動きました。次の文章は，コイルが矢印の向きに動いた理由について説明したものです。文章中のⅠ，Ⅱの（　　）内の**ア**，**イ**の組み合わせとして最も適切なものを，あとの①～④の中から一つ選びなさい。［ 4 ］

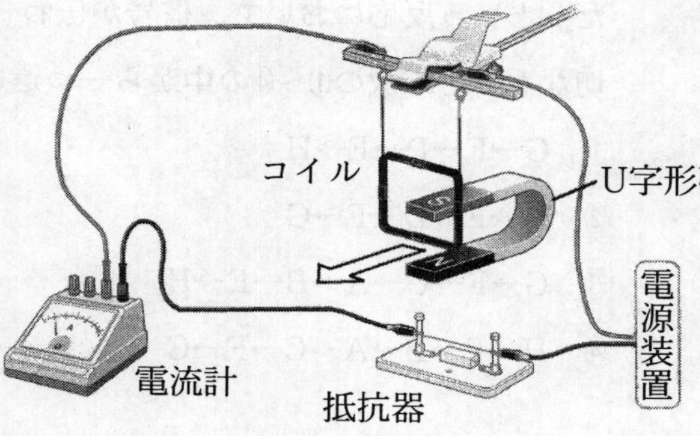

図４

> Ｕ字形磁石による磁界の向きは，Ｎ極からＳ極に向かう向きである。また，コイルを流れる電流のまわりには，電流が流れていく向きに向かってⅠ（**ア**　時計回り　**イ**　反時計回り）の磁界ができる。これらの２つの磁界がⅡ（**ア**　強め合う側から弱め合う側　**イ**　弱め合う側から強め合う側）の向きに力がはたらくことで，コイルが動いた。

	Ⅰ	Ⅱ
①	**ア**	**ア**
②	**ア**	**イ**
③	**イ**	**ア**
④	**イ**	**イ**

問５　日本国内のある地点で，ある日の午後９時に北の空を観測したところ，**図５**のＰの位置にカシオペヤ座が見られました。この日の午後11時にカシオペヤ座が見られる位置として最も適切なものを，次の①～⑤の中から一つ選びなさい。［ 5 ］

①　Ａの位置　　②　Ｂの位置

③　Ｃの位置　　④　Ｄの位置　　⑤　Ｐの位置

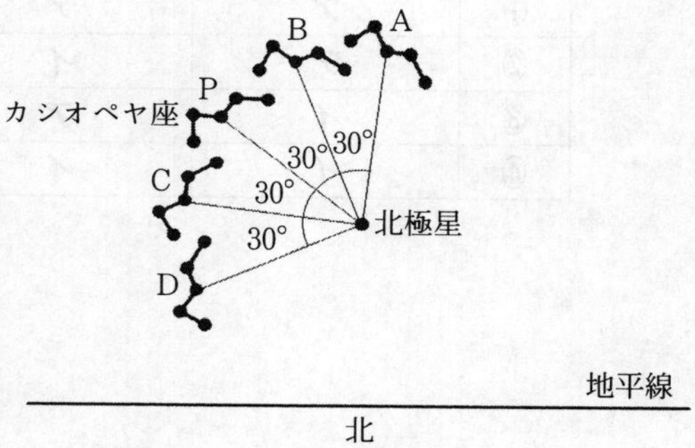

図５

問6　**図6**は，ヒトの神経系の一部を模式的に表したもので，Aは脳，B～Fは刺激や命令による信号を伝えるもの，Gは皮ふ，Hは筋肉を表しています。「加熱によって熱くなっているビーカーに誤って手がふれてしまい，思わず手を引っ込めた」という反応において，信号が伝わった経路として最も適切なものを，次の①～④の中から一つ選びなさい。 **6**

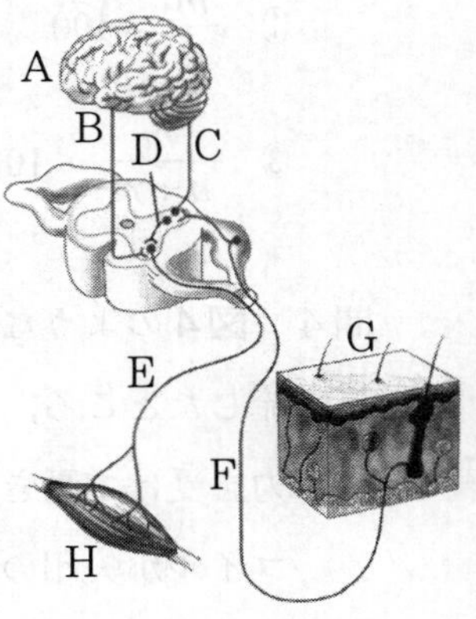

図6

① G→F→D→E→H

② H→E→D→F→G

③ G→F→C→A→B→E→H

④ H→E→B→A→C→F→G

問7　**図7**のように，ステンレスの電極，電子オルゴール，電源装置を接続した回路を組み立て，食塩水に電極をひたして電源装置のスイッチを入れたところ，電子オルゴールが鳴りました。次の文は，食塩水の溶質について説明したものです。

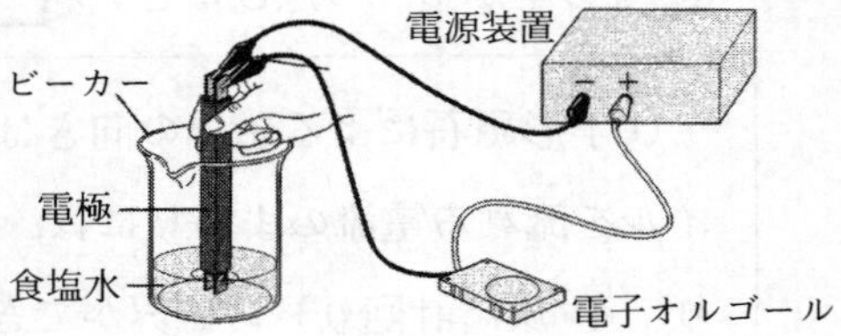

図7

文中のⅠ，Ⅱの（　　）内の**ア**，**イ**の組み合わせとして最も適切なものを，あとの①～④の中から一つ選びなさい。 **7**

> 食塩水の溶質はⅠ（**ア** NaCl　**イ** $NaCl_2$）という化学式で表される物質であり，この物質はⅡ（**ア** 導体　**イ** 電解質）である。

	Ⅰ	Ⅱ
①	ア	ア
②	ア	イ
③	イ	ア
④	イ	イ

問８　斜面上にある台車にはたらく重力を，斜面に平行な向き（沿う向き）と斜面に垂直な向きに分解したとき，それぞれの分力を表した図はどれですか。最も適切なものを，次の①～④の中から一つ選びなさい。 **8**

①　②　③　④

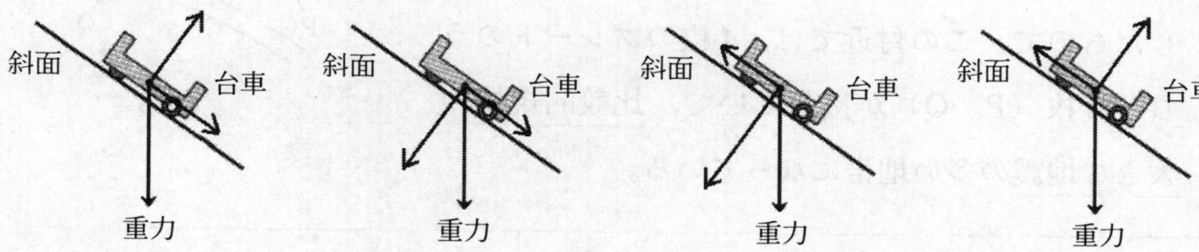

2　Ｓさんは，地層をつくる土砂や堆積のしかた，およびプレートが接しているようすなどについて，いろいろな**資料**をまとめました。問１～問６に答えなさい。

資料１

(1)　大地をつくる岩石は，気温の変化や水のはたらきなどによって風化される。風化によってもろくなった岩石は，風や流水によって侵食されて土砂になる。

(2)　流水によって運搬された土砂は，流れのゆるやかなところや海底・湖底などに堆積する。

(3)　**図１**は，河口から海に流れ込んだ土砂が海底に広がって堆積しているようすを模式的に表したものである。海底のＡ～Ｃの場所には，粒の直径（大きさ）によって土砂を３種類（れき，砂，泥）に分類したもののいずれかが，それぞれ主に堆積している。

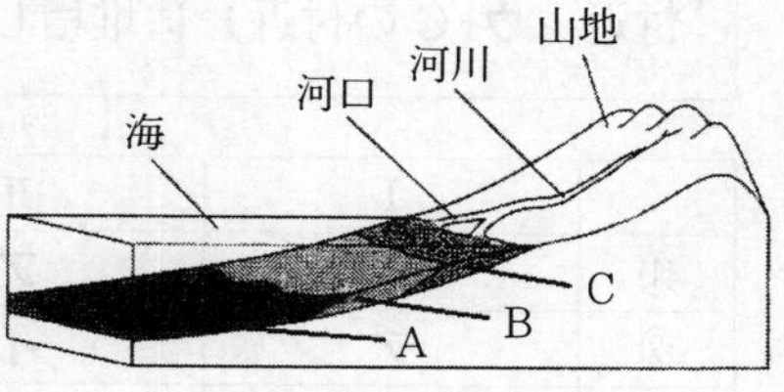

図１

(4)　**図２**は，土砂が堆積することでできた堆積岩の表面のようすをスケッチしたもので，この堆積岩をつくる土砂の粒は丸みを帯びていて，どれも直径が１mmほどである。

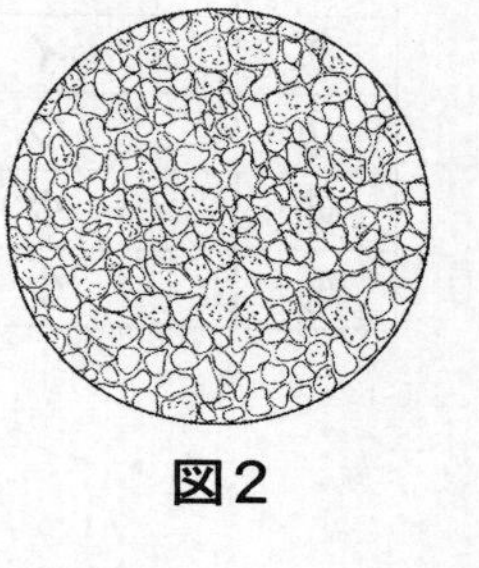

図２

資料2

(1)　日本列島付近では4枚のプレートが互いに接して押し合っている。

(2)　**図3**は，日本の東北地方付近における，地下の断面のようす（南側から見たもの）を模式的に表したもので，この付近では，4枚のプレートのうちの2枚（P，Q）が接していて，比較的規模の大きな地震の多い地帯になっている。

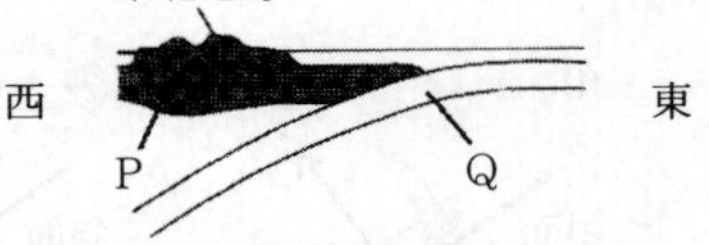

図3

問1　**資料1**の（1）について，流水による侵食のはたらきが大きい場所として最も適切なものを，次の①～③の中から一つ選びなさい。**9**

①　河川の上流　②　河川の中流　③　河川の下流

問2　次の文は，**図2**の堆積岩について説明したものです。文中のⅠ，Ⅱの（　）内の**ア**～**ウ**の組み合わせとして最も適切なものを，あとの①～⑨の中から一つ選びなさい。

10

図2の堆積岩をⅠ（**ア** れき岩　**イ** 砂岩　**ウ** 泥岩）といい，この堆積岩をつくる土砂の粒と同じ名称でよばれる土砂は，主に**図1**のⅡ（**ア** Aの付近　**イ** Bの付近　**ウ** Cの付近）に堆積していると考えられる。

	Ⅰ	Ⅱ
①	ア	ア
②	ア	イ
③	ア	ウ
④	イ	ア
⑤	イ	イ
⑥	イ	ウ
⑦	ウ	ア
⑧	ウ	イ
⑨	ウ	ウ

問3　堆積岩のうち，大昔の生物の遺骸などが堆積したもので，二酸化ケイ素を多く含み，うすい塩酸をかけても変化が見られないものとして最も適切なものを，次の①～⑥の中から一つ選びなさい。 11

①　石灰岩　　②　凝灰岩　　③　花こう岩

④　チャート　　⑤　流紋岩　　⑥　安山岩

問4　**資料2**について，**図3**のP，Qのプレートの名称の組み合わせとして最も適切なものを，次の①～⑥の中から一つ選びなさい。 12

	Pのプレート	Qのプレート
①	ユーラシアプレート	太平洋プレート
②	ユーラシアプレート	フィリピン海プレート
③	北アメリカプレート	太平洋プレート
④	北アメリカプレート	フィリピン海プレート
⑤	フィリピン海プレート	ユーラシアプレート
⑥	フィリピン海プレート	太平洋プレート

問5　東北地方付近で発生する地震のうち，**図3**のQのプレートが移動することで発生する地震において，その震源の深さにはどのような傾向があると考えられますか。最も適切なものを，次の①～④の中から一つ選びなさい。 13

①　東北地方の東側から西側に向かうにつれて浅くなっている。

②　東北地方の東側から西側に向かうにつれて深くなっている。

③　東北地方のすぐ地下付近が深く，東側と西側に向かうにつれて浅くなっている。

④　東北地方のすぐ地下付近が浅く，東側と西側に向かうにつれて深くなっている。

問6　**資料2**の（2）の下線部について，地震の規模を表すマグニチュードの値が1大きくなると，地震がもつエネルギーの大きさは約何倍になりますか。最も適切なものを，次の①～⑥の中から一つ選びなさい。約 14 倍

①　2　　②　4　　③　16

④　32　　⑤　64　　⑥　1000

3 遺伝における規則性について調べるために，次のような**実験**を行いました。問１～問６に答えなさい。ただし，遺伝に関する法則が，例外なく成り立つものとします。

実験

(1)　しわのある種子をつける純系のエンドウと，丸い種子をつける純系のエンドウを，親の代として準備した。

(2)　**図１**のように，しわのある種子をつける純系のエンドウの花粉を，丸い種子をつける純系のエンドウの花に受粉させたところ，できた種子（子の代とする）は，すべて丸い種子であった。

(3)　子の代の種子をまいて育てたところ，**図２**のように，子の代の株で自家受粉が行われ，できた種子（孫の代とする）には，しわのある種子と丸い種子とが，ある割合で混じっていた。

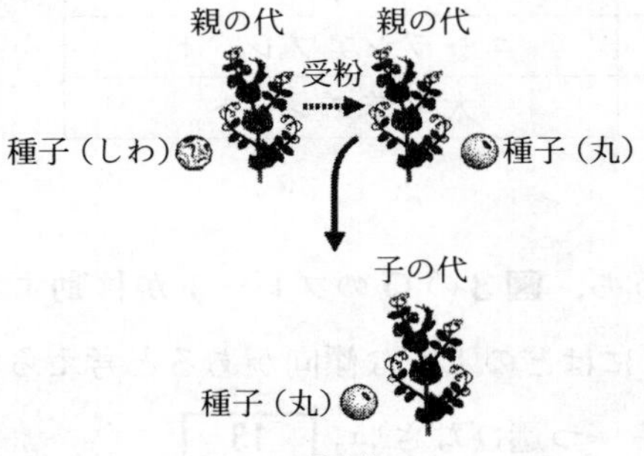

図１

図２

問１　次の文は，分離の法則について説明したものです。文中のⅠ，Ⅱの（　　）内にあてはまる語句の組み合わせとして最も適切なものを，あとの①～④の中から一つ選びなさい。**15**

（　Ⅰ　）によって（　Ⅱ　）がつくられるとき，対になっている遺伝子は分かれて別々の（　Ⅱ　）に入る。このことを分離の法則という。

	Ⅰ	Ⅱ
①	体細胞分裂	生殖細胞
②	減数分裂	体細胞
③	体細胞分裂	体細胞
④	減数分裂	生殖細胞

問2　遺伝子の本体として，最も適切なものを，次の①～④の中から一つ選びなさい。**16**

①　DNA　　②　PET　　③　DHA　　④　PVC

問3　**実験**の（2）で，子の代の種子に現れなかった形質（しわ）を，現れた形質（丸）に対して何といいますか。最も適切なものを，次の①～④の中から一つ選びなさい。

17

①　対立　　②　潜性　　③　対等　　④　顕性

問4　しわのある種子をつける純系のエンドウの遺伝子の組み合わせをrr，丸い種子をつける純系のエンドウの遺伝子の組み合わせをRRと表す場合，子の代の遺伝子の組み合わせとして最も適切なものを，次の①～④の中から一つ選びなさい。**18**

①　RR　　②　Rr　　③　RRRR　　④　RRrr

問5　**実験**の（3）で，孫の代の種子の総数が180個であったとすると，そのうち丸い種子の個数は何個であったと考えられますか。最も適切なものを，次の①～⑤の中から一つ選びなさい。**19** 個

①　45　　②　60　　③　90　　④　120　　⑤　135

問6　孫の代の丸い種子のうち，親の代の丸い種子をつける純系のエンドウとは異なる遺伝子の組み合わせをもつ種子を種子Xとします。また，孫の代のしわのある種子を種子Yとします。種子Xをまいて育てた株の花粉を，種子Yをまいて育てた株の花に受粉させてできる種子の総数のうち，何%がしわのある種子になると考えられますか。最も適切なものを，次の①～⑤の中から一つ選びなさい。**20** %

①　0　　②　25　　③　50　　④　75　　⑤　100

4 金属を加熱したときに起こる変化について調べるために，次のような**実験**を行いました。問１～問６に答えなさい。

実験

(1)　0.15 g のマグネシウムの粉末を，ステンレス皿の上にうすく広げてのせた。

(2)　**図**のように，マグネシウムの粉末をガスバーナーで加熱し，空気中の気体Ｐと完全に反応させた。

(3)　ステンレス皿が十分に冷えてから，ステンレス皿の上に残った物質の質量をはかった。

(4)　マグネシウムの粉末の質量を 0.24 g，0.33 g，0.42 g に変え，それぞれ（1)～(3）と同様の操作を行った。

(5)　それぞれの結果を，以下の**表**にまとめた。

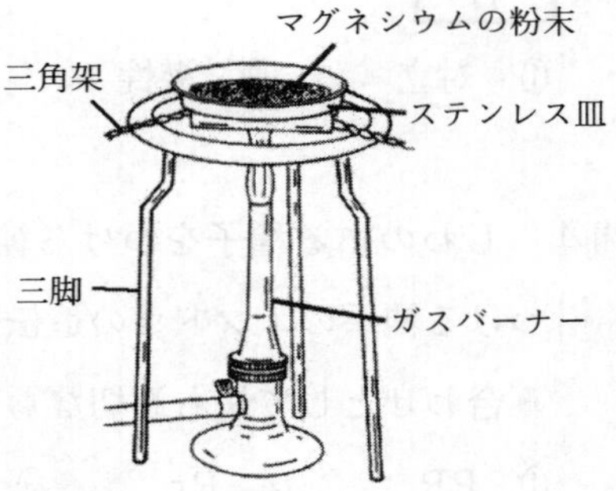

図

表

マグネシウムの粉末の質量〔g〕	0.15	0.24	0.33	0.42
ステンレス皿の上に残った物質の質量〔g〕	0.25	0.40	0.55	0.70

問１　次の文は，**実験**の（2）で見られた変化について説明したものです。文中のⅠ，Ⅱの（　　）内の**ア**，**イ**の組み合わせとして最も適切なものを，あとの①～④の中から一つ選びなさい。 **21**

実験の（2）で，マグネシウムの粉末を加熱したときには，マグネシウムの粉末はⅠ（**ア** 光を出さずに　**イ** 明るい光を出しながら）反応し，完全に反応させた後にはⅡ（**ア** 黒っぽい　**イ** 白っぽい）色に変化していた。

	Ⅰ	Ⅱ
①	**ア**	**ア**
②	**ア**	**イ**
③	**イ**	**ア**
④	**イ**	**イ**

問２　**実験**で，加熱後にステンレス皿の上に残った物質のように，空気中の気体Ｐと化合することでできた物質の総称として最も適切なものを，次の①～④の中から一つ選びなさい。[22]

①　水酸化物　　②　硫化物　　③　塩化物　　④　酸化物

問３　マグネシウム原子のモデルを●，気体Ｐをつくっている原子のモデルを○で表すと，ステンレス皿の上に残った物質のモデルはどのように表されますか。最も適切なものを，次の①～④の中から一つ選びなさい。[23]

①　②　③　④

問４　100個のマグネシウム原子を加熱して完全に反応させるためには，気体Ｐの分子は何個必要ですか。最も適切なものを，次の①～⑥の中から一つ選びなさい。[24] 個

①　25　②　50　③　75　④　100　⑤　150　⑥　200

問５　マグネシウムの粉末の質量を a〔g〕，そのマグネシウムの粉末と化合する気体Ｐの最大の質量を b〔g〕とするとき，これらの割合を表す比として最も適切なものを，次の①～⑥の中から一つ選びなさい。[25]

①　$a:b=1:4$　②　$a:b=2:3$　③　$a:b=3:2$

④　$a:b=4:1$　⑤　$a:b=2:5$　⑥　$a:b=3:5$

問６　0.72 g のマグネシウムの粉末をステンレス皿にのせて加熱し，反応の途中で加熱を止めたところ，ステンレス皿の上に残った物質の質量は 1.06 g でした。この 1.06 g の物質の中に含まれている，未反応のマグネシウムの粉末の質量として最も適切なものを，次の①～⑥の中から一つ選びなさい。[26] g

①　0.12　②　0.15　③　0.18

④　0.21　⑤　0.24　⑥　0.27

5 凸レンズによってできる像について調べるために，次のような**実験**を行いました。問1～問6に答えなさい。

実験

(1)　矢印の形を切り抜いた厚紙に，光源をとりつけた。

(2)　光学台の上に，光源をとりつけた厚紙，凸レンズ，スクリーンを，**図1**のように配置した。

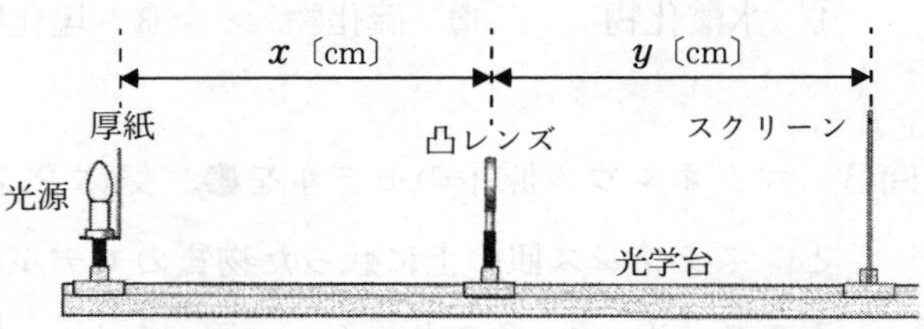

図1

(3)　凸レンズを固定し，厚紙から凸レンズまでの距離をx〔cm〕，スクリーンから凸レンズまでの距離をy〔cm〕として，x，yの値をいろいろと変え，スクリーンにはっきりとした像が映るときのx，yの値を測定した。**表**は，この操作を4回行った結果をまとめたものである。また，**図2**は，何回目かの操作のときにスクリーンに映った像を凸レンズ側から見たものである。

表

	1回目	2回目	3回目	4回目
x〔cm〕	30	20	15	14
y〔cm〕	15	20	30	35

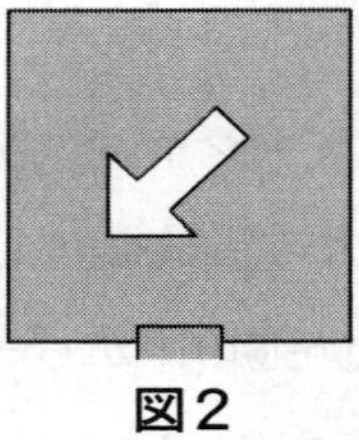

図2

問1　**実験**で，スクリーンに映った像のことを何といいますか。最も適切なものを，次の①～④の中から一つ選びなさい。 **27**

①　実像　　②　現像　　③　虚像　　④　写像

問2　**図1**において，厚紙を凸レンズ側から見ると，矢印の形はどのように見えますか。最も適切なものを，次の①～④の中から一つ選びなさい。 **28**

①

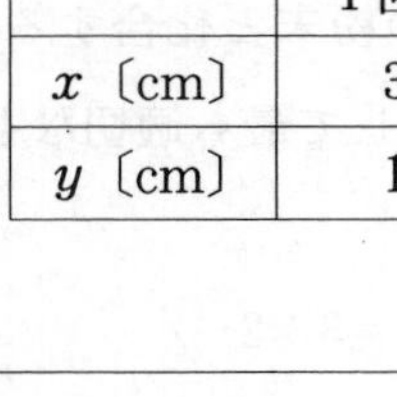

②

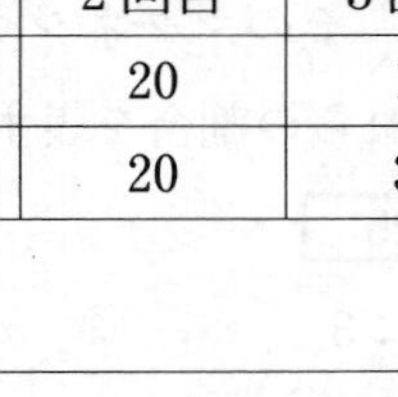

③

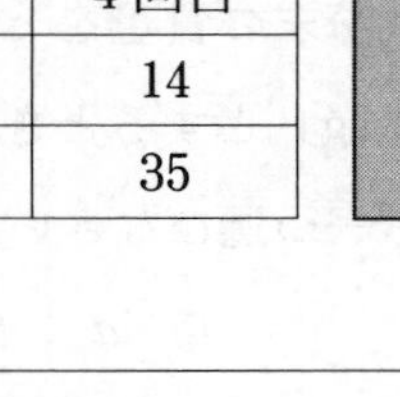

④

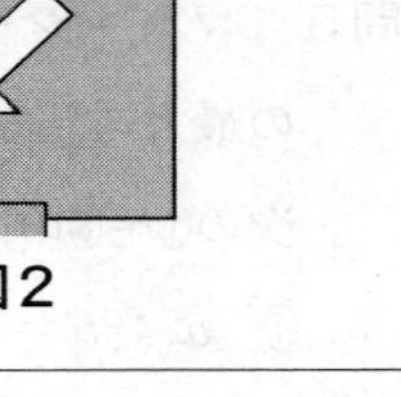

問３　**実験**の（3）で，スクリーンに映った像の大きさが最も大きかったのは何回目の操作のときですか。最も適切なものを，次の①～④の中から一つ選びなさい。 29 回目

①　1　　②　2　　③　3　　④　4

問４　次の文は，凸レンズの焦点について説明したものです。文中のⅠ，Ⅱの（　　）内の**ア**，**イ**の組み合わせとして最も適切なものを，次の①～④の中から一つ選びなさい。 30

凸レンズの焦点とは，凸レンズのⅠ（**ア**　中心を通るように　**イ**　光軸に平行に）進んできた光が，凸レンズを通過するときにⅡ（**ア**　屈折　**イ**　反射）したあと，光軸上に集まる１点のことをいう。

	Ⅰ	Ⅱ
①	**ア**	**ア**
②	**ア**	**イ**
③	**イ**	**ア**
④	**イ**	**イ**

問５　**実験**で使用した凸レンズの焦点距離として最も適切なものを，次の①～⑥の中から一つ選びなさい。 31 cm

①　5　　②　10　　③　15　　④　20　　⑤　25　　⑥　30

問６　凸レンズにおいて，スクリーン側の焦点とスクリーンとの距離は，光源側の焦点と光源との距離に反比例します。このことを参考にすると，厚紙から凸レンズまでの距離を60 cmにした場合，スクリーンから凸レンズまでの距離を何cmにすれば，スクリーンに，はっきりとした矢印の像が映りますか。最も適切なものを，次の①～⑥の中から一つ選びなさい。 32 cm

①　11　　②　12　　③　13　　④　14　　⑤　15　　⑥　16

2022年度／昌平高等学校(特別進学)

社会解答

1 問1 ④ 問2 ③ 問3 ②，⑦
問4 ① 問5 ②，④

2 問1 ⑥ 問2 ① 問3 ④
問4 ② 問5 ②，③

3 問1 ② 問2 ④ 問3 ③
問4 ④ 問5 (1)…②，③ (2)…①

4 問1 ② 問2 ③ 問3 ⑥
問4 ① 問5 ④

5 問1 ④
問2 Ⅰ…① Ⅱ…③ Ⅲ…④ Ⅳ…③
Ⅴ…④
問3 ③ 問4 ①，② 問5 ①

6 問1 ③ 問2 ① 問3 ②
問4 ③ 問5 ④

1 〔世界地理─総合〕

問1＜山脈＞中華人民共和国〔中国〕とインド，ネパール，ブータンの国境地帯に位置するXの山脈は，ヒマラヤ山脈である。なお，アンデス山脈は南アメリカ大陸の西部を南北に走る山脈，ロッキー山脈は北アメリカ大陸の西部を南北に走る山脈，アルプス山脈はヨーロッパ州の南部を東西に走る山脈である。

問2＜鉱物資源の産出国＞表1より，中国は，金鉱とすず鉱の産出量が世界第1位，銀鉱の産出量が世界第3位である。

問3＜タイの気候＞赤道より少し北に位置するタイの首都バンコクの気候は，雨季と乾季の区別がはっきりとしている熱帯のサバナ気候である。なお，①は，1年を通して温暖で，比較的降水量が多く，日本と季節が逆であることから，南半球の温暖湿潤気候のグラフである。③は，高温となる夏に乾燥していることから，北半球の地中海性気候のグラフである。④は，1年を通して降水量が極めて少ないことから，北半球の砂漠気候のグラフである。また，⑥の西岸海洋性気候は1年を通して気温と降水量の差が小さく，⑧のステップ気候は乾燥帯に含まれ，1年のうちでわずかに雨が降る季節があるという特徴を持つ。

問4＜ロシア連邦の輸出品＞ロシア連邦は，サウジアラビアに次ぐ世界第2位の原油輸出国である(2018年)。なお，大豆や鉄鉱石が主な輸出品となっている②は，大豆の輸出量が世界第1位，鉄鉱石の輸出量が世界第2位のブラジルに当てはまる(2019年)。白金族が主な輸出品となっている③は，世界の白金族生産の約58%を占める南アフリカ〔南アフリカ共和国〕に当てはまる(2018年)。衣類や繊維品が主な輸出品となっている④は，4か国中，最も輸出額が多く，繊維工業が盛んな中国に当てはまる。

問5＜資料の読み取り＞日本からの輸入額と日本への輸出額の合計は，ブラジルが約1兆3千億円，ロシアが2兆3千億円である(②…○)。また，日本からの輸入額が5か国のうちで一番少ない南アフリカは，火力発電の割合が一番大きい(④…○)。なお，タイは日本からの輸入額が日本への輸出額より多いので，日本に対して貿易赤字となっている(①…×)。人口密度は，中国，タイ，南アフリカ，ブラジル，ロシアの順に高く，日本への輸出額は，中国，タイ，ロシア，ブラジル，南アフリカの順に多い(③…×)。5か国のうち水力発電の割合が一番小さいのは南アフリカで，人口密度が一番低いのはロシアである(⑤…×)。

2〔日本地理―総合〕

問１＜果物の生産＞青森県が収穫量第１位の果物はりんごである。ももとぶどうの収穫量はいずれも山梨県が第１位だが，福島県が上位に入っているのがもも，岡山県が上位に入っているのがぶどうである(2019年)。

問２＜阿蘇山＞熊本県の北東部に位置する阿蘇山には，火山の噴火に伴う地面の陥没によってできた巨大なくぼ地がある。このくぼ地を，カルデラと呼ぶ。なお，フォッサマグナは，日本の中央を南北に走る大地溝帯，オアシスは，砂漠の中にある水が湧き出て植物が生育している場所，サヘルは，サハラ砂漠の南側に帯状に広がる，砂漠化が進行している地域を指す。

問３＜群馬県の農業＞暖かい気候やビニールハウスなどを利用して，他の地域より出荷時期を早める農業を促成栽培と呼ぶのに対して，涼しい気候を利用して，他の地域より出荷時期を遅くする農業を抑制栽培と呼ぶ。なお，露地栽培とは，ビニールハウスなどを使わず屋外で栽培すること，電照栽培とは，人工の照明を使って収穫時期を早めたり遅くしたりする方法で，愛知県の渥美半島の電照菊が有名である。

問４＜近畿地方＞木曽川，長良川，揖斐《いび》川が合流する濃尾平野の輪中地帯は，中部地方に含まれる愛知県や岐阜県と近畿地方に含まれる三重県の県境辺りに広がるが，有名なのは岐阜県の南西部の地域である。

問５＜地形図の読み取り＞特にことわりのないかぎり地形図上では上が北になるので，東へ進む場合は地形図上で右方向へと進む。Ｂ地点の「金指駅」から「天竜浜名湖鉄道」で東に進むと進行方向右側(方角では南側)に神社(⛩)がある(②…○)。また，等高線から判断して，Ｃ地点は50ｍと60ｍの間に位置し，Ｄ地点は70ｍより高いところに位置している(③…○)。なお，この地形図の縮尺は２万５千分の１であることから，地形図上で3.2cmの長さの実際の距離は，3.2cm×25000＝80000cm＝800ｍである(①…×)。また，Ｆ地点にあるのは老人ホーム(⌂)ではなく病院(+)である(④…×)。

3〔歴史―弥生時代～江戸時代の日本〕

問１＜卑弥呼＞中国の歴史書である『魏志』倭人伝によれば，邪馬台国の女王であった卑弥呼は，239年に魏に使いを送り，魏の皇帝から「親魏倭王」の称号と金印を授けられた。なお，①は『後漢書』東夷伝に記された57年に倭の奴国の王が後漢に使いを送った出来事，③は『漢書』地理志に記された紀元前１世紀頃の日本の様子，④は『宋書』倭国伝に記された５世紀の大和政権〔ヤマト王権〕の大王が中国に使いを送った出来事についての説明である。

問２＜大化の改新＞中大兄皇子に協力して，645年に蘇我蝦夷，入鹿父子を倒して大化の改新を進めたのは，中臣鎌足である。なお，蘇我馬子は蘇我蝦夷の父で，聖徳太子に協力した人物，小野妹子は聖徳太子によって遣隋使として隋に派遣された人物，大友皇子は中大兄皇子の子で，672年の壬申の乱で大海人皇子(後の天武天皇)に敗れた人物である。

問３＜北条政子＞北条政子は，鎌倉幕府を開いた源頼朝の妻で，頼朝の死後「尼将軍」と呼ばれ，1221年の承久の乱では，幕府を率いて後鳥羽上皇を破った。

問４＜16世紀の出来事＞年代の古い順に，Ｂ(鉄砲伝来―1543年)，Ａ(桶狭間の戦い―1560年)，Ｄ(室町幕府滅亡―1573年)，Ｃ(豊臣秀吉の関白就任―1585年)となる。

問５＜江戸時代の改革＞⑴寛政の改革は老中の松平定信が進めた改革で，昌平坂学問所で朱子学以外の学問を教えることを禁止し，また，旗本や御家人の借金を帳消しにした。なお，株仲間を奨励したり，印旛沼の干拓を行ったりしたのは，寛政の改革の前に幕政を担当した老中の田沼意次である。　⑵老中の水野忠邦が天保の改革を行ったのは1841～43年のことで，この時期の中国では，清とイギリスとの間でアヘン戦争(1840～42年)が起こった。なお，異国船打払令が出されたのは1825年のこと，ペリーの来航は1853年と54年(日米和親条約の締結)のこと，フェートン号事件が起こったのは1808年のことである。

４〔歴史─明治時代以降の日本と世界〕

問１＜富岡製糸場＞1872年に明治政府が群馬県に建てた官営模範工場は，富岡製糸場である。フランスの技術を取り入れて品質のよい生糸を生産した富岡製糸場は，日本の機械製糸業の発達を促した。

問２＜西南戦争＞1877年の西南戦争で，鹿児島県の士族を率いて明治政府軍と戦ったのは，西郷隆盛である。なお，大隈重信は1882年に立憲改進党を結成し，後に内閣総理大臣を務めた人物，板垣退助は1874年に民撰議院設立の建白書を提出し，自由民権運動の中心となった人物，大久保利通は岩倉使節団に参加し，明治の新政府で活躍した人物である。

問３＜明治時代後半から大正時代の出来事＞年代の古い順に，Ｃ(日清戦争の講和条約である下関条約の締結─1895年)，Ａ(日比谷焼き打ち事件─1905年)，Ｄ(中国に対して二十一か条の要求を示す─1915年)，Ｂ(ベルサイユ条約の締結─1919年)となる。

問４＜GHQの占領政策＞1945年に日本が連合国に無条件降伏すると，日本は連合国に占領され，アメリカを中心とするGHQ〔連合国軍最高司令官総司令部〕によって日本の軍国主義除去と民主化のための戦後改革が行われた。財閥解体，農地改革，日本国憲法の公布はこの戦後改革に含まれる。非核三原則は，1967年の国会答弁のときに佐藤栄作首相が表明し，1971年に国会で議決されたもので，日本の独立回復後のことである。

問５＜第二次世界大戦後の出来事＞沖縄返還が実現したのは1972年のことである(④…○)。なお，日米安全保障条約は，サンフランシスコ平和条約と同時に1951年に結ばれた(①…×)。ベルリンの壁が取り壊され，冷戦の終結が宣言されたのは1989年のこと(②…×)，日ソ共同宣言が出されたのは1956年のことである(③…×)。

５〔公民─総合〕

問１＜社会権＞日本国憲法が保障する基本的人権のうち社会権に分類されるのは，健康で文化的な最低限度の生活を営む権利である生存権，教育を受ける権利，勤労権，労働三権である。なお，①は平等権，②と③は自由権に属する。また，③について，日本国憲法では言論の自由が保障されているが，例えば他人のプライバシーを侵害したり名誉を傷つけたりするような発言など，他人の人権とぶつかるようなときは，「公共の福祉」のために人権が制限されることがある。

問２＜選挙権と被選挙権＞2015年の公職選挙法改正によって，選挙権が認められる年齢が満20歳以上から満18歳以上に引き下げられた。選挙に立候補する権利である被選挙権は，衆議院議員と市区町村長，都道府県・市区町村議会議員が満25歳以上，参議院議員と都道府県知事が満30歳以上と定められている。

問３＜刑事裁判＞刑事事件の被疑者を逮捕するためには，裁判官が出す令状が必要である。なお，条例とは，都道府県議会や市区町村議会が制定するきまりを指す。また，刑事裁判で，検察官によって裁判所に起訴された被疑者は，被告人と呼ばれる。なお，民事裁判では，裁判を起こした人を原告，原告に訴えられた人を被告と呼ぶ。

問４＜国家の領域＞主権国家の領域のうち，領空とは領土と領海の上空を指す。

問５＜企業＞株式会社が発行する株式を購入するという形で株式会社に出資した人を株主と呼ぶ。株主は所有する株式を株式市場で自由に売買することができるが，企業に対して，株式を売却することによって，出資した資金の返済を要求することはできない。

６〔地理・歴史総合―征夷大将軍と二度の世界大戦に関連する問題〕

問１＜東北地方＞合掌造り集落が世界遺産に登録されている白川郷は，中部地方の岐阜県にある。

問２＜勘合貿易＞室町時代に足利義満が明との間で始めた貿易は，正式な貿易船と倭寇とを区別するために，明の皇帝が発行した勘合と呼ばれる合札を使ったため，勘合貿易と呼ばれる。なお，朱印船貿易は江戸時代の徳川家康の頃に最も盛んとなった明・東南アジアとの貿易，南蛮貿易は16世紀半ばに始まったポルトガル・スペインとの貿易，日宋貿易は平安時代の平清盛の頃に最も盛んとなった貿易である。

問３＜先住民＞オーストラリアの先住民はアボリジニと呼ばれる。なお，近年，アボリジニには差別的な響きがあるとして，アボリジナルやアボリジナルピープルなどの呼称が使われるようになっている。なお，アイヌは北海道の先住民，マオリはニュージーランドの先住民を指す。また，メスチソは，中南アメリカにおける先住民インディオとヨーロッパの白人との混血を指す。

問４＜ナポレオン＞フランス革命後の混乱の中で権力を握って皇帝になった軍人は，ナポレオンである。なお，ワシントンはアメリカの初代大統領，ルイ14世はフランス革命前の絶対王政の時期のフランス国王，ビスマルクはドイツ帝国の統一で中心的な役割を演じたプロイセンの首相である。

問５＜冷戦の終結＞1989年，地中海のマルタ島で，アメリカのブッシュ大統領とソ連〔ソビエト連邦〕のゴルバチョフ書記長が会談し，第二次世界大戦後続いていた冷戦の終結を宣言した。なお，パリ講和会議は1919年に開かれた第一次世界大戦の講和会議，ワシントン会議は第一次世界大戦後の1921～22年に開かれた軍縮会議，ヤルタ会談は第二次世界大戦末期の1945年に開かれたアメリカ・イギリス・ソ連の首脳会談である。

2022年度／昌平高等学校（特別進学）

理科解答

1 問1 ④　問2 ①　問3 ③
問4 ①　問5 ③　問6 ①
問7 ②　問8 ②

2 問1 ①　問2 ⑤　問3 ④
問4 ③　問5 ②　問6 ④

3 問1 ④　問2 ①　問3 ②
問4 ②　問5 ⑤　問6 ③

4 問1 ④　問2 ④　問3 ③
問4 ②　問5 ③　問6 ④

5 問1 ①　問2 ③　問3 ④
問4 ③　問5 ②　問6 ②

1〔小問集合〕

問1＜雲のでき方＞空気中の水蒸気は，小さなちりなどを核として水滴になり，雲ができる。丸底フラスコに線香の煙を入れたのは，フラスコ内の水蒸気が水滴になるときの核にするためである。

問2＜植物のつくり＞図２のＡは，茎の維管束の中の中心側に分布している道管である。道管は，根から吸収した水分や水に溶けた無機養分が通る管である。

問3＜質量パーセント濃度＞水溶液の質量は，$a+m$g，溶質の質量はmgである。よって，質量パーセント濃度は，〔質量パーセント濃度(％)〕$=\dfrac{〔溶質の質量(g)〕}{〔水溶液の質量(g)〕}\times100$より，$\dfrac{m}{a+m}\times100$の式で求めることができる。

問4＜電流が磁界から受ける力＞コイルを流れる電流の周りには，電流の流れる向きに対して時計回りの磁界ができる。この電流による磁界と，Ｕ字形磁石による磁界が，強め合う側から弱め合う側へ向かって，コイルは力を受ける。

問5＜北の空の星の動き＞北の空の星は，北極星を中心として，１時間に360°÷24＝15°の割合で，反時計回りに動いて見える。よって，午後９時から午後11時の間の２時間では15°×２＝30°反時計回りに動いて見えるから，図５で午後11時にカシオペヤ座が見られる位置はＣである。

問6＜反射＞このときの反応のように，刺激に対して無意識に起こる反応を反射といい，反射では，信号が脳に伝わる前に脊髄が命令を出し，反応が起こる。よって，図６で，信号の伝わる経路は，皮ふ(Ｇ)→感覚神経(Ｆ)→脊髄(Ｄ)→運動神経(Ｅ)→筋肉(Ｈ)となる。

問7＜食塩水＞食塩水に溶けている溶質は，塩化ナトリウム($NaCl$)である。塩化ナトリウムは水に溶けると，ナトリウムイオン(Na^+)と塩化物イオン(Cl^-)に電離する。このように，水に溶けて陽イオンと陰イオンに電離する物質を電解質という。

問8＜力の分解＞斜面上の台車にはたらく重力を分解したとき，斜面に平行な力の向きは，②のように，斜面に平行で下向きになり，斜面に垂直な力の向きは，斜面に垂直で下向きになる。

2〔大地の変化〕

問1＜侵食＞侵食は，流水が地面をけずり取るはたらきなので，水の流れが速い川の上流ほど，そのはたらきは大きくなる。

問2＜堆積岩＞泥岩，砂岩，れき岩は，岩石をつくる粒の直径で分類され，粒の直径が0.06mm以下の泥が固まった岩石を泥岩，0.06～２mmの砂が固まった岩石を砂岩，２mm以上のれきが固まった岩石をれき岩という。よって，図２の堆積岩は砂岩である。また，図１で，流水によって運搬された土砂は，粒の大きいものほど早く沈み，粒の小さいものほど遠くまで運搬されるため，Ａの付近には泥，Ｂの付近には砂，Ｃの付近にはれきが堆積する。

問3＜堆積岩＞生物の遺骸《いがい》などが堆積してできた堆積岩には，石灰岩とチャートがある。石灰岩にうすい塩酸をかけると二酸化炭素が発生するが，チャートにうすい塩酸をかけても変化は見られない。

問4＜日本付近のプレート＞東北地方の太平洋側の日本海溝付近では，海洋プレートである太平洋プレートが，大陸プレートである北アメリカプレートの下に沈み込んでいる。よって，図3のPは北アメリカプレート，Qは太平洋プレートである。

問5＜震源の深さ＞図3で，Qの太平洋プレートはPの北アメリカプレートの下にしだいに深く沈んでいくため，プレートの境界で発生する地震(プレート境界型地震)の震源の深さは，東側から西側に向かうにつれて深くなっている。

問6＜マグニチュード＞マグニチュードが1大きくなると，地震のエネルギーは約32倍になり，マグニチュードが2大きくなると，地震のエネルギーは1000倍になる。

3 〔生命・自然界のつながり〕

問1＜分離の法則＞生殖細胞は，減数分裂によってつくられ，染色体の数が半分になる。このとき，対になっている遺伝子は，分かれて別々の生殖細胞に入る。これを分離の法則という。

問2＜遺伝子の本体＞遺伝子の本体は，DNA(デオキシリボ核酸)という物質である。

問3＜形質＞対立形質を持つ純系どうしをかけ合わせると，子には一方の形質のみが現れる。このとき，子に現れる形質を顕性形質といい，子に現れない形質を潜性形質という。

問4＜遺伝子＞親の遺伝子の組み合わせはRRとrrであるから，子の代の遺伝子の組み合わせは全てRrとなる。

問5＜遺伝の規則性＞子の代の遺伝子の組み合わせはRrであるから，これを自家受粉させてできる孫の遺伝子の組み合わせとその比は，右表1のように，RR：Rr：rr＝1：2：1となる。このうちRRとRrは丸い種子，rrはしわのある種子になるから，丸い種子は，孫の代の種子の$\frac{1+2}{1+2+1}=\frac{3}{4}$となる。よって，その数は$180\times\frac{3}{4}=135$(個)である。

表1

	R	r
R	RR	Rr
r	Rr	rr

問6＜遺伝の規則性＞孫の代の丸い種子のうち，親と異なる遺伝子の組み合わせはRrである。また，しわのある種子の遺伝子の組み合わせはrrである。これらをかけ合わせると，できる種子の遺伝子の組み合わせとその比は，右表2のように，Rr：rr＝2：2＝1：1となるから，しわのある種子は全体の$\frac{1}{1+1}\times100=50$(％)である。

表2

	r	r
R	Rr	Rr
r	rr	rr

4 〔化学変化と原子・分子〕

問1＜マグネシウムの燃焼＞マグネシウムを加熱すると，マグネシウムは熱や光を出して激しく燃焼し，白色の酸化マグネシウムに変化する。

問2＜酸化物＞マグネシウムを加熱すると，空気中の気体P(酸素)と結びついて酸化マグネシウムができる。このように，物質が酸素と結びついてできた物質を酸化物という。

問3＜モデル＞酸化マグネシウムは，マグネシウム原子と酸素原子が1：1の個数の比で結びついている。よって，マグネシウム原子のモデルを●，酸素原子のモデルを○で表すと，酸化マグネシウムを表すモデルは，●○となる。

問4＜分子の数＞酸化マグネシウム(MgO)は，マグネシウム原子(Mg)と酸素原子(O)が1：1の個数の比で結びついているから，反応するマグネシウム原子(Mg)と酸素分子(O_2)の個数の比は2：

１になる。よって，100個のマグネシウム原子を加熱して完全に反応させるには，酸素分子の数はその半分の50個必要である。

問５＜質量の比＞表より，マグネシウム0.15gから酸化マグネシウム0.25gができているから，このとき結びついた酸素の質量は，0.25－0.15＝0.10(g)である。よって，マグネシウムの粉末の質量agと，化合する酸素の最大の質量bgの割合は，a：b＝0.15：0.10＝３：２となる。

問６＜化学変化と物質の質量＞この反応で，マグネシウムに結びついた酸素の質量は，1.06－0.72＝0.34(g)である。問５より，マグネシウムと酸素は３：２の質量の比で結びつくから，0.34gの酸素と結びついたマグネシウムの質量は，$0.34\times\frac{3}{2}=0.51$(g)となる。よって，未反応のマグネシウムの質量は，0.72－0.51＝0.21(g)である。

5 〔身近な物理現象〕

問１＜実像＞実験のように，凸レンズを通った光が実際に集まってスクリーンに映る像を実像という。

問２＜像の向き＞スクリーンに映る像の向きは，物体と上下左右が逆向きになる。図１で，スクリーンに映った像を凸レンズ側から見ると，図２のように矢印が左下を向いているから，図１の光源側から厚紙を見ると，矢印は右上を向いている。この厚紙を，凸レンズ側から見ると，③のように，矢印は左上を向いている。

問３＜実像の大きさ＞スクリーンに映る実像の大きさは，物体を凸レンズに近づけるほど大きくなる。よって，実像の大きさが最も大きかったのは，表で，厚紙から凸レンズまでの距離$x$cmが最も小さい４回目である。

問４＜焦点＞凸レンズの光軸に平行な光を凸レンズに当てたとき，光が屈折して集まる点のことを，焦点という。

問５＜焦点距離＞焦点距離の２倍の位置に物体を置いたとき，凸レンズの反対側の焦点距離の２倍の位置に，実物と同じ大きさの実像ができる。よって，表で，２回目のxとyの長さが等しい20cmが焦点距離の２倍の位置と考えられるので，焦点距離は10cmである。

問６＜実像ができる位置＞問５より凸レンズの焦点距離は10cmである。また，スクリーン側の焦点とスクリーンとの距離が，光源側の焦点と光源との距離に反比例するから，これらの値の積は一定になる。よって，厚紙から凸レンズまでの距離を60cmにしたときのスクリーンから凸レンズまでの距離を$z$cmとすると，スクリーン側の焦点とスクリーンとの距離はz－10cm，光源側の焦点と光源との距離は60－10＝50(cm)となる。また，表より，１回目のスクリーン側の焦点とスクリーンとの距離は15－10＝５(cm)，光源側の焦点と光源との距離は30－10＝20(cm)である。よって，$(z-10)\times50=5\times20$が成り立ち，これを解くと，$z-10=2$より，$z=12$(cm)となる。

2022年度　昌平高等学校（ＩＢ）

【作文問題】　（40分）〈満点：100点〉

昌平高校ＩＢコースでの学びがあなたの将来の目標実現にどのように役立つと考えているか、８００字以内で書いてください。

Memo

2025年度用

高校スーパー過去問

■編集人　声の教育社・編集部

■発行所　株式会社　声の教育社

〒162-0814 東京都新宿区新小川町8-15

☎03-5261-5061㈹ FAX03-5261-5062

https://www.koenokyoikusha.co.jp

※本書の内容についての一切の責任は当社にあります。内容・解説・解答その他の質問等は文書にて当社に御郵送くださるようお願いいたします。

公立高校過去問シリーズ

- ●東京都立高校
- ●神奈川県公立高校
- ●千葉県公立高校
- ●埼玉県公立高校
- ●茨城県公立高校
- ●栃木県公立高校
- ●群馬県公立高校

掲載全問に
わかりやすい解説つき
各教科の
出題傾向と対策

定価1100円(税込)

都立独自高校 公立高校過去問シリーズ

251 都立日比谷高校
252 都立西高校
253 都立八王子東高校
254 都立国立高校
255 都立戸山高校
256 都立国分寺高校
257 都立立川高校
258 都立新宿高校
259 都立青山高校

定価2090円(税込)

高校ベスト10シリーズ

出題形式別、入試によく出る順!!

ベスト10Neo **国語** 読解問題

ベスト10Neo **数学** 図形問題

英語 文法問題ベスト10

定価990〜1100円(税込)

高校受験面接ブック

別冊がウリ!! 首都圏の各高校の面接内容

本体 質問回答例ベスト150
面接ワークシート
自己PR書の書き方とワークシート

別冊 首都圏の私国立高校などの面接方法、時間、質問具体例
推薦・一般入試の面接内容
主要校の面接会場のようす
(各校図示)

小冊子 試験場に持って行ける
チェックBOOK
など面接対策がつまった1冊

定価1320円(税込)

図解でわかる!! 作文・小論文

本体（88P） **合格作文の書き方**
①7日間で仕上げる基礎編
②4日間で仕上げる応用編

別冊（52P） 首都圏の各高校の作文課題、制限時間、文字数の具体例調査
①首都圏の作文課題2000例を代表的な15パターンに分類（書き易くするため）
②着眼点、キーワード、ポイントを各パターンごとにコメント
③推薦と一般入試の作文出題校と課題例を一挙公開!!
④首都圏公立高校4年間課題調査

定価1100円(税込)

公立の漢字

公立高校の試験によく出る漢字

1 漢字は全都道府県で出題!!
2 公立の漢字の配点は高い!!
3 10年間の頻度をデータ化!!
4 最頻出漢字を5段階評価!!

定価748円(税込)

声の教育社 〒162-0814 東京都新宿区新小川町8-15
TEL.03(5261)5061 FAX.03(5261)5062

昌平高等学校

別冊解答用紙

丁寧に抜きとって、別冊としてご使用ください。

★合格者最低点

推薦

年度	ＩＢ	特別進学	選抜進学
2024	単願 211 併願 233	単願 350 併願 370	単願 198 併願 204
2023	単願 206 併願 221	単願 352 併願 377	単願 191 併願 198
2022	単願 289 併願 304	単願 375 併願 398	単願 188 併願 204

※IBコースの2022年度は英・数・国各100点，作文100点の400点満点。
2023・2024年度は英・数・国のみの点数。

注意

○ 解答用紙は、収録の都合により縮小したものや、小社独自に作成したものもあります。
○ 学校配点は学校発表のもの、推定配点は小社で作成したものです。
○ 無断転載を禁じます。
○ 解答用紙を拡大コピーする場合、表示した拡大率に対応する用紙サイズは以下のとおりです。
101%～102%＝B5　103%～118%＝A4　119%～144%＝B4　145%～167%＝A3
（タイトルと配点表は含みません）

２０２４年度　　昌平高等学校

英語解答用紙

評点	／100

番号		① ② ③ ④ ⑤ ⑥ ⑦ ⑧ ⑨ ⓪
		① ② ③ ④ ⑤ ⑥ ⑦ ⑧ ⑨ ⓪
		① ② ③ ④ ⑤ ⑥ ⑦ ⑧ ⑨ ⓪
		① ② ③ ④ ⑤ ⑥ ⑦ ⑧ ⑨ ⓪
		① ② ③ ④ ⑤ ⑥ ⑦ ⑧ ⑨ ⓪
氏名		

1	① ② ③ ④ ⑤ ⑥ ⑦ ⑧ ⑨	26	① ② ③ ④ ⑤ ⑥ ⑦ ⑧ ⑨	51	① ② ③ ④ ⑤ ⑥ ⑦ ⑧ ⑨
2	① ② ③ ④ ⑤ ⑥ ⑦ ⑧ ⑨	27	① ② ③ ④ ⑤ ⑥ ⑦ ⑧ ⑨	52	① ② ③ ④ ⑤ ⑥ ⑦ ⑧ ⑨
3	① ② ③ ④ ⑤ ⑥ ⑦ ⑧ ⑨	28	① ② ③ ④ ⑤ ⑥ ⑦ ⑧ ⑨	53	① ② ③ ④ ⑤ ⑥ ⑦ ⑧ ⑨
4	① ② ③ ④ ⑤ ⑥ ⑦ ⑧ ⑨	29	① ② ③ ④ ⑤ ⑥ ⑦ ⑧ ⑨	54	① ② ③ ④ ⑤ ⑥ ⑦ ⑧ ⑨
5	① ② ③ ④ ⑤ ⑥ ⑦ ⑧ ⑨	30	① ② ③ ④ ⑤ ⑥ ⑦ ⑧ ⑨	55	① ② ③ ④ ⑤ ⑥ ⑦ ⑧ ⑨
6	① ② ③ ④ ⑤ ⑥ ⑦ ⑧ ⑨	31	① ② ③ ④ ⑤ ⑥ ⑦ ⑧ ⑨	56	① ② ③ ④ ⑤ ⑥ ⑦ ⑧ ⑨
7	① ② ③ ④ ⑤ ⑥ ⑦ ⑧ ⑨	32	① ② ③ ④ ⑤ ⑥ ⑦ ⑧ ⑨	57	① ② ③ ④ ⑤ ⑥ ⑦ ⑧ ⑨
8	① ② ③ ④ ⑤ ⑥ ⑦ ⑧ ⑨	33	① ② ③ ④ ⑤ ⑥ ⑦ ⑧ ⑨	58	① ② ③ ④ ⑤ ⑥ ⑦ ⑧ ⑨
9	① ② ③ ④ ⑤ ⑥ ⑦ ⑧ ⑨	34	① ② ③ ④ ⑤ ⑥ ⑦ ⑧ ⑨	59	① ② ③ ④ ⑤ ⑥ ⑦ ⑧ ⑨
10	① ② ③ ④ ⑤ ⑥ ⑦ ⑧ ⑨	35	① ② ③ ④ ⑤ ⑥ ⑦ ⑧ ⑨	60	① ② ③ ④ ⑤ ⑥ ⑦ ⑧ ⑨
11	① ② ③ ④ ⑤ ⑥ ⑦ ⑧ ⑨	36	① ② ③ ④ ⑤ ⑥ ⑦ ⑧ ⑨	61	① ② ③ ④ ⑤ ⑥ ⑦ ⑧ ⑨
12	① ② ③ ④ ⑤ ⑥ ⑦ ⑧ ⑨	37	① ② ③ ④ ⑤ ⑥ ⑦ ⑧ ⑨	62	① ② ③ ④ ⑤ ⑥ ⑦ ⑧ ⑨
13	① ② ③ ④ ⑤ ⑥ ⑦ ⑧ ⑨	38	① ② ③ ④ ⑤ ⑥ ⑦ ⑧ ⑨	63	① ② ③ ④ ⑤ ⑥ ⑦ ⑧ ⑨
14	① ② ③ ④ ⑤ ⑥ ⑦ ⑧ ⑨	39	① ② ③ ④ ⑤ ⑥ ⑦ ⑧ ⑨	64	① ② ③ ④ ⑤ ⑥ ⑦ ⑧ ⑨
15	① ② ③ ④ ⑤ ⑥ ⑦ ⑧ ⑨	40	① ② ③ ④ ⑤ ⑥ ⑦ ⑧ ⑨	65	① ② ③ ④ ⑤ ⑥ ⑦ ⑧ ⑨
16	① ② ③ ④ ⑤ ⑥ ⑦ ⑧ ⑨	41	① ② ③ ④ ⑤ ⑥ ⑦ ⑧ ⑨	66	① ② ③ ④ ⑤ ⑥ ⑦ ⑧ ⑨
17	① ② ③ ④ ⑤ ⑥ ⑦ ⑧ ⑨	42	① ② ③ ④ ⑤ ⑥ ⑦ ⑧ ⑨	67	① ② ③ ④ ⑤ ⑥ ⑦ ⑧ ⑨
18	① ② ③ ④ ⑤ ⑥ ⑦ ⑧ ⑨	43	① ② ③ ④ ⑤ ⑥ ⑦ ⑧ ⑨	68	① ② ③ ④ ⑤ ⑥ ⑦ ⑧ ⑨
19	① ② ③ ④ ⑤ ⑥ ⑦ ⑧ ⑨	44	① ② ③ ④ ⑤ ⑥ ⑦ ⑧ ⑨	69	① ② ③ ④ ⑤ ⑥ ⑦ ⑧ ⑨
20	① ② ③ ④ ⑤ ⑥ ⑦ ⑧ ⑨	45	① ② ③ ④ ⑤ ⑥ ⑦ ⑧ ⑨	70	① ② ③ ④ ⑤ ⑥ ⑦ ⑧ ⑨
21	① ② ③ ④ ⑤ ⑥ ⑦ ⑧ ⑨	46	① ② ③ ④ ⑤ ⑥ ⑦ ⑧ ⑨	71	① ② ③ ④ ⑤ ⑥ ⑦ ⑧ ⑨
22	① ② ③ ④ ⑤ ⑥ ⑦ ⑧ ⑨	47	① ② ③ ④ ⑤ ⑥ ⑦ ⑧ ⑨	72	① ② ③ ④ ⑤ ⑥ ⑦ ⑧ ⑨
23	① ② ③ ④ ⑤ ⑥ ⑦ ⑧ ⑨	48	① ② ③ ④ ⑤ ⑥ ⑦ ⑧ ⑨	73	① ② ③ ④ ⑤ ⑥ ⑦ ⑧ ⑨
24	① ② ③ ④ ⑤ ⑥ ⑦ ⑧ ⑨	49	① ② ③ ④ ⑤ ⑥ ⑦ ⑧ ⑨	74	① ② ③ ④ ⑤ ⑥ ⑦ ⑧ ⑨
25	① ② ③ ④ ⑤ ⑥ ⑦ ⑧ ⑨	50	① ② ③ ④ ⑤ ⑥ ⑦ ⑧ ⑨	75	① ② ③ ④ ⑤ ⑥ ⑦ ⑧ ⑨

（注）この解答用紙は実物を縮小してあります。Ｂ４用紙に128％拡大コピーすると、ほぼ実物大で使用できます。（タイトルと配点表は含みません）

推定配点		計
	1 No. １～No. ６　各２点×８　No. ７　各３点×３ 2 問１　２点　問２　３点　問３～問７　各４点×５　問８　各２点×３ 3 問１　各４点×２　問２，問３　各３点×４　問４　４点　問５　３点　問６，問７　各４点×２ 4 各３点×３	100点

２０２４年度　　昌平高等学校

数学解答用紙

評点	／100

番号		1 2 3 4 5 6 7 8 9 0
		1 2 3 4 5 6 7 8 9 0
		1 2 3 4 5 6 7 8 9 0
		1 2 3 4 5 6 7 8 9 0
		1 2 3 4 5 6 7 8 9 0
氏名		

1-ア	−	±	0	1	2	3	4	5	6	7	8	9	a	b	c	d
1-イ	−	±	0	1	2	3	4	5	6	7	8	9	a	b	c	d
1-ウ	−	±	0	1	2	3	4	5	6	7	8	9	a	b	c	d
1-エ	−	±	0	1	2	3	4	5	6	7	8	9	a	b	c	d
1-オ	−	±	0	1	2	3	4	5	6	7	8	9	a	b	c	d
1-カ	−	±	0	1	2	3	4	5	6	7	8	9	a	b	c	d
1-キ	−	±	0	1	2	3	4	5	6	7	8	9	a	b	c	d
1-ク	−	±	0	1	2	3	4	5	6	7	8	9	a	b	c	d
1-ケ	−	±	0	1	2	3	4	5	6	7	8	9	a	b	c	d
1-コ	−	±	0	1	2	3	4	5	6	7	8	9	a	b	c	d
1-サ	−	±	0	1	2	3	4	5	6	7	8	9	a	b	c	d
1-シ	−	±	0	1	2	3	4	5	6	7	8	9	a	b	c	d
1-ス	−	±	0	1	2	3	4	5	6	7	8	9	a	b	c	d
1-セ	−	±	0	1	2	3	4	5	6	7	8	9	a	b	c	d
1-ソ	−	±	0	1	2	3	4	5	6	7	8	9	a	b	c	d
1-タ	−	±	0	1	2	3	4	5	6	7	8	9	a	b	c	d
1-チ	−	±	0	1	2	3	4	5	6	7	8	9	a	b	c	d
1-ツ	−	±	0	1	2	3	4	5	6	7	8	9	a	b	c	d
1-テ	−	±	0	1	2	3	4	5	6	7	8	9	a	b	c	d
1-ト	−	±	0	1	2	3	4	5	6	7	8	9	a	b	c	d
1-ナ	−	±	0	1	2	3	4	5	6	7	8	9	a	b	c	d
1-ニ	−	±	0	1	2	3	4	5	6	7	8	9	a	b	c	d
	−	±	0	1	2	3	4	5	6	7	8	9	a	b	c	d
	−	±	0	1	2	3	4	5	6	7	8	9	a	b	c	d
	−	±	0	1	2	3	4	5	6	7	8	9	a	b	c	d
	−	±	0	1	2	3	4	5	6	7	8	9	a	b	c	d
	−	±	0	1	2	3	4	5	6	7	8	9	a	b	c	d
	−	±	0	1	2	3	4	5	6	7	8	9	a	b	c	d
	−	±	0	1	2	3	4	5	6	7	8	9	a	b	c	d
	−	±	0	1	2	3	4	5	6	7	8	9	a	b	c	d
	−	±	0	1	2	3	4	5	6	7	8	9	a	b	c	d

2-ア	−	±	0	1	2	3	4	5	6	7	8	9	a	b	c	d
2-イ	−	±	0	1	2	3	4	5	6	7	8	9	a	b	c	d
2-ウ	−	±	0	1	2	3	4	5	6	7	8	9	a	b	c	d
2-エ	−	±	0	1	2	3	4	5	6	7	8	9	a	b	c	d
2-オ	−	±	0	1	2	3	4	5	6	7	8	9	a	b	c	d
2-カ	−	±	0	1	2	3	4	5	6	7	8	9	a	b	c	d
2-キ	−	±	0	1	2	3	4	5	6	7	8	9	a	b	c	d
2-ク	−	±	0	1	2	3	4	5	6	7	8	9	a	b	c	d
2-ケ	−	±	0	1	2	3	4	5	6	7	8	9	a	b	c	d
2-コ	−	±	0	1	2	3	4	5	6	7	8	9	a	b	c	d
3-ア	−	±	0	1	2	3	4	5	6	7	8	9	a	b	c	d
3-イ	−	±	0	1	2	3	4	5	6	7	8	9	a	b	c	d
3-ウ	−	±	0	1	2	3	4	5	6	7	8	9	a	b	c	d
3-エ	−	±	0	1	2	3	4	5	6	7	8	9	a	b	c	d
3-オ	−	±	0	1	2	3	4	5	6	7	8	9	a	b	c	d
3-カ	−	±	0	1	2	3	4	5	6	7	8	9	a	b	c	d
3-キ	−	±	0	1	2	3	4	5	6	7	8	9	a	b	c	d
3-ク	−	±	0	1	2	3	4	5	6	7	8	9	a	b	c	d
3-ケ	−	±	0	1	2	3	4	5	6	7	8	9	a	b	c	d
4-ア	−	±	0	1	2	3	4	5	6	7	8	9	a	b	c	d
4-イ	−	±	0	1	2	3	4	5	6	7	8	9	a	b	c	d
4-ウ	−	±	0	1	2	3	4	5	6	7	8	9	a	b	c	d
4-エ	−	±	0	1	2	3	4	5	6	7	8	9	a	b	c	d
4-オ	−	±	0	1	2	3	4	5	6	7	8	9	a	b	c	d
4-カ	−	±	0	1	2	3	4	5	6	7	8	9	a	b	c	d
4-キ	−	±	0	1	2	3	4	5	6	7	8	9	a	b	c	d
4-ク	−	±	0	1	2	3	4	5	6	7	8	9	a	b	c	d
	−	±	0	1	2	3	4	5	6	7	8	9	a	b	c	d
	−	±	0	1	2	3	4	5	6	7	8	9	a	b	c	d
	−	±	0	1	2	3	4	5	6	7	8	9	a	b	c	d
	−	±	0	1	2	3	4	5	6	7	8	9	a	b	c	d

（注）この解答用紙は実物を縮小してあります。Ｂ４用紙に130％拡大コピーすると、ほぼ実物大で使用できます。（タイトルと配点表は含みません）

推定配点	1　(1)～(5)　各４点×５　(6)　５点　(7)　４点　(8)～(10)　各５点×３ 2　各５点×４ 3　(1)　５点　(2)　６点　(3)　７点 4　(1)　５点　(2)　各３点×２　(3)　７点	計 100点

二〇二四年度　昌平高等学校

国語解答用紙

評点	／100

番号		① ② ③ ④ ⑤ ⑥ ⑦ ⑧ ⑨ ⓪
		① ② ③ ④ ⑤ ⑥ ⑦ ⑧ ⑨ ⓪
		① ② ③ ④ ⑤ ⑥ ⑦ ⑧ ⑨ ⓪
		① ② ③ ④ ⑤ ⑥ ⑦ ⑧ ⑨ ⓪
		① ② ③ ④ ⑤ ⑥ ⑦ ⑧ ⑨ ⓪
氏名		

1	① ② ③ ④ ⑤ ⑥ ⑦ ⑧ ⑨	26	① ② ③ ④ ⑤ ⑥ ⑦ ⑧ ⑨	51	① ② ③ ④ ⑤ ⑥ ⑦ ⑧ ⑨
2	① ② ③ ④ ⑤ ⑥ ⑦ ⑧ ⑨	27	① ② ③ ④ ⑤ ⑥ ⑦ ⑧ ⑨	52	① ② ③ ④ ⑤ ⑥ ⑦ ⑧ ⑨
3	① ② ③ ④ ⑤ ⑥ ⑦ ⑧ ⑨	28	① ② ③ ④ ⑤ ⑥ ⑦ ⑧ ⑨	53	① ② ③ ④ ⑤ ⑥ ⑦ ⑧ ⑨
4	① ② ③ ④ ⑤ ⑥ ⑦ ⑧ ⑨	29	① ② ③ ④ ⑤ ⑥ ⑦ ⑧ ⑨	54	① ② ③ ④ ⑤ ⑥ ⑦ ⑧ ⑨
5	① ② ③ ④ ⑤ ⑥ ⑦ ⑧ ⑨	30	① ② ③ ④ ⑤ ⑥ ⑦ ⑧ ⑨	55	① ② ③ ④ ⑤ ⑥ ⑦ ⑧ ⑨
6	① ② ③ ④ ⑤ ⑥ ⑦ ⑧ ⑨	31	① ② ③ ④ ⑤ ⑥ ⑦ ⑧ ⑨	56	① ② ③ ④ ⑤ ⑥ ⑦ ⑧ ⑨
7	① ② ③ ④ ⑤ ⑥ ⑦ ⑧ ⑨	32	① ② ③ ④ ⑤ ⑥ ⑦ ⑧ ⑨	57	① ② ③ ④ ⑤ ⑥ ⑦ ⑧ ⑨
8	① ② ③ ④ ⑤ ⑥ ⑦ ⑧ ⑨	33	① ② ③ ④ ⑤ ⑥ ⑦ ⑧ ⑨	58	① ② ③ ④ ⑤ ⑥ ⑦ ⑧ ⑨
9	① ② ③ ④ ⑤ ⑥ ⑦ ⑧ ⑨	34	① ② ③ ④ ⑤ ⑥ ⑦ ⑧ ⑨	59	① ② ③ ④ ⑤ ⑥ ⑦ ⑧ ⑨
10	① ② ③ ④ ⑤ ⑥ ⑦ ⑧ ⑨	35	① ② ③ ④ ⑤ ⑥ ⑦ ⑧ ⑨	60	① ② ③ ④ ⑤ ⑥ ⑦ ⑧ ⑨
11	① ② ③ ④ ⑤ ⑥ ⑦ ⑧ ⑨	36	① ② ③ ④ ⑤ ⑥ ⑦ ⑧ ⑨	61	① ② ③ ④ ⑤ ⑥ ⑦ ⑧ ⑨
12	① ② ③ ④ ⑤ ⑥ ⑦ ⑧ ⑨	37	① ② ③ ④ ⑤ ⑥ ⑦ ⑧ ⑨	62	① ② ③ ④ ⑤ ⑥ ⑦ ⑧ ⑨
13	① ② ③ ④ ⑤ ⑥ ⑦ ⑧ ⑨	38	① ② ③ ④ ⑤ ⑥ ⑦ ⑧ ⑨	63	① ② ③ ④ ⑤ ⑥ ⑦ ⑧ ⑨
14	① ② ③ ④ ⑤ ⑥ ⑦ ⑧ ⑨	39	① ② ③ ④ ⑤ ⑥ ⑦ ⑧ ⑨	64	① ② ③ ④ ⑤ ⑥ ⑦ ⑧ ⑨
15	① ② ③ ④ ⑤ ⑥ ⑦ ⑧ ⑨	40	① ② ③ ④ ⑤ ⑥ ⑦ ⑧ ⑨	65	① ② ③ ④ ⑤ ⑥ ⑦ ⑧ ⑨
16	① ② ③ ④ ⑤ ⑥ ⑦ ⑧ ⑨	41	① ② ③ ④ ⑤ ⑥ ⑦ ⑧ ⑨	66	① ② ③ ④ ⑤ ⑥ ⑦ ⑧ ⑨
17	① ② ③ ④ ⑤ ⑥ ⑦ ⑧ ⑨	42	① ② ③ ④ ⑤ ⑥ ⑦ ⑧ ⑨	67	① ② ③ ④ ⑤ ⑥ ⑦ ⑧ ⑨
18	① ② ③ ④ ⑤ ⑥ ⑦ ⑧ ⑨	43	① ② ③ ④ ⑤ ⑥ ⑦ ⑧ ⑨	68	① ② ③ ④ ⑤ ⑥ ⑦ ⑧ ⑨
19	① ② ③ ④ ⑤ ⑥ ⑦ ⑧ ⑨	44	① ② ③ ④ ⑤ ⑥ ⑦ ⑧ ⑨	69	① ② ③ ④ ⑤ ⑥ ⑦ ⑧ ⑨
20	① ② ③ ④ ⑤ ⑥ ⑦ ⑧ ⑨	45	① ② ③ ④ ⑤ ⑥ ⑦ ⑧ ⑨	70	① ② ③ ④ ⑤ ⑥ ⑦ ⑧ ⑨
21	① ② ③ ④ ⑤ ⑥ ⑦ ⑧ ⑨	46	① ② ③ ④ ⑤ ⑥ ⑦ ⑧ ⑨	71	① ② ③ ④ ⑤ ⑥ ⑦ ⑧ ⑨
22	① ② ③ ④ ⑤ ⑥ ⑦ ⑧ ⑨	47	① ② ③ ④ ⑤ ⑥ ⑦ ⑧ ⑨	72	① ② ③ ④ ⑤ ⑥ ⑦ ⑧ ⑨
23	① ② ③ ④ ⑤ ⑥ ⑦ ⑧ ⑨	48	① ② ③ ④ ⑤ ⑥ ⑦ ⑧ ⑨	73	① ② ③ ④ ⑤ ⑥ ⑦ ⑧ ⑨
24	① ② ③ ④ ⑤ ⑥ ⑦ ⑧ ⑨	49	① ② ③ ④ ⑤ ⑥ ⑦ ⑧ ⑨	74	① ② ③ ④ ⑤ ⑥ ⑦ ⑧ ⑨
25	① ② ③ ④ ⑤ ⑥ ⑦ ⑧ ⑨	50	① ② ③ ④ ⑤ ⑥ ⑦ ⑧ ⑨	75	① ② ③ ④ ⑤ ⑥ ⑦ ⑧ ⑨

（注）この解答用紙は実物を縮小してあります。B4用紙に128％拡大コピーすると、ほぼ実物大で使用できます。（タイトルと配点表は含みません）

推定配点		計
	一　問１　４点　問２，問３　各３点×３　問４～問７　各４点×４　問８　３点　二，三　各２点×12 四　問１　各２点×３　問２　４点　問３，問４　各３点×２　問５，問６　各４点×２　問７　３点 五　問１　各２点×２　問２～問４　各３点×３　問５　４点	100点

２０２４年度　昌平高等学校　特別進学

社会解答用紙

番号		氏名		評点	／100

番号	① ② ③ ④ ⑤ ⑥ ⑦ ⑧ ⑨ ⓪
	① ② ③ ④ ⑤ ⑥ ⑦ ⑧ ⑨ ⓪
	① ② ③ ④ ⑤ ⑥ ⑦ ⑧ ⑨ ⓪
	① ② ③ ④ ⑤ ⑥ ⑦ ⑧ ⑨ ⓪
	① ② ③ ④ ⑤ ⑥ ⑦ ⑧ ⑨ ⓪
氏名	

1	① ② ③ ④ ⑤ ⑥ ⑦ ⑧ ⑨	26	① ② ③ ④ ⑤ ⑥ ⑦ ⑧ ⑨	51	① ② ③ ④ ⑤ ⑥ ⑦ ⑧ ⑨
2	① ② ③ ④ ⑤ ⑥ ⑦ ⑧ ⑨	27	① ② ③ ④ ⑤ ⑥ ⑦ ⑧ ⑨	52	① ② ③ ④ ⑤ ⑥ ⑦ ⑧ ⑨
3	① ② ③ ④ ⑤ ⑥ ⑦ ⑧ ⑨	28	① ② ③ ④ ⑤ ⑥ ⑦ ⑧ ⑨	53	① ② ③ ④ ⑤ ⑥ ⑦ ⑧ ⑨
4	① ② ③ ④ ⑤ ⑥ ⑦ ⑧ ⑨	29	① ② ③ ④ ⑤ ⑥ ⑦ ⑧ ⑨	54	① ② ③ ④ ⑤ ⑥ ⑦ ⑧ ⑨
5	① ② ③ ④ ⑤ ⑥ ⑦ ⑧ ⑨	30	① ② ③ ④ ⑤ ⑥ ⑦ ⑧ ⑨	55	① ② ③ ④ ⑤ ⑥ ⑦ ⑧ ⑨
6	① ② ③ ④ ⑤ ⑥ ⑦ ⑧ ⑨	31	① ② ③ ④ ⑤ ⑥ ⑦ ⑧ ⑨	56	① ② ③ ④ ⑤ ⑥ ⑦ ⑧ ⑨
7	① ② ③ ④ ⑤ ⑥ ⑦ ⑧ ⑨	32	① ② ③ ④ ⑤ ⑥ ⑦ ⑧ ⑨	57	① ② ③ ④ ⑤ ⑥ ⑦ ⑧ ⑨
8	① ② ③ ④ ⑤ ⑥ ⑦ ⑧ ⑨	33	① ② ③ ④ ⑤ ⑥ ⑦ ⑧ ⑨	58	① ② ③ ④ ⑤ ⑥ ⑦ ⑧ ⑨
9	① ② ③ ④ ⑤ ⑥ ⑦ ⑧ ⑨	34	① ② ③ ④ ⑤ ⑥ ⑦ ⑧ ⑨	59	① ② ③ ④ ⑤ ⑥ ⑦ ⑧ ⑨
10	① ② ③ ④ ⑤ ⑥ ⑦ ⑧ ⑨	35	① ② ③ ④ ⑤ ⑥ ⑦ ⑧ ⑨	60	① ② ③ ④ ⑤ ⑥ ⑦ ⑧ ⑨
11	① ② ③ ④ ⑤ ⑥ ⑦ ⑧ ⑨	36	① ② ③ ④ ⑤ ⑥ ⑦ ⑧ ⑨	61	① ② ③ ④ ⑤ ⑥ ⑦ ⑧ ⑨
12	① ② ③ ④ ⑤ ⑥ ⑦ ⑧ ⑨	37	① ② ③ ④ ⑤ ⑥ ⑦ ⑧ ⑨	62	① ② ③ ④ ⑤ ⑥ ⑦ ⑧ ⑨
13	① ② ③ ④ ⑤ ⑥ ⑦ ⑧ ⑨	38	① ② ③ ④ ⑤ ⑥ ⑦ ⑧ ⑨	63	① ② ③ ④ ⑤ ⑥ ⑦ ⑧ ⑨
14	① ② ③ ④ ⑤ ⑥ ⑦ ⑧ ⑨	39	① ② ③ ④ ⑤ ⑥ ⑦ ⑧ ⑨	64	① ② ③ ④ ⑤ ⑥ ⑦ ⑧ ⑨
15	① ② ③ ④ ⑤ ⑥ ⑦ ⑧ ⑨	40	① ② ③ ④ ⑤ ⑥ ⑦ ⑧ ⑨	65	① ② ③ ④ ⑤ ⑥ ⑦ ⑧ ⑨
16	① ② ③ ④ ⑤ ⑥ ⑦ ⑧ ⑨	41	① ② ③ ④ ⑤ ⑥ ⑦ ⑧ ⑨	66	① ② ③ ④ ⑤ ⑥ ⑦ ⑧ ⑨
17	① ② ③ ④ ⑤ ⑥ ⑦ ⑧ ⑨	42	① ② ③ ④ ⑤ ⑥ ⑦ ⑧ ⑨	67	① ② ③ ④ ⑤ ⑥ ⑦ ⑧ ⑨
18	① ② ③ ④ ⑤ ⑥ ⑦ ⑧ ⑨	43	① ② ③ ④ ⑤ ⑥ ⑦ ⑧ ⑨	68	① ② ③ ④ ⑤ ⑥ ⑦ ⑧ ⑨
19	① ② ③ ④ ⑤ ⑥ ⑦ ⑧ ⑨	44	① ② ③ ④ ⑤ ⑥ ⑦ ⑧ ⑨	69	① ② ③ ④ ⑤ ⑥ ⑦ ⑧ ⑨
20	① ② ③ ④ ⑤ ⑥ ⑦ ⑧ ⑨	45	① ② ③ ④ ⑤ ⑥ ⑦ ⑧ ⑨	70	① ② ③ ④ ⑤ ⑥ ⑦ ⑧ ⑨
21	① ② ③ ④ ⑤ ⑥ ⑦ ⑧ ⑨	46	① ② ③ ④ ⑤ ⑥ ⑦ ⑧ ⑨	71	① ② ③ ④ ⑤ ⑥ ⑦ ⑧ ⑨
22	① ② ③ ④ ⑤ ⑥ ⑦ ⑧ ⑨	47	① ② ③ ④ ⑤ ⑥ ⑦ ⑧ ⑨	72	① ② ③ ④ ⑤ ⑥ ⑦ ⑧ ⑨
23	① ② ③ ④ ⑤ ⑥ ⑦ ⑧ ⑨	48	① ② ③ ④ ⑤ ⑥ ⑦ ⑧ ⑨	73	① ② ③ ④ ⑤ ⑥ ⑦ ⑧ ⑨
24	① ② ③ ④ ⑤ ⑥ ⑦ ⑧ ⑨	49	① ② ③ ④ ⑤ ⑥ ⑦ ⑧ ⑨	74	① ② ③ ④ ⑤ ⑥ ⑦ ⑧ ⑨
25	① ② ③ ④ ⑤ ⑥ ⑦ ⑧ ⑨	50	① ② ③ ④ ⑤ ⑥ ⑦ ⑧ ⑨	75	① ② ③ ④ ⑤ ⑥ ⑦ ⑧ ⑨

（注）この解答用紙は実物を縮小してあります。Ｂ４用紙に128％拡大コピーすると、ほぼ実物大で使用できます。（タイトルと配点表は含みません）

推定配点		計
	[1]～[5]　各３点×28　　[6]　問１～問３　各３点×４　問４　４点	100点

2024年度　昌平高等学校　特別進学

理科解答用紙

番号		氏名		評点	／100

番号	① ② ③ ④ ⑤ ⑥ ⑦ ⑧ ⑨ ⓪
	① ② ③ ④ ⑤ ⑥ ⑦ ⑧ ⑨ ⓪
	① ② ③ ④ ⑤ ⑥ ⑦ ⑧ ⑨ ⓪
	① ② ③ ④ ⑤ ⑥ ⑦ ⑧ ⑨ ⓪
	① ② ③ ④ ⑤ ⑥ ⑦ ⑧ ⑨ ⓪
氏名	

●●●●●●●●●●

1	① ② ③ ④ ⑤ ⑥ ⑦ ⑧ ⑨	26	① ② ③ ④ ⑤ ⑥ ⑦ ⑧ ⑨	51	① ② ③ ④ ⑤ ⑥ ⑦ ⑧ ⑨
2	① ② ③ ④ ⑤ ⑥ ⑦ ⑧ ⑨	27	① ② ③ ④ ⑤ ⑥ ⑦ ⑧ ⑨	52	① ② ③ ④ ⑤ ⑥ ⑦ ⑧ ⑨
3	① ② ③ ④ ⑤ ⑥ ⑦ ⑧ ⑨	28	① ② ③ ④ ⑤ ⑥ ⑦ ⑧ ⑨	53	① ② ③ ④ ⑤ ⑥ ⑦ ⑧ ⑨
4	① ② ③ ④ ⑤ ⑥ ⑦ ⑧ ⑨	29	① ② ③ ④ ⑤ ⑥ ⑦ ⑧ ⑨	54	① ② ③ ④ ⑤ ⑥ ⑦ ⑧ ⑨
5	① ② ③ ④ ⑤ ⑥ ⑦ ⑧ ⑨	30	① ② ③ ④ ⑤ ⑥ ⑦ ⑧ ⑨	55	① ② ③ ④ ⑤ ⑥ ⑦ ⑧ ⑨
6	① ② ③ ④ ⑤ ⑥ ⑦ ⑧ ⑨	31	① ② ③ ④ ⑤ ⑥ ⑦ ⑧ ⑨	56	① ② ③ ④ ⑤ ⑥ ⑦ ⑧ ⑨
7	① ② ③ ④ ⑤ ⑥ ⑦ ⑧ ⑨	32	① ② ③ ④ ⑤ ⑥ ⑦ ⑧ ⑨	57	① ② ③ ④ ⑤ ⑥ ⑦ ⑧ ⑨
8	① ② ③ ④ ⑤ ⑥ ⑦ ⑧ ⑨	33	① ② ③ ④ ⑤ ⑥ ⑦ ⑧ ⑨	58	① ② ③ ④ ⑤ ⑥ ⑦ ⑧ ⑨
9	① ② ③ ④ ⑤ ⑥ ⑦ ⑧ ⑨	34	① ② ③ ④ ⑤ ⑥ ⑦ ⑧ ⑨	59	① ② ③ ④ ⑤ ⑥ ⑦ ⑧ ⑨
10	① ② ③ ④ ⑤ ⑥ ⑦ ⑧ ⑨	35	① ② ③ ④ ⑤ ⑥ ⑦ ⑧ ⑨	60	① ② ③ ④ ⑤ ⑥ ⑦ ⑧ ⑨
11	① ② ③ ④ ⑤ ⑥ ⑦ ⑧ ⑨	36	① ② ③ ④ ⑤ ⑥ ⑦ ⑧ ⑨	61	① ② ③ ④ ⑤ ⑥ ⑦ ⑧ ⑨
12	① ② ③ ④ ⑤ ⑥ ⑦ ⑧ ⑨	37	① ② ③ ④ ⑤ ⑥ ⑦ ⑧ ⑨	62	① ② ③ ④ ⑤ ⑥ ⑦ ⑧ ⑨
13	① ② ③ ④ ⑤ ⑥ ⑦ ⑧ ⑨	38	① ② ③ ④ ⑤ ⑥ ⑦ ⑧ ⑨	63	① ② ③ ④ ⑤ ⑥ ⑦ ⑧ ⑨
14	① ② ③ ④ ⑤ ⑥ ⑦ ⑧ ⑨	39	① ② ③ ④ ⑤ ⑥ ⑦ ⑧ ⑨	64	① ② ③ ④ ⑤ ⑥ ⑦ ⑧ ⑨
15	① ② ③ ④ ⑤ ⑥ ⑦ ⑧ ⑨	40	① ② ③ ④ ⑤ ⑥ ⑦ ⑧ ⑨	65	① ② ③ ④ ⑤ ⑥ ⑦ ⑧ ⑨
16	① ② ③ ④ ⑤ ⑥ ⑦ ⑧ ⑨	41	① ② ③ ④ ⑤ ⑥ ⑦ ⑧ ⑨	66	① ② ③ ④ ⑤ ⑥ ⑦ ⑧ ⑨
17	① ② ③ ④ ⑤ ⑥ ⑦ ⑧ ⑨	42	① ② ③ ④ ⑤ ⑥ ⑦ ⑧ ⑨	67	① ② ③ ④ ⑤ ⑥ ⑦ ⑧ ⑨
18	① ② ③ ④ ⑤ ⑥ ⑦ ⑧ ⑨	43	① ② ③ ④ ⑤ ⑥ ⑦ ⑧ ⑨	68	① ② ③ ④ ⑤ ⑥ ⑦ ⑧ ⑨
19	① ② ③ ④ ⑤ ⑥ ⑦ ⑧ ⑨	44	① ② ③ ④ ⑤ ⑥ ⑦ ⑧ ⑨	69	① ② ③ ④ ⑤ ⑥ ⑦ ⑧ ⑨
20	① ② ③ ④ ⑤ ⑥ ⑦ ⑧ ⑨	45	① ② ③ ④ ⑤ ⑥ ⑦ ⑧ ⑨	70	① ② ③ ④ ⑤ ⑥ ⑦ ⑧ ⑨
21	① ② ③ ④ ⑤ ⑥ ⑦ ⑧ ⑨	46	① ② ③ ④ ⑤ ⑥ ⑦ ⑧ ⑨	71	① ② ③ ④ ⑤ ⑥ ⑦ ⑧ ⑨
22	① ② ③ ④ ⑤ ⑥ ⑦ ⑧ ⑨	47	① ② ③ ④ ⑤ ⑥ ⑦ ⑧ ⑨	72	① ② ③ ④ ⑤ ⑥ ⑦ ⑧ ⑨
23	① ② ③ ④ ⑤ ⑥ ⑦ ⑧ ⑨	48	① ② ③ ④ ⑤ ⑥ ⑦ ⑧ ⑨	73	① ② ③ ④ ⑤ ⑥ ⑦ ⑧ ⑨
24	① ② ③ ④ ⑤ ⑥ ⑦ ⑧ ⑨	49	① ② ③ ④ ⑤ ⑥ ⑦ ⑧ ⑨	74	① ② ③ ④ ⑤ ⑥ ⑦ ⑧ ⑨
25	① ② ③ ④ ⑤ ⑥ ⑦ ⑧ ⑨	50	① ② ③ ④ ⑤ ⑥ ⑦ ⑧ ⑨	75	① ② ③ ④ ⑤ ⑥ ⑦ ⑧ ⑨

（注）この解答用紙は実物を縮小してあります。B４用紙に128％拡大コピーすると、ほぼ実物大で使用できます。（タイトルと配点表は含みません）

推定配点		計
	1　問１～問３　各３点×３　問４　４点　問５～問８　各３点×４ 2，3　各３点×12 4　問１，問２　各３点×２　問３　⑴　３点　⑵　４点 問４，問５　各４点×２ 5　問１，問２　各３点×２　問３～問５　各４点×３	100点

２０２３年度　　昌平高等学校

英語解答用紙

評点	／100

番号		① ② ③ ④ ⑤ ⑥ ⑦ ⑧ ⑨ ⓪
		① ② ③ ④ ⑤ ⑥ ⑦ ⑧ ⑨ ⓪
		① ② ③ ④ ⑤ ⑥ ⑦ ⑧ ⑨ ⓪
		① ② ③ ④ ⑤ ⑥ ⑦ ⑧ ⑨ ⓪
		① ② ③ ④ ⑤ ⑥ ⑦ ⑧ ⑨ ⓪
氏名		

● ● ● ● ● ● ● ● ● ●

1	① ② ③ ④ ⑤ ⑥ ⑦ ⑧ ⑨	26	① ② ③ ④ ⑤ ⑥ ⑦ ⑧ ⑨	51	① ② ③ ④ ⑤ ⑥ ⑦ ⑧ ⑨
2	① ② ③ ④ ⑤ ⑥ ⑦ ⑧ ⑨	27	① ② ③ ④ ⑤ ⑥ ⑦ ⑧ ⑨	52	① ② ③ ④ ⑤ ⑥ ⑦ ⑧ ⑨
3	① ② ③ ④ ⑤ ⑥ ⑦ ⑧ ⑨	28	① ② ③ ④ ⑤ ⑥ ⑦ ⑧ ⑨	53	① ② ③ ④ ⑤ ⑥ ⑦ ⑧ ⑨
4	① ② ③ ④ ⑤ ⑥ ⑦ ⑧ ⑨	29	① ② ③ ④ ⑤ ⑥ ⑦ ⑧ ⑨	54	① ② ③ ④ ⑤ ⑥ ⑦ ⑧ ⑨
5	① ② ③ ④ ⑤ ⑥ ⑦ ⑧ ⑨	30	① ② ③ ④ ⑤ ⑥ ⑦ ⑧ ⑨	55	① ② ③ ④ ⑤ ⑥ ⑦ ⑧ ⑨
6	① ② ③ ④ ⑤ ⑥ ⑦ ⑧ ⑨	31	① ② ③ ④ ⑤ ⑥ ⑦ ⑧ ⑨	56	① ② ③ ④ ⑤ ⑥ ⑦ ⑧ ⑨
7	① ② ③ ④ ⑤ ⑥ ⑦ ⑧ ⑨	32	① ② ③ ④ ⑤ ⑥ ⑦ ⑧ ⑨	57	① ② ③ ④ ⑤ ⑥ ⑦ ⑧ ⑨
8	① ② ③ ④ ⑤ ⑥ ⑦ ⑧ ⑨	33	① ② ③ ④ ⑤ ⑥ ⑦ ⑧ ⑨	58	① ② ③ ④ ⑤ ⑥ ⑦ ⑧ ⑨
9	① ② ③ ④ ⑤ ⑥ ⑦ ⑧ ⑨	34	① ② ③ ④ ⑤ ⑥ ⑦ ⑧ ⑨	59	① ② ③ ④ ⑤ ⑥ ⑦ ⑧ ⑨
10	① ② ③ ④ ⑤ ⑥ ⑦ ⑧ ⑨	35	① ② ③ ④ ⑤ ⑥ ⑦ ⑧ ⑨	60	① ② ③ ④ ⑤ ⑥ ⑦ ⑧ ⑨
11	① ② ③ ④ ⑤ ⑥ ⑦ ⑧ ⑨	36	① ② ③ ④ ⑤ ⑥ ⑦ ⑧ ⑨	61	① ② ③ ④ ⑤ ⑥ ⑦ ⑧ ⑨
12	① ② ③ ④ ⑤ ⑥ ⑦ ⑧ ⑨	37	① ② ③ ④ ⑤ ⑥ ⑦ ⑧ ⑨	62	① ② ③ ④ ⑤ ⑥ ⑦ ⑧ ⑨
13	① ② ③ ④ ⑤ ⑥ ⑦ ⑧ ⑨	38	① ② ③ ④ ⑤ ⑥ ⑦ ⑧ ⑨	63	① ② ③ ④ ⑤ ⑥ ⑦ ⑧ ⑨
14	① ② ③ ④ ⑤ ⑥ ⑦ ⑧ ⑨	39	① ② ③ ④ ⑤ ⑥ ⑦ ⑧ ⑨	64	① ② ③ ④ ⑤ ⑥ ⑦ ⑧ ⑨
15	① ② ③ ④ ⑤ ⑥ ⑦ ⑧ ⑨	40	① ② ③ ④ ⑤ ⑥ ⑦ ⑧ ⑨	65	① ② ③ ④ ⑤ ⑥ ⑦ ⑧ ⑨
16	① ② ③ ④ ⑤ ⑥ ⑦ ⑧ ⑨	41	① ② ③ ④ ⑤ ⑥ ⑦ ⑧ ⑨	66	① ② ③ ④ ⑤ ⑥ ⑦ ⑧ ⑨
17	① ② ③ ④ ⑤ ⑥ ⑦ ⑧ ⑨	42	① ② ③ ④ ⑤ ⑥ ⑦ ⑧ ⑨	67	① ② ③ ④ ⑤ ⑥ ⑦ ⑧ ⑨
18	① ② ③ ④ ⑤ ⑥ ⑦ ⑧ ⑨	43	① ② ③ ④ ⑤ ⑥ ⑦ ⑧ ⑨	68	① ② ③ ④ ⑤ ⑥ ⑦ ⑧ ⑨
19	① ② ③ ④ ⑤ ⑥ ⑦ ⑧ ⑨	44	① ② ③ ④ ⑤ ⑥ ⑦ ⑧ ⑨	69	① ② ③ ④ ⑤ ⑥ ⑦ ⑧ ⑨
20	① ② ③ ④ ⑤ ⑥ ⑦ ⑧ ⑨	45	① ② ③ ④ ⑤ ⑥ ⑦ ⑧ ⑨	70	① ② ③ ④ ⑤ ⑥ ⑦ ⑧ ⑨
21	① ② ③ ④ ⑤ ⑥ ⑦ ⑧ ⑨	46	① ② ③ ④ ⑤ ⑥ ⑦ ⑧ ⑨	71	① ② ③ ④ ⑤ ⑥ ⑦ ⑧ ⑨
22	① ② ③ ④ ⑤ ⑥ ⑦ ⑧ ⑨	47	① ② ③ ④ ⑤ ⑥ ⑦ ⑧ ⑨	72	① ② ③ ④ ⑤ ⑥ ⑦ ⑧ ⑨
23	① ② ③ ④ ⑤ ⑥ ⑦ ⑧ ⑨	48	① ② ③ ④ ⑤ ⑥ ⑦ ⑧ ⑨	73	① ② ③ ④ ⑤ ⑥ ⑦ ⑧ ⑨
24	① ② ③ ④ ⑤ ⑥ ⑦ ⑧ ⑨	49	① ② ③ ④ ⑤ ⑥ ⑦ ⑧ ⑨	74	① ② ③ ④ ⑤ ⑥ ⑦ ⑧ ⑨
25	① ② ③ ④ ⑤ ⑥ ⑦ ⑧ ⑨	50	① ② ③ ④ ⑤ ⑥ ⑦ ⑧ ⑨	75	① ② ③ ④ ⑤ ⑥ ⑦ ⑧ ⑨

（注）この解答用紙は実物を縮小してあります。Ｂ４用紙に128％拡大コピーすると、ほぼ実物大で使用できます。（タイトルと配点表は含みません）

学校配点	1　No.１～No.６　各２点×８　No.７　各３点×３ 2　問１，問２　各４点×２　問３　３点　問４～問７　各４点×４　問８　各２点×３ 3　問１　各４点×２　問２　各２点×３　問３　４点　問４　３点　問５～問７　各４点×３　4　各３点×３	計 100点

２０２３年度　昌平高等学校

数学解答用紙

評点	／100

番号		① ② ③ ④ ⑤ ⑥ ⑦ ⑧ ⑨ ⓪
		① ② ③ ④ ⑤ ⑥ ⑦ ⑧ ⑨ ⓪
		① ② ③ ④ ⑤ ⑥ ⑦ ⑧ ⑨ ⓪
		① ② ③ ④ ⑤ ⑥ ⑦ ⑧ ⑨ ⓪
		① ② ③ ④ ⑤ ⑥ ⑦ ⑧ ⑨ ⓪
氏名		

1-ア	−	±	0	1	2	3	4	5	6	7	8	9	a	b	c	d
1-イ	−	±	0	1	2	3	4	5	6	7	8	9	a	b	c	d
1-ウ	−	±	0	1	2	3	4	5	6	7	8	9	a	b	c	d
1-エ	−	±	0	1	2	3	4	5	6	7	8	9	a	b	c	d
1-オ	−	±	0	1	2	3	4	5	6	7	8	9	a	b	c	d
1-カ	−	±	0	1	2	3	4	5	6	7	8	9	a	b	c	d
1-キ	−	±	0	1	2	3	4	5	6	7	8	9	a	b	c	d
1-ク	−	±	0	1	2	3	4	5	6	7	8	9	a	b	c	d
1-ケ	−	±	0	1	2	3	4	5	6	7	8	9	a	b	c	d
1-コ	−	±	0	1	2	3	4	5	6	7	8	9	a	b	c	d
1-サ	−	±	0	1	2	3	4	5	6	7	8	9	a	b	c	d
1-シ	−	±	0	1	2	3	4	5	6	7	8	9	a	b	c	d
1-ス	−	±	0	1	2	3	4	5	6	7	8	9	a	b	c	d
1-セ	−	±	0	1	2	3	4	5	6	7	8	9	a	b	c	d
1-ソ	−	±	0	1	2	3	4	5	6	7	8	9	a	b	c	d
1-タ	−	±	0	1	2	3	4	5	6	7	8	9	a	b	c	d
1-チ	−	±	0	1	2	3	4	5	6	7	8	9	a	b	c	d
1-ツ	−	±	0	1	2	3	4	5	6	7	8	9	a	b	c	d
1-テ	−	±	0	1	2	3	4	5	6	7	8	9	a	b	c	d
1-ト	−	±	0	1	2	3	4	5	6	7	8	9	a	b	c	d
1-ナ	−	±	0	1	2	3	4	5	6	7	8	9	a	b	c	d
1-ニ	−	±	0	1	2	3	4	5	6	7	8	9	a	b	c	d
1-ヌ	−	±	0	1	2	3	4	5	6	7	8	9	a	b	c	d
1-ネ	−	±	0	1	2	3	4	5	6	7	8	9	a	b	c	d
1-ノ	−	±	0	1	2	3	4	5	6	7	8	9	a	b	c	d
	−	±	0	1	2	3	4	5	6	7	8	9	a	b	c	d
	−	±	0	1	2	3	4	5	6	7	8	9	a	b	c	d
	−	±	0	1	2	3	4	5	6	7	8	9	a	b	c	d
	−	±	0	1	2	3	4	5	6	7	8	9	a	b	c	d
	−	±	0	1	2	3	4	5	6	7	8	9	a	b	c	d

2-ア	−	±	0	1	2	3	4	5	6	7	8	9	a	b	c	d
2-イ	−	±	0	1	2	3	4	5	6	7	8	9	a	b	c	d
2-ウ	−	±	0	1	2	3	4	5	6	7	8	9	a	b	c	d
2-エ	−	±	0	1	2	3	4	5	6	7	8	9	a	b	c	d
2-オ	−	±	0	1	2	3	4	5	6	7	8	9	a	b	c	d
2-カ	−	±	0	1	2	3	4	5	6	7	8	9	a	b	c	d
2-キ	−	±	0	1	2	3	4	5	6	7	8	9	a	b	c	d
2-ク	−	±	0	1	2	3	4	5	6	7	8	9	a	b	c	d
2-ケ	−	±	0	1	2	3	4	5	6	7	8	9	a	b	c	d
2-コ	−	±	0	1	2	3	4	5	6	7	8	9	a	b	c	d
3-ア	−	±	0	1	2	3	4	5	6	7	8	9	a	b	c	d
3-イ	−	±	0	1	2	3	4	5	6	7	8	9	a	b	c	d
3-ウ	−	±	0	1	2	3	4	5	6	7	8	9	a	b	c	d
3-エ	−	±	0	1	2	3	4	5	6	7	8	9	a	b	c	d
3-オ	−	±	0	1	2	3	4	5	6	7	8	9	a	b	c	d
3-カ	−	±	0	1	2	3	4	5	6	7	8	9	a	b	c	d
3-キ	−	±	0	1	2	3	4	5	6	7	8	9	a	b	c	d
3-ク	−	±	0	1	2	3	4	5	6	7	8	9	a	b	c	d
4-ア	−	±	0	1	2	3	4	5	6	7	8	9	a	b	c	d
4-イ	−	±	0	1	2	3	4	5	6	7	8	9	a	b	c	d
4-ウ	−	±	0	1	2	3	4	5	6	7	8	9	a	b	c	d
4-エ	−	±	0	1	2	3	4	5	6	7	8	9	a	b	c	d
4-オ	−	±	0	1	2	3	4	5	6	7	8	9	a	b	c	d
4-カ	−	±	0	1	2	3	4	5	6	7	8	9	a	b	c	d
4-キ	−	±	0	1	2	3	4	5	6	7	8	9	a	b	c	d
4-ク	−	±	0	1	2	3	4	5	6	7	8	9	a	b	c	d
	−	±	0	1	2	3	4	5	6	7	8	9	a	b	c	d
	−	±	0	1	2	3	4	5	6	7	8	9	a	b	c	d
	−	±	0	1	2	3	4	5	6	7	8	9	a	b	c	d
	−	±	0	1	2	3	4	5	6	7	8	9	a	b	c	d

（注）この解答用紙は実物を縮小してあります。B４用紙に130％拡大コピーすると、ほぼ実物大で使用できます。（タイトルと配点表は含みません）

学校配点		計
	1 (1)〜(5)　各４点×５　(6), (7)　各５点×２ (8)　４点　(9), (10)　各５点×２ 2　各５点×４ 3　(1)　５点　(2)　６点　(3)　７点 4　(1)　５点　(2)　６点　(3)　７点	100点

二〇二三年度　　昌平高等学校

国語解答用紙

評点	／100

番号		① ② ③ ④ ⑤ ⑥ ⑦ ⑧ ⑨ ⓪
		① ② ③ ④ ⑤ ⑥ ⑦ ⑧ ⑨ ⓪
		① ② ③ ④ ⑤ ⑥ ⑦ ⑧ ⑨ ⓪
		① ② ③ ④ ⑤ ⑥ ⑦ ⑧ ⑨ ⓪
		① ② ③ ④ ⑤ ⑥ ⑦ ⑧ ⑨ ⓪
氏名		

● ● ● ● ● ● ● ● ● ●

1	①	②	③	④	⑤	⑥	⑦	⑧	⑨	26	①	②	③	④	⑤	⑥	⑦	⑧	⑨	51	①	②	③	④	⑤	⑥	⑦	⑧	⑨
2	①	②	③	④	⑤	⑥	⑦	⑧	⑨	27	①	②	③	④	⑤	⑥	⑦	⑧	⑨	52	①	②	③	④	⑤	⑥	⑦	⑧	⑨
3	①	②	③	④	⑤	⑥	⑦	⑧	⑨	28	①	②	③	④	⑤	⑥	⑦	⑧	⑨	53	①	②	③	④	⑤	⑥	⑦	⑧	⑨
4	①	②	③	④	⑤	⑥	⑦	⑧	⑨	29	①	②	③	④	⑤	⑥	⑦	⑧	⑨	54	①	②	③	④	⑤	⑥	⑦	⑧	⑨
5	①	②	③	④	⑤	⑥	⑦	⑧	⑨	30	①	②	③	④	⑤	⑥	⑦	⑧	⑨	55	①	②	③	④	⑤	⑥	⑦	⑧	⑨
6	①	②	③	④	⑤	⑥	⑦	⑧	⑨	31	①	②	③	④	⑤	⑥	⑦	⑧	⑨	56	①	②	③	④	⑤	⑥	⑦	⑧	⑨
7	①	②	③	④	⑤	⑥	⑦	⑧	⑨	32	①	②	③	④	⑤	⑥	⑦	⑧	⑨	57	①	②	③	④	⑤	⑥	⑦	⑧	⑨
8	①	②	③	④	⑤	⑥	⑦	⑧	⑨	33	①	②	③	④	⑤	⑥	⑦	⑧	⑨	58	①	②	③	④	⑤	⑥	⑦	⑧	⑨
9	①	②	③	④	⑤	⑥	⑦	⑧	⑨	34	①	②	③	④	⑤	⑥	⑦	⑧	⑨	59	①	②	③	④	⑤	⑥	⑦	⑧	⑨
10	①	②	③	④	⑤	⑥	⑦	⑧	⑨	35	①	②	③	④	⑤	⑥	⑦	⑧	⑨	60	①	②	③	④	⑤	⑥	⑦	⑧	⑨
11	①	②	③	④	⑤	⑥	⑦	⑧	⑨	36	①	②	③	④	⑤	⑥	⑦	⑧	⑨	61	①	②	③	④	⑤	⑥	⑦	⑧	⑨
12	①	②	③	④	⑤	⑥	⑦	⑧	⑨	37	①	②	③	④	⑤	⑥	⑦	⑧	⑨	62	①	②	③	④	⑤	⑥	⑦	⑧	⑨
13	①	②	③	④	⑤	⑥	⑦	⑧	⑨	38	①	②	③	④	⑤	⑥	⑦	⑧	⑨	63	①	②	③	④	⑤	⑥	⑦	⑧	⑨
14	①	②	③	④	⑤	⑥	⑦	⑧	⑨	39	①	②	③	④	⑤	⑥	⑦	⑧	⑨	64	①	②	③	④	⑤	⑥	⑦	⑧	⑨
15	①	②	③	④	⑤	⑥	⑦	⑧	⑨	40	①	②	③	④	⑤	⑥	⑦	⑧	⑨	65	①	②	③	④	⑤	⑥	⑦	⑧	⑨
16	①	②	③	④	⑤	⑥	⑦	⑧	⑨	41	①	②	③	④	⑤	⑥	⑦	⑧	⑨	66	①	②	③	④	⑤	⑥	⑦	⑧	⑨
17	①	②	③	④	⑤	⑥	⑦	⑧	⑨	42	①	②	③	④	⑤	⑥	⑦	⑧	⑨	67	①	②	③	④	⑤	⑥	⑦	⑧	⑨
18	①	②	③	④	⑤	⑥	⑦	⑧	⑨	43	①	②	③	④	⑤	⑥	⑦	⑧	⑨	68	①	②	③	④	⑤	⑥	⑦	⑧	⑨
19	①	②	③	④	⑤	⑥	⑦	⑧	⑨	44	①	②	③	④	⑤	⑥	⑦	⑧	⑨	69	①	②	③	④	⑤	⑥	⑦	⑧	⑨
20	①	②	③	④	⑤	⑥	⑦	⑧	⑨	45	①	②	③	④	⑤	⑥	⑦	⑧	⑨	70	①	②	③	④	⑤	⑥	⑦	⑧	⑨
21	①	②	③	④	⑤	⑥	⑦	⑧	⑨	46	①	②	③	④	⑤	⑥	⑦	⑧	⑨	71	①	②	③	④	⑤	⑥	⑦	⑧	⑨
22	①	②	③	④	⑤	⑥	⑦	⑧	⑨	47	①	②	③	④	⑤	⑥	⑦	⑧	⑨	72	①	②	③	④	⑤	⑥	⑦	⑧	⑨
23	①	②	③	④	⑤	⑥	⑦	⑧	⑨	48	①	②	③	④	⑤	⑥	⑦	⑧	⑨	73	①	②	③	④	⑤	⑥	⑦	⑧	⑨
24	①	②	③	④	⑤	⑥	⑦	⑧	⑨	49	①	②	③	④	⑤	⑥	⑦	⑧	⑨	74	①	②	③	④	⑤	⑥	⑦	⑧	⑨
25	①	②	③	④	⑤	⑥	⑦	⑧	⑨	50	①	②	③	④	⑤	⑥	⑦	⑧	⑨	75	①	②	③	④	⑤	⑥	⑦	⑧	⑨

（注）この解答用紙は実物を縮小してあります。B4用紙に128%拡大コピーすると、ほぼ実物大で使用できます。（タイトルと配点表は含みません）

学校配点		計
	一　各３点×11　　二，三　各２点×12 四　問１　各２点×３　問２～問７　各３点×７ 五　問１，問２　各２点×２　問３～問６　各３点×４	100点

2023年度　昌平高等学校　特別進学

社会解答用紙

番号		氏名		評点	／100

番号		①②③④⑤⑥⑦⑧⑨⓪
		①②③④⑤⑥⑦⑧⑨⓪
		①②③④⑤⑥⑦⑧⑨⓪
		①②③④⑤⑥⑦⑧⑨⓪
		①②③④⑤⑥⑦⑧⑨⓪
氏名		

1	①②③④⑤⑥⑦⑧⑨	26	①②③④⑤⑥⑦⑧⑨	51	①②③④⑤⑥⑦⑧⑨
2	①②③④⑤⑥⑦⑧⑨	27	①②③④⑤⑥⑦⑧⑨	52	①②③④⑤⑥⑦⑧⑨
3	①②③④⑤⑥⑦⑧⑨	28	①②③④⑤⑥⑦⑧⑨	53	①②③④⑤⑥⑦⑧⑨
4	①②③④⑤⑥⑦⑧⑨	29	①②③④⑤⑥⑦⑧⑨	54	①②③④⑤⑥⑦⑧⑨
5	①②③④⑤⑥⑦⑧⑨	30	①②③④⑤⑥⑦⑧⑨	55	①②③④⑤⑥⑦⑧⑨
6	①②③④⑤⑥⑦⑧⑨	31	①②③④⑤⑥⑦⑧⑨	56	①②③④⑤⑥⑦⑧⑨
7	①②③④⑤⑥⑦⑧⑨	32	①②③④⑤⑥⑦⑧⑨	57	①②③④⑤⑥⑦⑧⑨
8	①②③④⑤⑥⑦⑧⑨	33	①②③④⑤⑥⑦⑧⑨	58	①②③④⑤⑥⑦⑧⑨
9	①②③④⑤⑥⑦⑧⑨	34	①②③④⑤⑥⑦⑧⑨	59	①②③④⑤⑥⑦⑧⑨
10	①②③④⑤⑥⑦⑧⑨	35	①②③④⑤⑥⑦⑧⑨	60	①②③④⑤⑥⑦⑧⑨
11	①②③④⑤⑥⑦⑧⑨	36	①②③④⑤⑥⑦⑧⑨	61	①②③④⑤⑥⑦⑧⑨
12	①②③④⑤⑥⑦⑧⑨	37	①②③④⑤⑥⑦⑧⑨	62	①②③④⑤⑥⑦⑧⑨
13	①②③④⑤⑥⑦⑧⑨	38	①②③④⑤⑥⑦⑧⑨	63	①②③④⑤⑥⑦⑧⑨
14	①②③④⑤⑥⑦⑧⑨	39	①②③④⑤⑥⑦⑧⑨	64	①②③④⑤⑥⑦⑧⑨
15	①②③④⑤⑥⑦⑧⑨	40	①②③④⑤⑥⑦⑧⑨	65	①②③④⑤⑥⑦⑧⑨
16	①②③④⑤⑥⑦⑧⑨	41	①②③④⑤⑥⑦⑧⑨	66	①②③④⑤⑥⑦⑧⑨
17	①②③④⑤⑥⑦⑧⑨	42	①②③④⑤⑥⑦⑧⑨	67	①②③④⑤⑥⑦⑧⑨
18	①②③④⑤⑥⑦⑧⑨	43	①②③④⑤⑥⑦⑧⑨	68	①②③④⑤⑥⑦⑧⑨
19	①②③④⑤⑥⑦⑧⑨	44	①②③④⑤⑥⑦⑧⑨	69	①②③④⑤⑥⑦⑧⑨
20	①②③④⑤⑥⑦⑧⑨	45	①②③④⑤⑥⑦⑧⑨	70	①②③④⑤⑥⑦⑧⑨
21	①②③④⑤⑥⑦⑧⑨	46	①②③④⑤⑥⑦⑧⑨	71	①②③④⑤⑥⑦⑧⑨
22	①②③④⑤⑥⑦⑧⑨	47	①②③④⑤⑥⑦⑧⑨	72	①②③④⑤⑥⑦⑧⑨
23	①②③④⑤⑥⑦⑧⑨	48	①②③④⑤⑥⑦⑧⑨	73	①②③④⑤⑥⑦⑧⑨
24	①②③④⑤⑥⑦⑧⑨	49	①②③④⑤⑥⑦⑧⑨	74	①②③④⑤⑥⑦⑧⑨
25	①②③④⑤⑥⑦⑧⑨	50	①②③④⑤⑥⑦⑧⑨	75	①②③④⑤⑥⑦⑧⑨

（注）この解答用紙は実物を縮小してあります。B４用紙に128％拡大コピーすると、ほぼ実物大で使用できます。（タイトルと配点表は含みません）

学校配点		計
	1〜5　各３点×28　6　問１〜問３　各３点×４　問４　４点	100点

２０２３年度　昌平高等学校　特別進学

理科解答用紙

番号		氏名		評点	／100

番号		① ② ③ ④ ⑤ ⑥ ⑦ ⑧ ⑨ ⓪
		① ② ③ ④ ⑤ ⑥ ⑦ ⑧ ⑨ ⓪
		① ② ③ ④ ⑤ ⑥ ⑦ ⑧ ⑨ ⓪
		① ② ③ ④ ⑤ ⑥ ⑦ ⑧ ⑨ ⓪
		① ② ③ ④ ⑤ ⑥ ⑦ ⑧ ⑨ ⓪
氏名		

●●●●●●●●●●

1	① ② ③ ④ ⑤ ⑥ ⑦ ⑧ ⑨	26	① ② ③ ④ ⑤ ⑥ ⑦ ⑧ ⑨	51	① ② ③ ④ ⑤ ⑥ ⑦ ⑧ ⑨
2	① ② ③ ④ ⑤ ⑥ ⑦ ⑧ ⑨	27	① ② ③ ④ ⑤ ⑥ ⑦ ⑧ ⑨	52	① ② ③ ④ ⑤ ⑥ ⑦ ⑧ ⑨
3	① ② ③ ④ ⑤ ⑥ ⑦ ⑧ ⑨	28	① ② ③ ④ ⑤ ⑥ ⑦ ⑧ ⑨	53	① ② ③ ④ ⑤ ⑥ ⑦ ⑧ ⑨
4	① ② ③ ④ ⑤ ⑥ ⑦ ⑧ ⑨	29	① ② ③ ④ ⑤ ⑥ ⑦ ⑧ ⑨	54	① ② ③ ④ ⑤ ⑥ ⑦ ⑧ ⑨
5	① ② ③ ④ ⑤ ⑥ ⑦ ⑧ ⑨	30	① ② ③ ④ ⑤ ⑥ ⑦ ⑧ ⑨	55	① ② ③ ④ ⑤ ⑥ ⑦ ⑧ ⑨
6	① ② ③ ④ ⑤ ⑥ ⑦ ⑧ ⑨	31	① ② ③ ④ ⑤ ⑥ ⑦ ⑧ ⑨	56	① ② ③ ④ ⑤ ⑥ ⑦ ⑧ ⑨
7	① ② ③ ④ ⑤ ⑥ ⑦ ⑧ ⑨	32	① ② ③ ④ ⑤ ⑥ ⑦ ⑧ ⑨	57	① ② ③ ④ ⑤ ⑥ ⑦ ⑧ ⑨
8	① ② ③ ④ ⑤ ⑥ ⑦ ⑧ ⑨	33	① ② ③ ④ ⑤ ⑥ ⑦ ⑧ ⑨	58	① ② ③ ④ ⑤ ⑥ ⑦ ⑧ ⑨
9	① ② ③ ④ ⑤ ⑥ ⑦ ⑧ ⑨	34	① ② ③ ④ ⑤ ⑥ ⑦ ⑧ ⑨	59	① ② ③ ④ ⑤ ⑥ ⑦ ⑧ ⑨
10	① ② ③ ④ ⑤ ⑥ ⑦ ⑧ ⑨	35	① ② ③ ④ ⑤ ⑥ ⑦ ⑧ ⑨	60	① ② ③ ④ ⑤ ⑥ ⑦ ⑧ ⑨
11	① ② ③ ④ ⑤ ⑥ ⑦ ⑧ ⑨	36	① ② ③ ④ ⑤ ⑥ ⑦ ⑧ ⑨	61	① ② ③ ④ ⑤ ⑥ ⑦ ⑧ ⑨
12	① ② ③ ④ ⑤ ⑥ ⑦ ⑧ ⑨	37	① ② ③ ④ ⑤ ⑥ ⑦ ⑧ ⑨	62	① ② ③ ④ ⑤ ⑥ ⑦ ⑧ ⑨
13	① ② ③ ④ ⑤ ⑥ ⑦ ⑧ ⑨	38	① ② ③ ④ ⑤ ⑥ ⑦ ⑧ ⑨	63	① ② ③ ④ ⑤ ⑥ ⑦ ⑧ ⑨
14	① ② ③ ④ ⑤ ⑥ ⑦ ⑧ ⑨	39	① ② ③ ④ ⑤ ⑥ ⑦ ⑧ ⑨	64	① ② ③ ④ ⑤ ⑥ ⑦ ⑧ ⑨
15	① ② ③ ④ ⑤ ⑥ ⑦ ⑧ ⑨	40	① ② ③ ④ ⑤ ⑥ ⑦ ⑧ ⑨	65	① ② ③ ④ ⑤ ⑥ ⑦ ⑧ ⑨
16	① ② ③ ④ ⑤ ⑥ ⑦ ⑧ ⑨	41	① ② ③ ④ ⑤ ⑥ ⑦ ⑧ ⑨	66	① ② ③ ④ ⑤ ⑥ ⑦ ⑧ ⑨
17	① ② ③ ④ ⑤ ⑥ ⑦ ⑧ ⑨	42	① ② ③ ④ ⑤ ⑥ ⑦ ⑧ ⑨	67	① ② ③ ④ ⑤ ⑥ ⑦ ⑧ ⑨
18	① ② ③ ④ ⑤ ⑥ ⑦ ⑧ ⑨	43	① ② ③ ④ ⑤ ⑥ ⑦ ⑧ ⑨	68	① ② ③ ④ ⑤ ⑥ ⑦ ⑧ ⑨
19	① ② ③ ④ ⑤ ⑥ ⑦ ⑧ ⑨	44	① ② ③ ④ ⑤ ⑥ ⑦ ⑧ ⑨	69	① ② ③ ④ ⑤ ⑥ ⑦ ⑧ ⑨
20	① ② ③ ④ ⑤ ⑥ ⑦ ⑧ ⑨	45	① ② ③ ④ ⑤ ⑥ ⑦ ⑧ ⑨	70	① ② ③ ④ ⑤ ⑥ ⑦ ⑧ ⑨
21	① ② ③ ④ ⑤ ⑥ ⑦ ⑧ ⑨	46	① ② ③ ④ ⑤ ⑥ ⑦ ⑧ ⑨	71	① ② ③ ④ ⑤ ⑥ ⑦ ⑧ ⑨
22	① ② ③ ④ ⑤ ⑥ ⑦ ⑧ ⑨	47	① ② ③ ④ ⑤ ⑥ ⑦ ⑧ ⑨	72	① ② ③ ④ ⑤ ⑥ ⑦ ⑧ ⑨
23	① ② ③ ④ ⑤ ⑥ ⑦ ⑧ ⑨	48	① ② ③ ④ ⑤ ⑥ ⑦ ⑧ ⑨	73	① ② ③ ④ ⑤ ⑥ ⑦ ⑧ ⑨
24	① ② ③ ④ ⑤ ⑥ ⑦ ⑧ ⑨	49	① ② ③ ④ ⑤ ⑥ ⑦ ⑧ ⑨	74	① ② ③ ④ ⑤ ⑥ ⑦ ⑧ ⑨
25	① ② ③ ④ ⑤ ⑥ ⑦ ⑧ ⑨	50	① ② ③ ④ ⑤ ⑥ ⑦ ⑧ ⑨	75	① ② ③ ④ ⑤ ⑥ ⑦ ⑧ ⑨

（注）この解答用紙は実物を縮小してあります。Ｂ４用紙に128％拡大コピーすると、ほぼ実物大で使用できます。（タイトルと配点表は含みません）

学校配点	1　問１～問４　各２点×４　問５～問８　各３点×４ 2　問１～問４　各３点×４　問５，問６　各４点×２ 3　問１～問４　各３点×４　問５，問６　各４点×２ 4　問１～問４　各３点×４　問５，問６　各４点×２ 5　問１～問４　各３点×４　問５，問６　各４点×２	計 100点

２０２２年度　昌平高等学校

英語解答用紙

評点	／100

回答欄の ○ を鉛筆やボールペンなどで塗りつぶしてください。［可：●、◐／ 不可：⊗、⊘、◎、◍］

番号		① ② ③ ④ ⑤ ⑥ ⑦ ⑧ ⑨ ⓪
		① ② ③ ④ ⑤ ⑥ ⑦ ⑧ ⑨ ⓪
		① ② ③ ④ ⑤ ⑥ ⑦ ⑧ ⑨ ⓪
		① ② ③ ④ ⑤ ⑥ ⑦ ⑧ ⑨ ⓪
		① ② ③ ④ ⑤ ⑥ ⑦ ⑧ ⑨ ⓪
氏名		

1	① ② ③ ④ ⑤ ⑥ ⑦ ⑧ ⑨	26	① ② ③ ④ ⑤ ⑥ ⑦ ⑧ ⑨	51	① ② ③ ④ ⑤ ⑥ ⑦ ⑧ ⑨
2	① ② ③ ④ ⑤ ⑥ ⑦ ⑧ ⑨	27	① ② ③ ④ ⑤ ⑥ ⑦ ⑧ ⑨	52	① ② ③ ④ ⑤ ⑥ ⑦ ⑧ ⑨
3	① ② ③ ④ ⑤ ⑥ ⑦ ⑧ ⑨	28	① ② ③ ④ ⑤ ⑥ ⑦ ⑧ ⑨	53	① ② ③ ④ ⑤ ⑥ ⑦ ⑧ ⑨
4	① ② ③ ④ ⑤ ⑥ ⑦ ⑧ ⑨	29	① ② ③ ④ ⑤ ⑥ ⑦ ⑧ ⑨	54	① ② ③ ④ ⑤ ⑥ ⑦ ⑧ ⑨
5	① ② ③ ④ ⑤ ⑥ ⑦ ⑧ ⑨	30	① ② ③ ④ ⑤ ⑥ ⑦ ⑧ ⑨	55	① ② ③ ④ ⑤ ⑥ ⑦ ⑧ ⑨
6	① ② ③ ④ ⑤ ⑥ ⑦ ⑧ ⑨	31	① ② ③ ④ ⑤ ⑥ ⑦ ⑧ ⑨	56	① ② ③ ④ ⑤ ⑥ ⑦ ⑧ ⑨
7	① ② ③ ④ ⑤ ⑥ ⑦ ⑧ ⑨	32	① ② ③ ④ ⑤ ⑥ ⑦ ⑧ ⑨	57	① ② ③ ④ ⑤ ⑥ ⑦ ⑧ ⑨
8	① ② ③ ④ ⑤ ⑥ ⑦ ⑧ ⑨	33	① ② ③ ④ ⑤ ⑥ ⑦ ⑧ ⑨	58	① ② ③ ④ ⑤ ⑥ ⑦ ⑧ ⑨
9	① ② ③ ④ ⑤ ⑥ ⑦ ⑧ ⑨	34	① ② ③ ④ ⑤ ⑥ ⑦ ⑧ ⑨	59	① ② ③ ④ ⑤ ⑥ ⑦ ⑧ ⑨
10	① ② ③ ④ ⑤ ⑥ ⑦ ⑧ ⑨	35	① ② ③ ④ ⑤ ⑥ ⑦ ⑧ ⑨	60	① ② ③ ④ ⑤ ⑥ ⑦ ⑧ ⑨
11	① ② ③ ④ ⑤ ⑥ ⑦ ⑧ ⑨	36	① ② ③ ④ ⑤ ⑥ ⑦ ⑧ ⑨	61	① ② ③ ④ ⑤ ⑥ ⑦ ⑧ ⑨
12	① ② ③ ④ ⑤ ⑥ ⑦ ⑧ ⑨	37	① ② ③ ④ ⑤ ⑥ ⑦ ⑧ ⑨	62	① ② ③ ④ ⑤ ⑥ ⑦ ⑧ ⑨
13	① ② ③ ④ ⑤ ⑥ ⑦ ⑧ ⑨	38	① ② ③ ④ ⑤ ⑥ ⑦ ⑧ ⑨	63	① ② ③ ④ ⑤ ⑥ ⑦ ⑧ ⑨
14	① ② ③ ④ ⑤ ⑥ ⑦ ⑧ ⑨	39	① ② ③ ④ ⑤ ⑥ ⑦ ⑧ ⑨	64	① ② ③ ④ ⑤ ⑥ ⑦ ⑧ ⑨
15	① ② ③ ④ ⑤ ⑥ ⑦ ⑧ ⑨	40	① ② ③ ④ ⑤ ⑥ ⑦ ⑧ ⑨	65	① ② ③ ④ ⑤ ⑥ ⑦ ⑧ ⑨
16	① ② ③ ④ ⑤ ⑥ ⑦ ⑧ ⑨	41	① ② ③ ④ ⑤ ⑥ ⑦ ⑧ ⑨	66	① ② ③ ④ ⑤ ⑥ ⑦ ⑧ ⑨
17	① ② ③ ④ ⑤ ⑥ ⑦ ⑧ ⑨	42	① ② ③ ④ ⑤ ⑥ ⑦ ⑧ ⑨	67	① ② ③ ④ ⑤ ⑥ ⑦ ⑧ ⑨
18	① ② ③ ④ ⑤ ⑥ ⑦ ⑧ ⑨	43	① ② ③ ④ ⑤ ⑥ ⑦ ⑧ ⑨	68	① ② ③ ④ ⑤ ⑥ ⑦ ⑧ ⑨
19	① ② ③ ④ ⑤ ⑥ ⑦ ⑧ ⑨	44	① ② ③ ④ ⑤ ⑥ ⑦ ⑧ ⑨	69	① ② ③ ④ ⑤ ⑥ ⑦ ⑧ ⑨
20	① ② ③ ④ ⑤ ⑥ ⑦ ⑧ ⑨	45	① ② ③ ④ ⑤ ⑥ ⑦ ⑧ ⑨	70	① ② ③ ④ ⑤ ⑥ ⑦ ⑧ ⑨
21	① ② ③ ④ ⑤ ⑥ ⑦ ⑧ ⑨	46	① ② ③ ④ ⑤ ⑥ ⑦ ⑧ ⑨	71	① ② ③ ④ ⑤ ⑥ ⑦ ⑧ ⑨
22	① ② ③ ④ ⑤ ⑥ ⑦ ⑧ ⑨	47	① ② ③ ④ ⑤ ⑥ ⑦ ⑧ ⑨	72	① ② ③ ④ ⑤ ⑥ ⑦ ⑧ ⑨
23	① ② ③ ④ ⑤ ⑥ ⑦ ⑧ ⑨	48	① ② ③ ④ ⑤ ⑥ ⑦ ⑧ ⑨	73	① ② ③ ④ ⑤ ⑥ ⑦ ⑧ ⑨
24	① ② ③ ④ ⑤ ⑥ ⑦ ⑧ ⑨	49	① ② ③ ④ ⑤ ⑥ ⑦ ⑧ ⑨	74	① ② ③ ④ ⑤ ⑥ ⑦ ⑧ ⑨
25	① ② ③ ④ ⑤ ⑥ ⑦ ⑧ ⑨	50	① ② ③ ④ ⑤ ⑥ ⑦ ⑧ ⑨	75	① ② ③ ④ ⑤ ⑥ ⑦ ⑧ ⑨

（注）この解答用紙は実物を縮小してあります。Ｂ４用紙に132％拡大コピーすると、ほぼ実物大で使用できます。（タイトルと配点表は含みません）

学校配点		計
	1 No. 1～No. 5　各２点×５　No. 6，No. 7　各３点×６ 2，3　各３点×20〔2問３，3問４はそれぞれ完答〕 4　各４点×３	100点

2022年度　昌平高等学校

数学解答用紙

評点	／100

回答欄の ○ を鉛筆やボールペンなどで塗りつぶしてください。[可：●, ● ／ 不可：Ø, Ø, ◎, ●]

番号		① ② ③ ④ ⑤ ⑥ ⑦ ⑧ ⑨ ⓪
		① ② ③ ④ ⑤ ⑥ ⑦ ⑧ ⑨ ⓪
		① ② ③ ④ ⑤ ⑥ ⑦ ⑧ ⑨ ⓪
		① ② ③ ④ ⑤ ⑥ ⑦ ⑧ ⑨ ⓪
		① ② ③ ④ ⑤ ⑥ ⑦ ⑧ ⑨ ⓪
氏名		

● ● ● ● ● ● ● ● ● ●

1-ア	−	±	0	1	2	3	4	5	6	7	8	9	a	b	c	d
1-イ	−	±	0	1	2	3	4	5	6	7	8	9	a	b	c	d
1-ウ	−	±	0	1	2	3	4	5	6	7	8	9	a	b	c	d
1-エ	−	±	0	1	2	3	4	5	6	7	8	9	a	b	c	d
1-オ	−	±	0	1	2	3	4	5	6	7	8	9	a	b	c	d
1-カ	−	±	0	1	2	3	4	5	6	7	8	9	a	b	c	d
1-キ	−	±	0	1	2	3	4	5	6	7	8	9	a	b	c	d
1-ク	−	±	0	1	2	3	4	5	6	7	8	9	a	b	c	d
1-ケ	−	±	0	1	2	3	4	5	6	7	8	9	a	b	c	d
1-コ	−	±	0	1	2	3	4	5	6	7	8	9	a	b	c	d
1-サ	−	±	0	1	2	3	4	5	6	7	8	9	a	b	c	d
1-シ	−	±	0	1	2	3	4	5	6	7	8	9	a	b	c	d
1-ス	−	±	0	1	2	3	4	5	6	7	8	9	a	b	c	d
1-セ	−	±	0	1	2	3	4	5	6	7	8	9	a	b	c	d
1-ソ	−	±	0	1	2	3	4	5	6	7	8	9	a	b	c	d
1-タ	−	±	0	1	2	3	4	5	6	7	8	9	a	b	c	d
1-チ	−	±	0	1	2	3	4	5	6	7	8	9	a	b	c	d
1-ツ	−	±	0	1	2	3	4	5	6	7	8	9	a	b	c	d
1-テ	−	±	0	1	2	3	4	5	6	7	8	9	a	b	c	d
2-ア	−	±	0	1	2	3	4	5	6	7	8	9	a	b	c	d
2-イ	−	±	0	1	2	3	4	5	6	7	8	9	a	b	c	d
2-ウ	−	±	0	1	2	3	4	5	6	7	8	9	a	b	c	d
2-エ	−	±	0	1	2	3	4	5	6	7	8	9	a	b	c	d
2-オ	−	±	0	1	2	3	4	5	6	7	8	9	a	b	c	d
2-カ	−	±	0	1	2	3	4	5	6	7	8	9	a	b	c	d
2-キ	−	±	0	1	2	3	4	5	6	7	8	9	a	b	c	d
2-ク	−	±	0	1	2	3	4	5	6	7	8	9	a	b	c	d
	−	±	0	1	2	3	4	5	6	7	8	9	a	b	c	d
	−	±	0	1	2	3	4	5	6	7	8	9	a	b	c	d
	−	±	0	1	2	3	4	5	6	7	8	9	a	b	c	d

3-ア	−	±	0	1	2	3	4	5	6	7	8	9	a	b	c	d
3-イ	−	±	0	1	2	3	4	5	6	7	8	9	a	b	c	d
3-ウ	−	±	0	1	2	3	4	5	6	7	8	9	a	b	c	d
3-エ	−	±	0	1	2	3	4	5	6	7	8	9	a	b	c	d
3-オ	−	±	0	1	2	3	4	5	6	7	8	9	a	b	c	d
4-ア	−	±	0	1	2	3	4	5	6	7	8	9	a	b	c	d
4-イ	−	±	0	1	2	3	4	5	6	7	8	9	a	b	c	d
4-ウ	−	±	0	1	2	3	4	5	6	7	8	9	a	b	c	d
4-エ	−	±	0	1	2	3	4	5	6	7	8	9	a	b	c	d
4-オ	−	±	0	1	2	3	4	5	6	7	8	9	a	b	c	d
4-カ	−	±	0	1	2	3	4	5	6	7	8	9	a	b	c	d
4-キ	−	±	0	1	2	3	4	5	6	7	8	9	a	b	c	d
	−	±	0	1	2	3	4	5	6	7	8	9	a	b	c	d
	−	±	0	1	2	3	4	5	6	7	8	9	a	b	c	d
	−	±	0	1	2	3	4	5	6	7	8	9	a	b	c	d
	−	±	0	1	2	3	4	5	6	7	8	9	a	b	c	d
	−	±	0	1	2	3	4	5	6	7	8	9	a	b	c	d
	−	±	0	1	2	3	4	5	6	7	8	9	a	b	c	d
	−	±	0	1	2	3	4	5	6	7	8	9	a	b	c	d
	−	±	0	1	2	3	4	5	6	7	8	9	a	b	c	d
	−	±	0	1	2	3	4	5	6	7	8	9	a	b	c	d
	−	±	0	1	2	3	4	5	6	7	8	9	a	b	c	d
	−	±	0	1	2	3	4	5	6	7	8	9	a	b	c	d
	−	±	0	1	2	3	4	5	6	7	8	9	a	b	c	d
	−	±	0	1	2	3	4	5	6	7	8	9	a	b	c	d
	−	±	0	1	2	3	4	5	6	7	8	9	a	b	c	d
	−	±	0	1	2	3	4	5	6	7	8	9	a	b	c	d
	−	±	0	1	2	3	4	5	6	7	8	9	a	b	c	d
	−	±	0	1	2	3	4	5	6	7	8	9	a	b	c	d
	−	±	0	1	2	3	4	5	6	7	8	9	a	b	c	d

（注）この解答用紙は実物を縮小してあります。B4用紙に133％拡大コピーすると、ほぼ実物大で使用できます。（タイトルと配点表は含みません）

学校配点		計
	1　(1)～(5)　各4点×5　(6), (7)　各5点×2　(8)　4点　(9), (10)　各5点×2	100点
	2　各5点×4	
	3　(1)　5点　(2)　6点　(3)　7点	
	4　(1)　5点　(2)　6点　(3)　7点	

二〇二二年度　　昌平高等学校

国語解答用紙

評点	／100

回答欄の ⓪ を鉛筆やボールペンなどで塗りつぶしてください。［可：●, ◐／ 不可：⊗, ⊘, ◎, ◍］

番号		① ② ③ ④ ⑤ ⑥ ⑦ ⑧ ⑨ ⓪
		① ② ③ ④ ⑤ ⑥ ⑦ ⑧ ⑨ ⓪
		① ② ③ ④ ⑤ ⑥ ⑦ ⑧ ⑨ ⓪
		① ② ③ ④ ⑤ ⑥ ⑦ ⑧ ⑨ ⓪
		① ② ③ ④ ⑤ ⑥ ⑦ ⑧ ⑨ ⓪
氏名		

1	①	②	③	④	⑤	⑥	⑦	⑧	⑨	26	①	②	③	④	⑤	⑥	⑦	⑧	⑨	51	①	②	③	④	⑤	⑥	⑦	⑧	⑨
2	①	②	③	④	⑤	⑥	⑦	⑧	⑨	27	①	②	③	④	⑤	⑥	⑦	⑧	⑨	52	①	②	③	④	⑤	⑥	⑦	⑧	⑨
3	①	②	③	④	⑤	⑥	⑦	⑧	⑨	28	①	②	③	④	⑤	⑥	⑦	⑧	⑨	53	①	②	③	④	⑤	⑥	⑦	⑧	⑨
4	①	②	③	④	⑤	⑥	⑦	⑧	⑨	29	①	②	③	④	⑤	⑥	⑦	⑧	⑨	54	①	②	③	④	⑤	⑥	⑦	⑧	⑨
5	①	②	③	④	⑤	⑥	⑦	⑧	⑨	30	①	②	③	④	⑤	⑥	⑦	⑧	⑨	55	①	②	③	④	⑤	⑥	⑦	⑧	⑨
6	①	②	③	④	⑤	⑥	⑦	⑧	⑨	31	①	②	③	④	⑤	⑥	⑦	⑧	⑨	56	①	②	③	④	⑤	⑥	⑦	⑧	⑨
7	①	②	③	④	⑤	⑥	⑦	⑧	⑨	32	①	②	③	④	⑤	⑥	⑦	⑧	⑨	57	①	②	③	④	⑤	⑥	⑦	⑧	⑨
8	①	②	③	④	⑤	⑥	⑦	⑧	⑨	33	①	②	③	④	⑤	⑥	⑦	⑧	⑨	58	①	②	③	④	⑤	⑥	⑦	⑧	⑨
9	①	②	③	④	⑤	⑥	⑦	⑧	⑨	34	①	②	③	④	⑤	⑥	⑦	⑧	⑨	59	①	②	③	④	⑤	⑥	⑦	⑧	⑨
10	①	②	③	④	⑤	⑥	⑦	⑧	⑨	35	①	②	③	④	⑤	⑥	⑦	⑧	⑨	60	①	②	③	④	⑤	⑥	⑦	⑧	⑨
11	①	②	③	④	⑤	⑥	⑦	⑧	⑨	36	①	②	③	④	⑤	⑥	⑦	⑧	⑨	61	①	②	③	④	⑤	⑥	⑦	⑧	⑨
12	①	②	③	④	⑤	⑥	⑦	⑧	⑨	37	①	②	③	④	⑤	⑥	⑦	⑧	⑨	62	①	②	③	④	⑤	⑥	⑦	⑧	⑨
13	①	②	③	④	⑤	⑥	⑦	⑧	⑨	38	①	②	③	④	⑤	⑥	⑦	⑧	⑨	63	①	②	③	④	⑤	⑥	⑦	⑧	⑨
14	①	②	③	④	⑤	⑥	⑦	⑧	⑨	39	①	②	③	④	⑤	⑥	⑦	⑧	⑨	64	①	②	③	④	⑤	⑥	⑦	⑧	⑨
15	①	②	③	④	⑤	⑥	⑦	⑧	⑨	40	①	②	③	④	⑤	⑥	⑦	⑧	⑨	65	①	②	③	④	⑤	⑥	⑦	⑧	⑨
16	①	②	③	④	⑤	⑥	⑦	⑧	⑨	41	①	②	③	④	⑤	⑥	⑦	⑧	⑨	66	①	②	③	④	⑤	⑥	⑦	⑧	⑨
17	①	②	③	④	⑤	⑥	⑦	⑧	⑨	42	①	②	③	④	⑤	⑥	⑦	⑧	⑨	67	①	②	③	④	⑤	⑥	⑦	⑧	⑨
18	①	②	③	④	⑤	⑥	⑦	⑧	⑨	43	①	②	③	④	⑤	⑥	⑦	⑧	⑨	68	①	②	③	④	⑤	⑥	⑦	⑧	⑨
19	①	②	③	④	⑤	⑥	⑦	⑧	⑨	44	①	②	③	④	⑤	⑥	⑦	⑧	⑨	69	①	②	③	④	⑤	⑥	⑦	⑧	⑨
20	①	②	③	④	⑤	⑥	⑦	⑧	⑨	45	①	②	③	④	⑤	⑥	⑦	⑧	⑨	70	①	②	③	④	⑤	⑥	⑦	⑧	⑨
21	①	②	③	④	⑤	⑥	⑦	⑧	⑨	46	①	②	③	④	⑤	⑥	⑦	⑧	⑨	71	①	②	③	④	⑤	⑥	⑦	⑧	⑨
22	①	②	③	④	⑤	⑥	⑦	⑧	⑨	47	①	②	③	④	⑤	⑥	⑦	⑧	⑨	72	①	②	③	④	⑤	⑥	⑦	⑧	⑨
23	①	②	③	④	⑤	⑥	⑦	⑧	⑨	48	①	②	③	④	⑤	⑥	⑦	⑧	⑨	73	①	②	③	④	⑤	⑥	⑦	⑧	⑨
24	①	②	③	④	⑤	⑥	⑦	⑧	⑨	49	①	②	③	④	⑤	⑥	⑦	⑧	⑨	74	①	②	③	④	⑤	⑥	⑦	⑧	⑨
25	①	②	③	④	⑤	⑥	⑦	⑧	⑨	50	①	②	③	④	⑤	⑥	⑦	⑧	⑨	75	①	②	③	④	⑤	⑥	⑦	⑧	⑨

（注）この解答用紙は実物を縮小してあります。B４用紙に132％拡大コピーすると、ほぼ実物大で使用できます。（タイトルと配点表は含みません）

学校配点		計
	一　問１　各１点×５　問２　各２点×２　問３　３点　問４　各２点×２　問５～問９　各３点×５　二, 三　各２点×12　四　問１, 問２　各２点×４　問３, 問４　各３点×２　問５　各２点×２　問６～問８　各３点×３　五　各３点×６	100点

２０２２年度　　昌平高等学校　特別進学

社会解答用紙

番号		氏名		評点	／100

回答欄の ⓪ を鉛筆やボールペンなどで塗りつぶしてください。［可：●、◗／ 不可：⊘、⊘、◎、◉］

番号		① ② ③ ④ ⑤ ⑥ ⑦ ⑧ ⑨ ⓪
		① ② ③ ④ ⑤ ⑥ ⑦ ⑧ ⑨ ⓪
		① ② ③ ④ ⑤ ⑥ ⑦ ⑧ ⑨ ⓪
		① ② ③ ④ ⑤ ⑥ ⑦ ⑧ ⑨ ⓪
		① ② ③ ④ ⑤ ⑥ ⑦ ⑧ ⑨ ⓪
氏名		

● ● ● ● ● ● ● ● ● ●

1	① ② ③ ④ ⑤ ⑥ ⑦ ⑧ ⑨	26	① ② ③ ④ ⑤ ⑥ ⑦ ⑧ ⑨	51	① ② ③ ④ ⑤ ⑥ ⑦ ⑧ ⑨
2	① ② ③ ④ ⑤ ⑥ ⑦ ⑧ ⑨	27	① ② ③ ④ ⑤ ⑥ ⑦ ⑧ ⑨	52	① ② ③ ④ ⑤ ⑥ ⑦ ⑧ ⑨
3	① ② ③ ④ ⑤ ⑥ ⑦ ⑧ ⑨	28	① ② ③ ④ ⑤ ⑥ ⑦ ⑧ ⑨	53	① ② ③ ④ ⑤ ⑥ ⑦ ⑧ ⑨
4	① ② ③ ④ ⑤ ⑥ ⑦ ⑧ ⑨	29	① ② ③ ④ ⑤ ⑥ ⑦ ⑧ ⑨	54	① ② ③ ④ ⑤ ⑥ ⑦ ⑧ ⑨
5	① ② ③ ④ ⑤ ⑥ ⑦ ⑧ ⑨	30	① ② ③ ④ ⑤ ⑥ ⑦ ⑧ ⑨	55	① ② ③ ④ ⑤ ⑥ ⑦ ⑧ ⑨
6	① ② ③ ④ ⑤ ⑥ ⑦ ⑧ ⑨	31	① ② ③ ④ ⑤ ⑥ ⑦ ⑧ ⑨	56	① ② ③ ④ ⑤ ⑥ ⑦ ⑧ ⑨
7	① ② ③ ④ ⑤ ⑥ ⑦ ⑧ ⑨	32	① ② ③ ④ ⑤ ⑥ ⑦ ⑧ ⑨	57	① ② ③ ④ ⑤ ⑥ ⑦ ⑧ ⑨
8	① ② ③ ④ ⑤ ⑥ ⑦ ⑧ ⑨	33	① ② ③ ④ ⑤ ⑥ ⑦ ⑧ ⑨	58	① ② ③ ④ ⑤ ⑥ ⑦ ⑧ ⑨
9	① ② ③ ④ ⑤ ⑥ ⑦ ⑧ ⑨	34	① ② ③ ④ ⑤ ⑥ ⑦ ⑧ ⑨	59	① ② ③ ④ ⑤ ⑥ ⑦ ⑧ ⑨
10	① ② ③ ④ ⑤ ⑥ ⑦ ⑧ ⑨	35	① ② ③ ④ ⑤ ⑥ ⑦ ⑧ ⑨	60	① ② ③ ④ ⑤ ⑥ ⑦ ⑧ ⑨
11	① ② ③ ④ ⑤ ⑥ ⑦ ⑧ ⑨	36	① ② ③ ④ ⑤ ⑥ ⑦ ⑧ ⑨	61	① ② ③ ④ ⑤ ⑥ ⑦ ⑧ ⑨
12	① ② ③ ④ ⑤ ⑥ ⑦ ⑧ ⑨	37	① ② ③ ④ ⑤ ⑥ ⑦ ⑧ ⑨	62	① ② ③ ④ ⑤ ⑥ ⑦ ⑧ ⑨
13	① ② ③ ④ ⑤ ⑥ ⑦ ⑧ ⑨	38	① ② ③ ④ ⑤ ⑥ ⑦ ⑧ ⑨	63	① ② ③ ④ ⑤ ⑥ ⑦ ⑧ ⑨
14	① ② ③ ④ ⑤ ⑥ ⑦ ⑧ ⑨	39	① ② ③ ④ ⑤ ⑥ ⑦ ⑧ ⑨	64	① ② ③ ④ ⑤ ⑥ ⑦ ⑧ ⑨
15	① ② ③ ④ ⑤ ⑥ ⑦ ⑧ ⑨	40	① ② ③ ④ ⑤ ⑥ ⑦ ⑧ ⑨	65	① ② ③ ④ ⑤ ⑥ ⑦ ⑧ ⑨
16	① ② ③ ④ ⑤ ⑥ ⑦ ⑧ ⑨	41	① ② ③ ④ ⑤ ⑥ ⑦ ⑧ ⑨	66	① ② ③ ④ ⑤ ⑥ ⑦ ⑧ ⑨
17	① ② ③ ④ ⑤ ⑥ ⑦ ⑧ ⑨	42	① ② ③ ④ ⑤ ⑥ ⑦ ⑧ ⑨	67	① ② ③ ④ ⑤ ⑥ ⑦ ⑧ ⑨
18	① ② ③ ④ ⑤ ⑥ ⑦ ⑧ ⑨	43	① ② ③ ④ ⑤ ⑥ ⑦ ⑧ ⑨	68	① ② ③ ④ ⑤ ⑥ ⑦ ⑧ ⑨
19	① ② ③ ④ ⑤ ⑥ ⑦ ⑧ ⑨	44	① ② ③ ④ ⑤ ⑥ ⑦ ⑧ ⑨	69	① ② ③ ④ ⑤ ⑥ ⑦ ⑧ ⑨
20	① ② ③ ④ ⑤ ⑥ ⑦ ⑧ ⑨	45	① ② ③ ④ ⑤ ⑥ ⑦ ⑧ ⑨	70	① ② ③ ④ ⑤ ⑥ ⑦ ⑧ ⑨
21	① ② ③ ④ ⑤ ⑥ ⑦ ⑧ ⑨	46	① ② ③ ④ ⑤ ⑥ ⑦ ⑧ ⑨	71	① ② ③ ④ ⑤ ⑥ ⑦ ⑧ ⑨
22	① ② ③ ④ ⑤ ⑥ ⑦ ⑧ ⑨	47	① ② ③ ④ ⑤ ⑥ ⑦ ⑧ ⑨	72	① ② ③ ④ ⑤ ⑥ ⑦ ⑧ ⑨
23	① ② ③ ④ ⑤ ⑥ ⑦ ⑧ ⑨	48	① ② ③ ④ ⑤ ⑥ ⑦ ⑧ ⑨	73	① ② ③ ④ ⑤ ⑥ ⑦ ⑧ ⑨
24	① ② ③ ④ ⑤ ⑥ ⑦ ⑧ ⑨	49	① ② ③ ④ ⑤ ⑥ ⑦ ⑧ ⑨	74	① ② ③ ④ ⑤ ⑥ ⑦ ⑧ ⑨
25	① ② ③ ④ ⑤ ⑥ ⑦ ⑧ ⑨	50	① ② ③ ④ ⑤ ⑥ ⑦ ⑧ ⑨	75	① ② ③ ④ ⑤ ⑥ ⑦ ⑧ ⑨

（注）この解答用紙は実物を縮小してあります。Ｂ４用紙に132％拡大コピーすると、ほぼ実物大で使用できます。（タイトルと配点表は含みません）

学校配点	1～5　各３点×30　　6　各２点×５	計 100点

２０２２年度　　昌平高等学校　特別進学

理科解答用紙

番号		氏名		評点	／100

回答欄の ○ を鉛筆やボールペンなどで塗りつぶしてください。［可：●、●／ 不可：⊗、⊘、◎、⊘］

番号		① ② ③ ④ ⑤ ⑥ ⑦ ⑧ ⑨ ⓪
		① ② ③ ④ ⑤ ⑥ ⑦ ⑧ ⑨ ⓪
		① ② ③ ④ ⑤ ⑥ ⑦ ⑧ ⑨ ⓪
		① ② ③ ④ ⑤ ⑥ ⑦ ⑧ ⑨ ⓪
		① ② ③ ④ ⑤ ⑥ ⑦ ⑧ ⑨ ⓪
氏名		

1	① ② ③ ④ ⑤ ⑥ ⑦ ⑧ ⑨	26	① ② ③ ④ ⑤ ⑥ ⑦ ⑧ ⑨	51	① ② ③ ④ ⑤ ⑥ ⑦ ⑧ ⑨
2	① ② ③ ④ ⑤ ⑥ ⑦ ⑧ ⑨	27	① ② ③ ④ ⑤ ⑥ ⑦ ⑧ ⑨	52	① ② ③ ④ ⑤ ⑥ ⑦ ⑧ ⑨
3	① ② ③ ④ ⑤ ⑥ ⑦ ⑧ ⑨	28	① ② ③ ④ ⑤ ⑥ ⑦ ⑧ ⑨	53	① ② ③ ④ ⑤ ⑥ ⑦ ⑧ ⑨
4	① ② ③ ④ ⑤ ⑥ ⑦ ⑧ ⑨	29	① ② ③ ④ ⑤ ⑥ ⑦ ⑧ ⑨	54	① ② ③ ④ ⑤ ⑥ ⑦ ⑧ ⑨
5	① ② ③ ④ ⑤ ⑥ ⑦ ⑧ ⑨	30	① ② ③ ④ ⑤ ⑥ ⑦ ⑧ ⑨	55	① ② ③ ④ ⑤ ⑥ ⑦ ⑧ ⑨
6	① ② ③ ④ ⑤ ⑥ ⑦ ⑧ ⑨	31	① ② ③ ④ ⑤ ⑥ ⑦ ⑧ ⑨	56	① ② ③ ④ ⑤ ⑥ ⑦ ⑧ ⑨
7	① ② ③ ④ ⑤ ⑥ ⑦ ⑧ ⑨	32	① ② ③ ④ ⑤ ⑥ ⑦ ⑧ ⑨	57	① ② ③ ④ ⑤ ⑥ ⑦ ⑧ ⑨
8	① ② ③ ④ ⑤ ⑥ ⑦ ⑧ ⑨	33	① ② ③ ④ ⑤ ⑥ ⑦ ⑧ ⑨	58	① ② ③ ④ ⑤ ⑥ ⑦ ⑧ ⑨
9	① ② ③ ④ ⑤ ⑥ ⑦ ⑧ ⑨	34	① ② ③ ④ ⑤ ⑥ ⑦ ⑧ ⑨	59	① ② ③ ④ ⑤ ⑥ ⑦ ⑧ ⑨
10	① ② ③ ④ ⑤ ⑥ ⑦ ⑧ ⑨	35	① ② ③ ④ ⑤ ⑥ ⑦ ⑧ ⑨	60	① ② ③ ④ ⑤ ⑥ ⑦ ⑧ ⑨
11	① ② ③ ④ ⑤ ⑥ ⑦ ⑧ ⑨	36	① ② ③ ④ ⑤ ⑥ ⑦ ⑧ ⑨	61	① ② ③ ④ ⑤ ⑥ ⑦ ⑧ ⑨
12	① ② ③ ④ ⑤ ⑥ ⑦ ⑧ ⑨	37	① ② ③ ④ ⑤ ⑥ ⑦ ⑧ ⑨	62	① ② ③ ④ ⑤ ⑥ ⑦ ⑧ ⑨
13	① ② ③ ④ ⑤ ⑥ ⑦ ⑧ ⑨	38	① ② ③ ④ ⑤ ⑥ ⑦ ⑧ ⑨	63	① ② ③ ④ ⑤ ⑥ ⑦ ⑧ ⑨
14	① ② ③ ④ ⑤ ⑥ ⑦ ⑧ ⑨	39	① ② ③ ④ ⑤ ⑥ ⑦ ⑧ ⑨	64	① ② ③ ④ ⑤ ⑥ ⑦ ⑧ ⑨
15	① ② ③ ④ ⑤ ⑥ ⑦ ⑧ ⑨	40	① ② ③ ④ ⑤ ⑥ ⑦ ⑧ ⑨	65	① ② ③ ④ ⑤ ⑥ ⑦ ⑧ ⑨
16	① ② ③ ④ ⑤ ⑥ ⑦ ⑧ ⑨	41	① ② ③ ④ ⑤ ⑥ ⑦ ⑧ ⑨	66	① ② ③ ④ ⑤ ⑥ ⑦ ⑧ ⑨
17	① ② ③ ④ ⑤ ⑥ ⑦ ⑧ ⑨	42	① ② ③ ④ ⑤ ⑥ ⑦ ⑧ ⑨	67	① ② ③ ④ ⑤ ⑥ ⑦ ⑧ ⑨
18	① ② ③ ④ ⑤ ⑥ ⑦ ⑧ ⑨	43	① ② ③ ④ ⑤ ⑥ ⑦ ⑧ ⑨	68	① ② ③ ④ ⑤ ⑥ ⑦ ⑧ ⑨
19	① ② ③ ④ ⑤ ⑥ ⑦ ⑧ ⑨	44	① ② ③ ④ ⑤ ⑥ ⑦ ⑧ ⑨	69	① ② ③ ④ ⑤ ⑥ ⑦ ⑧ ⑨
20	① ② ③ ④ ⑤ ⑥ ⑦ ⑧ ⑨	45	① ② ③ ④ ⑤ ⑥ ⑦ ⑧ ⑨	70	① ② ③ ④ ⑤ ⑥ ⑦ ⑧ ⑨
21	① ② ③ ④ ⑤ ⑥ ⑦ ⑧ ⑨	46	① ② ③ ④ ⑤ ⑥ ⑦ ⑧ ⑨	71	① ② ③ ④ ⑤ ⑥ ⑦ ⑧ ⑨
22	① ② ③ ④ ⑤ ⑥ ⑦ ⑧ ⑨	47	① ② ③ ④ ⑤ ⑥ ⑦ ⑧ ⑨	72	① ② ③ ④ ⑤ ⑥ ⑦ ⑧ ⑨
23	① ② ③ ④ ⑤ ⑥ ⑦ ⑧ ⑨	48	① ② ③ ④ ⑤ ⑥ ⑦ ⑧ ⑨	73	① ② ③ ④ ⑤ ⑥ ⑦ ⑧ ⑨
24	① ② ③ ④ ⑤ ⑥ ⑦ ⑧ ⑨	49	① ② ③ ④ ⑤ ⑥ ⑦ ⑧ ⑨	74	① ② ③ ④ ⑤ ⑥ ⑦ ⑧ ⑨
25	① ② ③ ④ ⑤ ⑥ ⑦ ⑧ ⑨	50	① ② ③ ④ ⑤ ⑥ ⑦ ⑧ ⑨	75	① ② ③ ④ ⑤ ⑥ ⑦ ⑧ ⑨

（注）この解答用紙は実物を縮小してあります。Ｂ４用紙に132％拡大コピーすると、ほぼ実物大で使用できます。（タイトルと配点表は含みません）

学校配点		計
	1　問１～問４　各２点×４　問５～問８　各３点×４	100点
	2　問１～問４　各３点×４　問５，問６　各４点×２	
	3　問１～問４　各３点×４　問５，問６　各４点×２	
	4　問１～問４　各３点×４　問５，問６　各４点×２	
	5　問１～問４　各３点×４　問５，問６　各４点×２	